高等学校
工程管理专业应用型本科规划教材

Jinrong Yu Baoxian

金融与保险

主　编　张国兴
副主编　章凌云　赵灵芝
主　审　张洪涛

人民交通出版社
China Communications Press

内容提要

本书为高等学校土建学科工程管理专业应用型本科规划教材。

本书系统地反映了金融保险理论的新成果及金融保险实践的新情况，比较注重基本理论、基本知识、基本技能的阐述与训练，对一些当前的金融保险理论热点、难点问题进行了有益的探讨，还特别注意将金融保险的最新理论和方法结合实际来应用。教材的内容安排总体上包括金融与保险两大模块共13章，具体包括导论、货币与信用、金融机构与金融市场、商业银行的经营与管理、项目融资、货币供求与货币政策、工程风险管理、保险基础、保险的购买、建筑工程一切险及安装工程一切险、与建设工程有关的其他保险险种、保险索赔及理赔、再保险和续保等内容。

本书可作为高等学校工程管理专业、土木工程专业及管理类其他专业的教材或教学参考书，亦可供管理科学与工程研究生及有关企事业单位中的人员学习和参考。

高等学校工程管理专业应用型本科规划教材出版说明

工程管理专业自1998年设置以来，伴随着国民经济及工程建设的迅猛发展，已逐步成熟完善，目前已有近300所院校开设该专业。在这些院校里面，有相当一部分以“应用型”定位为主，各院校结合自身的专业特点，形成了各具特色的教学培养模式。为满足广大“应用型”本科院校的需要，加强特色方向教材的出版，人民交通出版社深入调研，周密组织，在高等学校工程管理专业指导委员会的热情鼓励和悉心指导下，蒙清华大学朱宏亮教授尽心主持，得到了国内七十余所高校的积极响应，邀请一大批各院校骨干教师参与，由国内一流专家审稿，组织、编写、出版了本套高等学校土建学科工程管理专业应用型本科规划教材。

本套教材以《全国高等学校土建类专业本科教育培养目标和培养方案及主干课程教学基本要求——工程管理专业》为纲，结合专业建设、课程建设和教学改革以及本学科的最新研究成果，设置了技术平台课程、管理平台课程、经济平台课程、法律平台课程，以及工程项目管理方向课程、房地产经营与管理方向课程、投资与造价管理方向课程、公路工程项目管理方向课程，进行了相应的教材开发，供各院校选用。

本套教材以“应用型”定位为出发点，结合教学实际，全面规划成系列开发近50个品种。教材编委会、审稿委员会、编写与审稿人员全力以赴，为打造精品教材做出了不懈努力，希望能够以此推动工程管理专业的教材建设。

本套教材适用于高等学校工程管理专业，各高校独立学院、成人教育学院及网络教育中的工程管理、房地产经营与管理、工程造价等相关专业亦可选用。

人民交通出版社

2007年6月

前　言

经济越发展，社会越进步，金融保险越重要。随着我国市场经济体制的逐步完善，我国的经济发展已经进入到了新的历史阶段。为了反映这一新的历史阶段中最新的金融保险研究成果，满足广大金融保险干部职工及工程管理专业学生学习的需要，我们运用辩证的、科学的方法，紧密结合改革开放以来我国的金融保险工作实际，并借鉴目前国内外最新的科研成果，编写了《金融与保险》一书。本书系统地反映了金融保险理论的新成果及金融保险实践的新情况，比较注重基本理论、基本知识、基本技能的阐述与训练，对一些当前的金融保险理论热点、难点问题进行了有益的探讨，兼顾了各层次读者的学习需要。

《金融与保险》一书的特点是：①本着"应用型"教材的特色定位，教材在编写的工作中，尽量少理论阐述，多实践应用，注重实例和案例教学；②考虑与工程管理专业其他相关课程的内容衔接，又不失本教材的独立性与完整性，综合权衡，来安排本教材的内容；③本教材融入了最新的金融与保险理论和方法及其在实际中的应用状况。

本教材包括导论、货币与信用、金融机构与金融市场、商业银行的经营与管理、项目融资、货币供求与货币政策、工程风险管理、保险基础、保险的购买、建筑工一切险与安装工程一切险、与建设工程有关的其他保险险种、保险索赔及理赔、再保险和续保等共13章内容。由平顶山工学院张国兴副教授担任主编，平顶山工学院赵灵芝讲师和华侨大学章凌云讲师担任副主编，中国人民大学张洪涛教授担任主审，其中，第1、第8、第10、第11章由张国兴编写，第2章由张国兴和曾庆伟共同编写，第3章由杨洋编写，第4、第12章由赵灵芝编写，第5章由杜凡编写，第6、第9章及第7章案例由章凌云编写，第7章由孙亚辉编写，第13章由郑豪民编写。

需要特别说明的是，书中涉及的案例原型大多来源于实践，经过一定程度的抽象与加工，重新整理或编写而成。在此，谨对有关报刊、杂志及案源作者表示感谢。由于编者水平有限，本教材中难免有不妥之处，恳请读者给予批评指正。

本教材在编写的过程中，参考了大量的相关教材、文献、论著和资料，在此谨向编著者和担任本书主审的张洪涛教授表示衷心的感谢。

由于时间及编者的水平有限，书中难免有错误或疏漏之处，恳请广大读者批评指正。

编　　者

2007 年 3 月

学习导言

亲爱的读者:你们好!

欢迎进入《金融与保险》课程的学习!本课程作为工程管理专业的经济平台课,不论对大家的学习,还是以后走向工作岗位都有着重大的指导意义。

《金融与保险》是一门基础性学科,其内容涉及到建筑企业生产与经营活动的方方面面。本教材在编写的过程中,既考虑到与工程管理专业其他相关课程的内容衔接,又兼顾了自身的独立性与完整性,另外,还特别注意将金融保险的最新理论和方法结合实际来应用。鉴于以上考虑,教材的内容安排总体上包括金融与保险两大模块,具体包括导论、货币与信用、金融机构与金融市场、商业银行的经营与管理、项目融资、货币供求与货币政策、工程风险管理、保险基础、保险的购买、建筑工程一切险及安装工程一切险、与建设工程有关的其他保险险种、保险索赔及理赔、再保险和续保等相关章节。

本教材的内容安排结构中,首先介绍金融与保险在建筑企业中的重要地位,并进一步介绍了现代金融保险理论在建筑企业中的应用。教材中的"金融基本理论"模块,由教材内容的第1章至第6章体现;教材中的"保险基本理论"模块的内容,在教材中体现为第7章至第13章。当然,教材中两大模块内容的安排只是编写教材的总体思路,而涉及到某些具体的章节对于这两大块内容的体现有些似乎并没有绝对的界限。

根据工程管理专业的培养计划,《金融与保险》课程拟在第5学期或第6学期开设。为了使本课程有更好学习的效果,给大家提几点小小的建议以供参考:

本课程的先行课应该有《经济学》等其他课程。有了经济学的基本理论,在《金融与保险》的学习过程中,读者就可以进一步更好地理解和体会经济学基本理论在建筑企业经营实践中的应用。

在《金融与保险》的内容结构中,重点应该是货币与信用、项目融资、货币供求与货币政策、工程风险管理、保险基础、建筑工程一切险及安装工程一切险、与建筑工程有关的其他保险险种等内容。其中,货币的起源与发展、金融市场的构成因素、项目融资的方式、货币政策的目标、建筑工程一切险及安装工程一切险在建筑企业中的应用以及社会保险等其他保险险种在建筑企业中的应用等内容是难点。在学习这些内容时，既要结合金融保险有关理论在建筑企业中的应用，又要特别关注有关理论的最新发展。所以本课程的学习中应特别注意查阅相关网站和期刊，如中国金融网、中国保险网以及各大网站的财经新闻和有关金融研究、保险研究等杂志，以便了解相关知识的最新发展趋势。

在课程的学习中，读者也应该特别重视小组讨论，以某个知识点为主题，小组中的成员可以考虑扮演不同的角色，从不同的角度体验金融保险的理念及其应用。尤其是本科生，在生产实习等实践环节中，应抓住机会到建筑企业中去实践和感受，以期更好地掌握所学的理论知识。必要的时候，也可以邀请实际工作者就企业经营中的某个主题有针对性地对学生作讲座，以让学生更好地理论联系实际。

以上学习方法和建议仅供大家参考，望大家多提宝贵意见，共同促进《金融与保险》课程的教与学工作。

编　者

2007 年 3 月

目 录

第1章 导 论

本章概要

1. 叙述了金融与经济发展的关系；
2. 介绍了信用与经济发展的关系；
3. 阐述我国保险业现状及保险市场。

1.1 金融与经济发展

1.1.1 生活中的货币现象

在现代经济生活中处处都有货币。货币的运动牵动着千家万户和社会的每个角落，它维护着整个社会经济生活。

从家庭与个人来看，他们从不同渠道获得货币收入，又用于不同的货币支付。公务人员、企业职工、科教文卫工作者，他们通过自己的劳动取得货币工资收入、奖金、酬金、津贴收入和各种创作的货币收入；农民通过销售自己的农产品获得的货币销售收入；个体经营者和私营经营者通过生产制造、推销产品、提供服务取得货币收入；还有享受社会保障者的离休金、退休金和各种福利金、救济金的货币收入等。这种种货币收入，保证着每个家庭及其成员维护和改善生活的需要。他们要用这些货币去购买生活所需的衣、食、住、行等基本生活需要和享受服务的需要。随着市场经济的发展和深入，对于农民和个体私营经济从业者，他们的货币收入除了用于满足生活需要外，还要用于生产经营需要。甚至对于求学的学生，他们需要交纳的各种费用和开销，需有货币收入来源的家庭的供给，同时也有国家社会各方面提供的奖学金、贷学金等。

从一个企业来看，整个社会再生产的各个环节都伴随着货币的收支。首先，建厂要进行基建投资，需支付勘探、设计、厂房施工、设备购置和安装等各方面费用；其次工厂投产需要原材料、燃料配件、培训新工人、收集各种信息和技术资料以及辅助性的水、电等方面都要支付大量的货币；生产的产品卖出去后，获得的货币收入又要反过来支付工人和管理人员工资，继续购买原材料，提取折旧、积累资金扩大再生产等。货币就像企业的血液一样其流动一刻也不能停止，否则，企业就不能正常运转。

从非生产性的机关、团体看，其职能的发挥和运转也和货币息息相关。比如：办公室的建设或租赁，办公用品的购置，办公设备的配套运作，办公人员的工薪都需要开支。这就需要靠国家各级财政以货币形式拨付其经常费用。它涉及到以国家财政为中心的货币收支。财政，包括中央财政和地方财政，它们的活动保证着国家职能的发挥。现代经济生活中的财政收支已完全货币化。就财政收入来看，企业上交的利税和其他税收来源都采用货币交纳；就支出来看，各种投资性支出、经费支出和社会保障支出，也无不是由货币进行的。

在现实经济生活中，不管是家庭和个人，企业或是国家财政，它们在运行中都会出现有时收大于支，有时支大于出的情况。对于家庭和个人来讲，若货币收大于支，就会有多余的货币，可借出；若货币支大于收，出现货币缺口，可借入，于是就产生了个人的货币债权和债务。对于企业而言，周转中缺货币，就要借款，产生了货币债务；多余的货币暂时不用，可贷出，就转化为货币债权。同样道理，国家财政也要利用国家信用每年向社会发行数亿万计的国库券和各种债券，另外，在货币债务债权领域内还出现了银行、信用合作社以及形形色色的金融机构，他们的全部业务活动都是货币的存、取、借、贷，是为货币的流转服务的。

此外，随着世界经济一体化进程的加快，不只在国内到处有货币的收支活动，对国外，在政治、经济、文化、体育以及个人交往中也无处不发生货币的收支。主要是以各种外币进行。

由此可见，货币已深入到社会经济生活的各个领域，如果不正视它或离开了它，就会脱离现实，同时社会经济车轮就难以正常运转。

1.1.2 现代金融与经济发展的关系

在现代市场经济中，金融的地位作用日益突出，金融活动已渗透到经济生活的方方面面，金融的运行与经济运行相互交融，金融发展与经济发展相互作用，金融与经济的联系也越来越密切。所以，摆正金融在经济发展中的位置，充分发挥金融应有的功能与作用，对防范可能出现的不良影响具有重要意义。

1. 经济发展决定金融

在金融与经济的基本关系中，经济发展对金融起决定性作用。这种决定性主要表现在两个方面：一是金融是依附于商品经济的一种产业，是在商品经济的发展过程中产生并随着商品生产与交换发展而发展的。在经济发展的过程中，货币的产生是商品生产与交换发展的必然产物，信用也是随着商品经济的发展而逐步发展完善的。因为只有在以交换为基本关系的商品经济中，才存在着为交换而生产的劳动产品或为交换而提供的劳动服务，才需要货币这种一般等价物来体现各处平等独立的商品生产者之间等价交换的原则，才出现货币信用的各种形式和工具来解决交换中价值盈余和赤字部门之间的调剂、债权债务关系的变换以及清算支付等困难，才形成银行等各类专门经营货币信用业务的金融机构等，因此，商品经济越发展，交换关系越复杂，金融活动越发达，脱离了商品经济，金融就成了无源之水，无本之木。二是商品经济的不同发展阶段对金融的需求不同，金融发展的条件也不同，由此决定了金融发展的结构、规模和阶段。首先从结构看，经济发展的结构对金融有决定性影响。主要表现为宏观经济的部门结构决定了金融结构；其次从规模看，经济决定了金融规模。由于货币供给量取决于货币需求量，而货币供给量主要受制于当期的商品可供量，因此当期的信用总量或金融总量的多少与经济发展的规模成正比；三是从阶段看，经济发展的阶段决定了金融发展的阶段。在经济发展的低级阶段，只有简单的金融需求，金融活动只能解决货币流通、资金融通和支付清算等基本金融问题。当经济发展到发达的高级阶段时，则产生出许多复杂的金融需求，金融机构必须通过产业现代化的途径才能向社会提供各种所需的金融产品与服务，金融市场上必须推出大量的新工具和新交易，才能满足广大投资者和筹资者的需求。

2. 金融影响经济发展

金融在随着经济发展而发展的过程中，产业能力不断提高，在经济发展中的作用日益增大，突出地表现为对经济发展推动力日益增强。一是通过金融运作为经济发展提供条件。一切经济活动都离不开货币信用因素，所有商品与劳务都是货币计价流通，各部门的余缺调剂都要借助各种信用形式，各种政策调节的实施也都与货币信用有关，而金融正是通过自身的运作特点为现代经济发展服务，为现代经济发展提供必要的条件。二是通过金融的基本功能促进储蓄并将其转化为投资，为经济发展提供资金支持。如通过吸收存款和发行有价证券等为经济发展提供资金供给。因此，金融经济发展的推动作用与其筹集资金和运用资金的能力相关。三是通过金融机构来调节一国的经济管理活动。金融机构是联系国民经济各部门的纽带，可以对国民经济各部门产生直接或间接的影响，从而有利于政府意图的实现。一国政府要求金融机构进行合理设置、科学管理、有效运作，其目的是为顺利实现中央银行的宏观金融调控和商业银行等金融机构高效的微观金融运作，最终达到金融与经济社会的稳定发展目标。四是通过金融机构的经营运作可以节约交易成本，促进资金融通，便利经济活动，合理配置资源，提高经济发展的效率。如通过对科技提供资金支持和金融服务，促进技术进步和科技成果的转化和普及应用，从而大幅度提高社会劳动生产率等。五是通过金融业自身的产值增长直接为经济发展作贡献。金融业产值的快速增长，直接增加了国民生产总值，提高了经济的水平。

1.1.3 信用与经济发展的关系

1.信用是市场经济的基础

市场经济是近代出现的，是高度发达的商品经济，是建立在机器化大生产物质技术基础上的商品经济。它的特征是资源配置通过市场机制的作用得以实现。市场机制的核心内容仍是商品交换，而商品交换的基本原则仍是建立在信用基础上的等价交换。随着交换关系的复杂化，日益扩展的市场关系便逐步构建起彼此相连、互为制约的信用关系。这种信用关系作为一种独立的经济关系得到充分的发展，并维系着错综复杂的市场交换关系，支持并促成井井有条的市场秩序。可见商品经济的交换到市场经济下扩大了的交换，乃至市场机制下的市场关系，都是以信用为基本准则的。没有信用就没有交换与市场；没有信用，就没有经济活动存在与扩大的基础；没有信用，就没有人类赖以生存与发展的社会秩序。

信用不仅是一种个人道德品行，更是一种普遍的社会道德要求。在商品经济产生和发展历程中，信用又上升为一个经济范畴，成为现代市场经济的基础。因为人是靠利益驱动的，经济参与人选择守信或不守信，不仅仅是道德、伦理或文化问题，更多的是经济问题。市场经济活动的参与者，不论是作为消费者的居民，还是作为生产者的厂商，抑或是作为公共产品或服务提供者的政府，其联系与交往的一个隐含前提是双方的相互信赖，所以市场经济是一种信用经济。诚信在客观上具有经济规律性质。恩格斯曾指出："资本主义生产愈发展，它就愈不能采用作为它早期阶段的特征的那些琐细的哄骗和欺诈手段……其所以如此，并不是出于伦理的狂热，而纯粹是为了不白费时间和劳动。"这就是说，客观经济规律要求诚信存在，个人和企业只有在确信与交易伙伴打交道值得依赖，并且自己的预期目标能够实现的情况下，才敢于投资和交易。无信用，就无交易无经济效益。

当守信行为成为公认的社会规范，不守信行为受到社会排斥，因而作为个体的经济活动主体的理性行为选择就趋向于作出守信行为，选择守信行为将成为适应市场竞争的一种客观需要。整个社会的经济活动主体之间的交易关系得到极大的便利和发展。当不守信行为成为普遍现象，使得要想作出守信行为的经济活动主体往往要付出额外的经济代价，这样一来，守信行为反而受到了社会排斥，因而微观经济活动主体的理性选择就趋向于作出不守信行为，不守信行为也属于适应市场竞争的一种客观需要，因而反而属于一种理性选择。整个社会的交易关系因经济活动主体之间互不相信而变得极为困难。克纳克（Stephen Knack）和凯费尔（Philip Keefer）依据世界银行的数据对世界上 29 个市场经济国家进行考察，着重研究社会资本对经济的影响。其研究结果表明：信任和民间合作这类社会资本对经济增长的影响极大；良好的信任与民间合作规范能改善国民收入分配的不平等状况。

在市场经济下，经济活动主体之间的纷繁复杂的经济关系，大致上都可以归结为交易关系。在每一个具体的交易关系中，都离不开经济活动主体的信用行为，以及由此而产生各种信用关系。信用行为和信用关系影响着交易关系，决定着交易关系能否发生，交易成本的高低，以及交易关系的可延伸范围。因此，良好的信用行为，可靠的信用关系，乃是市场经济得以正常运行的一个基础。社会主义市场经济是信用经济。市场经济越发展，市场主体之间的联系和依存关系就越密切。只有以诚信为本，坚守信誉，才能适应经济规律，在竞争中获胜。只有以信取人，才能实现生产经营的共赢互利。因此，在现代信用体系中，个人信用是基础，企业信用是核心，政府信用是关键。政府是社会信用建设的组织领导者，是信用体系的制定者和执行者，是信用道德文化的倡导者，更是信用行为的示范者。政府信用在经济、政治、社会生活，在政府与公众的互动关系中，都处于举足轻重的位置。如果说，个人和企业之间的不守信只是损害当事人双方利益，那么，政府的失信则将背离行政管理的宗旨和目标，影响经济社会发展和人民群众根本利益的实现。

2. 信用是金融活动形成和发展的基础

以信用为基础，纸币产生，信用卡、电子货币等广泛使用；以信用为保障，在货币保管、兑换、经营的基础上，金融机构—银行产生；以信用为原则，银行的信贷活动大力发展，银行成为经济的核心；以信用为前提，金融工具与金融资产被广泛交易与不断重组，金融市场因此而日益发展壮大，并逐渐成为现代经济的核心。一是在现代信用活动中，货币的含义发生了很大的变化，货币的内涵与外延更加广泛了。新型的各种支付结算、劳务等一切社会经济活动的发展更加充分、更加广泛，使金融活动与经济增长紧密结合，成为经济发展的推动力，社会经济的发展获得了更多的机会和增长点。二是在现代信用活动中，多元化的金融组织迅速发展，取代传统的银行金融垄断，形成了现代化的金融组织体系和市场体系，为社会提供了更多的融资机会与渠道，这不仅给金融业的发展带来了活力，同时也给整个社会经济发展注入了新的生机。三是在现代信用活动中，利率引导着货币、商品的流通，引导着资源配置，以利率为操作与指引手段的金融和金融监管成为市场机制运行的中心。现代意义上的金融宏观调控，取代了传统的市场自我调节，并且成为宏观经济调控的核心。

3. 信用是市场经济健康发展的根本保障

市场经济中的一切经济活动都是从信用开始的。从企业看，企业是社会信用活动中最活跃的层次，是巨大的信用需求者和供给者；从金融机构看，信用是其经营的根本。企业创业之初，都需要借助信用活动筹集和融通资金。一般情况下，企业融资有两条渠道，即间接融资和直接融资。间接融资是指企业与资金供给者之间不发生直接的信用关系，其资金融通是通过各种金融机构中介进行的，主要是通过商业银行进行；直接融资是指企业与资金供给者直接发生信用关系，双方可以直接协商融资方式与价格，或资金供给者在公开市场上直接购入企业发行的债券或股票。

企业在日常经营中，由于扩大再生产和经营的需要也经常出现赤字，经常需要信用启动和推进。例如，在生产和经营中，需要借助信用完成原材料采购，通常表现为银行信贷和企业间的赊购赊销与应收应付账款；在商品销售中，需要采用信用方式扩大销售；是季节性资金需要、市场波动下的收不抵支、临时与意外开支等，企业都必须寻求信用帮助。可见，在市场经济条件下企业离不开信用。

1.2 保险与现代经济

1.2.1 保险业现状

进入21世纪以来，伴随着国民经济的快速发展和新一轮经济增长周期的到来，中国保险业逐步摆脱旧体制的束缚，迎来了良性、宽松、开放的经济制度和体制环境，并在开放与竞争中发生着日新月异的变化。2000年～2005年，国内保费收入年均增速24%以上，是同期GDP平均增速的2.8倍。2005年末，国内保险业总资产超过1.5万亿元，当年保费收入近4 927亿元。在规模快速扩大的同时，市场开放的深度和广度也在不断发展，多元化的市场竞争格局正在形成。与此同时，现代公司治理机制被成功引入我国保险企业，保险体制改革迈出历史性步伐；人们思想观念逐步更新，对速度、质量、结构与效益的关系有了更加深刻的认识。但我们也看到，作为金融市场重要组成部分的保险业，当前在整个市场仍处弱小地位。且随着金融创新的不断发展，金融各子市场之间日益渗透，银行、证券、保险三者正对有限的金融资源展开日趋激烈的竞争。因此，在充满机遇和挑战的市场中认真思考国内保险业的发展和未来，促进其在金融市场全球开放的时代扬长避短，增强应对国际竞争的能力，推动中国保险市场持续、稳定、健康发展，这不仅是保险业自身发展的需要，也是整个金融市场发展、国民经济发展的需要。

1.2.2 保险市场

我国经济体制改革的基本目标是建立完善、发达的市场经济体制，特别是要建立成熟、完善的商品市场、技术市场、金融市场、劳动力市场等各类市场。从改革开放以来的成效看，各类市场均得到了迅速发展，资源配置效率得到明显提高，国民经济发展的基础进一步巩固。但在发展过程中，市场内部各子市场的改革和发展并不是均衡、齐步的。局部市场滞后于其他市场的发展，影响了整个市场资源配置的效率，一定程度上降低了市场化改革的质量。

一般认为，作为国民经济运行心脏的金融市场，主要由银行借贷市场、证券市场和保险市场等三个子市场构成。从中国金融市场的发展历程看，银行借贷市场和证券市场均比保险市场规模大、积聚的资源多，对国民经济的影响也强烈，形成了二大一小的金融市场格局。从银行借贷市场来看，由于中国储蓄—投资机制主要是一种间接型机制，银行等金融中介是实现储蓄转化为投资的最主要渠道，在中国经济高速增长及储蓄率高达40%的背景下，每年的储蓄、投资规模都以很高的速度增长，从而促进了银行借贷市场的高速发展。根据中国人民银行发布的货币政策执行报告的有关数据，到2004年末，我国全部金融机构本外币贷款余额18.9万亿元，同比增长14.4%，余额比年初增加2.41万亿元。同时，银行间同业拆借市场交易量快速增长，2003年累计成交2.4万亿元，比2002年增加1.2万亿元，增长99.2%，比2001年增长近2倍。2004年，银行间同业拆借市场交易量虽比上年减少0.96万亿元，但全年仍累计成交1.46万亿元，日均成交57.8亿元。与此同时，中国证券市场也得到了超常规的发展，这主要体现在股票市场与政府债券市场的迅速发展上。

相对于银行借贷市场和证券市场的迅速发展，保险市场的发展明显滞后。中国保险经营1 980年就已恢复，但其发展在很长一段时期内落后于国民经济发展需要，尽管近年来发展速度有所加快，但在金融市场中的地位仍然处于弱势。从保险市场的业务规模来看，2005年，全国保费收入4 927亿元，保险业总资产近1.5万亿元，仅占全国金融总资产的3%左右；远远低于银行业和证券业的同一比例，而同期美国保险业资产占金融业总资产的35%左右。随着以产品创新为代表的金融创新的不断发展，金融市场的三个子市场之间的渗透日益加剧，银行、证券、保险三个子市场之间对有限的金融资源的竞争将不可避免，这种趋势已经初显端倪。因此，当前尚处于弱势的保险市场，如不能加快改革与发展的步伐，将会面临更大的发展困境。同时，我国保险市场正在经历深刻的、历史性的变化，这些变化对我国保险市场的未来格局和保险业的发展水平将会产生不可逆转的影响。在较短的时间之内，我国保险市场的各种力量正共同谱写着我国保险业快速发展变化的乐章，由此，我国保险业正在告别一个旧的时代，并快速进入一个新的时代。其特点如下：

1.市场规模迅速扩张

从保费收入规模来看，在全面恢复营业的1980年，我国保险业总保费收入只有4.6亿元，2005年我国实现保费收入4 927亿元，是1980年的1 087倍。保费规模从2000年世界第16位上升到2004年底的第11位。市场规模的快速增长，一方面说明我国保险市场的空间广阔，另一方面也激发了社会资本对保险业投资的信心和热情，使保险业发展的步伐进一步加快。在规模扩张的同时，保险业的增长质量也在逐步改善。强化新产品开发、强化信息技术和数据系统建设、加大现代风险控制和资产管理技术的应用、更新经营管理理念和手段、大力引进各类专业技术人才等，正在成为保险公司转变增长方式的共同路径，我国保险业与国际保险业发展水平的差距正在缩小。

2. 市场开放的深度和广度不断发展

在市场准入方面，我国对保险市场主体的准入门槛的降低，使各类资本进入保险业变得更为方便。到 2004 年底，随着我国加入 WTO 时确定的保护期的结束，除保险法规规定外，外资保险公司在经营范围及经营地域方面的限制均已解除。各类保险公司只要在某一省会城市建立分公司，就可以不必通过设立分支机构的方式在该省范围内开展经营活动。同时，因资本金限制的放松，保险公司设立分支机构的门槛也大大降低。所有这些变化，使得保险公司原来的机构和网络优势被淡化，而信息技术运用、管理与服务手段的创新和新产品开发方面的优势将成为保险公司在竞争中制胜的必要条件，包括外资保险公司在内的各类保险公司也进入了全方位的竞争阶段，保险市场面临着重新洗牌。

3. 市场主体多元化的趋势进一步发展

随着市场化的进一步深入，我国保险市场主体迅速增加。2005 年底，我国共有保险法人机构 93 家，比 3 年前的 2002 年增加了 1 倍以上。从经营范围和组织形式看，保险集团公司 6 家，保险资产管理公司 5 家，财产保险公司 40 家，人身保险公司 42 家，再保险公司 5 家，各种专业保险中介机构 1 887 家，此外还有银行、邮政、交通运输、汽车经销商等兼业代理机构超过 12 万家，保险从业人员 180 万人，其中保险营销人员 150 万人。市场主体的多元化必将不断打破原有的市场格局、改变原有的市场秩序，保险市场的格局与秩序将处于不断的调整和变动之中。

4. 体制改革迈出了历史性步伐

首先，原中国人民保险公司、中国人寿保险公司、中国再保险公司等三家主要国有保险公司完成重组改制工作，现代公司治理被成功引入国有企业。随后，中国人民财产保险股份有限公司、中国人寿保险股份有限公司以及中国平安保险集团（股份）有限公司先后在香港和纽约上市，创造了国有金融企业首次海外上市和当年全球资本市场首次公开发行融资额最高等方面的纪录，国内保险公司正式进入国际资本市场。在《财富》杂志评选的 2005 年世界 500 强中，中国人寿保险股份有限公司排名第 212 位，比 2003 年提高了 78 位。中国平安保险集团（股份）有限公司被全球著名财经杂志《欧洲货币》评为 2005 年全球新兴市场最佳保险公司治理第三名。其次，保险产品的条款、费率市场化取得重大进展。除《中华人民共和国保险法》规定少数产品的条款费率须报经保险监督委员会审批外，其余保险产品的条款和费率均由保险公司自主确定，保险公司的经营自主权在法律上得到进一步放大。再次，保险公司的资金运用体制改革也迈出重大步伐。中国人保资产管理公司和中国人寿资产管理公司的相继成立，对保险资金进行专业化管理和集中统一运用，使保险资金的运用走上规范化、专业化的轨道。

5. 经营模式正在发生新的变化

有迹象表明，我国金融混业经营的通道正在被打通。目前，中国平安保险集团和中国光大集团已经变成集银行、证券、保险、信托于一身的综合性金融集团，由此使保险公司混业经营的动力明显增强，趋势更加明显。

因此，面对中国保险市场的深刻变化，发展中国保险市场，不仅是保险业自身发展的需要，也是整个金融市场发展、国民经济发展的需要。

1.2.3 保险与经济的关系

随着剩余生产和商品经济的出现，保险作为风险分散的特殊方式经历了一系列的制度变迁。由原始的“共同海损”分摊和初级的行会互助合作，到以概率论和大数法则为基础的近代商业保险，再到以社会经济安全运行为目标的商业保险、社会保险和财政救助多重社会保障体系。保险沿循着与国民经济关系不断深化的发展主线，在外延规模扩张和内部结构优化的基础上，不断向纵深拓展其职责和功能。在小商品经济时代，保险仅仅是一种简单的集合和分散风险的机制，经济补偿是其唯一的功能。到了市场经济时代，由于现代数理技术的引入，保险处理大量同质风险成为可能。以精算为基础的新险种，开始革命性地推动保险冲破技术瓶颈向各行各业渗透，从而使保险业掌握了大规模的保险基金。保险基金的给付和补偿是具有时差性的，内生的投资需求促使保险业在经济补偿功能之外又衍生了资金融通的功能。而到了后工业的知识经济时代，随着经济补偿和资金融通功能的进一步发展，保险所提供的已经不仅仅是一种产品服务，而是一种以更有效率地实现社会安全稳定为输出效能的制度安排，并且全面融入现代社会经济制度。虽然，在社会化大生产中，各行各业都是现代经济运行体制中的有机组成部分，在实现自我发展的同时，也都在客观上满足了社会生产生活的某些需要。但是，随着社会分工的日益细化，一般行业都只是以某一具体职能为切入点，服务社会的部分需求，具有不可避免的狭隘性。而规避风险却是全社会所有经济单位的共同需求，现代保险作为各种风险的统筹管理者，在提供风险管理服务的同时，全面融入生产生活的每一个角落，影响社会经济的运行模式，是现代生活不可或缺的制度供给，具有其他行业无法比拟的全局性、系统性和深刻性等制度优势。因此，实现现代保险在更高层次谋划新的发展，是保险业打造核心竞争力的内在要求，是实现与国民经济良性互动的重要保证。

本章小结

1. 在现代经济生活中处处都有货币。货币的运动牵动着千家万户和社会的每个角落，它维护着整个社会经济生活。货币已深入到社会经济生活的各个领域，如果不正视它或离开了它，就会脱离现实，同时社会经济车轮就难以正常运转。

2. 现代金融与经济发展的关系。在现代市场经济中，金融的地位作用日益突出，金融活动已渗透到经济生活的方方面面，金融的运行与经济运行呈现出经济发展决定金融，金融又影响着经济的发展，两者之间的关系越来越密切。

3. 信用与经济发展的关系表现在：信用是市场经济的基础，它不仅是一种个人道德品行，更是一种普遍的社会道德要求；信用是金融活动形成和发展的基础，信用是市场经济健康发展的根本保障。可见，在市场经济条件下企业离不开信用。

4. 保险与现代经济。国民经济的快速发展决定着保险，保险又影响着经济的发展，两者之间的关系越来越密切。

5. 保险市场。保险市场的发展明显滞后，具有市场规模扩张迅速、市场开放的深度和广度不断延伸、市场主体呈现多元化的发展趋势、体制改革有了重大突破和保险公司混业经营的模式明显增强等特点。

复习思考题

1. 简述金融与经济发展的关系。
2. 简述信用与经济发展的关系。
3. 简述我国保险市场的特点。

参考文献

[1] 王克华．货币银行学．武汉：武汉大学出版社，2001
[2] 曹龙骐．金融学．北京：高等教育出版社，2003
[3] 连永安．金融与保险．南京：东南大学出版社，2003
[4] 周炳文，张国兴，等．财政与金融．北京：中国物价出版社，2002
[5] 王银成．中国保险市场研究．北京：中国经济出版社，2006

第2章 货币与信用

本章概要

1. 叙述了货币的基本概念；
2. 介绍了货币的职能、种类及货币制度；
3. 阐述我国人民币制度；
4. 描述了货币流通的基本内容；
5. 叙述了信用的基本概念；
6. 介绍了信用的职能与形式；
7. 描述了利息与利息率的基本内容。

2.1 货币

马克思说："货币商品是交换过程的必然产物。"因而，货币是人类社会经济发展的产物。在商品社会，商品经济的发展必然会产生一种货币余缺调剂的经济活动，这种经济活动只能是采取信用方式，同时提供相应的融资工具即金融工具。

2.1.1 货币的概念

1. 货币的起源与发展

货币是在商品交换发展的漫长的历史过程中自发产生的，是商品内在矛盾发展的必然结果。因此，货币的根源在于商品本身，研究货币，必须从分析商品的性质及商品交换的发展过程开始。

商品是用来交换的能满足人们某种需要的劳动产品，它是使用价值和价值的统一体。商品的使用价值是它的自然属性，是可以感觉到的，商品的价值是它的社会属性，是凝结在商品中的无差别的人类劳动，是看不见摸不着的，商品的价值只有在商品与商品的交换关系中才能显露出来，因此，交换价值就是价值的表现形式。

为了揭示货币的起源和本质，我们需要研究价值形式，考察价值形式的发展。

马克思说："我们要做资产阶级经济学从来没有打算做的事情：指明这种货币形式的起源。就是说，探讨商品价值关系中包含的价值表现，怎样从最简单的最不显眼的样子一直发展到炫目的货币形式。这样，货币的谜就会随着消失。"（《资本论》第 1 卷，《马克思恩格斯全集》第 23 卷，第 61 页）

价值形式的发展和商品交换发展的历史过程是一致的。它经历了四个阶段：即简单的、个别的或偶然的价值形式、总和的或扩大的价值形式、一般的价值形式和货币形式。简单价值形式是价值形式发展的最早阶段，处于相对价值形式的商品的价值表现在一种商品上，价值只是同它本身的使用价值区别开来，还没有充分表现价值是同一的人类劳动这一本质。总和的或扩大的价值形式，商品价值的表现比在简单价值形式中表现得更加充分，但商品的价值还没有一个共同的统一的表现。一般的价值形式与扩大价值形式比较，在这里担任一般等价物的商品已开始起着货币的作用，不过，这时一般等价物还没有完全的最后固定在一种特定的商品上。随着第二次社会大分工的出现，商品交换的范围更加扩大，种类日益繁多，这就要求一般等价物固定在一种商品上，当贵金属从商品界分离出来固定地独占了一般等价物的地位时，就成了货币。货币形式是最发达的价值形式。货币的出现，使整个商品界分成了两极：商品和货币，并使商品直接交换变为以货币为媒介的商品交换，使买卖行为有可能在时间上和空间上脱节，促进了商品交换的发展。

通过对商品价值形式的历史分析可以看出，货币来源于商品，是商品交换发展到一定阶段的自发产物，是必然的，客观的，不以人的意志为转移的。但人们在日常生活中常常把货币等同于现金，把货币等同于财富，把货币等同于收入，这是通俗的定义。

经济学对货币的理解是：货币也同商品一样具有使用价值和价值，但是，货币又不是一般的商品，货币是固定充当一般等价物的特殊商品。货币是一种在债务清偿、商品和劳务支付中被人们普遍接受的物品。马克思在《资本论》中说货币是"价值尺度和流通手段的统一"。以上对货币的理解是指在不同社会形态中货币所具有的共性，但是在不同的社会形态中，货币反映的是不同的相互交换劳动的社会经济关系。此外，需要指出的是，货币是什么与法律规定有一定关系，法律规定是决定因素之一而非唯一的决定因素。

2. 货币的本质

货币是固定地充当一般等价物的特殊商品。作为商品，它与普通商品一样，具有使用价值和价值；但又和普遍商品不同，是充当一切商品的一般等价物的商品，因此它的价值和使用价值较之普通商品又有特殊的地方。

（1）普通商品的价值要通过和货币相交换才能表现出来，货币作为人类劳动的产品，它本身直接体现社会劳动，作为价值的直接代表而存在。

（2）普通商品的使用价值是特殊的、具体的，用自身的自然属性即物质属性满足人们的某种需要，而作为货币商品的贵金属，其使用价值是二重的。一方面，它作为商品具有特殊的使用价值，如金可以做装饰品等，另一方面，它又取得一种由它作为一般等价物的社会职能产生的形式上的使用价值。

自从货币出现后，一切商品都要先换成货币，才能换到其他商品。货币使商品生产者之间发生密切地联系，体现着商品生产者之间的生产关系。货币的本质在货币的职能中得到充分的体现。

2.1.2 货币的职能

无论在何种社会形态中，货币都充当一般等价物，货币在此时具有职能，否则，就不成为货币了。货币的职能是由货币作为一般等价物的本质决定的，是随着商品生产和交换的发展而发展的。一般来说，在发达的商品经济中，货币执行着价值尺度、流通手段、贮藏手段、支付手段和世界货币等五种职能。其中，价值尺度和流通手段是货币的两大基本职能，其余 3 个职能是由基本职能派生出来的，是货币的派生职能。

1. 价值尺度

货币的第一个职能是充当商品的价值尺度，作为计量商品价值大小的尺度。马克思说：“金的第一个职能是为商品世界提供表现价值的材料，或者说，是把商品价值表现为同名的量，使它们在质的方面相同在量的方面可以比较。因此，金执行一般的价值尺度的职能，并且首先只是由于这个职能，金这个特殊的等价商品才成为货币。”因此，价值尺度是货币的基本职能之一。

各种商品的价值所以能够比较，并不是因为有了货币，而是因为它们本身都是一般人类劳动的凝结物，本来就是可以比较的。货币所以能够充当价值尺度，是因为货币本身也是商品，具有价值，正如计量物品长度的尺子，本身必须具有长度一样。商品价值的内在尺度是劳动，货币作为商品的价值尺度只是外部的。

货币执行价值尺度的职能是观念上的。并不需要有现实的货币，只需要想象的，观念中的货币就行了。

商品价值的货币表现就是商品的价格。为了衡量和计量各种商品不同的价值量，货币自身必须先确定一个计量单位，即在技术上有必要用某一固定的金量作为货币单位，它又分成若干等分。这种货币单位及其等分，叫做价格标准。例如，我国的元、角、分等。

价格标准与货币的价值尺度是不同的。第一，作为价值尺度，是用来衡量各种不同商品的价值；作为价格标准，则是代表一定的金属重量，用来衡量货币金属本身的数量。第二，作为价值尺度，货币金属本身的价值，会随劳动生产率的变动而变动；作为价格标准，货币单位所含的金属重量，则与劳动生产率的变动无关，从而与金属价值的变动无关。第三，作为价值尺度，是在商品经济发展中自发产生的，并不依靠国家权力；作为价格标准，则通常是由国家法律规定的。

2. 流通手段

货币的第二个职能是流通手段，即充当商品交换的媒介。商品在交换时先把商品换成货币，再用货币去换取别人的商品，货币就成为交换的媒介体。执行流通手段的货币必须是现实的货币，不能是想像的或观念的货币。但由于在流通过程中，货币只是交换的手段而非目的，在商品所有者中来去匆匆，转瞬即逝，因此作为流通手段的货币可以用不足值的或没有价值的符号替代。作为货币符号的纸币就是从货币流通手段职能中产生的，以货币为媒介的商品流通，打破了直接物物交换在时间、空间和对象上的限制，极大地便利了交换，同时也使买与卖分裂为两个独立的过程，若一些商品所有者只卖不买或多卖少买，就会使另一些商品所有者的商品卖不出去，买卖失衡就可能爆发危机。因此，货币的流通手段职能，孕育着危机的可能性。

3. 贮藏手段

货币退出流通贮藏起来，就执行贮藏手段的职能。货币的贮藏手段的职能是随着商品流通的发展而发展的。最初，人们只是把满足自己需要以后多余的部分产品拿去交换，取得货币后暂时不购买商品而把货币贮藏起来。随着商品生产的发展，贮藏一定数量的货币成为顺利进行再生产的必要条件。最后，在求金欲的驱使下，出卖商品以后不再购买，而把货币作为绝对的社会财富贮藏起来。

货币作为贮藏手段，必须是足值的金属货币。它可以是金银铸币，金银条块，最典型的贮藏形式是窖藏。

货币贮藏可以起自发地调节货币流通量的作用。当流通中货币量过多时，多余的货币会自发地贮藏起来；而当流通中货币不足的时候，它又会重新进入流通。所以在足值的金属货币流通条件下，货币的贮藏起到了蓄水池的作用。

4. 支付手段

货币在用于清偿债务，交纳赋税，支付工资，税款等价值的单方面转移时，执行支付手段职能。货币支付手段职能出现后，一定时期内流通中所需要的货币量也相应发生了变化，不仅包括了作为流通手段的货币量，还包括了作为支付手段的货币量。商品交换中延期支付，到期支付、债务间相互抵消的货币额，都会影响货币流通量。货币执行支付手段职能可以使相应的支付活动相互抵消，从而节约了现金和流通费用。

随着信用制度的发展，货币作为支付手段的职能作用也在扩展，作为支付手段的货币取得了各种形式，并出现了金融工具的创新。货币支付手段的职能扩大了危机的可能，因为信用交易的发展，商品生产者无力清偿债务，就会引起许多相关联债务人支付困难的连锁反应，造成债务关系混乱，出现货币危机。

5. 世界货币

随着商品流通超出一国范围，货币的作用也超出国界，在世界市场上，货币具有世界货币的职能。作为世界货币，必须是足值的金属货币，而且必须脱去铸币的地方性外衣，以金块、银块的形状出现。

世界货币的职能有以下几个方面：第一，在结算国际贸易差额时，作为一般的支付手段。第二，在国际市场上，一国单方面的购买另一国的商品时，作为一般购买手段。第三，作为社会财富的代表由一国转移到另一国，如用黄金、白银支付战争赔款，输出货币资本等。在目前非金属货币流通和黄金非货币化的情况下，只有那些在国际市场上可以自由兑换成其他国家货币的硬通货，才可充当世界货币。

货币的五个职能之间，存在着有机的联系，从其历史发展的进程来看，货币必须首先具有价值尺度职能，进而才能执行流通手段职能。价值尺度和流通手段是货币的两个基本职能，其他职能都在这两个职能的基础上，随着商品生产和商品流通的发展逐步产生的。五种职能的排列次序不是任意的，而是反映了商品生产和商品流通的历史发展过程。这五个职能之间存在着有机联系，共同地表现了货币作为一般等价物的本质。

2.1.3 货币的种类

货币是商品经济的产物。随着商品经济的不断发展，进入交换的商品和劳务的种类增多，数量增加，商品交换地域的扩展，交换关系的复杂化，使货币的形态不断改变。不同的货币形态产生不同种类的货币：

1. 足值的商品货币

足值的商品货币是指用商品充当货币，并且作为商品的价值与其作为货币的价值相等。如金币，它在商品市场上出售，作为黄金的价值等于面值。

2. 法偿货币

法偿货币是指在债务清偿中债权人必须接受的货币。很明显，现金是法偿货币，这是因为债权人必须接受债务人用现金清偿债务。存款不是法偿货币，这是因为债权人可以不接受债务人用存款清偿债务。某种货币是不是法偿货币，就要看它在交换中能不能被普遍接受，或者能够用作价值标准。

3. 信用货币

货币作为商品自身的价值不能与其作为货币的价值相等，而且不能兑换为商品货币，该货币就可定义为信用货币。信用货币是信用关系的产物，也是目前世界上几乎所有国家都采用的货币形态。一般来说，信用货币主要有辅币、纸币、银行券和支票存款 4 种形式。

(1) 辅币。为了满足小额或零星交易的需要，用贱金属（铜、镍等）铸造或用纸张印制的不足值货币就是辅币，前者叫硬辅币或硬币，后者叫纸辅币。

(2) 纸币。一般意义上的纸币是指由国家发行并依靠国家权力强制发挥货币职能的纸制货币。如美国的“绿背”钞票，即美元就属此种性质货币。

(3) 银行券。银行券是一个国家或地区中央银行发行的一种债务凭证。由于中央银行有较高信誉，所以银行券在流通中被人们普遍接受，发挥着货币的职能。我国的人民币是中国人民银行发行的不可兑换的银行券。

(4) 支票存款。支票存款是存款人能以支票即期提取、支付的存款。这种存款通过支票可随时在交易双方之间进行转移，因而在商品和劳务的支付以及债务的清偿上被普遍接受，发挥着货币的职能。支票存款不仅可以减少因使用现金而遭受丢失或失窃的风险，同时由于传递兑零方便而减少交易成本。另外，支票存款经收款人背书后还可在一定范围内直接充当支付工具。

2.1.4 货币制度

货币随商品生产和交换关系的发展而改变，不同的货币形式总是和一定的经济制度相联系，这就形成了不同的货币制度。

1. 货币制度的概念

货币制度是指一个国家以法律形式规定的货币流通结构和组织形式，又称货币本位制度，体现着掌握国家权力的统治阶级的意志。

为了创造有秩序、稳定的货币流通体系，以适应商品经济发展的需要，世界上各个国家或地区都先后颁布了有关法规和条例，对货币流通做出种种规定，形成统一的、稳定的货币制度。实际上，货币制度是人们在充分认识商品货币关系的基础上，由国家制定并主要通过国家法律强制保障实施的，它体现了国家在不同程度上、从不同角度对货币所进行的控制。

2. 货币制度的构成内容

货币制度的主要构成内容包括：货币金属，货币单位，各种货币的铸造、发行与流通程序，金准备制度四个方面。

(1) 货币金属。它是确定作为本位币货币材料的金属，这是整个货币制度的基础。一个国家选择哪些金属作为货币金属，是由这个国家客观经济的发展进程和货币金属生产状况来确定的。

(2) 货币单位。它包含两方面的内容，即货币单位的名称和每一货币单位所包含的货币金属重量。如美国规定的货币单位名称是“美元”，1934 年 1 月，1 美元含金量 0.888 67 克。英国规定货币单位名称是“英镑”，1870 年每英镑含金量为 7.97 克。中国在 1914 年规定货币名称为“圆”，一圆含纯银 23.977 克。

(3) 本位币和辅币的铸造、发行和流通程序。本位币又称主币，它是按照国家规定的货币金属和货币单位铸造而成的铸币。本位币是一个国家计价结算的基本通货，具有无限法偿的效力。辅币是本位币以下的小额通货，是本位币的一个可等分的部分，一般是用较贱的金属如铜、镍等铸造。辅币是不足值的货币，仅具有有限法偿的效力。

(4) 金准备制度。金准备又称黄金储备，是指国家所拥有的金块和金币的总额，世界上大多数国家黄金储备都由中央银行或政府掌握，是一国货币稳定的重要因素，也是货币制度构成的重要要素。信用货币进入流通后，金储备不再作为国内金属货币的准备金，以及支付存款和兑付银行券的准备金。但仍然作为国际支付的准备金。

3. 货币制度的演变

货币是由于分工和交换制度的产生而出现的。货币制度随社会经济的发展而不断变化。在金银作为货币的情况下，各国为了建立一个具体的货币制度，就首先要决定一种货币的基础与计算单位。这种货币的计算单位就是货币的本位。根据这一本位而制定的货币称为本位货币。在历史上各国曾实行过不同的货币本位制度。

(1) 金本位制 (Gold Standard)。金本位制是一个国家的货币单位用一定数量的黄金来表示。英国是最早实行金本位制的国家（1816 年实行），到第一次世界大战前为止，主要的西方贸易国普遍实行了金本位制。在历史上曾有过不同的金本位制，按其货币与黄金的联系程度，可以分为如下三种类型。

①金币本位制 (Gold specie Standard)，是以黄金作为本位货币的货币制度。其特点是：第一，法定货币含金量。即用含有一定重量、成色的黄金金币为本位币在市场上流通，而各国货币都按所含的黄金量来确定彼此间的比价。如 20 世纪初，1 美元含金 23.22 格令，1 英镑含金 113.0016 格令，则 20.672 美元或 4.248 英镑等于 1 盎司黄金的价值，并由此确定美元与英镑间的汇率，即 1 英镑＝4.8665 美元。第二，自由铸造。任何人都可以自由铸造或熔化金币。第三，自由兑换。市面上流通的其他金属辅币和银行券可以按法定比率自由兑换成金币或等量的黄金，同时，准许人们自由贮藏黄金。第四，自由输出入。黄金可以自由地输出或输入本国。1880～1914 年是金币本位制的全盛时期。

②金块本位制 (Gold Bullion Standard)，是以黄金作为准备金，以有法定含金量的价值符号作为流通手段的一种货币制度。黄金只作为货币发行的准备金集中于中央银行，而不再铸造金币和实行金币流通。流通中的货币完全由银行券等价值符

号代替，银行券可以在一定数额上按含金量与黄金兑换。中央银行保持一定数量的黄金储备，以维持黄金与货币之间的联系。在金块本位制度下，金币的铸造和流通以及黄金的自由输出入已被禁止，黄金已不可能发挥自动调节货币供求和稳定汇率的作用，从而使金块本位制失去了稳定的基础。因此，金块本位制度实际上是一种残缺不全的金本位制度。

③金汇兑本位制（Gold Exchange Standard），又称为虚金本位制，它将本国货币间接地与黄金联接。实行金汇兑本位制的国家，对货币只规定法定含金量，禁止金币的铸造和流通。国内实行纸币流通，纸币不能与黄金兑换，而只能兑换外汇，外汇可以在国外兑换黄金。由于流通中的货币是不能与黄金保持兑换的纸币，黄金已不能发挥自发地调节货币流通的作用，使货币流通失去了调节机制和稳定的基础，从而削弱了货币制度的稳定性。因此，金汇兑本位制度是一种削弱了的极不稳定的金本位制度。

（2）银本位制。银本位制就是一个国家的货币单位用一定数量的白银来表示。在银本位制下，以白银为货币材料的铸币是本位币，银铸币具有无限法偿的能力，流通的价值符号可以兑现为银铸币。它也可以分为银币本位制，银块本位制或银汇兑本位制。银本位制历史悠久，于16世纪以后盛行，1870年后资本主义国家纷纷放弃银本位制。我国1910年正式实行了银本位制。

（3）复本位制。复本位制就是一个国家的货币单位可以用一定量的黄金和白银来表示。换言之，黄金和白银同时都是本位货币，即同时采用金本位制和银本位制。在这种制度下，关于兑换，买卖，进出口的条款同时适用于黄金和白银。由于大量金银铸币进入流通，满足了经济迅速发展的需要。但是也暴露出这种货币制度的不稳定性。当金银铸币各按其本身所包含的价值进行流通时，市场上的商品就出现了金银两重价格，而这两重价格随金银市场比价的不断变动而变动。为了克服由此造成的紊乱，很多国家法律规定了金与银的比价。但金银市场比价并不会由于法定比例的确定而不再发生变化。于是劣币驱逐良币规律即格雷欣法则发挥作用。即在两种货币同时流通时，市场价值较高的成为良币，市场价值较低的成为劣币，在价值规律的自发作用下，良币逐渐退出市场，而劣币不断充斥市场。格雷欣法则是一条经济法则，是由16世纪英国金融家。商人托马斯·格雷欣提出来的，他曾担任英国王室财政顾问和驻安特卫普的金融代理人。

（4）不兑现的信用货币制度。以上三种都是金属本位制。不兑现信用货币制是以纸币为基本货币单位，这种纸币由法律决定其地位，称为法偿货币。在许多国家，规定有纸币的含金量，但这种纸币并不能兑换成黄金。其特点是：第一，现实经济生活的货币都是信用货币。第二，不兑现银行券和银行存款这些信用货币都是通过银行信贷程序投入到流通中去的。第三，国家对货币流通的控制与调节成为经济正常发展的必要条件。

应当指出，在金属本位制下一般不会发生通货膨胀（除非特殊条件下，例如，17世纪由于北美黄金白银流入欧洲而发生的价格革命），因为贵金属量总是有限的。但纸币的发行可以是无限的，因此，通货膨胀是不兑现本位制，即纸币制度下的产物。

2.1.5 人民币制度

1.中国货币制度的演变

(1) 旧中国的货币制度。中国最早的货币有海贝、布帛和农具，商周时期开始使用金属货币，秦始皇统一中国后，废除刀、布、贝等货币，开始生产外圆内方的铜铸币，即铜钱。铜钱是从秦朝到清末两千多年流通的基本货币。黄金、白银也是流通货币，但主要不是以铸币形式流通，而是称量货币。从鸦片战争到1949年中华人民共和国成立前，这一时期中国的货币制度是一种混乱的、落后的与不独立的货币制度，其基本特点是：

①从银本位制向纸币本位制过渡。自18世纪末至19世纪初，英国首先过渡到金本位制，欧洲其他国家和美国也逐步形成金本位制。但我国仍然是银本位制，且为落后的银两本位制，银钱并行本位制，这种称量货币对流通带来极大不便。当外国银元大量流入中国后，清政府才开始自制银元；1933年4月，国民党政府进行“废两改元”的币制改革，我国才开始实行统一的银铸币本位制。由于白银外流，国内银根缩紧，银本位制难以维持，国民党政府于1935年11月废止银本位制，实行法币政策，开始了不兑现纸币本位时期。

②旧中国货币制度受到帝国主义国家的操纵控制。帝国主义国家利用中国的银两制度，将大量含银不足的银元推入中国，掠夺财富，换取含银十足的中国纹银，中国白银不足，依赖输入，帝国主义国家对国际市场金银比价的控制使中国的货币制度间接受到影响。帝国主义国家还在中国开设银行，发行纸币，甚至把其在国内发行的货币投放到中国市场上流通，占据中国的货币市场。

③市场上流通的货币不统一。银两制度下，名称不一，分量不一，“废两改元”后，银元成分不一，分量不一，各省都有官银钱局，纷纷铸造货币，发行纸币，私营钱庄也发行银钱票。

④通货膨胀恶性发展。国民党以发行纸币弥补由于庞大军费开支而引起的巨额财政赤字，引起了通货膨胀。1938年以后，物价上涨速度大大超过货币发行量增加的速度，法币几乎变成了废纸，国民党不得不于1948年8月19日宣布废止法币，再次实行币制改革，发行金圆券代替法币。但金圆券和在这之后发行的银元券，在短短的一年内相继崩溃，留下一个难以收拾的恶性通货膨胀的局面。

（2）统一人民币制度的建立。革命根据地建立以后，由人民政权发行货币，最早的是第一次国内革命战争时期的农民协会信用合作社流通券，以后又有银票、钞票、银元、铜币、边币、农民币及各地方币。在根据地内，一般只允许人民自己的货币流通。由于根据地和解放区处于被包围被分割状态，因此，各根据地和解放区的货币不可能统一发行和管理。

货币的统一工作是从合并解放区的通货开始的。首先在互相邻近和连接的解放区之间，把几种不同的通货实行固定比价流通或混合流通，或以一种通货为主，然后逐步合并统一。

1948年12月1日，中国人民银行在河北省石家庄市宣告成立，随即发行人民币作为全国的统一货币。人民币的发行，标志着社会主义货币制度的开始。

2. 我国人民币制度的主要内容

（1）人民币是我国的法定货币。人民币的单位是“元”，符号为“¥”，“元”是本位币即主币，主币共有7种：1元、2元、5元、10元、20元、50元和100元。辅币的名称为“角”和“分”，有6种。

（2）人民币是纸币。人民币是代表一定价值的货币符号，在流通中起一般等价物的作用。人民币没有含金量的规定，它以投入市场的商品作保证。二者之间的比例会随着商品经济的发展和货币流通速度的变化而变化。

（3）人民币是我国唯一的合法通货。国家禁止境内金银和外币计价、结算、流通和私自买卖，金银只能出售给国家银行，由国家银行按牌价出售，但允许个人持有。

（4）人民币的发行权集中于中国人民银行，即中央银行，并由中国人民银行总行根据国务院批准的货币发行额度组织货币发行和集中管理货币发行基金。

（5）人民币流通实行计划管理，主要是通过信贷计划管理（包括人民银行信贷收支计划和商业银行信贷收支计划）。资金计划管理、货币供应调控，对货币流通进行组织，调节和管理。

（6）人民币允许在经常项目下可兑换。1994年开始，我国形成了新的外汇体制，实现了人民币在经常项目下有条件的可兑换，并于1996年成功地实现了经常项目下可兑换。在这一过程中，我国的货币制度也将进一步与国际货币制度接轨。人民币汇率制度实行以市场供求为基础的、单一的、有管理的浮动汇率制度。

（7）人民币是基本稳定的货币，是完全独立的货币制度。

2.1.6 货币流通

1. 货币流通的概念

我国古代曾把货币喻为“无足而行”，“无翼而飞”，地不分东南西北到处游动。货币从根本上说是由商品流通引起的，是商品流通直接赋予货币的运动形式。

在商品流通（W—G—W）中，货币（G）是媒介。商品每交易一次，货币随而周转一次。由于商品交易不间断地进行，相应引起货币不断运动，形成货币运动的长流，如图 2-1 所示：

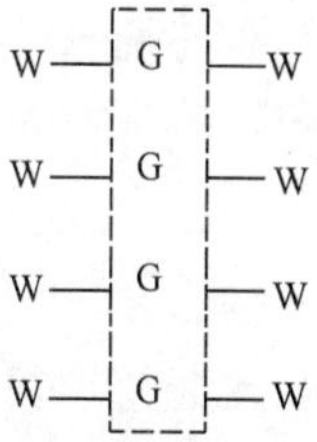

图 2-1

由此可见，货币流通就是在商品流通中，货币作为流通和支付的手段不断运动的长流。马克思曾这样表述："商品流通直接赋予货币的运动形式，就是货币不间断地离开起点，就是货币从一个商品所有者手中转到另一个商品所有者手里，或者说，就是货币流通。"（《马克思、恩格斯》第 23 卷、第 134 页）

2. 货币流通与商品流通的关系

货币流通与商品流通的关系，可以概括为两个方面：一方面货币流通由商品流通所引起，由其所决定，没有商品流通就没有货币流通。另一方面，货币流通对于商品流通又不是完全被动的，它有其相对独立的运动，仅作用于商品流通。二者的主要区别是：

（1）商品流通决定货币流通。商品流通是第一性的，货币流通是第二性的，货币流通是由商品引起的，是商品流通实现的形式。

（2）反映的形态不同。商品流通是反映具有不同使用价值的商品之间的交换，商品形态不断变化，而作为交换媒介的货币，在流通中形态始终不变。

（3）货币流通量和商品流通所反映的价值量不相对应。因为商品是具有特定使用价值的，在一次商品流通完成后，商品退出流通。而货币作为一般等价物，同一单位货币可以媒介多次商品交换，而且为了使人们在购买商品时有选择的可能，流通所反映的价值量必须大大超过相对应的货币流通的量。

（4）商品和货币二者运动的方向恰好是相反的。卖出商品，收入货币；买进商品，则要付出货币。商品与货币正好是相背运动。用图 2-2 表示：

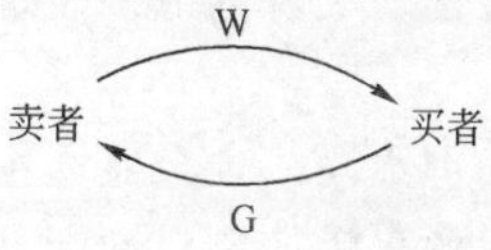

图 2-2

（5）商品和货币二者在运动的时间上不一致。商品是由生产厂家出售后，经批发环节到零售环节，再进入生产或生活消费领域，完成流通过程，商品就退出流通。而货币则继续留在流通中，可以充当下次商品交易的媒介。这样，同一枚货币可以多次媒介商品交易，从而产生货币流通的速度问题。这表明，货币在流通中停留的时间要比商品在流通中停留的时间长得多。

（6）商品流通和货币流通在范围上不尽一致。就货币流通由商品流通引起的角度说，二者流通的范围是一致的。但在商品货币关系进一步发展后，货币流通就会超越商品流通范围之外，为各种非商品性经济往来服务，如财政的收入和支出，银行存款和货款的收付，工资支付以及民间借贷等。

3. 货币流通的两大领域

我国经济中统一的货币流通包括现金流通和转账结算（非现金流通）两种形式。二者各有其适用范围和特点。

(1) 现金流通。在这个领域中货币以现金（人民币钞票）形态存在。它适用于小额、零星交易，主要是涉及日用消费品买卖和个人有关的收付。在这里，交易和收支频繁，往往要求亲自挑选，“一手交钱、一手交货”钱货当面两清的方式最为合适。

(2) 转账结算（非现金流通）。指通过银行账户办理存款转账而了结交易。它是以存款货币为存在状态，通过开出支票等结算凭证来完成交易的。它一般适用于大额交易，主要是生产资料交易和消费品的批发交易。在这类交易中若采用现金支付需花费大量印刷钞票、清点、运送保管的费用，而且很不安全。使用转账结算，既可以解决这些问题，又方便安全，节约社会流通费用和时间，加速资金的周转。同时，大额货币结算通过银行进行，既有利于国家通过银行有计划分配资金，有计划调节货币流通，而且有利于通过银行对企业和经济部门，行政事业单位的经济活动进行监督。

这两个领域的划分只能是相对的，主要随着经济条件的变化而改变，尤以信用关系和银行业务的发展，原来不少采用现金支付的交易无需用现金了。例如，西方国家流行的一种信用卡，运用信用卡购买消费品，而无需携带和使用现金。可以说，信用关系和银行的进一步发展，现金流通范围将会呈缩小趋势。

(3) 现金流通和转账结算的区别与联系。现金流通和转账结算作为统一货币流通的两种形式既互相区别又相互联系，并在一定条件下相互转化。二者的区别表现在以下三个方面：

①二者服务的对象不同，银行为两种形式提供的货币方式也不同。现金流通主要服务于个人货币收支和消费品零星交易，转账结算则主要服务于生产资料和批发交易；现金流通形式中的货币方式，是国家银行发行的纸币与辅币，而转账结算形式中的货币方式，是以存款为基础的转账结算工具，这种转账结算工具只能办理转账，不能转让流通。

②国家进行调节的方法不同。国家对现金流通形式的调节，通常不能采取强制性措施，不能利用行政手段。如对居民手中的现金只能在自愿基础上进行。而转账结算形式，除了直接进行计划调节外，在需要时，还可利用行政手段，实行某些强制性措施，甚至采取冻结存款方式进行干预。

③两种形式受宏观调控的程度不同。现金在投入流通后，怎么用、何时用、用多少，完全归个人支配，国家只有通过以自愿为基础的储蓄手段进行适当调节，不宜采用强制手段。因而，国家自然要高度重视现金流通动态，预先作出安

排，及时进行调节。而转账结算完全处于银行的管理和监督之下，这就为实现宏观调控提供了可能，在需要时，甚至可以冻结存款。因而，转账结算的可调控性较现金流通强。

二者的联系表现在以下两点：

①由于社会再生产是统一的，为社会再生产服务的货币流通也是统一的。各部类、部门企业间交换商品、货币便在它们之间不断转手，或是以现金收付形式，或以存款转账形式，而且必然发生现金转化为存款，或存款转化为现金的情况。

②在流通中存款和现金总量相互转化，此消彼长。由于存款与现金间经常相互转化，意味着二者在数量上具有相互影响。在流通中现金和存款总量不变的情况下，现金量增加，存款量便相应减少，反之亦然。所以，必须把现金流通和转账结算视为整体，才能有效地调节好货币流通。

我国过去一段较长时期中，偏重于注重现金流通，甚至于只把现金流通视为货币流通，而把转账结算置于货币流通之外。这主要是因为在我国商品经济尚不够发达，尤以信用关系落后的情况下，商品交易中使用现金的比重较大。不过，必须看到现金流通和转账结算两者是构成货币流通的统一体。如果只注意调节现金流通量，忽视对转账结算和存款货币的调节，现金流通的管理和调节将会是“事倍功半”。只有把二者作为整体去对待，才能更好地调节好货币流通。同时也能更好地调节现金流通。

4. 货币层次的划分

虽然现金货币、存款货币和各种有价证券均属于货币范畴，随时都可以转化为现实的购买力，但决不等于现金、存款货币、有价证券的流动性相同、货币性一样。比如，现金和活期存款是直接的购买手段，随时可以形成现实的购买力，货币性或流动性最强。而储蓄存款一般需要转化为现金才能用于购买，定期存款到期才能用于支付，如果要提前支付，还要蒙受一定损失，因而流动性较差。票据、债券、股票等有价证券，要转化为现金购买力，必须在金融市场上出售之后，还原为现金或活期存款。由于上述各种货币转化为现实购买力的能力不同，从而对商品流通和经济活动的影响有别。因此，有必要把这些货币形式进行科学的分类，以便中央银行分层次区别对待，提高宏观调控的计划性和科学性。

西方学者在长期研究中，一直主张把“流动性”原则作为划分货币层次的主要依据。所谓流动性是指某种金融资产转化为现金或现实购买力的能力。具有“流动性”的金融资产，价格稳定，还原性强，可随时在金融市场上转让、出售。

由于各个国家信用化程度不同，金融资产的种类也不尽相同。因而，各个国家把货币划分几个层次，每个层次的货币内容如何都不完全一样。下面介绍几种不同的划分。

（1）国际货币基金组织的划分。国际货币基金组织一般把货币划分为三个层次：

M_0＝流通于银行体系之外的现金

M_1＝M_0＋活期存款（包括邮政汇划制度或国库接受的私人活期存款）

M_2＝M_1＋储蓄存款＋定期存款＋政府债券（包括国库券）

（2）美国货币层次的划分。进入20世纪70年代之后，美国银行向全能化、综合化方向发展的趋势明显加快，金融创新不断出现。例如“可转让支付命令账户”和“自动转账服务账户”的设立，不仅商业银行，而且所有金融机构都可接受实际上的活期存款等。所有这些变化，使活期存款与定期存款、储蓄存款之间的差别变得模糊起来。因此，美国的货币层次划分，有自己的特点。

M_{1A}＝现金＋商业银行的活期存款

M_{1B}＝M_{1A}＋所有存款机构的其他支票存款

M_2＝M_{1B}＋储蓄存款＋所有存款机构的小额定期存款

M_3＝M_2＋所有存款机构的大额定期存款＋商业银行、储蓄货款机构的定期存款协议

M_4＝M_3＋其他流动资产（短期债券、保险单、股票等）

（3）我国货币层次的划分。我国对货币层次的研究起步较晚，但发展迅速。

目前基本上是按金融资产的流动性划分的：

M_0＝流通中的现金

M_1＝M_0＋企业活期存款

M_2＝M_1＋企业定期存款＋储蓄存款

这种划分方法便于说明货币问题及其构成，区别了现实货币量（M_1）与潜在货币量（M_2-M_1），有利于宏观分析。

5. 货币流通的渠道

货币流通渠道是指货币通过什么渠道，从银行投入流通，又通过什么渠道流回银行。我国的货币流通可分为现金流通渠道和非现金流通渠道。

（1）现金流通渠道。现金流通包括现金投放和现金回笼两个方面。由于转账结算不存在投放与回笼的问题，因此，一般把现金的投放、回笼叫做货币投放和货币回笼。中国人民银行是我国唯一的货币发行机关，是国民经济现金出纳的中心。现金的投放和回笼是银行通过不同渠道进行的。现金投放渠道主要有：

①工资支出及对个人的其他支出。这是城市投放现金的主渠道，包括对企业、单位职工发放的工资、奖金和津贴，以及对个人支付救济费、抚恤金等支出。

②农副产品采购支出。包括收购农民农副产品和手工业品的支出，这是农村现金投放的主渠道。

③企业、单位行政管理费支出。包括企业、单位日常管理费用中的零星开支，

如购买文具、支出差旅费等，需要动用部分现金。

④农村财政信贷支出。包括财政部门对农村的拨款，银行发放的农业贷款等，常需要动用相当部分现金。

⑤储蓄存款支出。即居民提取储蓄而支出的现金。它在现金支出占有越来越重要的地位。

现金回笼渠道主要有：

①商品销售收入。即商业企业销售商品而收入的现金，通常称为商品回笼。这是现金回笼的主要渠道。

②服务事业收入。这是服务行业提供劳务而收入的现金，通常称服务回笼。如饮食服务、交通运输等企业的现金收入。

③财政收入。主要是财政部门向居民征收的各项税收收入，通常称财政回笼。

④信用收入。包括城乡居民储蓄存款以及收回农业贷款的收入，通常称信用回笼。近些年来，储蓄存款增长很快，信用回笼已成为一个重要渠道。

(2) 非现金流通渠道（转账流通）这种流通是通过银行从某一方的存款账户转到另一方的存款账户的办法来代替现金的收付。马克思曾指出，银行采用转账结算的办法，必须以银行家手里有货币为前提条件，否则，支票等转账结算凭证就会没有任何价值。由此可见，在转账结算时，各种转账结算凭证都在执行货币流通的职能。所以，这些转账结算凭证的运动即叫做转账流通。这种流通是在银行直接划转。因此，不存在投放和回笼的问题。如果说存在的话也是投放与回笼结合在一起同时进行的。

从各种经济活动来考查非现金流通渠道，主要有五种，即：商品交易结算，劳务供应结算，财政部门预算收支，主管部门与所属单位的资金拨缴和银行贷款收支。转账流通有一个重要特点，就是各存款户之间的转账收支，只影响存款在部门之间、企业之间和地区之间的转移，而不影响银行的存款总额。

6. 货币流通规律

货币流通规律就是商品流通决定市场货币需要量的规律，简单地说，就是决定流通中货币必要量规律。商品流通过程所需要的货币量取决于三个因素：一是待销售商品数量，二是单位商品价格，三是单位货币流通速度。一与二的乘积是价格总额。当货币流通速度不变时，流通中的货币量与商品价格总额成正比。当商品价格总额不变时，流通中的货币量同货币流通速度成反比。

研究货币流通规律就是研究货币的流通数量和商品数量的比例关系。这种关系用公式表示：

$$\text{流通中所需要的货币量}=\frac{\text{待销售的商品价格总额}}{\text{货币流通平均速度（次数）}} \tag{2-1}$$

这里应当指出，货币本身价值的变化，也会引起货币需要量的增减。在金属货币流通的情况下，假定商品价格总额和货币流通次数不变，如果每一枚货币所包含的价值（社会必要劳动）降低，那么市场货币需要量就会增加。反之，货币所包含的价值增加，货币需要量就会相应减少。

如果考虑赊销商品的情况，相互间的债权债务关系可以抵消。因此，关于流通中所需货币量的公式便应有所补充，即：

$$\text{流通中所需要的货币量}=\frac{\text{待销售商品价格总额}-\text{赊销商品价格总额}+\text{到期支付总额}-\text{互相抵消的支付总额}}{\text{货币流通平均速度（次数）}} \tag{2-2}$$

货币流通规律所要研究的问题，是货币与金属的比例问题。也就是说，单位货币所代表的价值量是由流通中所需要的金属货币量和流通中的货币总量共同决定的。正如马克思所说："只能从纸币是金的代表这种关系中产生。这一规律简单来说就是："纸币的发行限于它象征地代表的金（或银）的实际流通的数量。"（《马克思恩格斯全集》，1972 年版、第 23 卷、第 147 页）可用下列关系来表示纸币流通规律：

$$\text{单位纸币}=\frac{\text{流通中货币必要量}}{\text{代表的价值量流通中纸币总量}} \tag{2-3}$$

纸币流通规律是以金属货币流通的规律为基础的。当纸币代替金属货币流通时，纸币流通规律是：纸币的发行量，必须以流通中所需要的金属货币的量为限，也就是纸币的发行要适应于由货币流通规律所决定的金属货币的需要量。超过这一限度，纸币就会贬值，物价上涨。这也就是通常所说的通货膨胀现象。

7.衡量货币流通状况的标志

衡量货币流通状况正常与否，从根本上说是看流通中的实际货币是否与货币流通必要量相一致。在纸币流通条件下，如果货币流通量和货币必要量基本一致，货币流通速度就平稳，市场物价就稳定。当货币流通量过多地超过货币必要量时，就必然引起货币流通速度减缓或商品价格上涨。据此，便可通过货币流通速度和物价水平的变化，来衡量货币流通是否正常。同时，还要结合具体经济条件来观察和衡量货币流通的实际状况。

（1）物价总体水平。当今世界各国普遍以物价水平变动的情况来衡量和考察货币流通情况。物价总水平的变动一般用综合物价指数来测定。若以 K 代表物价总体水平，P_0、P_t（是基期）和本期的价格水平，θ_t 代表本期的商品量，则计算公式为：

$$K=\frac{\sum P_t\theta}{\sum P_0\theta_t} \tag{2-4}$$

（2）市场商品供求状况。如果货币流通是正常的，则社会上的商品不会出现过剩或短缺，否则，就是货币流通状况不正常。同时，货币量与商品量在结构上的适应情况也是通过市场情况反映出来的，如生活资料市场状况紧张，生产资料市场状况良好，则说明现金流通量过多，而存款货币量正常，反之，则说明现金流通量正常，存款货币量过多。总之，市场商品供应情况，包括总体情况和结构情况，是衡量货币流通状况的一个重要标志。

(3) 社会节余购买力与商品库存比例情况。商品库存是商品流通的后备。只有保持一定数量的商品库存，才能保证正常的供应，市场才能稳定。如果商品库存过大，节余购买力不足，则下期的周转必然受阻，反之，造成市场上商品短缺。因此，节余购买力应该与商品库存量相适应。

2.2 信用

2.2.1 信用的基本问题

1. 信用的概念

“信用”一词源于拉丁文，意为恪守诺言。作为经济学上的术语，信用是经济上的一种借贷行为，是一种以还本和付息为条件的价值单方面运动。

信用的产生是与货币支付手段职能发展直接相联系的。在商品经济获得进一步发展后，货币作为支付手段的职能就会超出商品流通范围，信用关系日益表现为直接的货币借贷，货币成为契约上的一般商品，一方面在某些人手中积累有货币，需要寻找运用的场所；另一方面，有些人需要货币，因而要求通过借贷形式融通货币的余缺。

融通货币余缺采用信用形式。货币所有者贷出货币，处于债权人地位，有权按期索回借出的货币，并要求对方支付使用货币的代价——利息；借入货币的一方处于债务人地位，可以暂时支配，使用借来的货币、但有义务按期偿还，并按规定加付一定利息。偿还性就是信用的基本特征，是任何社会形态下信用所具有的基本特征。

2. 信用的基本职能

信用的职能就是指信用在社会经济生活中其本身所具有的功能。一般来讲，信用具备以下两个基本职能。

(1) 动员和分配货币资金的职能。信用的基本特征是以偿还和付息为条件的价值单方面运动。即偿还性、期限性、付息性。因此信用可以用其他方式不能动员的独特方式把社会上暂时闲置的货币资金聚集起来，然后再分配给需要货币资金的单位和个人。这种动员和分配货币资金的职能是以偿还和付息为条件的。因此，它是信用的基本职能。

（2）提供和创造流通工具的职能。信用在分配货币资金的同时也发挥着提供和创造流通工具的职能。首先，流通中的货币包括现金和非现金，它可以利用信用形式通过贷款提供出来进入流通领域，然后再按照一定期限后必须偿还的原则收回其贷款从而使流通中的货币又退出流通领域。由此可见，信用发挥着提供流通工具的职能。其次，在信用分配和提供货币资金过程中它又发挥着创造流通工具的职能。当生产力发展，商品流通范围扩大，社会上产品增多时，需要增加相应的货币量，信用可以通过贷款方式追加货币投放进入流通领域用以购买商品或进行支付，从而创造出新的流通手段和支付手段，保持货币量与商品的正常比例。

3.信用的本质

信用作为一种借贷活动，是从属于商品货币关系的一个经济范畴。无论在任何社会下，从形式上看都是一种以偿还和付息为条件的价值单方面运动。但从信用所反映的经济关系及其具体内容看，信用的本质表现在以下几方面：

（1）信用不是一般的借贷行为，而是以还本付息为条件的借贷行为。人们之间无条件的物质融通不是这里讲的信用。

（2）信用是价值运动的特殊形式。信用方式所引起的价值运动是通过一系列借贷、偿还、支付活动实现的。这里的货币或商品不是被卖出，而是被贷出，所有权并没有发生转移，只是使用权发生了变化。

（3）信用不单是一种经济行为，而且是一定的生产关系的体现，并为一定生产关系服务。信用总是由债权人和债务人双方构成，它实质上反映的是债权人和债务人之间的经济关系。这种经济关系在不同的经济形态下，反映出不同的经济内容。

社会主义商品经济中的信用具有一般信用的基本特色，它反映了借贷双方相互合作和支援的新型关系，并且成为国家有计划地动员和分配社会主义建设资金的一种重要形式。

4.信用的作用

当代经济生活中，商品交换、消费、投资、生产以及人民生活的各个领域的商品货币关系都主要表现为信用关系。丰富的信用工具一方面为资金的需求者和供给者提供了相互融资的条件和机会，另一方面也使这种信用关系法制化、流动化。信用关系中资金借贷的价格——利率，既调整着资金供求关系，又引导着资金流向，调整产业结构。各国的中央银行也都是通过对整个信用体系的管理来实现宏观经济调控的。

信用在我国社会主义经济中的巨大作用主要表现是：集聚，调剂和再分配资金，促进商品生产和商品流通的发展；创造信用流通工具，节约社会流通费用；调节经济活动，促进国民经济均衡、协调发展；综合反映国民经济活动情况。

信用在社会主义市场经济中，具有促进经济建设和发展的积极作用，但是，如果运用不当或其他原因也能产生消极影响。为此，在社会主义市场经济中，必须最大限度地发挥信用的积极作用，防止和克服信用可能产生的消极作用，以促进国民经济持续、稳定、协调发展。

2.2.2 现代信用的活动基础

有人说现代经济就是“信用经济”，不管在发达国家还是在发展中国家，债权债务关系都普遍存在。在国际国内的经济联系中，企业经营单位借债与放债是必不可缺的，政府及政府之间往往是既借债又放债，个人同样如此。对我国来说，银行不办理存贷款业务是不可想象的。至于广泛存在消费信用的国家，很多人如不靠分期付款购买耐用消费品及房屋，他们将无法安排生活。在现代经济生活中若能获取信贷，正说明有较高的信誉。其信用的根基在于：

1.盈余与赤字，债权与债务

在发达的商品经济下，商品货币关系覆盖整个社会，作为经济生活中经济行为主体的公司企业、个人，还是各级政府，他们的经济活动都不能不伴随着货币的收支。

在日常的频繁收支过程中，收支相比，会出现收大于支，或支大于收，或收支相抵，更多的是前两种。为此就会出现货币收大于支的盈余经济行为主体，货币支大于收的赤字经济行为主体，和一些均衡单位。这时，通过信用进行调剂就显得必要。在信用社会，任何货币的盈余或货币赤字，都同时意味着相应金额的债务、债权关系的存在。

盈余经济行为主体不仅拥有债权，它同时负有债务，盈余是债权债务抵消后的净债权；同样，赤字经济行为主体往往也同时负有债务拥有债权，只不过债权小于债务；收支相抵单位也并不等于没有债权债务，而是债权债务相当。这种债权债务交错的现象是由于每一笔货币收支都同债权债务的变换消长相联系。在这种情况，信用关系就遍及整个经济生活并且有极其巨大的规模。

2.信用关系中的个人

个人是指有任何货币收入的人，而不论其从事的何种职业。一般来说，个人的货币支出以其收入为度，除了防病、养老、教育子女，购买住房以及其他消费外通常要有一定节余。同时，由于种种原因，会出现有些人入不敷出，有赤字。尤其购买住房往往是负债的重要原因。如果一个国家在相当程度上要依靠消费信用维持再生产周转，则会造成普遍的个人负债。但不论如何把所有的个人作为一个整体，几乎在任何国家，通常大多数年份是盈余，从而是金融市场上货币资金的主要供给者。

3.信用关系中的企业

企业作为一个整体，既是巨大的货币资金需求者，又是巨大的货币资金供给者。企业的经营目标是提供社会所需的产品和服务时获取更大的利润。为此，它需扩大经营，借入资金。所以，一个企业从创业之初，便可能是赤字单位，当然，要借入资金，需有一数量的自有资本金。

在日常的经营过程中，由于种种原因，企业也会出现赤字。如生产周期过长，投资大、收益慢，像造船业、建筑业等产业部门很常见。此外，季节性的资金需要平衡市场波动所造成的收不抵支等现象，也都是需要借款的原因。企业经常需要借入，但同时也经常存在盈余可以贷出。如在取得销售收入之后的一部货币资金和折旧基金在未开支前则是对社会的货币资金供给来源。既有贷出的可能，又有借入的需要，所以企业间存在广泛的资金调剂。若把企业作为一个整体，通常其对资金需求大大超过供给。

4.信用关系中的政府

政府的货币收支主要是从中央到地方的各级财政收支。收大于支，形成财政结余；支大于收，形成财政赤字。一个国家财政收支状况好坏，有时可以根据结余或赤字来判断，但大多情况下难以作出定断。政府一般是货币资金的需求者，所以赤字普遍存在并且规模可观。就是在盈余或平衡的预算条件下，由于支出先于收入等原因，政府也会不时需要借入货币。

5.作为信用媒介的金融机构

个人、企业、政府、有联系的国外各单位，它们之间的债权债务有些是直接发生的，但绝大部分是通过各种金融机构媒介而形成的。

作为媒介的金融机构，它们有自身的经营收入和日常经营所需的支出，结果可能出现盈余或赤字。但它们还有另外一种情况，作为媒介要聚集资金，形成债务，把聚集的资金通过诸如贷款等方式分配出去，形成债权。在经营过程中，若出现对它们的资金需求大于它们所聚集的资金，将驱使他们寻求补充资金来源。反之，它们将设法寻求把集聚的多余资金加以运用的途径。这点表现为金融机构经营活动所独具的特征。

2.2.3 现代信用的形式

信用形式就是表现借贷关系特征的形式。在现代经济社会中，商品经济得以很大发展，并出现了与此相适应的多种不同的信用形式，具体有以下几种：

1. 商业信用

商业信用是企业之间在商品交换过程中，互相赊销商品延期付款或预付货款形式彼此提供的信用。是一种常见的信用形式。在社会再生产过程中，借助商业信用进行商品赊销或分期付款可以使社会再生产各个环节有机衔接起来。商品的赊销和延期支付使买卖双方的关系变成债权债务的关系，为了便于买卖双方债权债务的清偿，使用商业信用工具即商业票据，它是商业信用中借贷人之间的债务凭证。

（1）商业信用的特点。一是商业信用与商品生产和流通密切联系。由于商业是企业间以商品形态相互提供的直接信用，从而加速商品向货币转化，节省货币形态的流通费用。二是商业信用贷出的资本不是闲置的货币资本，而是处于社会再生产过程的商业资本，直接与生产过程相联系。

（2）商业信用的局限性。一是商业信用的规模受到一定限制。由于商业信用是企业之间相互提供的，它自然受到个别企业资本数量限制，每次赊销的商品数量有限，时间也不能过长。二是商业信用的范围受商品流转方向的限制。三是商业信用的存在易引起企业间的相互拖欠，即我们通常所说的“三角债”。

2. 银行信用

银行信用是银行和其他金融机构以货币形式向企业及其他社会单位，个人提供的信用。银行信用是在商业信用基础上产生并发展起来的，银行信用打破了商业信用的局限，适应了社会扩大再生产的需要。银行信用可分为中央银行信用和商业银行信用两大部分，包括两方面的活动：即银行以吸收存款等形式，筹集社会各方面闲散资金和通过借款等形式运用所筹集到的资金。

银行信用的特点：第一，银行信用是以银行作为信用中介机构联结借贷双方的一种间接融资方式。第二，银行信用的规模不受个别资本数量的限制。它可以提供量大时间长的贷款。第三，银行信用不受商品流转方向的限制。银行信用无论在借贷数量、期限和方向上都克服了商业信用的局限性，适应了社会经济发展的需要。随着我国改革开放的进一步深化，资金融通形式日益多样化，商业信用日益依赖于银行信用，银行信用一直是我国资金融通最基本的形式。但它并不能完全取代商业信用。

3. 国家信用

国家信用又叫国家财政信用，是以国家财政为主体，以债务人或债权人身份进行的借贷活动。其主要形式就是由政府发行债券（国库券、公债），以筹措资金。国家信用工具是国库券和公债。在现代经济中，国家为了弥补其财政支出或吸引外资可以以债务人身份在国内外发行国库券和公债筹集资金；也可以以债权人身份运用财政资金对国内外企业发放贷款，对外投资，输出资本获得利润进行政治经济扩张，因此，政府通过国家信用可达到调节经济的目的。由此可以看出，国家信用的产生直接与国家财政相联系。

国家信用的特点是：第一，在国家信用关系中，债务人是国家，而不是职能资本家，债权人多为银行及其他金融机构、企业和居民个人；第二，国家信用是一种直接信用；第三，国家信用目标是弥补财政赤字，保证国民经济协调和稳定发展。

4. 消费信用

消费信用是企业、银行或其他金融机构向消费者个人提供的直接用于生活消费的信用。消费信用有两种类型：一是类似商业信用，是由企业的赊销或分期付款方式将消费品提供给消费者的一种短期的消费信用；二是属于银行信用，是由银行等金融机构向消费者以抵押贷款和小额信用贷款方式直接向消费者提供了一种长期消费信用。

消费信用的特点：第一，它暂时刺激了消费需求，扩大了商品销售，缓解了生产和消费的矛盾；第二，对消费者来说，消费信用是对未来购买力的预付，属提前消费，因此贷款利率比较高，条件苛刻，实际加大消费者的负担；第三，它只是一种暂时促销手段，容易掩盖供求关系真相，引起信用扩张，激化生产和消费的矛盾。

5. 国际信用

国际信用是各国银行、企业、政府之间相互提供的信用，是适应商品经济发展和国际贸易扩大而产生和发展起来的一种跨国信贷关系。

国际信用的特点：第一，密切了各国之间的经济联系，促进了对外贸易的发展；第二，国际信用通过资本输入，一方面加重对落后国家人民的剥削，同时又加剧了输出国争夺市场的矛盾。

6. 民间信用

民间信用是指民间个人之间的借贷往来。它包括个人给集体单位提供的信用和个人之间相互提供的信用。

民间信用的特点是：第一，能满足家庭经济小型合作经济以及集体经济发展对资金的需要，是银行信用活动的补充；第二，民间信用具有一定盲目性，易出现高利贷活动和其他非法经济活动，要对此合理引导和管制。

此外，还有租赁信用、信托信用、保险信用、证券信用、代理信用、国际信用等信用形式。这些信用形式相互关联，并随着商品经济的不断发展将逐步趋于完善。

信用形式多种多样，从不同角度划分，可以有多种不同分类。如按贷款用途不同可分为投资信用、消费信用；按主体不同可分为商业信用、银行信用、国家信用；按空间范围不同可分为国内信用、国际信用；按偿还期不同可分为定期信用、不定期信用；按有无担保可分为对人信用、对物信用等等。

2.2.4 利息与利息率

利息是与信用相伴随的一个经济范畴。信用作为一种有条件的借贷行为，借款者除了按规定时间偿还本金外，还要以利息的形式为使用资金支付一定代价，即利息。

1. 利息

利息是资金所有者因贷出货币的使用权而从借款人那里取得的一种报酬。由于利息是借款者运用借入货币所支付的代价，有时被称为借贷资金的“价格”。利息本源于劳动者所创造出的价值的一部分，利息的来源是由信用关系决定的，因此在不同的社会制度下利息的性质不同，体现的生产关系也不同。

在奴隶社会和封建社会，高利贷信用的利息来源于奴隶、农奴和小生产者的剩余劳动及一部分必要劳动。它体现了高利贷主和奴隶主、封建地主共同对劳动者的剥削关系。

在资本主义社会，利息来源于劳动者的剩余价值，产业资本家将其利润（剩余价值的转化形态）的一部分以利息形式支付给货币资本家或银行资本家，体现了产业资本家和借贷资本家共同瓜分剩余价值的剥削关系。

在社会主义社会，利息来源于主业收入的一部分。体现着全体劳动者共同占有生产资料，独立进行经济核算，合理分配社会纯收入的关系，反映了国家、集体和个人之间在根本利益一致前提下相互支援，彼此协作的新型的社会主义生产关系。

2. 利息率

利息水平的高低是用利息率来表示的。

（1）利息率的概念。利息率是指在一定时期内利息额和本金的比例，简称利率。其计算公式为：

$$\text{利息率}=\frac{\text{利息额}}{\text{本金}} \tag{2-5}$$

习惯上按照计算利息的时间把利率划分为年利率、月利率。年利率表示为百分之几（$x\%$）、月利率表示为千分之几（$x‰$）并以“厘”作为利率的基本单位。

计算利息有单利和复利两种方法。单利是指在计算利息时，不记期限长短，仅按本金计算利息，所生利息不再加入本金计算下期利息。其计算公式为：

$$I=P\cdot r\cdot n \tag{2-6}$$

式中：I——利息额；

P——本金；

r——利率；

n——时间。

复利是指计算利息时，按一定期限（如一年），将所生利息加入本金再计算利息，俗称利滚利。其计算公式为：

$$S=P(1+r)^n \qquad (2\text{-}7)$$

$$I=S-P \qquad (2\text{-}8)$$

式中：S——利和；

P——本金；

r——利率；

n——期数；

I——利息额。

用单利计算利息，手续简便。有利于减轻借款人的利息负担。用复利计算利息，有利于加强资金的时间观念，促使企业关心资金周转速度，提高资金使用效益。

（2）利息率的种类。

①按利率与借贷行为或环节之间的关系，可分为存款利率和贷款利率。存款利率是存款利息与存款金额之间的比率，可分为活期存款利率和定期存款利率。贷款利率是贷款利息与贷款金额之间的比率。可分为一般贷款利率、优惠贷款利率，短期贷款利率、中长期贷款利率等。

②按计算时间长短可分为年利率、月利率和日利率。年利率是指借贷货币一年应支付的利息同本金之间的比率，通常用百分数表示。月利率是指借贷货币一月应支付的利息同本金之间的比率，通常用千分数表示。日利率是指借贷货币一日应支付的利息与本金之间的比率，通常用万分数表示。

③按利率能否真实反映借贷者的收益，分为名义利率和实际利率。名义利率是现实的形式上的利率。实际利率是名义利率扣除通货膨胀因素影响后的利率。

④按利率的特点分为：统一利率、差别利率、浮动利率和市场利率四种。统一利率是指国家对同一种类，同一期限的存款或贷款，规定全国统一的利息率，是我国最基本的利息率。差别利率是指银行根据国家有关的政策、国民经济发展的需要和企业经营管理状况等，对不同贷款对象实际区别对待的利率政策。浮动利率是指在国家规定的统一利率的基础上，授权某一级银行机构在一定的幅度内，可视情况的需要将利率上浮或下浮。市场利率是指借贷双方按市场资金状况自行确定的利率。

⑤按利息是否计入本金后重复计算，可分为单利和复利。

3. 利息率的决定因素

利息率作为对利息量的规定性，在不同的历史条件下受到不同的因素制约，主要有以下几个方面：

(1) 平均利润率。利息是平均利润的一部分，它的变动必然受平均利润率的制约，利息率与平均利润率按同方向变化，并且利息率总是在零和平均利润率之间上下波动。

(2) 社会习惯和政策法律。在借贷资本供需平衡条件下，借贷资本本身并不能提供出利息率在平均利润率中占多大比例。利率水平的确定只能由各国资本之间的竞争以及各国的传统和法律来决定，适应各国经济发展战略和经济政策的要求。

(3) 资金的供求状况。在商品经济条件下，作为金融市场上的商品的“价格”—利率，与其他商品的价格一样受供求规律的制约，一般情况下，银根紧，利率就高，银根松，利率就低。

(4) 物价水平。当物价上涨时，人们持有的货币会贬值，当物价下跌时，人们持有的货币会升值。这就要求从事经营货币资金的银行使自己吸收存款的利息率及发放贷款的利息率必须适应物价上涨水平的幅度。因此物价水平与利率水平具有同步发展的趋势，物价水平制约着利率水平的高低。

(5) 银行成本。贷款和存款的利息差额是银行收入的基本来源，也是扣除成本后利润的基本来源。因此，要考虑此因素。

(6) 国际经济环境。世界经济一体化的趋势，使得商品和资金在国际之间流动。所以，一国利率水平的高低，既受资金流出的影响，也受资金流入的影响，即受国际利率水平的制约。

4. 利息的作用

(1) 利息是聚集社会闲散资金的手段。利息率高时，刺激人们增加储蓄，利息率低时，人们可采用持币储蓄形式。因此，利息起着调节储蓄总量、结构和形式的作用。

(2) 利息的存在可以使资本得到最有效的利用。如果社会的利息率水平是既定的，那么，人们就会把资本用于获得利润率最高的部门，利润率高的部门也就是资本能最好能地发挥其作用的部门。

(3) 企业在支付利息的情况下就要更节约，更有效地利用资本。因此，利息的存在是企业有效利用资本的最好手段。

(4) 当一个社会出现了通货膨胀时，提高利息率可以压抑对可贷资金的需求，刺激可贷资金的供给，从而抑制通货膨胀。

本章小结

1. 价值形式的发展经历了四个阶段：即简单的、个别的或偶然的价值形式、总和的或扩大的价值形式、一般的价值形式和货币形式。货币来源于商品，是商品交换发展到一定阶段的自发产物，是不以人的意志为转移的。同时，货币又不是一般的商品，货币是固定充当一般等价物的特殊商品。它是一种在债务清偿、商品和劳务支付中被人们普遍接受的物品。

2. 货币的本质是固定地充当一般等价物的特殊商品。具有价值尺度、流通手段、贮藏手段、支付手段和世界货币等五种职能。其中，价值尺度和流通手段是货币的两大基本职能。不同的货币形态产生不同种类的货币：即足值的商品货币、法偿货币、信用货币等。

3. 货币制度是指一个国家以法律形式规定的货币流通结构和组织形式，又称货币本位制度，体现着掌握国家权力的统治阶级的意志。货币制度的主要构成内容包括：货币金属，货币单位，各种货币的铸造、发行与流通程序，金准备制度四个方面。世界各国先后实行金本位制、银本位制、复本位制和不兑现的信用货币制度等。

4. 人民币是我国的法定货币，人民币是纸币，人民币是我国唯一的合法通货，人民币的发行权集中于中国人民银行，人民币流通实行计划管理，并允许在经常项目下可兑换。

5. 货币流通就是在商品流通中，货币作为流通和支付的手段不断运动的长流。货币流通与商品流通的主要区别是：商品流通决定货币流通；反映的形态不同；货币流通量和商品流通所反映的价值量不相对应；商品和货币二者运动的方向恰好是相反的；商品和货币二者在运动的时间上不一致；商品流通和货币流通在范围上不尽一致。货币流通包括现金流通和转账结算（非现金流通）两种形式。

6. 货币流通规律就是商品流通决定市场货币需要量的规律，简单地说，就是决定流通中货币必要量规律。商品流通过程所需要的货币量取决于待销售商品数量、单位商品价格和单位货币流通速度三个因素。

7. 信用是经济上的一种借贷行为，是一种以还本和付息为条件的价值单方面运动。信用具备动员和分配货币资金的职能、提供和创造流通工具的职能等两个基本职能。

8. 信用形式就是表现借贷关系特征的形式。在现代经济社会中，信用形式主要有：商业信用、银行信用、国家信用、消费信用、国际信用和民间信用。此外，还有租赁信用，信托信用，保险信用，代理信用等信用形式。

9. 利息是资金所有者因贷出货币的使用权而从借款人那里取得的一种报酬。利息率是指在一定时期内利息额和本金的比例。有单利和复利两种形式。影响利息率的因素主要有平均利润率、社会习惯和政策法律、资金的供求状况、物价水平、银行成本和国际经济环境等几个方面。

复习思考题

1. 简述货币的起源与发展。
2. 简述货币流通与商品流通的关系。
3. 简述货币制度的构成内容。
4. 简述我国人民币制度的特点。
5. 什么是信用？其本质表现在哪些方面？
6. 简述信用的主要形式。
7. 谈谈决定利息率的主要因素。
8. 请你谈谈衡量货币流通状况的标志。

参考文献

[1] 王克华. 货币银行学. 武汉：武汉大学出版社，2001
[2] 曹龙骐. 金融学. 北京：高等教育出版社，2003
[3] 连永安. 金融与保险. 南京：东南大学出版社，2003
[4] 周炳文，张国兴，等. 财政与金融. 北京：中国物价出版社，2002
[5] 黄达. 货币银行学. 北京：中国人民大学出版社，1999

第3章 金融机构与金融市场

本章概要

1. 叙述了金融机构的概念、功能、特征及基本类型；
2. 进行了西方金融机构体系与中国金融机构体系的比较；
3. 介绍了金融工具的特征及种类；
4. 阐述金融市场的种类及构成要素；
5. 描述了货币市场和资本市场的任务和运行机制。

3.1 金融机构

3.1.1 金融机构及其功能

金融市场的参与者可以简单地划分为：政府机构、金融机构、非金融机构（企业或事业单位）和家庭。其中金融机构是金融市场最主要的参与者。狭义的金融机构仅指那些通过参与或服务金融市场交易而获取收益的金融企业；广义的金融机构则不仅包括所有从事金融活动的组织，而且包括金融市场的监管者，如中央银行等以及国际金融机构。本章采用广义的金融机构概念。

金融机构通常提供以下一种或多种金融服务：

①在市场上筹资从而获得货币资金，将其改变并构建成不同种类的更易接受的金融资产。这类业务形成金融机构的负债和资产。这是金融中介机构的基本功能，行使这一功能的金融机构是最重要的金融机构类型。

②代表客户交易金融资产，提供金融交易的结算服务。

③自营交易金融资产，满足客户对不同金融资产的需求。

④帮助客户创造金融资产，并把这些金融资产出售给其他市场参与者。

⑤为客户提供投资建议，保管金融资产，管理客户的投资组合。

上述第一种服务涉及金融机构接受存款的功能；第二种和第三种服务是金融机

构的经纪和交易功能；第四种服务被称为承销功能，提供承销的金融机构一般也提供经纪或交易服务；第五种服务则属于咨询和信托功能。

3.1.2 金融机构的基本类型

按照不同的标准，金融机构可划分为不同的类型：

（1）按照金融机构的管理地位不同，可划分为金融监管机构与接受监管的金融企业。例如，中央银行、证券管理委员会等就是代表国家行使金融监管权力的机构，其他的所有银行、证券公司和保险公司等金融企业都必须接受其监督和管理。

（2）按照是否能够接受公众存款，可划分为存款性金融机构与非存款性金融机构。存款性金融机构主要通过存款形式向公众举债而获得其资金来源，如商业银行、储蓄贷款协会、合作储蓄银行和信用合作社等；非存款性金融机构则不得吸收公众的储蓄存款。

（3）按照是否担负国家政策性融资任务，可划分为政策性金融机构和非政策性金融机构。政策性金融机构是指由政府投资创办、按照政府意图与计划从事金融活动的机构；非政策性金融机构则不承担国家的政策性融资任务。

（4）按照是否属于银行系统，可划分为银行和非银行金融机构；按照出资的国别属性，又可划分为内资金融机构、外资金融机构和合资金融机构；按照所属的国家不同，还可划分为本国金融机构、外国金融机构和国际金融机构。

3.1.3 西方国家的金融机构体系

西方国家的金融机构体系主要由中央银行、商业银行、各种专业银行和非银行金融机构组成。

1. 中央银行

中央银行是银行业发展到一定阶段的产物，并随着国家对经济生活干预的日益加强而不断发展和强化。中央银行是各国金融机构体系的中心和主导环节，对内它代表国家对整个金融体系实行领导和管理，维护金融体系的安全运行，实施宏观金融调控，是统制全国货币金融的最高机构；对外它是一国货币主权的象征。

由于世界各国的社会制度、经济发展水平以及金融业发展程度不同，各国的中央银行制度也有较大的差异。西方国家的中央银行制度主要有四种形式：

①单一的中央银行制度。即在一国范围内单独设立一家统一的中央银行，通过总分行制，集中行使金融管理权，多数西方国家采取这种制度。

②二元的中央银行制度。即在一国范围内建立中央和地方两级相对独立的中央银行机构，分别行使金融管理权，如美国、德国采用这一制度。

③跨国中央银行制度。几个国家共同组成一个货币联盟，各成员国不设本国的

中央银行，而由货币联盟设立中央银行。如 1998 年 6 月欧盟在法兰克福成立的欧洲中央银行，要求成员国的中央银行接受其领导，并逐步摆脱本国政府的干预。

④准中央银行制度。即一个国家或地区只设类似中央银行的机构，或由政府授权某个或某几个商业银行行使部分中央银行职能，如新加坡、中国香港即采用这一制度。

2. 商业银行

商业银行是最早出现的现代金融机构，其主要业务是经营个人储蓄和工商企业存、贷款，并为顾客办理汇兑结算和提供多种服务。通过办理转账结算，商业银行实现了国民经济中的绝大部分货币周转，同时起着创造存款货币的作用。

在西方国家，商业银行以机构数量多、业务渗透面广和资产总额比重大而成为金融机构体系中的骨干和中坚，具有其他金融机构所不能代替的重要地位。

3. 各类专业银行

专业银行是指专门经营指定范围的金融业务和提供专门性金融服务的银行。其特点是：

①专门性。专业银行体现了社会分工的发展，其业务具有专门性，服务对象通常是某一特定的地区、部门或专业领域，并具有一定的垄断性。

②政策性。专业银行的设置往往体现了政府支持和鼓励某一地区、部门或领域发展的政策导向，尤其是开发银行和进出口银行等专业银行的贷款，具有明显的优惠性，如含有政府贴息和保险，借款期限和还款限期较长等。

③行政性。专业银行的建立往往有官方背景，有的本身就是国家银行或代理国家银行。

西方国家专业银行种类甚多、名称各异，这里介绍主要的几种：

(1) 开发银行。即专门为社会经济发展中的开发性投资提供中长期贷款的银行。开发性投资具有投资量大、见效慢、周期长、风险大等特点，一般商业银行不愿意承担。如新产业的开发，新经济区的基础建设，以及全国性公共设施的建设等都属于这类投资。由于开发银行多为政府主办，不以盈利为目的，所以往往由开发银行承担这类项目。

(2) 投资银行。投资银行为投资性金融中介，是专门为工商企业提供证券投融资服务和办理长期信贷业务的银行。投资银行与商业银行的划分，与直接融资和间接融资这两种融资体系的区别是紧密相关的。如果说商业银行是间接融资的中介，投资银行则是直接融资的红娘，它通过设计和买卖证券而成为资金供求双方的中介机构。

与商业银行不同，投资银行的资金来源主要依靠发行自己的股票和债券而不是吸收存款，尽管有的国家也允许投资银行接受大额定期存款。投资银行的主要业务包括：对工商企业的股票和债券进行直接投资；提供中长期贷款；为工商企业代办发行或包销股票与债券；参与企业的创建、重组和并购活动；包销本国和外国的政府债券；提供投资和财务咨询服务等。

(3) 进出口银行。即专门为对外贸易提供结算、信贷等国际金融服务的银行。最早出现的专门从事进出口融资的金融机构是1919年成立的英国出口信贷担保局。目前大多数国家都建立了进出口银行，但名称各异，一般都是官方或半官方的金融机构。创建它们的宗旨是为了推动本国的进出口贸易，特别是大型机电设备的出口，加强国际间金融合作，广泛吸引国际资本和搜集国际市场信息。

(4) 储蓄银行。即专门吸收居民储蓄存款并为居民提供金融服务的银行。这类银行的服务对象主要是居民消费者，资金来源主要是居民储蓄存款，资金运用主要是为居民提供消费信贷和其他贷款等，如对居民发放住房抵押贷款、对市政机构发放贷款等。为了保护众多小额储蓄者的利益，许多国家对储蓄银行的业务活动制定有专门的法规加以约束，限定其所聚集的大量资金的投向，如不得经营支票存款，不得经营一般工商信贷等。

(5) 农业银行。即在政府的指导和资助下，专门为农业、畜牧业、林业和渔业的发展提供金融服务的银行。由于农业部门担保和收益能力低、资本需求期限长且具有季节性，一般金融机构很难满足其融资需求，需要有政府提供指导和资助，设立专门的金融机构为之服务。农业银行的资金来源主要是政府用于农业发展的资金、发行债券、组合成员存款、出资团体根据有关法规的缴纳款等；资金运用主要是提供低息贷款支持农、牧、渔民创业和发展生产。

(6) 住房信贷银行。即专门为居民购买住房提供融资服务的金融机构。美国的住房信贷体系，与农业信贷体系和进出口银行一样，同属于联邦代理机构，具体包括联邦住房贷款银行委员会及其所属银行、联邦住宅抵押贷款公司、联邦住宅管理局、联邦全国抵押贷款协会等机构。日本的住房信贷机构称为住宅金融公库，亦属政府的金融机构。英国称之为住房信贷协会。

此外，还有专门为中小企业服务的银行，有合作银行、抵押银行、信托银行、清算银行、外汇银行等各种类型的专业银行。

4. 非银行金融机构

非银行金融机构通常指中央银行、商业银行、专业银行以外的金融机构，有保险公司、养老基金会、投资基金、邮政储蓄机构等。

(1) 保险公司。保险公司是世界各国最重要的非银行金融机构。西方国家的保险业十分发达，保险业务渗透到社会生活的方方面面，保险公司也因所设立的保险种类而形式多样，如人寿保险公司、财产保险公司、灾害和事故保险公司、老年和伤残保险公司、信贷保险公司、存款保险公司、再保险公司等。如美国，保险公司分为两大类：人寿保险公司和财产意外险公司。

(2) 退休或养老基金。即以定期收取退休或养老储蓄金的方式，向退休者提供退休收入或年金的金融机构。这类机构与保险公司一样，同属契约性储蓄机构，通常由雇主或雇员按期缴付工资的一定比例，收益人退休后可一次性取得或按月支取退休养老金。

(3) 投资基金。投资基金是指通过发行基金股票或基金受益凭证将众多投资者的资金集中起来，根据既定的最佳投资收益目标和最小风险原则，将其分散投资于各类有价证券或其他金融商品，并将投资收益按基金投资者的基金股份或基金受益凭证份额进行分配的一种投资性金融机构。投资基金的投资属于信托投资，资金运营和管理由基金组织聘请专业的投资经理人或投资管理公司进行。投资基金的主要优点在于投资组合、分散风险、专家理财和规模经济。

(4) 邮政储蓄机构。即利用邮政机构网点设立的非银行金融机构，主要经营小额存款，其吸收的存款一般不用提缴准备金，其资金运用一般是存入中央银行或购买政府债券。邮政储蓄机构于1861年首创于英国，其设立的初衷是为了利用邮政部门广泛的分支机构，提供廉价有效的邮政汇款服务，提高结算速度，加速资金周转，因此在各国发展比较普遍。

(5) 信用合作社。信用合作社简称信用社，是在西方国家普遍存在的一种来自个人集资联合组成、以互助合作为宗旨的金融机构。其基本的经营目标是：以简便的手续和较低的利率向社员提供信贷服务，帮助经济力量薄弱的个人和中小企业解决资金困难，以免受高利贷的盘剥。

信用合作社通常可按地域划分为农村信用社和城市信用社，或按专业领域划分为农业生产信用社、渔业生产信用社、林牧业生产信用社及土地信用社等。信用社的资金主要来源于其成员交纳的股金和吸收存款，贷款则用于解决其成员的资金需要。信用社主要的传统业务是发放短期生产贷款和消费贷款，但现在一些资金充裕的信用社也提供中、长期贷款，以解决企业在生产设备更新和技术改造中的资金需求。

除此之外，非银行金融机构还有信托投资公司、租赁公司、企业集团财务公司等。

5.外资、合资金融机构

外资金融机构是指国境内由外国投资者开设的银行、保险公司和证券公司等金融机构。合资金融机构是指外国资本与本国资本联合投资开设的银行和非银行金融机构。各国一般都将这类金融机构纳入本国金融机构体系内，并受本国金融当局的管理和监督。除特别限制之外，外资金融机构一般与国内同类金融机构从事同样的业务。

3.1.4 中国的金融机构

目前，中国的金融机构体系是以中央银行为核心，以商业银行和政策性银行为主体，多种金融机构并存，分业经营、相互协作的格局。

1. 中国人民银行

1983年9月中国人民银行剥离商业银行业务、专门行使中央银行职能。1995年3月八届人大三次会议通过《中国人民银行法》，就中国人民银行的设立、职能等以立法形式作出了界定。

中国人民银行总行设在北京，并在全国设有众多的分支机构。中国人民银行分支机构的主要职责是按照总行的授权，负责本辖区的金融监管，不负责为地方经济发展筹集资金。在总行和分支机构之间，银行业务和人事干部实行垂直领导，统一管理，地方政府需保证和监督央行贯彻执行国家的方针政策，但不能干预。国家外汇管理局是中国人民银行代管的国务院直属局，代表国家行使外汇管理职能，其分支机构与同级中国人民银行合署办公。

2003年3月，十届人大一次会议决定将银行监管职能从中国人民银行中分离出来，单独成立中国银行业监督管理委员会（以下简称银监会），对银行、金融资产管理公司、信托公司以及其他存款类机构实施监督管理。中国人民银行在剥离了监管职能后，作为中央银行在宏观调控体系中的作用将更加突出，将加强制定和执行货币政策的职能，不断完善有关金融机构运行规则和改进对金融业宏观调控政策，更好地发挥中央银行在宏观调控和防范与化解金融风险中的作用。

2. 商业银行

中国的商业银行体系包括正在向商业银行转变的原有四大专业银行——中国工商银行、中国农业银行、中国建设银行、中国银行，以及1986年以后建立的交通银行、中信实业银行、招商银行、华夏银行、光大银行、民生银行、广东发展银行、福建兴业银行、深圳发展银行、浦东发展银行、烟台住房储蓄银行、蚌埠住房储蓄银行。此外，还包括1998年以来由城市合作银行改建的一大批城市商业银行。众多的外资银行也是我国商业银行体系的组成部分。

1995年颁布的《中华人民共和国商业银行法》规定，商业银行在中国境内“不得从事信托投资和股票业务”、“不得投资于非自用不动产”、“不得向非银行金融机构和企业投资”。这说明中国商业银行业务与信托、证券等投资银行业务必须实行分业经营，不能交叉。

3. 政策性银行

1994年我国先后组建了国家开发银行、中国进出口银行和中国农业发展银行三家政策性银行。建立政策性银行是国家专业银行向国有商业银行转变的战略性决策，其目的是实现政策性金融与商业性金融分离，以解决专业银行身兼二任的问题，同时也是为了割断政策性贷款与基础货币的直接联系，确保中国人民银行调控基础货币的主动权。这三家政策性银行将原来四大专业银行的政策性业务承担过来，一方面便于原四大专业银行尽快向商业银行转化；另一方面，可以在市场经济条件下，保证对投资期限长、收益低甚至无收益的国家基础项目和重点项目在资金上予以倾斜。

三家政策性银行的分工是：中国农业发展银行主要办理粮食、棉花等主要农副产品的国家专项储备和收购贷款、扶贫贷款和农业综合开发贷款，以及国家确定的小型农、林、牧、水基本建设和技术改造贷款。中国进出口银行主要为扩大我国机电产品和成套设备出口提供出口信贷和有关的各种贷款，以及办理出口信贷保险和担保业务。国家开发银行主要为国家重点项目、重点产品和基础产业提供金融支持。1998 年 12 月经中国人民银行批准，建立于 1981 年并已拥有 9 个分支机构的中国投资银行并入国家开发银行，其全部债权债务由国家开发银行承担，但仍保留“中国投资银行”这个名称，并向中国证监会申领资本市场业务许可证，开展投资银行业务，重组和优化存量资产，逐步实现国家重点行业和重大项目建设资金来源市场化。

4.非银行金融机构

(1) 保险公司。1980 年以后中国人民保险公司逐步恢复了停办多年的国内保险业务，1995 年 9 月，国务院批复了中国人民银行《关于中国人民保险公司体制改革的报告》，中国人民保险公司改建为中国人民保险集团公司，(以下简称中保集团)。中保集团直接对国务院负责，中国人民银行负责对中保集团的业务领导、监督和管理。中保集团下设中保财产保险有限公司、中保人寿保险有限公司、中保再保险有限公司。中保集团及三个专业公司均为企业法人。1998 年 10 月，中国人民保险集团公司宣告撤销，其下属的三个子公司成为三家独立的国有保险公司——中国财产保险有限公司、中国人寿保险有限公司、中国再保险有限公司。此外，全国性保险公司还有中国太平洋保险公司、中国平安保险公司。

(2) 信托投资公司。信托投资公司是以受托人身份经营信托投资业务的金融机构。目前我国信托投资公司的业务主要有以下四类：

①信托投资业务。这类业务按资金来源，可分为自筹资金投资和委托资金投资。自筹资金投资是指信托投资公司运用自有资金和组织的信托存款，以及发行公司股票、债券筹集的资金，直接向企业或项目进行投资。委托资金投资则是信托投资公司接受委托单位的资金，对投资项目的资金使用负责监督管理，以及办理投资项目的收益处理等。

②代理业务。即代理保管、代理收托、代理有价证券的发行和买卖、信用担保等。

③租赁业务。主要经营融资性租赁。

④咨询业务。包括资信咨询、项目可行性咨询、投资咨询和金融咨询等。

(3) 证券机构。证券机构是指从事证券业务的金融机构，包括证券公司、证券交易所、证券登记结算公司、证券投资咨询公司、证券评估公司等。其中证券公司和证券交易所是最主要的证券机构。

证券交易所是不以盈利为目的，为证券的集中和有组织的交易提供场所、设施，并履行相关职责，实行自律性管理的会员制金融机构。中国目前有两家证券交易所，即上海证券交易所和深圳证券交易所。其职能是：提供证券交易的场所和设施；制定证券交易所的业务规则；接受上市申请、安排证券上市；组织、监督证券交易；对会员和上市公司进行监管；设立证券登记结算公司；管理和公布市场信息及国家证监会许可的其他职能。

(4) 金融租赁公司。即主要办理租赁业务的专业金融机构。我国金融租赁公司的业务范围为：

①融资租赁业务，包括承办国内外各种机电设备、交通运输工具、仪器仪表等动产及其附带的先进技术的融资租赁业务、转租业务以及对出租资产残值的销售处理业务；不动产租赁业务；国内服务性租赁业务；与租赁有关产品的进出口业务；担任租赁业务的资信调查、咨询服务；对所属联营公司、营业部、代理部进行经济担保等。

②吸收人民币资金，包括财政部门委托投资、企业主管部门委托投资或贷款的信托资金；保险机构的劳保基金；科研单位的科研基金；各种学会、基金会的基金等。

③办理经中国人民银行批准的人民币债券发行业务。

④办理外汇业务，包括境内外外币信托存款；境内外外币借款；在国内外发行或代理发行有价证券、外汇担保业务等。

⑤办理经中国人民银行、国家外汇管理局、外经贸部批准的其他业务。

(5) 企业集团财务公司。这是由金融业与工商企业相互结合建立的金融股份有限公司。财务公司主要由企业集团内部各成员单位入股成立，并向社会募集中长期资金，其宗旨和任务是：为本企业集团内部各成员单位提供融资服务，以支持企业的技术进步与发展。财务公司一般不得在企业集团外部吸收存款，业务上受中国人民银行领导和管理，行政上则隶属于各企业集团。主要业务有：人民币存贷款投资业务、信托和融资性租赁业务、发行和代理发行有价证券等。

(6) 农村信用合作社。这是我国历史最长、规模最大、覆盖面最广的合作金融机构。农村信用社的经营业务与普通商业银行基本相同。

(7) 投资基金。我国于 1991 年开始设立投资基金，为了规范对基金的管理，解决我国投资基金发展初期存在的基金发起人比较复杂、基金管理人和托管人比较混乱、基金规模较小而难以进行有效投资组合的问题，1997 年 11 月国务院证券管理委员会发布了《证券投资基金管理暂行办法》，中国证监会于 1998 年 8 月发布了《关于证券投资基金配售新股有关问题的通知》，1998 年 9 月发布了《关于加强证券投资基金监管有关问题的通知》等，这些法规的出台，意味着我国投资基金开始朝规范化方向发展。

(8) 邮政储蓄机构。邮政金融机构是经国务院和中国人民银行批准，对邮电部原来的邮政储蓄汇业局改组而成的邮政金融机构，实行自主经营、自负盈亏、自担风险、自求平衡。其行政上接受邮电部的领导，业务上接受中国人民银行的监管。其主要职责是：组织实施邮电部与中国人民银行签订的储蓄与汇兑业务的有关协议；制定邮政储蓄等业务的经营方针和规章制度；开展调查、分析、稽核工作，研究货币流向，保证储汇资金安全。具体办理以下业务：城乡居民个人人民币储蓄存款、汇兑、结算、代办保险和代理发售国库券等。吸收的存款全部上缴中国人民银行使用，人民银行按邮政储蓄存款月累计日平均额的 0.22%支付给邮局手续费。

5. 外资金融机构

1979 年，我国拉开了银行业对外开放的序幕，允许外资银行在华设立代表处。1981 年，允许外资银行在深圳等 5 个经济特区设立营业性机构，从事外汇金融业务，并逐步扩大到沿海开放城市和所有中心城市。经过 20 多年的发展，在华外资金融机构的数量和业务规模不断扩大，已成为我国金融体系的重要组成部分，外资金融机构在促进我国金融业改革与发展、支持我国经济建设方面发挥了重要作用。

我国对外资金融机构的引进主要采取三种形式：一是允许其在我国设立代表机构；二是允许其设立业务分支机构；三是允许其与我国金融机构设立中外合资金融机构。

6. 台湾和香港地区的金融机构

台湾是中国领土的一部分，由于历史的原因，目前它拥有自己独立的金融机构体系，包括“中央银行”、商业银行、专业银行、基层合作金融机构、中央信托局、邮政储金汇业局、信托投资机构及保险公司等。香港已于 1997 年 7 月 1 日回归中国，但按照“一国两制”的原则，它保留与内地不同的金融机构体系。其特点是没有专门的中央银行，中央银行的职能由金管局、银行同业公会和商业银行分别承担。实行银行三级制或金融三级制，即将接受存款机构划分为持牌银行、有限持牌银行和接受存款公司三类，统称认可机构。

3.1.5 现阶段中国与西方国家金融机构体系的比较

现阶段的中国金融机构体系与西方国家比较，既有相同点，又有不少差别。

其相同点主要表现在：

①都设立有中央银行及中央金融监管机构。

②金融机构的主体都是商业银行和专业银行。

③非银行金融机构都比较庞杂。

④金融机构的设置不是固定不变的，而是随着金融体制的变革不断进行调整的。

其不同点主要表现在：

①中国人民银行隶属于政府，独立性较小，制定和执行货币政策都要服从于政府的经济发展目标。

②中国的金融机构以国有制为主体，即使是股份制的金融机构，实际上也是以国有产权为主体。

③随着城市商业银行的建立，中国商业银行数量正在增加，但总数不多，规范的专业银行也少，即作为金融机构体系主体的商业银行和专业银行数量相对不足。

④中国政策性银行的地位突出，但政策性金融业务（包括四大国有商业银行承担的）的运作机制仍然没有完全摆脱资金“大锅饭”体制的弊端。

⑤中国商业银行与投资银行仍然实行严格的分业经营，而西方国家商业银行都在向全能银行方向发展。

⑥中国的专业银行发展缓慢，国外较为普遍的房地产银行、为中小企业服务的银行和消费信贷机构，在中国都未建立。

⑦中国的保险业比较落后，保险机构不多，特别是地方性保险机构有待发展，保险品种少，保险业总资产和保费收入与中国经济总体规模、人口规模相比较显得太小。

⑧西方国家金融机构的设置及其运作，都有相应的法律作为依据，而中国除《中央银行法》、《商业银行法》、《票据法》、《担保法》和《证券法》以外，尚未建立其他金融法律，由此造成了各类金融机构发展的不规范和无序竞争。

3.1.6 国际金融机构

（1）国际金融机构的概念：国际金融机构是多国共同建立的金融机构的总称。广义的国际金融机构体系包括政府间国际金融机构、跨国银行、多国银行集团等。狭义的国际金融机构体系主要指各国政府或联合国建立的国际金融机构组织，主要由全球性和区域性国际金融机构组成。

（2）国际性金融机构的形成，国际性金融机构是在第二次世界大战以后逐渐建立的。1944 年 7 月，44 个同盟国家在美国新罕布什尔州召开国际金融会议，在这次会议上产生的国际货币制度因此被称为布雷顿森林体系。根据会议协议条款成立了国际货币基金组织，此后又建立起一系列新的国际性金融机构。

（3）国际性金融机构种类。国际性金融机构种类主要有两大类：全球性的国际金融机构和区域性的国际金融机构。

①全球性的金融机构。

a. 国际货币基金组织。是联合国的一个专门机构，于 1945 年 12 月成立，总部设在华盛顿。我国曾是该组织的创始国之一，但新中国建立以后，一直被排斥在外，1980 年才正式恢复席位。其宗旨是：促进国际货币合作；促进国际贸易的扩大和平衡发展；促进汇率稳定和会员国有条件的汇率安排；消除妨碍世界贸易增大的外汇管制；协助会员国克服国际收支困难。其最高权力机构是理事会；最主要的资金来源是会员国认缴的份额；贷款对象只限于成员国官方财政金融当局，而不与任何私营企业进行业务往来。

b. 世界银行，又称国际复兴与开发银行，是 1945 年与 IMF 同时成立的联合国专门金融机构，于 1946 年 6 月正式营业，总部设在华盛顿。它有 3 个附属机构：国际金融公司、国际开发协会和 1988 年成立的多边投资担保机构，四个机构合称世界银行集团。宗旨是解决会员国恢复和发展经济的资金需要，资助它们兴办特定的基本建设工程，以促进会员国的经济发展。贷款对象可以是成员国官方、国有企业和私营企业，如果借款人不是政府，则要由政府担保。中国是世界银行的创始国之一，1980 年 5 月恢复了我国的合法席位，目前是世界银行最大的借款国，也是执行世界银行项目最好的国家之一。

c. 国际金融公司，是专门向经济不发达会员国的私营企业提供贷款和投资的国际性金融组织，属世界银行集团。国际金融公司是世界上为发展中国家提供贷款最多的多边金融机构。

d. 国际开发协会，是专门对较穷的发展中国家发放条件较宽的长期贷款的国际金融机构，属世界银行集团，它是为了解决低收入国家贷款问题而成立的。其活动宗旨主要是向最贫穷的成员国提供无息贷款，这种贷款具有援助性质。我国曾是这类无息贷款的承受国，但鉴于在过去 20 年已取得举世瞩目经济发展成就，于 1999 年 7 月 1 日不再从国际开发协会接受无息贷款。

e. 多边投资担保机构，成立于 1988 年，其宗旨是通过向外国私人投资者提供风险担保，并通过向成员国政府提供投资促进服务，加强其吸引外资的能力。如多边投资担保机构曾积极支持中国吸引外国直接投资，到 2002 年 7 月在中国已签署

12 项担保合同，担保对象的行业为制造业、基础设施等。

f. 国际清算银行，是西方主要发达国家中央银行和若干大商业银行合办的国际金融机构，成立于 1930 年 5 月，总部设在瑞士巴塞尔。主要办理国际清算；接受各国中央银行存款并代理买卖黄金、外汇和有价证券；办理国库券和其他债券的贴现、再贴现等；此外还负责协调各成员国中央银行的关系，故有“央行中的央行”之称。该行领导下的常设监督机构，称作巴塞尔银行监管委员会，致力于跨国性银行的监管工作。该委员会签署的《巴塞尔协议》和《〈巴塞尔资本充足协议〉的补充协议》成为国际上统一的银行监督管理协议。中国人民银行已于 1996 年 9 月加入该行，这有利于加强我国中央银行与国际清算银行及各国中央银行的合作。

②区域性金融机构。区域性金融机构包括两种：一种是成员国主要在区内，但也有区域外的国家参加，如亚洲开发银行、泛美开发银行、非洲开发银行等；另一种是完全由地区内的国家组成，是真正的区域性国际金融机构，如欧洲中央银行、欧洲投资银行、阿拉伯货币基金、伊斯兰发展银行、西非发展银行、阿拉伯发展基金等。

a. 亚洲开发银行，是西方国家与亚洲太平洋地区发展中国家合办的政府间的金融机构。1966 年在东京成立，行址在菲律宾的马尼拉。其宗旨是通过发放贷款、进行投资和提供技术援助；促使本地区的经济发展与合作。亚洲开发银行的资金来源主要是会员国和地区认缴的股本，其次是借款、发行债券以及某些国家的捐赠款和由营业收入积累的资本。主要业务是向亚太地区的成员国和地区的政府及其所属机构、境内公私企业以及发展本地区有关的国际性或地区性组织提供长期贷款。我国于 1986 年 3 月正式恢复合法席位。

b. 非洲开发银行，是非洲国家政府合办的互助性国际金融机构，它成立于 1963 年 9 月，行址设在科特迪瓦首都阿比让。1985 年 5 月，我国正式参加了非洲开发银行。其宗旨是为成员国经济和社会发展提供资金，帮助非洲大陆制定发展的总体规划，以期达到非洲经济一体化的目标。非洲开发银行的资金来源主要是成员国认缴的股本，它的特别贷款条件优惠，贷款不计利息，期限最长可达 50 年，主要用于大型工程项目建设，贷款对象仅限于成员国。

c. 泛美开发银行是由美洲及美洲以外的国家联合建立的向拉丁美洲国家提供贷款的金融机构，成立于 1959 年。行址设在华盛顿。其宗旨是集中美洲各国财力，发展成员国的经济。泛美开发银行的资金来源有成员国认缴的股本和银行借款两大部分。

d. 欧洲中央银行，于 1998 年 7 月 1 日正式成立，总行设在德国的法兰克福。制定欧元国政府统一的货币政策。

3.2 金融工具

3.2.1 金融工具的概念及特点

金融工具是证明债权关系或所有权关系的合法凭证。金融工具最初又称信用工具，它是证明债权债务关系并据以进行货币资金交易的合法凭证。金融工具是法律契约，交易双方的权利和义务受法律保护。从严格意义上讲，金融工具和信用工具并不是完全一致的。因为金融工具中所有权凭证——股票，并不具备信用的还本付息的特征，因而股票不属于信用工具范畴。虽然这样，人们往往还是把金融工具理解为信用工具。金融工具一般具有广泛的社会可接受性，随时可以流通转让。

现代金融工具具备以下特点：

(1) 偿还性。金融工具上均注明自发行日至到期日的期限。债权人按到期金融工具上所记载的债权金额收回债权，债务人按到期债务金额偿还债务。偿还期限是指债务人从举借债务到全部归还本金与利息所经历的时间。

金融工具的偿还期有两种极端情况，即零期限和无限期。活期存款的偿还期限可看作是零；而普通股票或永久性债券的偿还期则是无限的。

(2) 流动性。金融工具作为信用活动的载体是可以流动的，债权人可以将其所持有的金融工具在金融市场随时买卖、转让，获取现金收回投放到金融工具上的资金。金融工具具有变现能力。一般来说，债务人信用高，实力强，金融工具流动性强。一般说来，金融工具的流动性与偿还期成反比。偿还期越短，流动性越大；偿还期越长，流动性越小。

(3) 收益性。持有金融工具就是投资，投资就会带来收益。金融工具的收益可以是定期的，也可以是不定期的。收益性指的是金融工具能够带来价值增值的特性。其收益有两种形式：一是直接表现为持有金融工具所获得的利息或股息、红利等收入；二是买卖金融工具所获得的差价收入，也称资本利得收入。

(4) 风险性。风险性是指购买金融工具的本金和预定收益遭受损失可能性的大小。风险可能来自两个方面：一是债务人不履行约定的按时支付利息和偿还本金的风险；二是市场上金融工具价格下降可能带来的风险。前一种称为信用风险，信用风险与债务人的信誉和经营状况有关；后一种风险称为市场风险，相比之下，市场风险更难预测。风险性与偿还期长短有负相关关系，与流动性、债务人的信用实力有正相关关系。

3.2.2 金融工具的种类

现代的金融工具种类纷繁，各有不同。不同的分类方法有不同的金融工具：

（1）以期限的长短作为分类标准，可以将金融工具划分为货币市场的金融工具和资本市场的金融工具。前者期限短，一般为1年以下，主要包括本票、汇票、支票、大额定期存单、银行承兑汇票、短期政府公债等；后者期限长，一般为1年以上，它主要包括中长期政府公债、股票如商业票据、短期公债、银行承兑汇票、可转让大额定期存单、回购协议等。

（2）按发行机构划分，有直接融资工具和间接融资工具。前诸如政府、企业发行或签署的国库券、企业债券、商业票据、公司股票等；后者如银行或其他金融机构发行或签发的金融债券、银行票据、可转让大额定期存单、人寿保险单和支票等。

（3）按金融工具的职能划分，有股票、债券等投资筹资工具和期货合约、期权合约等保值投机工具等。

（4）按是否与实际信用活动直接相关，可将金融工具分为基础性（或称原生性）金融工具和衍生性金融工具。基础性金融工具主要有票据、股票、债券以及基金等，它们是金融市场上最广泛使用的工具，也是衍生金融工具的赖以存在的基础。基础性金融工具指一切能证明债权、权益、债务关系的具有一定格式的合法书面文件。既包括具有广泛应用性的现金，也包括具有限制性应用性的票据和有价证券。基础性金融工具也称传统金融工具，它是衍生金融工具产生和运用的基础。

3.2.3 短期金融工具

1. 票据和票据种类

（1）票据。票据是由出票人签发的，约定出票人自己，或要求他人按照规定期限向收款人支付一定金额并可流通转让的书面凭证。票据是在商品或货币的让渡中，为反映债权债务关系的发生、转移和清偿而使用的一种信用工具；它是一种权利财产，持有票据的人有权在约定期限向票据债务人索取票据上所表明的货币金额。它经过背书转让，可以成为支付手段和流通手段；也可以通过贴现而成为融通资金的工具。

票据的含义有广义和狭义之分。广义的票据是指商业上的各种票据，例如，发票、提货单、核单、保险单等；狭义的票据是指按规定格式签发和流通的汇票、支票、本票等金融工具。本书中所指的票据是狭义的票据。

（2）票据的种类。商业票据是商业信用的工具，是由企业签发的以商品和劳务交易为基础的短期无担保的债权债务凭证。商业票据有三类，及支票、本票、汇票，其中汇票较为复杂。

汇票是出票人签发的，委托付款人在见票时或者在指定日期无条件支付确定的金额给收款人或者持票人的票据。一张合格的汇票要求包括如下内容：

①在票据上注明为“汇票”。

②注明发票人、收款人和付款人的全称并由发票人盖章。

③注明一定的货币金额。

④注明发票时间。

⑤注明到期时间。

⑥注明系无条件支付。

汇票包括商业汇票和银行汇票两种。前者是指企业之间在赊购赊销商品时，由赊销方（债权人）向赊购方（债务人）或其委托银行发行的票据，它要求赊购方或其委托银行签章承兑，承认在汇票到期日付款给赊销方或持票人。承兑后的汇票称为承兑汇票，由赊购方自己承兑的汇票称为商业承兑汇票，由赊购方委托银行承兑的汇票称为银行承兑汇票。银行汇票是银行承办汇兑业务时发出的票据。

本票是出票人签发的，承诺自己在见票时无条件支付确定的金额给收款人或者持票人的票据。

支票按其支付方式分为现金支票和转账支票两种，前者可用来支取现金，后者只能用来转账。转账支票常在票面划两条红色平行线，故也称划线支票、平行线支票或横线支票。

2. 可转让大额定期存单

所谓大额存单（CDs），一般又称为大额可转让存单。在我国，大额可转让定期存单，是银行发行的一种固定面额、固定期限、可以转让的大额存款凭证。其特点有以下几个方面：固定面额、固定期限、可以转让，并且利率相对一般定期存款要高。

说大额可转让存单有固定面额，是指存单的面额有法律的限定，不得任意变更。一般的存折或存单都可以根据具体的情况来确定存款金额，且随支取情况的变化，存单面额可以发生改变。但是，大额存单对个人发行部分，其面额不得低于500元；对单位发行部分，其面额不得低于5万元。这主要因为发行大额存单的目的，是为了吸取市场上的大额短期流动资金。

而固定期限，是指大额存单有法定的期限档次，不得自行变更，而且，同一般定期存款不一样，不得提前支取。对一般存单来说，存款人可以根据具体需要来决定存款期限的长短，但是，大额存单的期限大多为一年或更短些。大额存单的期限为1个月、3个月、6个月、9个月和12个月。大额存单不得提前支取，不分段计息，而且到期后一次还本付息，不计付逾期利息。

3. 国库券

国库券是中央政府发行的期限不超过一年的短期证券，是货币市场上重要的融资工具。发行国库券的主要目的在于筹措短期资金，解决财政困难。当中央政府的年度预算在执行过程中发生赤字时，国库券筹资是一种经常性的弥补手段。

国库券的发行方式，通常实行招标制，即每次发行前，财政部根据近期短期资金的需要量、中央银行实施货币政策调控的需要等因素，确定国库券的发行规模，然后向社会公告。各投标人在规定的发行规模的约束下，分别报出自己拟购买的价格和数量。在众多参与价格投标的投标人当中，出价最高者首先中标，之后按出价顺序，由高到低依次配售，直至售完为止。这就是所谓的“竞争性投标”。也有一些小规模的金融机构，无力或不愿意参与竞争性投标，便按照投标最高价和最低价的平均数购买，这是“非竞争性投标”。

国库券因期限较短，故其发行价格一般采用贴现价格，即以低于票面金额的价格发行，到期时按票面金额偿还。票面金额与发行价格的差，即是投资者的利息。

3.2.4 长期金融工具

1.股票概述

股票是一种由股份公司公开发行，用于证明投资者的股东身份和权益，并据此获得股息和红利的凭证。

股票持有者即为发行该股票的股份有限公司的股东，有权分享公司的利益，同时亦要承担公司的责任和经营风险。股票可作为买卖对象和抵押品，成为金融市场上主要的、长期的信用工具。但是，股票只是代表股份资本所有权的证书，它自身没有任何价值，不是真实的资本，而是一种独立于实际资本之外的虚拟资本。股票一经认购，持有者不能以任何理由要求退本还股，但可以通过证券市场进行转让。股票依据不同的标志，有多种不同的分类方法：

（1）按有无票面金额可分为有票面金额股票和无票面金额股票。前者是指在票面上写明一定金额的股票，如在票上说明每股 100 元或 10 元等。后者也称“份额票”，票面上只写明股额，不注明金额，其份数以股份公司财产价值的一定比例为划分标准，其价值随公司财产的增减而变化。股票原本是有金额的，但由于在股票市场上股票的买卖价格同其票面金额有异，所以，股东对股份公司的权利和义务也不受票面金额的影响，因而出现了无票面金额的股票。

（2）按是否记名分为记名股票和不记名股票。前者是指在股票上和公司股东名册上都记载有股东姓名的股票，需要转让时可以到公司办理过户手续，但除原主外，其他持有人不得行使股东权利。后者是指在股票上不记载股东姓名的股票，无论其持有人是谁，均享有股东权利。

（3）按盈利的不同分配方式可分为优先股票与普通股票。优先股票是指在分配公司的盈余和在公司清算、分配财产两方面享有特别优先权的股票。其股利一般在发行股票时即已固定。普通股票是股份公司的通常股份，它没有固定的股息率和红利率，其股息和红利的有无与多少取决于公司的经营状况。

2. 债券概述

债券是一种有价证券，是社会各类经济主体为筹措资金向债务投资者出具的、承诺按一定利率定期支付利息，并到期偿还本金的债权债务凭证。

（1）债券包含的基本要素是：债券票面价值的币种、债券票面金额；债券价格；债券利率；债券的偿还期限；债券发行主体、发行时间、债券类别、批准单位等。

债券是一种虚拟资本而非真实资本，是在经济运行中实际运用的真实资本的证书。债券具有偿还性、收益性和流动性。如果债券的安全性高、风险小、流动性强，则投资者必然积极购买，因此，该种债券的价格一定上涨，收益率也必然较低；反之，安全性低、风险大、流动性差，该种债券价格往往相对较低，收益率也较高。

（2）债券的类型。债券可分为企业债券、政府债券和金融债券三大类：

①企业债券。企业债券又称公司债券，是企业为筹集资金而发行的债务凭证。与股票相比，它有两个明显的特点：一是风险小；二是持有人无权参与公司的经营管理，也不承担公司亏损的责任。

②政府债券。政府债券是国家根据信用原则举借债务的借款凭证。政府债券按偿还期的不同可分为短、中、长期债券。1 年以内的短期政府债券通常称作国库券；1 年以上的中、长期政府债券称为公债券，是长期资金市场中的重要金融工具。由中央政府发行的称为国家公债券或国库券，由地方政府发行的称为地方公债券。

③金融债券。金融债券是银行或其他金融机构作为债务人发行的借债凭证，目的是筹措中长期贷款的资金来源，同时也有用于资产负债的管理，形成资产与负债的最佳组合。

3. 投资基金证券

投资基金证券，是指由基金发起人向社会公开发行的，表示持有人按其所持份额享有资产所有权、收益分配权和剩余资产分配权的凭证。按基金的发起和建立方式的不同，基金证券有基金受益证券和基金股票两种形式。

（1）投资基金证券是一种有价证券，其与股票、债券的主要区别有：

①发行的主体不同，体现的权利关系不同。股票是股份公司发行的，持有人是股份公司的股东，有权参与公司管理，是一种股权关系。债券分别由国家、金融机构和企业发行的，体现的是债权债务关系。投资基金证券是由基金发起人发行的，

基金的创立以契约为基础，证券持有人与发起人之间是契约关系。按公司形式发起的基金，通常组成基金公司，并由发起人（大股东）组成董事会，决定基金的发起、设立、中止以及择定管理人和托管人等事项，证券持有者成为公司股东的一员，但不参与基金的运用。发起人与管理人、托管人之间则完全是一种信托契约关系。

②运行机制不同，投资人的经营管理权不同。通过股票筹集的资金，完全由发行的股份公司运用，持有人有权参与公司管理。通过债券筹集的资金，完全由债务人自主支配。投资基金无论何种类型，投资人和发起人都不直接从事基金的运用，而是委托管理人进行运营。投资基金信托是一种集中信托，受托的管理人按“受人之托，代人理财，忠实服务，科学运用”的精神，遵循基金章程规定的投资限制，对该基金自主运用，保证投资人有丰厚的收益。投资人只分享基金的盈利和分红，而不干预基金的管理和操作。

③风险和收益不同。投资基金是委托专业的投资机构进行分散组合投资，其风险小于股票投资而大于债券投资。投资基金证券的收益是不固定的，有点类似于股票；但其收益小于股票投资而大于债券投资。

④存续时间不同。投资基金都有规定的存续时间，期满即终止，有点类似于债券投资；但是，投资基金经持有人大会或基金公司董事会会议可以提前终止，也可期满再延续。封闭式基金在存续期内不得随意增减基金证券，持有人只能通过证券交易所买卖证券，有点类似于股票投资；但是，开放式基金可随时增减，持有人可按基金的资产净值要求申购或赎回其所持的单位或股份。

（2）投资基金的种类，根据不同的标准有不同的分类：

①根据组织形式可分为公司型基金和契约型基金。公司型基金是依据公司法成立的、以盈利为目的的股份有限公司形式的基金，享有基金收益的索取权。公司型基金又可细分为开放型和封闭型两种。开放型基金是指基金可以无限地向投资者追加发行股份，并且随时准备赎回发行在外的基金股份，因此其股份总数是不固定的，这种基金就是一般所称的投资基金或共同基金。而封闭型基金是基金股份总数固定，且规定封闭期限，在封闭期限内投资者不得向基金管理公司提出赎回，而只能寻求在二级市场上挂牌转让，其中以柜台交易为多。

契约型基金是依据一定的信托契约组织起来的基金，其中作为委托人的基金管理公司通过发行受益凭证筹集资金，并将其交由受托人（基金保管公司）保管，基金管理公司本身负责基金的投资营运，而投资者则是受益人，凭基金受益凭证索取投资收益。

②根据投资目标可分为收入型基金、成长型基金和平衡型基金。收入型基金是以获取最大的当期收入为目标的投资基金，其特点是损失本金的风险小，但长期成

长的潜力也相应较小，适合较保守的投资者。收入型基金又可分为固定收入型和权益收入型两种。

成长型基金是以追求资本的长期增值为目标的投资基金，其特点是风险较大，可以获取的收益也较大，适合能承受高风险的投资者。

平衡型基金是以净资产的稳定、可观的收入及适度的成长为目标的投资基金，其特点是具有双重投资目标，谋求收入和成长的平衡，故风险适中，成长潜力也不很大。

4. 金融衍生工具

金融衍生工具是在货币、债券、股票等传统金融工具为基础上衍化和派生的，以杠杆或信用交易为特征的金融工具。金融衍生工具有两层含义：一方面，它指的是一种特定的交易方式；另一方面，它又指由这种交易方式所形成的一系列合约。经济活动日趋复杂是金融衍生工具发展的最终动力，而金融创新却是金融衍生工具种类增加和复杂程度加深的直接推动力。引发金融创新的原因主要有两个，即转嫁风险和规避监管。

（1）金融衍生工具的主要类型。国际上金融衍生工具种类繁多，活跃的金融创新活动接连不断地推出新的衍生产品。金融衍生产品主要有以下三种分类方法。

①根据产品形态，可以分为远期、期货、期权和掉期四大类。远期合约和期货合约都是交易双方约定在未来某一特定时间以某一特定价格买卖某一特定数量和质量资产的交易形式。期权交易是买卖权利的交易。期权合约规定了在某一特定时间以某一特定价格买卖某一特点种类、数量、质量原生资产的权利。掉期合约是一种由交易双方签订的在未来某一时期相互交换某种资产的合约。

②根据原生资产大致可以分为四类，即股票、利率、汇率和商品。如果再加以细分，股票类中又包括具体的股票和由股票组合形成的股票指数；利率类中可分为以短期存款利率为代表的短期利率和以长期债券利率为代表的长期利率；汇率类中包括各种不同币种之间的比值；商品类中包括各类大宗实物商品。

③根据交易方法，可分为场内交易和场外交易。场内交易，指所有的供求方集中在交易所进行竞价交易的交易方式。这种交易方式具有交易所向交易参与者收取保证金，同时负责进行清算和承担履约担保责任的特点。

（2）金融衍生工具的功能。

①转移价格风险。以期货交易为首的衍生工具的产生，就为投资者找到了一条比较理想的转移现货市场上价格风险的渠道。这是通过套期保值来实现的，即利用现货市场和期货市场的价格差异，在现货市场上买进或卖出基础资产的同时或前后，在期货市场上卖出或买进相同数量的该商品的期货合约，从而在两个市场之间建立起一种互相冲抵的机制，进而达到保值的目的。

②形成权威性价格。现货市场的价格真实度一般较低，如果仅仅根据现货市场价格进行决策，则很难适应价格变动的方向。期货市场的建立和完善，可形成一种比较优良的价格形成机制，这是因为期货交易是在专门的期货交易所进行的。期货交易所作为一种有组织的、正规化的统一市场，聚集了众多的买方和卖方，所有买方和卖方都能充分表达自己的愿望，所有的期货交易都是通过竞争的方式达成，从而使期货市场成为一个公开的自由竞争的市场，影响价格变化的各种因素都能在该市场上体现，由此形成的价格就能比较准确地反映基础资产的真实价格。

③提高资产管理质量。就投资者来讲，为了提高资产管理的质量，降低风险，提高收益，就必须进行资产组合管理。衍生工具的出现，为投资者提供了更多的选择机会和对象。同时，工商企业也可利用衍生工具达到优化资产组合的目的。

④提高资信度。在衍生市场的交易中，交易对方的资信状况是交易成败的关键因素之一。资信评级为从级或A级的公司很难找到愿意与它们交易的机构。但是，并非有少数大公司才可进入衍生工具市场，因为该市场提供了制造“复合资信”（SC）的机制，即由母公司对子公司的一切借款予以担保，再经过评估机构的参与，子公司的资信级别会得到提高。此外，还有许多中小公司通过与大公司的互换等交易，无形中提高了自己的信誉等级。

3.3 金融市场

3.3.1 金融市场概念及分类

1. 金融市场概念

所谓金融市场，是指货币资金融通和金融工具交易的场所与行为的总和。在现代经济中，商品与劳务的生产和交换都需要货币资金。而货币资金的获得除了通过经济主体自我积累之外，还要通过借贷方式，资金的借贷则通过各种金融工具的交易来完成。这样，就产生了一个市场，在这个市场上，资金就是所谓的商品，资金借贷的利息率就是资金这种特殊商品的价格，金融工具就是资金的书面载体。这个市场就是金融市场。

2. 金融市场的分类

（1）按交易对象的不同，可以分为货币市场、资本市场、外汇市场、黄金市场。

①货币市场是短期资金融通的场所，包括短期信贷、银行资金拆借、短期贴现、短期资金回购等交易形式。银行的大量贷款是以短期贷款形式发放的，在银行同企业之间、个人之间、单位之间经常发生短期借贷活动；在银行与银行之间，由

于头寸调度的需要，也经常发生相互之间的同业拆借活动；借助于票据、回购协议等金融工具，个人、单位、银行之间还发生着短期资金融通交易活动。

②资本市场是长期资金交易的场所，包括长期资金借贷市场、证券市场等。它的活动为资本的积累和分配提供了条件。

③外汇市场是外汇交易的场所。由于国际政治经济文化的广泛联系，各国货币之间的兑换引起了外汇买卖的必要；此外，随着外汇交易的方式和领域的扩大，外汇交易也成为保值、投机、投资的手段。

④黄金市场之所以成为金融市场的一个组成部分，是因为黄金所具有的独特性质。在黄金非货币化的影响下，尽管黄金作为货币金属的属性已大为下降，但它的保值功能依然存在。同时，由于金价的变动，黄金又用来作为投资和投机的工具。因而，黄金与各国货币尤其是储备货币之间的联系始终未被割断，黄金市场作为金融市场的一个有机组成部分始终表现出顽强的生命力。

(2) 按市场级次的不同，可以分为一级市场和二级市场。

①一级市场指的是证券、票据、存款凭证的发行市场。通过银行、企业等发行主体，将这些金融工具投向社会，同时使资金出现第一次再分配，金融工具向其购买者转移，资金向金融工具的发行者转移。

②二级市场是金融工具流通转让的市场。金融工具一旦发行，它不会休眠，也不会退出市场，而会像货币一样不息地奔走，只是它的流通速度不像货币流通那样迅速，不同金融工具的周转速度也不尽相同。

(3) 按交易方式的不同，可以分为现货市场和期货市场。现货市场是最为一般的、基本的金融工具交易市场，而期货市场是某些金融衍生工具的交易市场。后者是建立在现代信息基础之上的高级形态的市场，在期货市场的范围内又有期权、期指等交易形式。这些交易形式，只有在较成熟、开放的金融市场中才有存在和发展的可能。期货市场具有套期保值、投机、价格发现、传递信息的功能，但由于它所具有的高风险的特征，其交易需在严格的金融监管之下进行，才不致造成消极的影响。

(4) 按功能的不同，可分为综合市场和单一市场。综合市场是比较齐全完备的市场，既有货币市场，也有资本市场、外汇市场和黄金市场；既有现货市场，也有期货市场；既是国内市场，又是国际市场。这样的市场一般是几个较为发达的国际金融市场。在欠发达的国家和地区，其金融市场往往是单一的金融市场，即仅有某些交易功能和交易对象的市场。

(5) 按区域的不同，可分为国内市场和国外市场。相对于一国或一国的货币而言，可以有这样的划分。在金融市场发育的早期，或者对于大多数欠发达的国家来说，其金融市场多表现为国内金融市场，其交易以本国货币为主，参与者以本国居民为主。随着国际交往的扩大，一些国家为了筹资和投资的需要，常常参与国外金融市场的交易；另外，一些国家的货币大量流向国外，在当地进行融资活动，形成了国外货币的金融市场。

3.3.2 金融市场要素

同任何市场一样，金融市场也具备市场四要素，即交易主体、交易对象、交易工具和交易价格。

1. 交易主体

金融市场的交易主体即金融市场的参与者，可以分为资金的供应者、需求者、中介者和管理者。具体讲，它们又可以分为企业、金融机构、政府、个人及海外投资者。

(1) 各交易主体的运行机制。推动各交易主体在金融市场上积极参与交易并发挥作用的力量，从根本上说，是利益的驱动。资金的供给者，是为了获得利息、股息等投资回报；资金需求者，是为了筹集资金加以运用，从而取得更大的收益；交易的中介者，是为了获得中介费用；至于管理者，除收取一定的管理费之外，还体现国家或行业的监管职能。

交易主体之间的双向竞争推动着资金在交易主体间的流动，也促进着各主体运行效益的提高，它们的活动引导着资金的流向、流速和流量。

(2) 各交易主体及其作用。

①金融机构。它是金融市场的主导力量。它既是资金的供应者，也是资金的需求者。作为资金的供应者，它通过发放贷款、拆借、贴现、抵押、买进债券等方式，向市场输出资金；作为资金的需求者，它通过吸收存款、再贴现、拆借等方法，将资金最大限度地集中到自己手里；金融机构还提供信用工具，如支票、汇票、存单、保单等，向金融市场提供资金交易的工具。在提供金融工具的同时，金融机构也就为自身筹集了资金。

②企业单位。它是金融市场运行的基础。金融市场是为企业单位提供筹集和运用资金的场所，使其可以保持适度的资本量，因而企业和银行之间总保持着存贷款关系（融资关系），也与其他企业或金融机构保持着投融资关系。

③家庭和个人。首先它是金融市场上资金的供应者，以储蓄存款的方式参与金融市场。我国的储蓄率居世界领先地位，近年来年增长占到 GDP 的 10%以上，这些存款汇成金融市场的一股巨流；此外，个人通过购买证券，也向金融市场输送资金。家庭和个人也是市场资金的需求者，除以消费信贷的形式借用贷款之外，当抛出证券时，也会从金融市场抽回资金。

④政府部门。作为金融市场上资金的需求者，政府部门通过在国内外市场上发

行国家债券筹集资金，以弥补赤字或者扩大建设规模；作为资金的供给者，它将自己所拥有的财政性存款和外汇储备汇集到金融市场上，成为金融机构的重要资金来源。

⑤海外投资者。随着金融市场的对外开放，海外投资者越来越多地来国内投资和筹资，进行存贷款活动、投资活动当在岸和离岸金融市场和资本市场进一步开放之后，会有更多的海外投资者投入到国内的金融市场上来。

⑥中央银行。除了作为金融市场的管理者外，中央银行还以资金的供给者、需求者、中介者三位一体的身份活动在金融市场上。作为资金的供给者，它以向商业银行等金融机构通过再贴现、再贷款、购回证券与票据、收购黄金外汇的方式投放基础货币，从而开辟资金的最初源头。还要看到，中央银行在提供资金的过程中，它以货币发行者的身份向社会发行货币，向金融市场提供流通手段和支付手段。作为资金的需求者，它主要吸纳商业银行的存款准备金，通过公开市场业务抛售证券、票据，回收金融市场上过多的资金。作为中介者，中央银行为商业银行之间的资金往来提供清算服务。

2. 交易对象

很显然，金融市场的交易对象或交易载体是货币资金。但在不同的场合，这种交易对象的表现是不同的。在信贷市场，货币资金作为交易对象是明显的，它表现了借贷资金的交易和转让。而在证券市场，直接交易的是股票或债券，交易对象似乎转换了。但从本质上讲，所交易的仍然是货币资金，因为有价证券是虚拟资本，本身不具有价值和使用价值，人们取得这些金融工具不具备实质性意义；而只有货币才具有价值和一般的使用价值，人们通过交易取得货币才能投入再生产。所以，通过有价证券的交易，从另一方面反映了货币资金的交易。货币资金的运动除了在发行市场会投向再生产外，在流通市场，体现它本身在金融市场的周转流动。

3. 交易工具

只有交易主体和交易对象，还不能形成资金在市场上的有效运动。因为货币资金具有一定价值，不能无偿转让，也不能空口无凭地出借。这就需要有一种契据、凭证，以其为载体，才能推动资金安全运转。以书面形式发行和流通的、借以保证债权债务双方权利和责任的信用凭证，称为信用工具或金融工具。它是证明金融交易金额、期限、价格的书面文件，它对债权债务双方的权利和义务具有法律约束意义。

金融工具也就是金融资产，它在本质上是一种虚拟资本，但在现代社会中，拥有金融资产的多寡，就意味着一个人或一个单位拥有财富的多少。当然，货币也是金融资产，但这里所指的是作为金融工具的金融资产。它不但标志着一定的收益权，而且在某种条件下，标志着一定的控制权。

4. 交易价格

在金融市场上，交易对象的价格就是货币资金的价格。在借贷市场上，借贷资金的价格就是借贷利率。而在证券市场上，资金的价格较为隐蔽，直接表现出的是有价证券的价格，从这种价格反映出货币资金的价格。至于外汇市场，汇率反映了货币的价格。直接标价法反映了外币的价格，而间接标价法反映了本币的价格。

在黄金市场上，一般所表现的是黄金的货币价格，如每盎司多少美元，每克多少元人民币等。但是，如果反过来，就显示出单位货币的黄金价格，如每1美元值若干盎司黄金，每1元人民币值若干克黄金等。

3.3.3 金融市场的功能

1. 资本积累功能

在社会总储蓄向总投资的转化过程中，必须借助于一定的中介才能顺利进行。金融市场就充当了这种转化的中介。因为在社会资金的供给者与需求者之间，在资金供求的时间、数量和供求方式之间，往往难以取得一致。通过金融市场的介入，通过直接融资和间接融资方式，使社会资金流动成为可能。对于资金积累者，可以通过发行信用工具的办法集中大量的资本；对于资金供给者，提供了有利的资金使用场所。因而，金融市场既是投资的场所，又是融资的场所。这是因为金融市场创造了多样的金融工具并赋予金融资产以流动性，法规齐全、功能完善的金融市场可以使资金的需求者方便经济地获得资金，使资金的供应者获得满意的投融资渠道。因而，借助于金融市场，可达到社会储蓄向社会投资转化的目的。

2. 资源配置功能

在金融市场上，随着金融工具的流动，相应地发生了价值和财富的再分配。金融是物资的先导，随着金融资产的流动，带动了社会物质资源的流动和再分配，将社会资源由低效部门向高效部门转移。市场信息的变化，金融工具价格的起落，都给人以启示，引导人们放弃一些金融资产而追求另一些金融资产，使资源通过金融市场不断进行新的配置。

3. 调节经济功能

在经济结构方面，人们对金融工具的选择，实际上是对投融资方向的选择，由此对运用资金的部门加以划分，追求一部分，疏远和抛弃一部分。这种选择的结果，必然发生优胜劣汰的效应，从而达到调节经济结构的目的。

在宏观调控方面，政府实施货币政策和财政政策离不开金融市场。存款准备金、利率的调节要通过金融市场来进行；公开市场业务更是离不开金融市场。以增减国债方式实施的财政政策，同样要通过金融市场来实现。

4. 反映经济功能

金融市场是国民经济的信号系统。首先，在证券市场，个股价格的升降变化，反映了该公司经营管理和经济效益的状况；一个企业的贷款运行变化，反映了该企业资金周转状况及其质量。可见，金融市场反映了微观经济运行状况。其次，金融市场也反映着宏观经济运行状况。国家的经济政策，尤其是货币政策的实施情况、银根的松紧、通胀的程度以及货币供应量的变化，均会反映在金融市场之中。最后，由于金融机构有着广泛而及时的信息收集、传播网络，国内金融市场同国际金融市场连为一体，可以通过它及时了解世界经济发展的动向。

3.3.4 货币市场

1. 货币市场的特证和形式

(1) 货币市场的特征。货币市场是进行短期资金融通的市场，其交易主体和交易对象十分广泛，既有直接融资如短期国库券交易、票据交易等交易活动，又有间接融资如银行短期信贷、短期回购等交易；既有银行内的交易，也有银行外的交易。由于早期商业银行的业务主要局限于短期商业性贷款业务，因而货币市场是一种最早和最基本的金融市场分市场。由于货币市场的交易期短而频繁，其特点是风险性低和流动性高。

货币市场由于期限比较短，价格波动范围较小，因此投资者受损失的可能性较小，获取的收益也较低。货币市场的期限最长为一年，最短仅为一天甚至半天，因此价格不可能有剧烈的波动。

(2) 货币市场的形式。货币市场既有有形市场又有无形市场，而且以无形市场为主。

由于货币市场的参与者主要是机构，使市场有三个明显的特点：一是每笔交易规模大；二是客户数量较少，交易对手之间有一定的了解；三是交易频繁。这些特点使得货币市场交易完全可以借助于现代通信手段进行，因此它逐步形成一个庞大的无形市场，如短期国库券交易、票据交易、可转让大额存单交易、同业拆借等等都是通过无形市场进行的。当然，也不能排除有形市场的存在及其交易。

2. 货币市场的几种子市场

(1) 短期借贷市场。短期借贷市场是指一年之内的资金借贷市场，主要通过银行进行借贷，也有银行之外的借贷市场，它们是货币市场的主体。

①短期借贷的种类。就银行而言，短期信贷主要是流动资金贷款，它占了银行贷款的大部分，这是同银行资金来源相适应的。但是，并非所有的流动资金都是一

年期之内的短期贷款。过去，我国将流动资金期限局限在一年之内，而许多周转期在一年以上的资金需求被人为地划分为不良贷款。近年来，我国将流动资金贷款分为三类：三个月以内为临时贷款；三个月以上至一年之内，为季节性贷款；一年以上到三年以内，为周转贷款。这样就扩大了流动资金期限范围，而将货币市场交易对象限定为前两类流动资金贷款。

②短期借款的期限。如果由于种种原因突破了短期流动性的特点，作为货币市场的交易对象就会发生质变，因而确定短期借款期限十分重要，一般采用如下方法：

一是按定额流动资金的周转期为归还期；二是以贷款物资的消耗进度确定归还期限；三是按合同确定的交货期确定归还期限：即以贷款生产或储存的物资合同进行销售时，已具备还款能力，故应以交货期为还款期。四是确定贷款最高余额指标，进借销还，周转使用。这种办法只适用于财务管理较好的企业，不确定具体归还期，视资金周转需要及时借贷。

③短期借贷的风险。短期借贷的风险虽然低于长期借贷，但也不可忽视其风险。由于贷款管理不善，逾期不能归还而演变为不良贷款，对于贷款者来说，要承受资金周转不灵甚至资金毁损的风险。

(2) 同业拆借市场。金融机构同业拆借市场是指由各类金融机构之间短期互相借用资金所形成的短期借贷市场。银行等金融机构由于进行存贷款和票据清算业务活动，总会有一些机构发生头寸不足，而另一些机构则可能出现头寸多余的情况。为了相互支持对方业务的正常开展，并使多余资金产生短期收益，需要进行短期资金融通。这种融通在金融术语上称为拆借。

同业拆借期限一般都很短，大多在1天至5天之间，最短也有半天的，这种极短的拆借称为日拆。有的期限也较长，有1个月、2个月、4个月、6个月、9个月的，最多不超过1年。拆借利率由交易双方协定，通常低于中央银行再贴现利率而高于存款成本。

(3) 商业票据市场。票据是一种商业证券。它是具有法定格式，表明债权债务关系的一种有价凭证。商业票据有两种：本票（期票）和汇票。它们产生于商业信用活动，是建立在赊销基础上的债权债务凭证。随着票据市场的扩展，票据成为筹集资金的一种证券。

票据市场可分为票据承兑市场、票据贴现市场和本票市场。

①票据承兑市场。汇票本身分为即期汇票和远期汇票，只有远期汇票才有承兑问题。票据承兑市场是指汇票到期前，汇票付款人或指定银行确认票据证明事项，在票据上作出承诺付款的文字记载、签章的一种手续。承兑后的汇票才是市场上合法的金融票据。

②票据贴现市场。贴现是商业票据持票人在票据到期前，为获取现款向金融机

构贴付一定的利息后所作的票据转让。贴现利息与票据到期时应得款项之金额比通称贴现率。票据贴现机构有两类：一类是商业银行；另一类是专营贴现业务的金融机构。持票人提出贴现要求后，贴现机构根据市场资金供求状况和市场利率以及票据的信誉程度议定一个贴现率，扣除自贴现日至到期日的贴现利息，将票面余额用现款支付给持票人。

③本票市场。如前所述，商业本票发源于商品交易，是买方由于资金一时短缺而开给卖方的付款凭证。但是，现代商业本票大多已和商品交易脱离关系，而成为出票人（债务人）融资、筹资的手段，故本票一般不是同时列明出票人和债权人的双名票据，而是只列明出票人姓名的单名票据。不管是谁，只要持有这种本票，均可要求出票人付款。

(4) 回购协议市场。回购协议是将同一份内容的资产卖出去再买进来的合约。逆回购协议是将同一份内容的资产买进再卖出的合约。在买卖期间有一定的时间间隔，协议对未来买入（卖出）的资产期限、价格均有明确规定。回购协议的期限很短，一般是隔夜或 7 天。期限超过 30 天的回购协议被称为定期回购协议。回购协议的资产一般都是流通量较大、质量最好的金融工具，如国库券等。回购协议实质上是一种有抵押品的短期借贷。借方（回购协议的卖方）将一定的金融资产卖给贷方，同时取得货币收入；一到协议约定期，原卖方又将该笔资产如数购回，其售出与购回的价格一般是一致的，但借方应支付一定利息给贷方。利率一般按回购协议议定的市场利率支付。因为有抵押，时间短，风险低，故利率略低于同业拆借利率。

回购协议的参与者主要是银行、非银行金融机构、企业和政府。回购市场的发展，使企业、公司更易寻求短期资金投资市场。地方政府参与回购市场后，使政府债券业务更加活跃，资金回流又有保证。回购协议是一种合理的融资工具，它的市场流动性使之可随时变现，也为其发行赋予了更大的可能性。

(5) 消费信贷市场。消费信贷是银行或商业为居民消费所提供的信贷。在发达国家，由于生产过剩、产品积压，群众购买力相对低下，消费信贷成为一种主要的信贷形式。加之信用卡的广泛使用，以透支形式提供的信用为数甚巨，因而借钱消费已成为一种普遍现象。

与国外不同，我国自改革开放以来，人民群众的货币收入及购买力水平发展较快，社会商品大量涌现，20 世纪 90 年代后期形成买方市场。尤其是从 1997 年以来，出现了社会需求不足、商品相对过剩、生产周转缓慢的矛盾，与此同时，居民存款大量增长。据此，有必要推进消费信贷，拉动有效需求。自 1999 年 3 月人民银行发布关于开展消费信贷的若干意见之后，各商业银行纷纷推出了住房、汽车、耐用消费品、旅游、助学、养老、婚嫁等项消费信贷业务，人们开始“用明天的钱圆今日的梦”。但消费信贷的增长速度依然缓慢，究其原因，从民族习性来看，我国人民素以勤俭著称于世，借债消费的习惯尚未形成；同时，银行对消费信贷的品种设计、风险防范、成本控制、手续简化等方面均有一系列问题需要解决或完善。随着我国经济再上新台阶，人们收入、消费水平及科技水平的提高，银行业务人员素质的不断加强，信用卡有着诱人的发展前景。

3.3.5 资本市场

资本市场主要是指长期资金交易的场所，它包括证券市场和长期借贷市场。在证券市场上，交易对象主要是股票、债券、投资基金，它们的交易及运行机制各不相同，故需分别论述。

1.股票市场

(1) 股票的发行过程。股票是由股份公司发行的、表明投资者投资份额及其权利和义务的所有权凭证，它是重要的金融工具。股票有多种形式，但最基本的是普通股；股票价格有多种表现，但最主要的是发行价格和交易价格。

一级市场也称发行市场、初级市场，它是指股份公司向社会增发新股，包括公司初创期发行的股票及公司增资扩股所发行的股票的交易场所。在这个市场上，是股票从无到有的增创过程，也是股份公司借以筹集资金的过程。一级市场的整个运作过程通常由咨询与准备、认购与销售两个阶段构成。

①咨询与准备。这是股票发行的前期准备阶段，发行人（公司）需听取投资银行的咨询意见并对一些主要问题作出决策，这个过程包括以下几个方面：

a. 发行方式的选择。股票发行的方式一般可分成公募和私募两类。

公募是指面向市场上大量的非特定的投资者公开发行股票。其优点是，可以扩大股票的发行量，筹资潜力大；无须提供特殊优厚的条件，发行者具有较大的经营管理独立性；股票可在二级市场上流通，从而提高发行者的知名度和股票的流动性。其缺点则表现为工作量大，难度也大，通常需要承销商的协助，发行者必须向证券管理机关办理注册手续，必须在招股说明书中如实公布有关情况，以供投资者作出正确决策。

私募是指只向少数特定的投资者发行股票，其对象主要有个人投资者和机构投资者两类。私募具有节省发行费用、通常不必向证券管理机关办理注册手续、有确定的投资者从而不必担心发行失败等优点。但也有需向投资者提供高于市场平均条件的特殊优厚条件、发行者的经营管理易受干预、股票难以转让等缺点。

b. 选定作为承销商的投资银行。公开发行股票一般都通过投资银行来进行，投资银行的这一角色称为承销商。我国当前尚未组建投资银行，其职能只能由证券公司或信托投资公司来承担。在私募的情况下，发行条件通常由发行公司和投资者直接商定，从而绕过了承销环节。

c. 准备招股说明书。招股说明书是公司公开发行股票的书面说明，并且是投资者了解和准备购买的依据。招股说明书必须包括财务信息和公司经营历史的陈述，高级管理人员的状况，筹资目的和使用计划，以及公司内部悬而未决的问题如诉讼等。

d. 发行定价。发行定价是一级市场的关键环节。发行价格主要有平价、溢价和折价三种。平价发行是以股票票面所标明的价格发行；溢价就是按超过票面金额的价格发行；折价发行就是按低于票面金额的价格发行。

②认购与销售。具体方式通常有包销和代销两种。

a. 包销。它是指承销商以低于发行定价的价格把公司发行的股票全部买进，再转卖给投资者，这样承销商就承担了在销售过程中股票价格下跌的全部风险。

b. 代销。即“尽力销售”，指承销商许诺尽可能多地销售股票，但不保证能够完成预定销售额，没有出售的股票可退给发行公司。这样，承销商不承担风险，但所收手续费也较低。

(2) 股票二级市场的结构和交易。二级市场也称交易市场、流通市场，是投资者之间买卖已发行股票的场所。通常可分为有组织的证券交易所和场外交易市场。

证券交易所是由证券管理部门批准，为证券的集中交易提供固定场所和有关设施，并制定各项规则以形成公正合理的价格和有条不紊的秩序的正式组织。

场外交易是相对于证券交易所交易而言的，凡是在证券交易所之外的股票交易活动都可称作场外交易。由于这种交易最初主要是在各证券商的柜台上进行的，因而也称为柜台交易。

2. 债券市场

债券是广泛发行的表明所有者一定权益的债权凭证。债券的种类有国债、金融债券和企业债券。

(1) 债券发行的准备阶段。在我国，发行债券必须控制在国家制定的年度发行指标范围之内，发债企业必须经中央或省级人民银行、计委批准方可发行。发债企业要符合如下的基础条件：一是企业规模和财务制度符合国家要求；二是具有偿债能力；三是经济效益良好，发行债券前三年连续盈利；四是所筹资金的用途符合国家的产业政策。

发行债券还应制订具体的发行基准和发行条件，一般在发行章程或发行合同书中加以确定。发行基准是指企业的经营状况和财务状况，包括资产负债率、盈利水平及累积利润额、资本比率等项指标。发行条件是指发债的一些具体安排，它应使发行者和投资者均能接受。这些条件是：发行对象、时间、期限、方式，以及债券种类、期限、利率、面额、总发行额、还本付息方式等。

（2）债券的评级审批阶段。

①债券评级。债券违约风险与投资者的利益密切相关，也直接影响着发行者的筹资能力和成本。为了较客观地估计不同债券的违约风险，通常需要由中介机构进行评级。评级是否具有权威性取决于评级机构。目前，国际上最著名的两大评估机构是标准普尔公司和穆迪投资者服务公司。在我国，发行债券须经认可的债券评级机构加以评级。

②发行审批。发债企业将发债申请书、发行章程、经审计的财务报告、营债业执照、评级报告等项材料上报债券管理机构，由债券管理机构进行审批，经批准后方可发行。

（3）债券的发行交易。经批准发行的债券，如为实物债券，可按照国家对票面样式的要求，印制债券加以发行；如为记账式债券，则无凭证而由计算机记载。债券的发行一般由证券经营机构承销。债券交易在二级市场进行，即在证交所或国家批准的证券交易机构进行。国债不经申请即可上市流通，而企业债券的场外交易要大于场内交易。

（4）债券的偿还。债券的偿还一般可分为定期偿还和任意偿还两种方式。

①定期偿还。定期偿还是在经过一定限期后，每过半年或一年偿还一定金额的本金，到期时还清余额。这一般适用于发行数量巨大、偿还期限长的债券，但国债和金融债券一般不使用该方法。

②任意偿还。任意偿还是债券发行一段时间（称为保护期）以后，发行人可以任意偿还债券的一部分或全部，其具体操作可根据早赎或以新偿旧条款，也可在二级市场上购回予以注销（买入注销）。

3.投资基金

投资基金是资本市场的一个新的形态，它本质上是股票、债券及其他证券投资的机构化和集中化，它不仅有利于克服个人分散投资的种种不足，而且成为个人投资者分散投资风险、求得满意回报的最佳选择，从而极大地推动了资本市场的发展。

（1）投资基金的概念。投资基金是通过发行基金股份（或受益凭证），将投资者分散的资金集中成一定规模并进行定向投资的周转资金，由专业管理人员分别投资于股票、债券或其他金融资产，并将投资收益分配给基金持有者的一种金融中介机构。

（2）投资基金特点可以归纳为如下几个方面：

①低成本的规模经营。投资基金将小额资金汇集起来，其经营具有规模优势，可以降低交易成本，对于筹资方来说，也可有效降低其发行费用。

②低风险的分散投资。投资基金可以将资金分散投资于多种证券或资产上，通

过有效组合，最大限度地降低非系统风险。

③高效的专家管理。投资基金是由具有专业化知识的人员进行管理的，特别是精通投资业务的投资银行的参与，从而能够更好地利用各种金融工具，抓住各个市场的投资机会，创造更好的收益。

④服务专业化。投资基金从发行、收益分配、交易、赎回都有专门的机构负责，特别是可以将收益自动转化为再投资，使整个投资过程轻松、简便。

(3) 投资基金的设立和募集。

①投资基金的设立。设立基金首先需要发起人，发起人可以是一个机构，也可以由多个机构共同组成。一般来说，基金发起人必须同时具备下列条件：至少有一家金融机构；实收资本在基金规模一半以上；均为公司法人；有两年以上的盈利记录；首次认购基金份额不低于 20%，同时保证基金存续期内持有基金份额不低于 10%。

发起人要确定基金的性质并制订相关的要件，如属于契约型基金，则包括信托契约；如属公司型基金，则包括基金章程和所有重大的协议书。这些文件规定基金管理人、保管人和投资者之间的权利义务关系，会计师、律师、承销商的有关情况以及基金的投资政策、收益分配、变更、终止和清算等重大事项。发起人准备好各项文件后，报送主管机关，申请设立基金。

②投资基金的募集。基金的设立申请一旦获主管机关批准，发起人即可发表基金招募说明书，着手发行基金股份或受益凭证，该股票或凭证由基金管理公司和基金保管公司共同签署并经签证后发行，发行方式可分公募和私募两种，类似于股票的发行。我国规定在募集中，发起人须向证监会提交如下文件：发起人名单和发行协议；基金契约和托管协议；基金募集文件；发起人近 3 年的财务报告等。投资基金的最低募集额不少于 2 亿元，封闭式基金存续期不少于 5 年；募集前三天须将招募说明书刊登于报纸。

(4) 投资基金的运作与投资。

①投资基金的运作。按照国际惯例，基金在发行结束后一段时间内，通常为 3～4 个月，就应安排基金证券的交易事宜。对于封闭型基金股份或受益凭证，其交易与股票、债券类似，可以通过自营商或经纪人在基金二级市场上随行就市，自由转让。对于开放型基金，其交易表现为投资者向基金管理公司认购股票或受益凭证，或基金管理公司赎回股票或受益凭证，赎回或认购价格一般按当日每股股票或每份受益凭证基金的净资产价值来计算，大部分基金是每天报价一次，计价方式主要采用“未知价”方式，即基金管理公司在当天收市后才计价，以充分反映基金净资产和股份或受益凭证总数的变化。

②投资基金的投资。投资基金的一个重要特征是分散投资，通过有效的组合来

降低风险。因此，基金的投资就是投资组合的实现，不同种类的投资基金根据各自的投资对象和目标来确定和构建不同的“证券组合”。还规定基金之间不得相互投资，不得将基金用于抵押、担保、贷款及投向房地产。

3.3.6 黄金市场

黄金市场是买卖双方集中进行黄金买卖的交易中心，其提供既期和远期交易，允许交易商进行实物交易或期权期货交易，以投机或套期保值，是各国完整的金融市场体系的重要组成部分。一般来说，黄金市场的建立和发展需具备一定的条件。该国或地区需有发达的经济条件和完善的信用制度；该国或地区必须实行自由外汇制度，允许黄金自由买卖和出入；同时亦需健全的法制基础，稳定的政治和经济环境；良好的软硬件环境、交通发达、基础设施完善等。

黄金市场的基本类型分为：

(1) 按照黄金市场所起的作用和规模划分，可分为主导性市场和区域性市场。主导性黄金市场，是指国际性集中的黄金交易市场，其价格水平和交易量对其他市场都有很大影响。最重要的主导性黄金市场有伦敦、苏黎世、纽约、芝加哥和香港。其中伦敦黄金交易市场，是世界最大的黄金交易市场，其历史悠久、组织健全，伦敦城又是世界上最重要的国际金融中心，长期控制着南非黄金市场的产销，在世界黄金的销售运转和分配等各个方面上均发挥核心作用，而且其一天两次的黄金定价一直是世界各地黄金市场价格的标准。该价格可以影响到纽约和香港黄金市场的交易。区域性市场是指交易规模有限且集中在某地区，而且对其他市场影响不大的市场，主要满足本国本地区或邻近国家的工业企业、首饰行、投资者及一般购买者对黄金交易的需要，其辐射半径和影响力都相对有限。如东京、巴黎、法兰克福等。

(2) 按照交易类型和交易方式划分，可分为以现货交易为中心，在同业间用电话联系进行交易的欧洲类型的市场，和以期货交易为中心，设有独立交易所的美国类型的市场。黄金现货交易基本上是即期交易，交易是在成交后即交割或在两天内交割。交易的主要是金条、金锭和金币，珠宝首饰等也在其中。

(3) 按有无固定场所划分，可分为无形黄金市场和有形黄金市场。无形的黄金交易市场，主要指黄金交易没有专门的交易场所，如主要通过金商之间形成的联系网络形成的黄金市场，如各大金商之间形成的伦敦黄金市场；以银行为主买卖黄金的苏黎世黄金市场；以及香港的黄金无形市场。而有形黄金市场主要指黄金交易是在某个固定的地方进行交易的市场。

(4) 按交易管制程度划分可分为自由交易和限制交易市场。自由交易市场是指黄金可以自由输出入，而且居民和非居民都可以自由买卖的黄金市场。限制交易市场是指黄金输出入要受管制，只准非居民而不允许居民自由买卖黄金的市场，这主要指实行外汇管制国家的黄金市场。

中国长期以来，不允许黄金输入输出，不允许个人之间相互买卖黄金，个人可以保有黄金，但不得售给任何人，出卖只能卖给国家银行。近年来，随着对外开放和人民群众物质文化生活水平的提高，国家拿出一定数量的金银加工成金银首饰和金银币，允许上市买卖，但目前我国黄金市场并未全部开放。

3.3.7 外汇市场

外汇市场是进行外汇买卖的交易场所，它是金融市场的重要组成部分。在主要国际金融中心，都有外汇市场的存在，最大的外汇市场在伦敦、纽约和东京。

外汇市场是商品经济发展的必然产物，它是由外汇需求者、外汇供给者及买卖中介机构组成的外汇买卖场所或网络。由于各国各自长期的传统习惯，形成了两种交易方式的外汇市场，一是正式的或称为有形的市场，二是非正式或称为无形的市场。正式的市场指有具体的交易场所，如一般商品交易一样，参与者于一定时间集合于一地点买卖外汇，欧洲大陆的德、法、荷、意等国固定的外汇交易所，即属此类。非正式的外汇市场，指参与者利用电报、电话或电传等进行交易，没有固定的交易地点，英、美、加拿大、及瑞士等国均采用此种方式，因而也称之为英美式外汇市场。国际上几个重要的外汇市场介绍如下：

(1) 伦敦的外汇市场。伦敦外汇市场是全球交易量最大的外汇市场。它并无交易的具体地方，只是通过电话或电报完成交易。

(2) 纽约的外汇市场。纽约外汇市场不仅是美国国内外汇交易的中心，同时也是世界各国外汇结算的枢纽。纽约外汇市场以美国的商业银行为主。

(3) 东京的外汇市场。东京金融市场形成以来在很长时间里，主要经营国内业务。日本加入国际货币基金组织，日元成为可兑换货币，外汇交易逐步实行自由化。

本章小结

1. 西方国家的金融机构体系由中央银行、商业银行、专业银行和非银行金融机构、外资金融机构组成，它们各自有特定的组织结构和业务特色。

2. 中国的金融机构与西方国家金融机构相比，既具有共性，也有差异之处。

3. 金融工具是证明债权关系和所有权关系的合法凭证。它具有债务偿还性、凭证的流动性、投资收益性和本金安全性。

4. 金融市场的四要素是交易主体、交易对象、交易工具、交易价格。这四要素同一般的商品市场四要素不尽相同，认识他们的特点及作用尤为重要。

5. 货币市场是指融资期限在 1 年以下的金融交易市场。货币市场由同业拆借市场、票据贴现市场、可转让大额定期存单市场和短期证券市场构成。

6. 资本市场是指融资期限在 1 年以上的金融交易市场。资本市场由长期存贷市场、企业债券市场、股票市场和投资基金市场构成。

复习思考题

1. 试述金融机构的功能及基本类型。
2. 西方国家专业银行的特点是什么？
3. 中国的金融机构与西方国家的金融机构相比较有什么异同？
4. 试述现阶段我国金融机构体系的构成。
5. 国际清算银行的主要职能是什么？
6. 试述金融工具的特点及种类。
7. 何谓金融市场？金融市场有哪些构成要素？
8. 金融市场形成的条件及其作用是什么？
9. 何谓货币市场 货币市场由哪些子市场构成？各有什么特点？
10. 何谓资本市场？资本市场有哪些种类，各有什么特点？

参考文献

[1] 王克华．货币银行学．武汉：武汉大学出版社，2001
[2] 曹龙骐．金融学．北京：高等教育出版社，2003
[3] 连永安．金融与保险．南京：东南大学出版社，2003

第4章 商业银行的经营与管理

本章概要

1. 介绍了商业银行的产生与发展，阐述了商业银行的性质和职能；

2. 分析了商业银行的业务框架，主要包括资产业务、负债业务、中间业务和表外业务，并分析了每一类业务的构成及主要内容；

3. 阐述了商业银行经营管理的“三性”原则；

4. 介绍了商业银行资产负债管理的发展阶段及其主要内容。

商业银行是历史最悠久、业务范围最广泛的金融组织形式。经过几百年的演进，现代商业银行已成为各国经济活动中最重要的金融机构，在金融体系中占支配地位。商业银行在保证经济与金融体系有效、稳定运行方面发挥着极为重要的作用。

4.1 商业银行的性质和职能

商业银行是银行体系的主体，它以吸收存款和发放贷款为主要业务，以盈利为目的，也是唯一能够吸收、创造存款货币的金融中介机构。为说明银行是如何发挥间接融资作用的，有必要对商业银行的产生、发展、性质和职能等进行分析，这是本节的任务。在本章中，凡是提到“银行”，均指商业银行。

4.1.1 商业银行的产生与发展

银行是信用经济发展的产物，是在货币经营业的基础上逐步发展形成的。银行(bank)一词在意大利语“banca”一词演变而来，在一个多世纪前，“banca”被用来描述“板凳”或“货币兑换商的桌子”。据称在文艺复兴时期的意大利，货币经纪人在一条长板凳上进行货币与票据的交换，这种交易用的长板凳便成为一种象征，经纪人若不能及时还债，债主便会群起而攻之，砸烂这条长板凳，让其“破产”（bankruptcy）.

早在公元前2000年的古巴比伦，以及古希腊和古罗马，就有了银钱业主和货币兑换商。这些早期的金融活动家通常聚集在寺庙的周围，为各国的朝拜者兑换当地的货币，或者替他们保管货币。除了货币的兑换和保管之外，他们还为往来的客商提供异地支付等服务。

银钱业主和货币兑换商通过从事货币的兑换、保管和异地支付业务，积聚了大量的货币。由于所有存款人不会同时提取他们所托管的货币，所以，银钱业主只需将所收存款的一部分留在自己手中，以备日常的提款需要，其余的则可以贷放出去，收取利息。为了获得更多的资金，发放更多的贷款，货币兑换商便从原来被动接受客户委托保管货币，转而变为积极主动地承揽货币保管业务，并通过降低保管费和不收保管费，到后来还给委托保管货币的客户一定的好处，这时，货币保管业务便演变成存款业务了。同时货币兑换商所吸收的存款用于贷款取息。此时，货币兑换商也就演变成为集存款、贷款和汇兑、支付、结算业务于一身的早期银行家了。

从银行发展的历史来看，现代银行起源于意大利。早在1272年，意大利的佛罗伦萨就出现了一家名为巴尔迪的银行；1310年，又有佩鲁齐银行设立。后来因为债务问题，这两家银行于1348年倒闭。到1397年，意大利设立了麦迪西银行，10年后又成立了热那亚圣乔治银行。这些银行都是一些富有家庭为经商方便而设立的私人银行，比较具有近代意义上的银行是1580年成立的威尼斯银行。后来，当世界商贸中心从意大利迁移至荷兰和欧洲北部时，又相继成立了阿姆斯特丹银行（1609年）、纽伦堡银行（1621年）及汉堡银行（1629年），这些银行的成立为商业银行的产生开创了先河。但这种前资本主义银行业的贷款对象主要是政府和拥有特权的企业，贷款利息很高，属于高利贷性质，其利息会吞噬资本主义经营所赚取的利润，因而政府和企业凭借特权常常不归还贷款，造成了银行业的衰落。

资本主义的发展迫切需要建立能够把闲置的货币资本汇集起来，并按照适度的利息水平向产业资本家提供贷款的银行。1694年，在资本主义发展较早的英国，一些英国商人集资认股，在英皇威廉三世的支持下，以股份制形式成立了英格兰银行，这是世界上第一家股份制商业银行（后来又发展成为第一家中央银行）。英格兰银行的建立，标志着资本主义现代银行制度的正式确立，动摇了高利贷在信用领域的垄断地位。继英格兰银行之后，从18世纪开始，西方各国纷纷仿效，先后建立了股份制商业银行。这类银行资本雄厚、规模大、利率低，能够大量提供信用资本，极大地推动了资本主义经济的发展。

现代商业银行的内涵变得更加广泛和深刻。随着经济的不断发展，社会对资金的需求出现了多样化，对金融服务提出了新要求，银行业的竞争日益加剧，这一切都使得商业银行的经营内容、范围和功能在不断变化，现代商业银行已经成为一种综合性的多功能银行，并且正在朝着全能化与多样化的方向迈进。

4.1.2 商业银行的性质

商业银行是多种金融负债筹集资金，以多种金融资产为其经营对象，能利用负债进行信用创造，并向客户提供多功能、综合性服务的金融企业。

1. 商业银行具有一般企业的特征。商业银行拥有业务经营所必需的自有资本；商业银行实行独立核算、自负盈亏；其经营目标，过去大多数商业银行是利润最大化，近年来，许多股份制银行改称为股东利益最大化。

2. 商业银行又不是一般的企业，而是经营货币资金、提供金融服务的金融企业。商业银行的活动范围不是一般的商品生产和商品流通领域，而是货币信用和金融服务领域。

3. 商业银行不同于其他金融机构。与中央银行相比较，商业银行是为工商企业、公众及政府提供金融服务的金融机构，而中央银行是向政府和金融机构提供服务的具有银行特征的政府机构；与其他金融机构相比，商业银行是经营网点多、服务范围广的金融机构，但是随着金融自由化和金融创新的发展，商业银行和其他金融机构的区别已不像过去那么泾渭分明了，商业银行经营的业务和提供的服务越来越广泛，现代商业银行正朝着“金融百货公司”的模式发展。

4.1.3 商业银行的职能与作用

商业银行的职能与作用是其本质属性的延续和具体表现。职能是本质属性所固有的功能，而作用则是指通过职能的发挥对社会经济所产生的能动力和影响力。商业银行在现代经济活动中发挥的功能主要有信用中介、支付中介、信用创造和金融服务四项职能。

1. 信用中介

商业银行本是一个信用受授的中介机构，故信用中介是最基本也是能反映其经营活动特征的职能。通过信用中介职能，商业银行通过受信业务把社会上的闲散资金汇集起来成为银行的负债，并通过授信业务将其投向社会经济的各个领域，成为银行资产。从而在不增加社会货币资金总量的情况下，提高整个社会货币资金的增值能力；信用中介职能还能有效地发挥优化资源配置的作用，商业银行根据国家产业政策和自身利益的原则，合理分配和贷放资金，从而有利于调整产业结构，优化社会资源配置，进而提高社会货币资金的使用效益。

2. 支付中介

商业银行作为货币经营机构，具有为客户保管、出纳和代理支付货币的功能，即支付中介职能。商业银行支付中介功能的发挥是整个社会经济正常、稳定运转的必要条件。它一方面大大减少了现金的使用量和流通量，从而节约了现金的印制、保管、清点等流通费用；另一方面又加速了结算过程和货币资金的周转，从而促进社会再生产的扩大。与此同时，客户如想要获得转账结算等支付中介的服务便利，就必须在商业银行开户存款，这使商业银行能持续拥有较为稳定的廉价资本来源，有利于降低银行资金成本。

3. 信用创造

商业银行的信用创造职能是建立在信用中介和支付中介职能的基础上的。长期以来，商业银行是唯一能吸收活期存款、开设支票存款账户的金融机构。在部分准备金的制度下，商业银行在缴纳法定存款准备金和保留一定的库存现金后，可运用自己所吸收的存款发放贷款。在支票流通和转账结算的过程中，贷款又转化为派生存款。商业银行利用派生存款再增发新的贷款，进而又产生新的派生存款……而每一次派生存款都增加了商业银行的资金来源，因而在整个银行体系中能迅速形成数倍于原始存款的派生存款（详见第 6 章货币供求与货币政策）。

4. 金融服务

金融服务是商业银行利用其在国民经济中的特殊地位，及其在提供信用中介和支付中介业务过程中所获得的大量信息，运用电子计算机等先进手段和工具，为客户提供的其他服务。这些金融服务主要有担保、代收代付、代办保险、财务咨询、代理融通、信托租赁、资产管理、基金管理等。通过这些服务，商业银行一方面扩大了社会联系面和市场份额，另一方面为银行取得一定的收益，同时也提高了信息技术的利用价值。

4.2 商业银行的业务

商业银行以吸收存款和发放贷款为主要业务活动，但因银行业竞争日益激烈，现代商业银行已发展成为综合型的多功能银行，并朝着全能化与多样化方向发展。其主要活动都体现在资产负债表中，但是也有不记录在此表中的表外业务，包括汇兑结算业务和其他中间业务。

4.2.1 商业银行的资产、负债与资本

要想了解一个银行如何取得资金，如何利用资金，以及盈利和风险状况如何，最好的办法是分析它的资产负债表。根据会计学的一般原理，银行资产超过银行债务部分，称为净值或银行资本，代表银行股东产权。即

银行资本＝银行资产－银行负债

银行资产＝银行负债＋银行资本

银行股东产权也可看作是银行对股东的负债，故通常把银行资本列在银行负债的范围内。这样，在商业银行的资产负债表上，资产总和就等于负债总和，从而银行资产负债表就成为银行的一张资金平衡表。

表4-1是一个典型的商业银行资产负债表（表中的数据是象征性的），表的左方记录了银行的资产项目及价值，右方记录了负债项目及其价值，银行资本被列在右方负债项目之内。

商业银行资产负债表

表4-1

单位：%

资产（资金运用）			负债（资金来源）		
	项目	占总额的%		项目	占总额的%
现金资产	准备金	2	支票存款		23
	应收现金	2	非交易存款	储蓄存款	9
	同业存款	2		小额定期存款	20
证券	中央政府债券	19		大额定期存款	16
	其他债券	5	借款		24
贷款	工商业贷款	16	银行资本		8
	不动产贷款	25			
	消费者贷款	10			
	银行间贷款	4			
	其他贷款	8			
其他资产		7			
合计	100		合计		100

1. 资产项目

资产代表着资金的运用形式。银行利用发行负债所获得的资金购买资产，因此从本质上说，银行的资产项目就是银行的资金运用，银行从资金运用中获得利润的收入。按资产项目流动性大小可分为：现金资产、证券、贷款和其他资产。

（1）现金资产

这是银行资产中流动性最高的资产，它基本上不给银行带来直接的收入。现金资产项目包括准备金、应收现金和同业存款。

①准备金。准备金即商业银行为应付日常的提款要求而保留的流动性最高的资产。它由商业银行的库存现金（即商业银行持有的通货，它要在银行的金库中过

夜）和商业银行向中央银行交纳的存款两部分组成，其中后者占主要部分。对商业银行而言，准备金是收益最低的资产，因为多数国家（如美国）的中央银行都不对商业银行在中央银行的存款支付利息（中国除外），至于银行的库存现金，更不会有利息收入。但是商业银行必须持有它，因为银行把所有的资金都贷放出来了，那么存款人要求提款时，它便会无力支付，从而陷入流动性危机。为防止这种情况的出现，各国的银行法都要求银行保持一个最低的准备金率（准备金与存款的比率），即法定准备金率，一般流动性越高的存款，法定准备金率也越高。中央银行有权在一定范围内变动法定准备金率。但是商业银行并不需要在所有时间内都符合法定准备金的要求，而只需在一段时间内的平均数额达到规定标准即可。超过法定准备金的那部分准备金叫超额准备金。超额准备金可用来应付提款、发放贷款，或者购买证券。

②应收现金。应收现金是指在票据清算过程中，已记入商业银行的负债，但实际上商业银行还未收到的那部分现金。也即银行持有一些待兑现的票据，这些票据用不了几天就能兑现成为银行的现金收入。如存款人将一张由 A 银行开出的支票存入 B 银行，B 银行将在其资产负债表的负债方记上该存款人相应金额的存款。假定与此同时，这笔资金也迅速由 A 银行的账户转到了 B 银行账户上，那么 B 银行只须在其资产方的准备金账户上增记相应的金额就可以了。但事实上支票的清算是需要一定的时间的，在 B 银行实际收到这笔金额之前，其准备金并没有增加，因而只能在资产负债表上资产方的“应收现金”的项下记入相应的金额，待收到资金后，再把它转入准备金账户。

③同业存款。同业存款是指存放在其他金融机构的存款。在其他金融机构（主要是银行）保持存款的目的，是为了便于同业之间结算收付及开展代理业务。由于金融机构之间所开立的存款户都属于活期性质，可随时支用，因此，银行都将存方同业的资金视同现金资产，作为其营运资金的一部分。

上述三项资产通常被合称为“现金项目”。现金项目的流动性最高，是商业银行的一级储备。

（2）证券

证券投资是银行重要的收入来源之一。除德国、瑞士、奥地利等少数实行全能商业银行制的国家之外，多数国家都明文禁止商业银行购买工商企业的股票，因此商业银行证券投资的对象主要是各种债券，包括政府债券、政府机构债券、地方政府债券和公司债券等。20 世纪 80 年代以来，许多国家先后放松管制，对商业银行经营证券投资的范围有所放宽。1999 年，美国通过《金融服务现代化法案》以后，美国商业银行从事证券投资业务的范围、对象不再受到限制，但从控制风险的角度出发，商业银行证券投资仍以各类债券为主。

商业银行投资于证券有三方面的好处：① 加强流动性。保持资产的流动性是商业银行追求的目标之一。由于有价证券大多有发达的二级市场，当银行面临现金不足时，可随时将它们出售。特别是短期政府债券，安全性和流动性都非常高，它通常被当作商业银行的二级储备。② 降低风险。通过选择多样化的证券组合，商业银行可以有效地分散风险。③ 灵活运用闲置资金，获取投资收益。证券投资的收益包括证券的利息和资本利得两个方面。具体而言，商业银行证券投资的金融工具主要有以下几类：

①货币市场投资工具。货币市场投资工具包括所有到期期限在1年以内的金融工具与证券。商业银行最普遍使用的货币市场投资工具包括银行间的同业拆借资金（在美国称为联邦基金），中央政府通过财政部发出的短期国库券，大工商企业的商业票据，金融机构发出的可转让存款单、银行承兑汇票、回购协议等。货币市场投资工具有很高的流动性，其市场风险也很小。并且，由于货币市场投资工具的到期期限很短。故货币市场投资工具的主要投资者是银行。

②资本市场债券。这类金融资产包括所有到期期限在1年以上的证券。银行主要投资的债务证券有中长期国库券、其他中央政府机构债券、地方政府债券以及高等级公司债券等。这些债券具有期限长、收益高等特点。其中国库债或国库票的流动性、安全性最好。政府机构和地方政府债券的流动性次之。工商企业的债券收益性较高，而流动性水平与地方政府债券类似，但其违约风险较高，因此，商业银行往往对持有公司债券采取很谨慎的态度。

③创新的投资工具。20世纪80年代以来，商业银行大幅度地减少了传统的证券投资，而大量购入创新的金融投资工具。这些新工具主要有以下两类：

a. 资产担保证券（Asset-backed Securities）。资产担保证券是商业银行将其传统的非流动性贷款经过技术性处理后重新组合为同质量并可分割的标准贷款组合，以此为本金与利息的现金收入保证来发行证券，即资产证券化（Securitization）。最常见的证券化的资产是住宅抵押贷款、汽车贷款以及信用卡应收款等。20世纪80年代初期，美国联邦有关当局大量推出了以不同种类的抵押贷款保证发行的证券，商业银行以及其他金融机构也纷纷采用了这一新金融工具。

b. 共同基金股份（Mutual Fund Shares）。20世纪90年代以来，随着金融自由化趋势的发展，一些商业银行也将共同基金作为证券投资的对象。商业银行一般选择风险较小、经营较稳健的共同基金进行投资。通过对共同基金份额的投资，银行可以达到提高收益、分散风险的目的。

（3）贷款

贷款是流动性比较低的一种银行资产，因为在贷款到期日之前，银行很难将它收回。相应地，它的利率在各种资产中也是最高的，构成了商业银行最主要的收入来源。

贷款可以从多个角度加以划分。发达国家的商业银行一般将贷款分为工商业贷款、不动产贷款、消费者贷款、同业贷款和其他贷款。其中，工商业贷款是银行为工商企业的生产或销售需要而发放的贷款。发送这类贷款是商业银行的传统业务，所以，它在这方面具有较大的优势。不动产贷款是以企业或个人的住宅、土地、厂房、设备等不动产为抵押而发放的贷款，其期限一般较长。消费者贷款是发放给消费者个人，主要用于购买汽车等耐用消费品以及用于教育等用途的贷款。消费者贷款一般以消费者所购买的耐用消费品为抵押，采取分期付款的方式偿还。信用卡贷款是消费者贷款的一种形式，当持卡人的支出金额超过他在发卡银行的存款余额（即信用卡透支）时，其差额就自动成为银行对他的贷款。同业贷款则是银行之间为调剂资金余缺而相互发放的贷款。在中国，按照贷款的用途，可以将它分为流动资金和固定资金贷款；按照贷款的期限，可以将它分为短期贷款（1 年以内，含 1 年）、中期贷款（1 至 5 年，含 5 年）和长期贷款（5 年以上）；按照贷款的保障形式，可以将它分为信用贷款、担保贷款（含保证贷款、抵押贷款和质押贷款）和票据贴现贷款；按照贷款的占用形态，可以把它分为正常贷款、逾期贷款、呆滞贷款和呆账贷款（后三类即所谓的不良贷款）。

（4）其他资产

其他资产是指商业银行自己拥有的固定资产（设备、房地产），在子公司的投资和预付费用（如保证费）等。商业银行原来用于固定资产的资金都较少，随着银行电子化运营以及自助银行、网络银行的拓展，银行用于设备的资金增加较快，但与银行的贷款和证券相比，固定资产占总资产的比重仍较低。

2. 负债项目

商业银行的负债业务是商业银行在经营活动中尚未偿还的经济业务，该业务是商业银行借以形成资金来源的业务。商业银行的资金来源可分为银行资本和银行负债两大类。银行资本是由普通股、优先股、盈余、资本性票据和债券以及各项储备构成。根据巴塞尔委员会的规定，实际缴足的、永久性的股东权益属于一级资本或核心资本，债务资本属于二级资本或从属性资本。银行负债有狭义和广义之分。狭义负债主要是银行存款和借款等一切非资本性的债务；广义负债是在狭义负债的基础上，再加上资本性票据和长期债务资本。一般而言，银行负债是指狭义负债，本章论及的银行负债亦指狭义负债。

（1）支票存款

活期存款是存款人可随时从存款账户上支取存款余额的一种存款形式，存款人支取存款时必须使用银行规定的支票，因而又称为支票存款。支票存款是流动性最高的一种负债，支票存款的所有者可以随时要求提取账户中的余额，也可以向第三者开出支票，由第三者凭支票到开户银行要求付款。因此支票存款可以起到交易媒介的作用，所以一般都把它看作是货币的一个组成部分。

传统上，活期存款业务一直是商业银行的主要业务，各国对此都有严格的管理制度。商业银行必须保持一部分库存现金作为超额准备金（也叫备付金）。比如，我国《商业银行法》第三十二条规定，商业银行应当按照中国人民银行的规定，向中国人民银行交存存款准备金，留足备付金。但是随着其他负债业务的发展，支票存款在商业银行资金来源中的比重出现了显著的下降。

经营活期存款业务的成本包括利息支付和提供服务所发生的费用。如已付款支票的处理和存藏，月报的编制和发送，现金出纳设施（出纳人员及设备）的提供，广告宣传、银行形象的设计和维护，市场推销等服务费用。活期存款的流动性大，存取频繁，服务多，因此商业银行对活期存款支付的利息较低。美国1933年的银行法还规定，禁止商业银行对活期存款支付利息。后来美国关于利率管制的有关法律有所放松，但对活期存款禁止支付利息的法律依然有效，我国目前尚无这类法律。

（2）非交易存款

非交易存款是指不能直接签发支票的存款，主要有储蓄存款和定期存款两大类。非交易存款的利息较支票存款高，但不可签发支票，因而不能直接充当交易媒介。但是属于非交易存款的大面额可转让定期存单，可在二级市场上转让和流通。

①储蓄存款。关于储蓄存款的概念，国内外存在着明显的差异。美国把储蓄存款定义为："存款者不必按照存款契约的要求，而是按照存款机构所要求的任何时间，在实际提取日期前7天以上的时间，提出书面申请提款的一种账户。"在美国，居民个人、政府和企业都可以合法地持有储蓄存款。而在我国，储蓄存款则专门指个人在银行的存款，政府机关、企业单位的所有存款都不能称之为储蓄存款，公款私存被视为违法现象。

在美国，储蓄存款的主要形式是存折储蓄存款（Passbook Savings Deposits），该账户只需很少的开立金额（存折储蓄存款可用5美元开立）。根据法规，银行要求存款人在事前通知后才能提款，但实际上，几乎所有的银行都不再坚持这一技术规定。因当存款人提前支取时，银行只支付很低的利息；另外，存折储蓄存款一般都比较稳定，利率弹性非常小。个人、非营利性机构和政府都可以开设存折储蓄存款，商业机构也可以，但账户的最高限额为15万美元。

②定期存款。定期存款是客户和银行预先约定存款期限的存款。存款期限在美国最短为7天，在我国通常为3个月、6个月和1年不等，期限长的则可达5年。定期存款的利率视期限长短而高低不等。目前，各国的定期存款有多种形式，包括可转让存单或不可转让存单。在美国，定期存款主要有小额定期存款和大额可转让

定期存单两大类。

小额定期存款（10 万美元以下）有固定的期限，提前支取虽然并非不可以，但是要损失一定的利息。因此，它的流动性较低，利率比储蓄存款的利率高。

大额定期存单（CDs）于 1961 年由美国纽约花旗银行创办，它是按某一固定期限和一定利率存入银行的资金可在市场上买卖的票证。美国国内的可转让定期存单由美国的银行机构发行。美国境外银行发行的美元存单叫做欧洲美元定期存款。外国银行在美国分行发行的可转让定期存单叫做扬基定期存单。可转让定期存单的发行和认购方式有批发式和零售式两种。批发式是由发行机构拟订发行总额、利率、面额等，预先公布，供投资者认购。零售式则是按投资者的需要，随时发行，随时认购，利率也可商议。可转让定期存单的面额较大，有 10 万美元至 100 万美元不等，利率一般高于同期存款的利率，并且可随时在二级市场上出售转让，所以是一种流动性很高的金融工具。

(3) 其他负债（即借款）

如果商业银行吸收的各项存款在规模或期限结构等方面不能满足资金运用（即资产）的需要，商业银行还可以通过其他负债途径借取资金。其他负债途径包括：向中央银行借款（称之为贴现贷款），在同业拆借市场上（在美国称为联邦基金市场）向其他金融机构借入资金，向母公司（银行控股公司）借款，以出售回购协议的方式融入资金，在国际金融市场上借入欧洲美元等。

随着金融市场的发展，其他负债（即借款）逐渐成为较重要的银行资金来源。20 世纪 60 年代，该项资金只占银行负债的 2%；到 20 世纪 90 年代，该项资金来源已经超过 20%。

我国《商业银行法》把借款业务分为两类：一类是银行发行金融债券或到境外借款，另一类是同业拆借。对于第一类借款，银行必须依据法律与行政规定报经批准后，才能进行债券发行或境外借款。同业拆借应遵守中国人民银行规定的期限，一般不超过 4 个月。

(4) 银行资本

银行资本等于银行的资产总额与负债总额之差，这些资本可以通过出售股权或留存收益而形成，代表银行股东的产权。商业银行保有足够的银行资本，可以缓解银行资产价值下跌时给银行带来的巨大压力，因而银行资本是银行资产价值下跌的缓冲器。如果银行资产总值跌至负债总值以下，银行就要破产。因此，银行资本是商业银行所能承担的最大资产损失，显然，商业银行的资本越充足，破产的可能性就越小。对付资产价值下跌，防止银行破产的办法之一就是保持银行资本，特别是保持贷款损失金。银行的一些贷款项目，有可能成为银行的坏账，无法收回，要在未来某个时候从账上划掉（价值为零），这让银行蒙受损失。贷款损失准备金就是银行为了防止这种损失给银行造成不利影响而提前做好防备。银行在坏账出现之前，就在它的账目上列出贷款损失准备金，并将其划入银行资本范围，这样的提早准备当然要比真正出现坏账时没有准备要好，而且贷款损失准备减少了银行报告的收入，因而银行不需为这部分准备金缴纳税款。

由于商业银行破产会直接损害存款人的利益，所以各国的银行法一般都对其商业银行有一个最低的资本要求，但是在1988年《巴塞尔协议》（即《关于统一国际清算银行的资本计算和资本标准的协议》）出台之前，各国规定的资本定义和资本要求并不统一。按照《巴塞尔协议》的规定，各国银行的资本有核心资本和附属资本构成，其中核心资本占银行资本总额的比重要达到50%以上，资本充足率则要求各国银行的资本占风险加权资产的比率必须达到8%。我国中央银行于1992年向社会承诺将按照《巴塞尔协议》的规定监管和规范我国银行业的资本构成和资本数量。目前，我国商业银行的资本构成中，包括核心资本和附属资本，其中核心资本中包括实收资本、资本公积、盈余公积和未分配利润四部分；附属资本包括贷款呆账准备金和次级长期债券。2001年巴塞尔委员会推出了《新巴塞尔协议》的讨论稿。该讨论稿延续了以资产充足率为核心的监管原则，而且还提出了对银行进行风险监管的最低资本金要求、外部监管以及市场约束三个支柱原则。新协议在2006年底取代现行的1988年协议，但就中国目前以商业银行为主体的金融机构的风险管理基础和水平而言，还远达不到新资本协议的要求，因此，中国银监会明确表态，至少在十国集团2006年实施新资本协议的几年中，中国仍将执行1988年的协议。

4.2.2 商业银行的中间业务和表外业务

虽然商业银行的主要任务是通过吸收存款等方式获得资金（负债业务），然后再把所获得的资金用于放款或购买证券（资产业务），并从中获得利差收入。但除此之外，商业银行还利用其自己在机构、资金、技术、信誉、信息等方面的优势，为客户提供广泛的服务，并从中收取手续费收入，特别是20世纪70、80年代以来，由于直接金融市场的发展，商业银行的贷款业务有所萎缩，其他业务在银行业务中地位则变得重要，手续费收入也越来越成为商业银行收入的重要来源。

商业银行的业务大体可分为两类：一类是中间业务，另一类则是表外业务。下面对这两类业务进行简单的阐述。

（1）中间业务

中间业务是商业银行接受客户的委托，以中介人的身份代客户办理各种委托事项，并从中收取手续费。主要包括结算业务、租赁业务、信托业务、代理业务、信用卡业务等。

①结算业务。结算业务是银行代客户清偿债权债务，收付款项的一种传统业务（清算则是银行之间的货币收付）。企事业单位之间的货币收付，除少量以现金方式进行以外，大部分都是通过其在银行开立的支票存款账户上的资金划拨来完成的。因此商业银行在其间扮演着重要的角色。

按照收款人和付款人所处的地点，可以将结算分为同城结算和异地结算两种类型。所谓“同城结算”是指收款人和付款人在同一城市或地区的结算，其主要方式是支票结算。付款人根据他在银行的存款和透支限额，向收款人开出支票，收款人收到这张支票后，可以自己到付款人的开户行要求付款，但更一般的做法是收款人将支票交给他自己的开户行，委托它向付款人收款。若支票的收付方恰好在同一银行开户，则银行只需将支票上所载的金额从付款人账户划转到收款人账户就可以了。若收付双方不在同一银行开户，银行就必须把支票送到票据交换所进行清算。票据交换所是银行同业间为提高支票清算效率而设立的一种机构。因为每家银行都可能收到许多别的银行开户的存款人开出的支票，同时它自己的存款人开出的支票又会被存入别的银行，因此如果各银行都把收到的支票集中送到票据交换所进行交换，有一部分债权债务便可以抵消，银行之间只需收付一个净的差额就可以了。一种更为便捷的同城结算手段是票据交换所自动转账系统。所有参加这一系统的银行之间的同业拆借、外汇买卖和汇款划拨等，都不是通过支票或通知书，而是通过将有关数据输入自动转账系统的终端机来进行的，这就进一步加快了结算速度。

异地结算是指收款人和付款人不在同一地区时的结算。异地结算有汇兑、托收和信用证结算三种方式。所谓汇兑，是指付款人将现款交付给银行，由银行把款项支付给异地收款人的一种业务。托收以此相反，收款人向付款人开出一张汇票要求其付款，并把它连同有关票据交付给托收行，委托其代为收款。信用证结算则是一种由银行提供付款保证的结算业务，在国际贸易中普遍采用，其基本流程是：商业银行应付款人即购货方请求，向销货方开出信用证，保证在信用证上载明的各项条款得到满足的条件下向销货方付款；销货方收到信用证后，根据销货合同及信用证所列条款发货，然后凭信用证到银行要求付款；银行在确认信用证所列条款均已得到满足后向销货方付款，同时向购货方收取全部货款（购货方向银行申请开信用证时，一般只预交一部分货款）。信用证结算是以银行信用为担保的，只要在信用证上列明的付款条件得到满足，即使购货方拒绝支付货款，开证银行也必须向销货方付款。由于银行信用一般比商业信用更为可靠，所以在交易双方互不了解的时，销货方一般均要求用信用证方式付款。

②租赁业务。租赁是以收取租金为条件出让物件使用权的经济行为。它是由财产所有人（出租人）按合同规定，将财产租给承租人使用，承租人按期缴纳一定租金给出租人，在租赁期间，出租人对财产保有所有权，承租人享有使用权。通常，

租赁业务有两种类型：经营性租赁和融资性租赁。

经营性租赁又称为操作性租赁或服务租赁，适用于租期相对较短、通用性较强的财产、设备，如汽车、电脑、建筑机械等。经营性租赁在租赁合同期内由出租人负责设备的安装、保养、维修、缴纳税金、支付保险费和提供专门技术服务等。承租方在提前通知的前提下，可以中途解约。经营性租赁的租期一般要短于设备的预期寿命，每一次租金的收入往往不足以全部抵消设备成本，因此，经营性租赁又被称为未完全付清的租赁。租赁期满，不发生所有权转移，可以续租、退租，但不能以象征性价格购入。

融资性租赁又称资本性租赁，是一种国际通行的长期租赁形式，是指由出租方融通资金，为承租人提供所需设备，承租方定期偿还租金并获得设备资产的使用权。融资性租赁的租金大致相当于设备折旧、贷款利息与管理手续费的总和。在融资性租赁合同期内，租赁物的挑选、维修、保养和保险等都由承租人负责，承租人通常在租赁期满后以象征性价格取得设备的所有权。

③信托业务。信托即信任委托，商业银行的信托业务是指它接受个人、机构和政府的委托，代为管理、运用和处理所托管的资金或财产，并为受益人谋利的活动。信托关系中的受益人既可以是委托人本身，也可以是委托人指定的个人或机构。信托业务最初由个人和保险公司经营，随着业务范围的扩展，出现了专门的信托公司。商业银行由于资本雄厚、业务经验丰富，也开始介入这一领域。

和信贷业务不同，商业银行对信托业务一般只收取有关的手续费，而营运中获得的收入则归委托人或其指定的受益人所有。同时信托也不同于简单的代理活动，因为在代理关系中，代理人只是以委托人的名义，按委托人指定的权限范围办事，在法律上，委托人对委托财产的所有权并没有改变。而在信托关系中，信托财产的所有权则从委托人转移到了受托人（商业银行信托部或信托公司）手中，受托人以自己的名义管理和处理信托财产。

信托业务拓展了商业银行的活动领域，但是商业银行从事信托业是否合宜一直是一个有争论的问题，不少人主张应使银行业和信托业相分离。目前各国一般都要求银行的信托部门和银行部门在财务、人事等方面相互独立。自 20 世纪 80 年代开始，我国各商业银行业大力拓展信托业务。但是由于相关的金融法律不够健全，银行内部对信托业务的内控管理也极不完善，大量的不规范运作对银行经营造成了风险。1994 年末，国家有关部门和中国人民银行作出了分业管理的决定。从 1995 年起，根据分类经营、分业管理的原则，中国人民银行要求银行系统所办的信托投资公司（包括该类公司的分支机构及银行的信托部、证券部）与银行在机构、资金、财政、业务、人事、行政等方面彻底脱钩，或改变为银行的分支机构。到 1996 年底，这一工作基本完成。但是，在国际金融市场上，混业经营已成为主流趋势。除了一贯可以经营所有金融业务的一些欧洲全能银行外，美国、日本等国家也相继废除或放松了分业管理模式的限制。目前，中国业正在逐步地放松分业管理的限制，不仅许多商业银行已被获准成立经营基金托管业务。而且由我国商业银行持股50%以上的银行基金公司也被获准成立运营。如中国工商银行、瑞士信贷第一波士顿和中国远洋运输（集团）总公司的持股比例分别为55%、25%、20%的中国工商银行工银瑞信基金管理公司于2005年6月21日在国家工商总局注册成立，公司注册资本金为2亿人民币。银行系基金公司的设立，意味着中国金融混业经营进入了一个新的阶段。

④银行卡业务。银行卡是由商业银行或专门的信用卡公司发行的一种现代支付工具。银行卡按照清偿方式可分为借记卡、贷记卡和准贷记卡。借记卡是指有商业银行发行的可用于消费、转账结算、存取现金等的一种支付工具，不能透支。贷记卡是由银行或信用卡公司向资信良好的个人或机构签发的一种信用凭证，持卡人可以凭卡在特约商号中购买商品，或支付交通、旅游费用，还可以凭卡到指定银行兑付现金。贷记卡既是发卡机构发放循环信贷和提供相关服务的凭证，也是持卡人信誉的标志，可以透支。按照授信程度的不同，贷记卡分为真正意义上的贷记卡和准贷记卡。真正意义上的贷记卡是指发卡银行给予持卡人一定的信用额度，持卡人可在信用额度内先消费、后付款的信用卡。准贷记卡是指持卡人须先按发卡银行要求交付一定金额的备用金，当备用金账户余额不足支付时，可在发卡银行规定的信用额度内透支的信用卡。

我国的银行卡与上世纪80年底中期开始发行，1986年，中国银行发行长城卡，1988年，中国工商银行发行牡丹卡，1990年，中国建设银行在广州地区发行万事达卡（后改为龙卡），1991年，中国农业银行发行金穗卡，1993年，交通银行发行太平洋卡……据中国银联统计，截至2005年6月，发卡机构超过了160家，发卡量为8.75亿张，在北京、上海、广州等经济发达城市持卡消费额占社会商品零售总额的比例已达30%，接近发达国家水平。此外，我国发卡银行还普遍受理国外银行的信用卡，如维萨卡（VISA）、万事达卡（MASTER）等。

（2）表外业务

商业银行的表外业务，是指对银行的资产负债表没有直接影响，但却能够为银行带来额外收益，同时也使银行承受额外风险的经营活动。广义的表外业务泛指所有能给银行带来收入而又不在资产负债表中反映的业务。根据这一定义，则商业银行的所有中间业务也均属表外业务。狭义的表外业务，也即这里讨论的表外业务，则仅仅涉及承诺和或有债权的活动，即银行对客户作出某种承诺，或者使客户获得对银行的或有债权，当约定的或有事件发生时，银行承担提供贷款或支付款项的法律责任。狭义的表外业务大致可分为担保业务（备用信用证），承诺业务，贷款出售及资产证券化等资产转换业务，衍生工具的交易以及与证券发行、承销等有关的投资银行业务。这里简单介绍前三类表外业务。

①备用信用证。备用信用证是银行为其客户开立的保证书。这种业务涉及三方当事人：开证银行、客户和受益人。通常，客户与受益人之间已达成某种协议，根据该协议，客户对受益人负有偿付或其他义务。银行应客户的申请向受益人开立备用信用证，客户可以有效地提高自己的信誉，当然同时也要向银行支付手续费。在工程领域应用的备用信用证主要有业主工程款支付担保、承包商履约担保、承包商工程款支付担保和维修担保等。

备用信用证和商业信用证的区别是，在商业信用证业务中，开证银行承担的是第一性的付款责任，只要收款人提供合格的单据，且单证一致、单单一致，银行就必须按合同履行支付义务；而在备用信用证业务中，银行承担的是连带责任，在正常情况下，银行和受益人并不发生支付关系，只有在客户未能履行其义务时，银行才以付款的方式代替客户履行。

除了备用信用证以外，商业银行担保业务还包括出具保函、对商业票据或商业信用证提供担保或承担保兑义务等。

②承诺业务。承诺业务是指银行向客户作出承诺，保证在未来一定时期内根据一定条件，随时应客户的要求提供贷款或融资支持的业务。承诺业务主要有信贷便利和票据发行便利（Note-issuance Facilities）两种形式。

信贷便利主要有两种形式：信贷额度和贷款承诺。信贷额度是一种非合同化的贷款限额，在这个额度内，商业银行将随时根据企业的贷款需要进行放款。但是信贷额度一般都是银行与其老客户之间的非正式协议，银行虽然在大多数情况下都会满足客户的贷款需要，但并不具有提供贷款的法定义务，银行通常也不向客户收取承诺费，而只要求客户在本银行保留一定比例的支持性存款。贷款承诺是一种正式的、合同化的协议，银行与客户签订贷款承诺协议以后，要随时满足客户的贷款需要，在承诺期内，不论客户是否提出贷款申请，银行都要按承诺的一定比率收取承诺费。贷款承诺主要有备用信贷承诺和循环信贷承诺两种形式。前者是银行与客户签约，在合同期内，客户有权要求银行在合同规定的额度内提供贷款；后者是指在一个较长的合同期内，借款人在满足合同规定的条件下，循环使用贷款额度。

票据发行便利是指银行承诺帮助筹资人（企业、政府或其他金融机构）通过发行短期票据或 CDs 筹资，如筹资人发行的票据或 CDs 不能如期售完，承诺该业务的银行将按事先约定的价格买下。筹资人可以在一定的承诺期内（1～7 年）循环使用票据发行便利筹集资金，在承诺期和约定的额度内，票据发行人每次未售完的票据都将由签约银行收购，当签约银行收购未售完的票据时，银行在赚取承诺费的同时，也要承担信贷风险和流动性风险。

③贷款出售。贷款出售是指银行将已发放的贷款出售给其他金融机构或投资者。贷款出售对提高银行的资本充足率，分散、转移银行资产的风险，提高资产的流动性都有积极的作用。

贷款出售按出售的具体操作分单笔出售和证券化出售两种形式。单笔贷款出售常常被归入银团贷款一类，指牵头银行在发放某笔大额贷款后，将其中的一部分转售给其他银行，而牵头银行则负责整笔贷款的管理工作。有时，银行在处理呆滞贷款时，也常常采用贷款出售方式，将某笔贷款售予资产管理公司。证券化出售是资产证券化浪潮中出现的金融创新方式，最早见于美国的住宅抵押贷款。银行贷款的证券化是将某一类别（如住宅抵押贷款）的众多笔贷款组合在一起，请信用担保机构提供担保，然后请专门的评级机构对于贷款组合进行评级（如信用级别较低，则还需要进行信用增级），再将评级后的贷款总额分成若干份，发行以贷款资产作为担保的证券，向投资者出售。

随着金融也体制改革的不断深入，我国银行业的中间业务和表外业务都取得了较大的进展，但是我们必须认识到目前我国商业银行中间业务和表外业务占经营收入的比重仍然明显偏低，对商业银行整体盈利能力的贡献度仍然有限。

4.2.3 电子银行业务

随着计算机、网络、通信与信息技术的发展，电子商务在金融服务领域得到了迅速发展。基于网络和现代通信手段的电子银行业务，给银行业的发展注入了新的活力，并使得传统的银行概念、经营理念、经营模式、管理方式和内部控制等都发生了很大的变化。具体而言，电子银行业务是指商业银行通过开办电话银行、网上银行和手机银行等业务活动，为客户提供查询、转账、理财和支付结算等金融服务。除了这三种主要形式之外，还有如企业银行、银企互联等形式。

4.3 商业银行经营管理

商业银行是一个盈利性组织，和其他企业一样，其基本目标是实现银行利润最大化或股东利益最大化。但是由于商业银行经营货币资金的借贷、交易并提供各种金融服务的特殊企业，故其在经营上有一定的特殊性，为达到银行利润最大化或股东利益最大化这一目标，则必须实施有效的管理。这里着重探讨商业银行的资产和负债管理。

4.3.1 商业银行的经营原则

商业银行的经营面临着各种风险，如何在稳健经营的前提下保持适度的流动性，以实现银行利润最大化和银行股东利益最大化，是商业银行经营管理的最终目标。经过长期实践，商业银行在经营管理中形成了流动性、安全性和盈利性原则（简称“三性原则”或称为“三性目标”）。这三个原则可以说是最终目标的进一步具体化，而如何在这些原则之间保持合理平衡，则又是银行管理者们最基本的难题。

1. 安全性原则

银行业是一个风险高度集中的行业，银行在经营过程中始终面临各类风险，如信用风险、利率风险、流动性风险、操作风险、法律风险等。而且银行的自有资本较少，主要靠负债经营。故如果银行不能采取有效措施，控制各类风险，则必然会削弱银行的偿债能力，危及银行的声誉及银行自身的安全。因此安全性是银行在其经营活动中首先要考虑的问题。只有在安全性有保证的条件下，银行才有可能去追求最大的利润，也只有在安全性有保证的条件下，存款者才会将自己的钱存入到银行。

安全性管理要求银行坚持稳健经营的理念，保持较高的资本充足率，合理安排资产负债结构，提高资产质量，运用各种法律允许的策略和措施来分散和控制风险，提高银行抗风险的能力。

2. 流动性原则

流动性是指银行能够随时应付客户的提款，满足必要贷款的能力。商业银行的经营性质决定了它必须保持足够的流动性。商业银行之所以能够存在，是因为所有的存款人不会同时要求提款，从而使它可以在保留部分准备金的前提下将资金用于贷款或投资。但是存款人对资金市场上的信息是高度敏感的，遇到政治、经济局势动荡和其他突发事件时，就可能纷纷要求提款，特别是当存款未得到全额保险的时候。如果某一银行因缺乏流动性而出现支付困难，但这一消息传开则会使它陷入更深的困境，因为会有更多存款人竞相赶来提款。当存款人对银行业的前景普遍悲观时，这种挤提还可能引发全行业的危机。

商业银行可以从资产和负债两方面来获得其流动性。从资产方面讲，银行应持有足够多的流动性资产，以便在必要时候迅速变现；从负债方面看，主要是尽可能开拓低价获取资金的途径。在实际运作中，商业银行应将这方面结合起来，保持合理的资产负债结构，并根据本银行和金融市场的实际情况，选择最有利的途径和方式进行流动性管理。

3. 盈利性原则

盈利性是商业银行在正常经营状态下的盈利能力。银行的业务扣除业务支出后的净额，就是银行利润。银行无不把追求最大利润作为内在动力，而具体盈利多少则取决于银行资产收益、其他收入及银行各项经营成本费用的多少。显然，提高资产的收益能力，提供更多更好的服务以获得更多的服务收入，以及降低银行的经营成本，是提高银行盈利能力的根本途径。但是，银行不能一味地追求盈利能力而顾此失彼，而应在充分考虑流动性和安全性的基础上，尽可能地提高盈利能力，扩大银行收益。

盈利性原则和安全性、流动性原则在一定意义上是统一的。只有在保持较高的盈利性水平的条件下，银行才能增加自有资本的积累，增强抵抗风险和履约付款责任的能力；同时也只有在安全性、流动性有保证的前提下，银行才可能获得较高的盈利水平。但是在实际中，银行管理碰到更多的却是盈利性原则和安全性、流动性原则相冲突的情形。因为一般而言，一项资产的流动性、安全性越高，其盈利性往往越低。因此，银行必须在安全性、流动性和盈利性这个原则之间找到适合自己的最佳平衡点。

4.3.2 商业银行的资产负债管理

在商业银行发展的历史进程中，西方商业银行的经营管理理论经历了资产管理、负债管理、资产负债综合管理和资产负债表内表外统一管理四个阶段。

1. 资产管理

20 世纪 60 年代以前，以商业银行为信用中介的间接融资占主导地位，商业银行所处的经营环境较宽松，资金来源充裕且稳定。在这种情况下，商业银行在已有资金来源的基础上，对资金的运用也即资产进行管理。故，资产管理（Asset Management）即为银行如何将其资产在现金、证券、贷款等各种资产持有形式之间进行合理分配。要在稳健经营的基础上使利润最大，银行必须寻找能够提供高收益率的贷款和证券等资产，同时银行应尽可能减少风险，并通过持有流动性的资产来保持足够的流动性。具体而言，银行在管理它的资产时应该进行以下四个方面的考虑。

（1）在满足流动性要求的前提下，使多余的现金资产减少到最低限度。流动性原则要求银行保留足够的现金准备，而盈利性原则又要求尽可能少持有多余的现金，因为它不能为银行带来收益。但是要准确掌握持有多少现金资产是困难的，需要有大量的经验作为指导。一个普遍的做法是建立分层次的现金准备，即在保留一定现金资产作为一级储备的同时，持有一定量的高品位债券（主要是短期国债）作为二级储备这些资产能够在较短的时间内转变为现金，从而应付银行对现金的需要和减少银行的损失。

(2) 尽可能购买收益高、风险低的证券。一般而言，长期证券的收益率要高于短期证券，但是其风险也较大，因为长期证券价格受利率的影响比短期证券大。因此从安全性角度看，银行应多持有短期证券；但是盈利性原则又要求银行多持有长期证券，如何在这两者之间取得平衡是证券期限管理的重要内容。

(3) 尽可能选择违约可能性不大又愿意支付高利率的借款者。显然这是一对矛盾，因为违约可能性不大的借款人往往可以较低的利率获得贷款，但是如果他们面临的投资项目很诱人，则他们也可能愿意支付较高的利率，因此关键在于银行如何对借款人进行筛选。在现实中，银行通过根据品德（Character）、能力（Capacity）、资本（Capital）、担保（Collateral）、经营环境（Condition）和连续性（Continuity）等“6C”标准来评价各贷款项目。

(4) 在不损失专业化优势的前提下，尽可能通过资产多样化来降低风险。中国有句成语，叫做“失之东隅，收之桑榆”。资产多样化的好处就在于银行在一种资产上的损失可以从另一种资产的收益中获得补偿，从而使总收益保持相对的稳定。反之，若“把鸡蛋都放在一个篮子里”，固然可能获得较大的收益，但担当的风险也是相当大的。

2. 负债管理

自20世纪50年代中后期至整个60年代，西方发达国家的金融市场发展很快，出现了许多非银行金融机构。当时，西方各国对商业银行大多实行较严格的利率管理，而非银行的金融机构一般不受利率管制的约束，因而对自己具有很大的吸引力，许多资金不通过商业银行这一传统的信用中介直接进入金融市场，出现了“脱媒”(Disintermediation）的现象，对商业银行吸收存款的业务构成了很大的冲击。在这种情况下，商业银行若不调整资产负债管理策略，继续强调从资产方面考察资金配置组合，将使银行陷入更严重的困境。银行负债管理（Liability Management）思想由此而生。从1961年，美国花旗银行首创大额可转让定期存单到以后涌现的各种含息的交易性存款，使得银行家们意识到商业银行在负债方面也不是完全被动的，银行所需资金也可以通过货币市场运用“购买”的方式获得。

负债管理一改传统资产负债管理中资产管理方式，不仅仅依赖维持较高水平的现金资产和出售短期证券来满足流动性需要，而是积极主动地在货币市场上“购买”资金，以满足流动性需求和不断适应目标资产规模扩张的需要。负债管理思想的出现，标志着商业银行在资产负债管理上更富有进取性，摆脱了被动负债的制约，同时也促进了同业拆借、CDs、欧洲美元等负债市场的工具和业务的迅速发展。然而，负债管理也给银行增加了风险，因为从金融市场上“购买”资金的成本通常高于一般存款的利息，提高了银行的融资成本；另外，由于金融市场受各种因素的影响变幻莫测，而负债管理受金融市场波动的影响较大。因此，只有对成本和风险控制较好的银行，才能承受大量“购买”资金所增加的成本压力和经营风险。

3. 资产负债综合管理

资产负债综合管理（Asset-Liability Management），又称资金管理（Fund

Management)，产生于20世纪70年代末、80年代初。当时，由于许多西方发达国家相继放松或逐步取消了利率管制，银行界甚至整个金融界出现了金融自由化的浪潮，种类繁多的浮动利率资产和浮动利率负债品种纷纷涌现。商业银行争取到在金融市场上主动融资权的同时，也面临新的风险，即利率风险。在市场利率波动的环境下，资产和负债的配置状态极有可能对银行利润和经营状况产生很大影响。片面地强调资产或负债管理而忽视另一方面，都不利于银行经营目标的实现。

资产负债综合管理着重强调以下几个方面内容：

(1) 应尽可能对资产和负债的数量、结构、收益及成本进行统一控制和管理，以便实现银行的短、中、长期目标；

(2) 对资产和负债两方面的管理与控制必须有效协调，使两者具有内部统一性，有助于使银行资产收益与负债成本之间的差额最大化；

(3) 资产负债表两边的每一项目都与收入和成本相关，所以应分析所有项目、服务的成本和收益，并对其进行统一有效的管理，以实现银行的盈利目标。

4.资产负债表内表外统一管理

资产负债表内表外统一管理（In Balance-Sheet and Off Balance-Sheet Management）产生于20世纪80年代末。在金融自由化浪潮中，商业银行为了控制利率和汇率风险以及由于竞争加剧、存贷款利差收窄而引致的传统业务成本上升、收益率下降的经营风险，纷纷大力拓展承诺、担保以及金融衍生产品交易等表外业务。虽然金融衍生品和其他表外业务可以被用来控制风险、增加收益，但其本身也蕴含着大量的风险。

为了对商业银行的经营风险进行控制和监管，1987年12月，巴塞尔委员会通过了如何衡量和确定国际银行和资本以及监督标准的协议草案，并于1988年7月15日正式通过了《巴塞尔协议》。该协议的目的是：第一，通过协调统一各国对银行资本、风险评估以及资本充足率标准的界定，促使世界金融稳定；第二，将银行的资本要求同其他活动的风险，包括表外业务的风险系统地联系起来。《巴塞尔协议》是第一个强调资本充足率在银行风险管理中重要意义的国际协议，也是第一个不仅对表内不同种类资产规定了所需要的资本充足率，同时也对表外业务项目确定了不同的风险权数以及相应的资本充足率的国际协议。《巴塞尔协议》标志着银行资产负债管理理论和风险管理理论的完善与统一，推动和促进了商业银行更加注重对资产负债表内和表外业务的统一管理和风险控制。

2001年1月16日，巴塞尔银行监管委员会又发布了新的资本协议（Basel II）的意见征求稿。经过3年多的面向全球银行业征求意见和数次修改，2004年6月，新《巴塞尔协议》(Basel II) 正式颁布。新《巴塞尔协议》在继承已有的各项监管原则的基础上，根据近年来各国银行监管的实践和国际金融环境的变化，在一系列问题上作出了调整。主要内容是资本充足率及风险评级、外部监管、信息披露三大支柱，对银行业管理信贷风险及满足不同的监管条例指定了更为复杂的标准。该协议在2006年起在部分国家实施，它将对全球银行业产生深远的影响。

本章小结

1. 商业银行是以追求利润最大化或股东利益最大化为目标，通过多种金融负债筹集资金，以多种金融资产为经营对象，能将部分负债作为货币流通，同时可进行信用创造，并向客户提供多功能、综合性服务的金融企业。商业银行具有信用中介、支付中介、信用创造和金融服务等功能。

2. 商业银行的业务大体上可分为三类：资产业务、负债业务、中间业务与表外业务。商业银行的资金来源即负债业务主要包括支票存款、储蓄存款、定期存款、借款和银行资本。银行的资金运用即资产业务主要包括准备金、应收现金、同业存款、证券、贷款及其他资产。商业银行的中间业务是银行接受客户委托，为客户提供各种服务，收取手续费等费用的一种业务，表外业务是指所有不在资产负债表内直接反映的业务。广义的表外业务是所有的中间业务，如结算、租赁、信托、代理等；狭义的表外业务是指构成银行或有负债的业务，如备用信用证、承诺业务等。

3. 商业银行为了实现利润最大化或股东利益最大化的目标，在经营管理中要贯彻流动性、安全性、盈利性的“三性”原则。在商业银行发展的历程中，其经营管理思想经历了资产管理、负债管理、资产负债综合管理以及资产负债表内表外统一管理四个阶段。

复习思考题

1. 商业银行有哪些特性？他的主要职能有哪些？

2. 商业银行的资金来源有哪几个部分？其中，支票存款和非交易存款在成本和流动性方面对银行经营有何不同影响？

3. 商业银行的资产可分为哪几类？现金是收益率最低的资产，那么现金资产占总资产的比例是不是越少越好？为什么？

4. 思考在工程实践中有哪些业务与商业银行的中间业务和表外业务相关。

5. 什么是商业信用证？什么是备用信用证？两者有什么区别？

6. “三性”原则的内容是什么？如何实现“三性”管理的要求？

7. 商业银行的资产负债管理经历了哪几个阶段？资产负债综合管理的基本思想是什么？

参考文献

[1] 易纲，吴有昌．货币银行学．上海：上海人民出版社，1999

[2] 黄达主编．金融学．北京：中国人民大学出版社，2003

[3] 戴国强主编．货币金融学．上海：上海财经大学出版社，2006

[4] 武康平．货币银行学教程．第2版．北京：清华大学出版社，2006

[5] 姚长辉．货币银行学．第2版，北京：北京大学出版社，2002

[6] Mishkin F. S.，The Economics of Money，Banking and Financial Markets，6th ed. update，Addision-Wesley，2003

第 5 章 项目融资

本章概要

1. 叙述了项目融资的概念、分类、特征；
2. 介绍了项目融资的原则及优缺点；
3. 阐述了贷款的种类；
4. 描述项目融资的可行性分析；
5. 描述了信托与租赁的有关知识；
6. 介绍了国内外的融资方式。

5.1 项目融资概述

5.1.1 项目融资的含义及其分类

项目融资法律专家维特在其著作《项目融资的法律指南》中将项目融资定义为：项目融资是对一项权利、自然资源或其他资产的开发或利用的融资，而且融资并不由任何形式的股本来提供，其偿还主要来自项目产生的利润。

英国 Clifford Chance 法律公司的定义是：项目融资是指代表广泛的、但具有一个共同特征的融资方式。该共同特征是：第一，在一定程度上是依赖于项目的资产和现金流量，贷款人对项目发起人没有完全的追索权；第二，贷款人需要对项目的技术和经济效益、项目发起人和经营者的实力进行评估，并对正在建设或营运中的项目本身进行监控；第三，贷款和担保文件很复杂，并且经常需要对融资结构进行创新；第四，贷款人因承担项目风险（经常是政治风险）而要求较高的资金回报和费用。

因此，项目融资定义为：项目融资是根据企业建设一切生产营运、对外投资及调整资金结构等活动对资金的需求以项目的资产、预期收益或权益为抵押，通过一定的渠道，采取适当方式，获得一种无追索权或有限追索权的一种经济行为。项目融资可按多种标准进行不同的分类，现在介绍三种主要的分类方式。

1.按资金追索权大小程度分类

按照资金追索权大小程度，项目融资分为无追索权的融资项目和有追索权的融资项目。项目融资的无追索性是指贷款人对项目发起人无任何追索权，只能依靠项目所产生的收益作为还本付息的唯一资金来源。由于这种融资方式十分复杂和低效，因此，在项目融资实务中较少使用。项目融资的有限追索权是指项目发起人只承担有限的债务和义务。

(1) 时间上的有限性。一般在项目的建设开发阶段，贷款人有权对项目发起人进行追索，而通过完工验收后，项目进入正常营运阶段时，贷款人可能就变成无追索权了。

(2) 金额上的有限性。在项目经营阶段，若不能生产足够的现金流量，其差额部分就向项目发起人追索，因此，是在金额上有限追索的。

(3) 追索对象上的有限性。如果是通过单一的项目公司进行的融资，则贷款人只能追索到项目公司，而不能对项目发起人追索，除了发起人为项目提供的担保外。在大多数项目融资中都是有限追索的。

2.按资金使用期限的长短分类

按照资金使用期限的长短，可以把企业筹集的资金分为短期资金和长期资金两种。短期资金一般是指供一年以内使用的资金。短期资金主要投资于现金、应收账款、存货等，一般在短期内可收回，短期资金常采取利用商业信用和取得银行流动资金借款等方式来筹集。长期资金一般指供一年以上使用的资金。长期资金主要投资于新产品的开发和推广、生产规模的扩大、厂房和设备的更新，一般需几年甚至十几年才能收回。长期资金通常采用吸收投资、发行股票、发行公司债券、取得租赁和内部积累等方式来筹集。

3.按资金的来源渠道分类

按资金的来源渠道不同，可将企业资金分为所有者权益和负债两大类。所有者权益是投资人对包括投资者投入企业的资本及持续经营中形成的经营积累，如资本公积金、盈余公积金和未分配利润等企业的所有权。资本是各种投资者以实现盈余和社会效益为目的，用以进行生产经营、承担民事责任而投入的资金。负债是企业所承担的能以货币计量，需以资产或劳务偿付的债务。

企业通过发行股票、吸收直接投资、内部积累等方式筹集的资金都属于企业的所有者权益。所有者权益一般不用还本，因而称之为企业的自有资金、主权资金或权益资金。企业采用吸收自有资金的方式筹集资金，财务风险小，但付出的资金成本相对较高。

企业通过发行债券、向银行借款、融资等方式筹集的资金属于企业的负债，到期要归还本金和利息，因而又称为企业外的介入资金或负债资金。企业采用借入资金的方式筹集资金，一般承担较大风险，但相对而言，付出的资金成本较低。

5.1.2 项目融资的特征

项目融资不仅具有一般融资的基本属性，例如“融”为“投”用，其资产结构决定和制约着融资方式、资金结构等，而且具有其自身内在的、固有的、特殊的属性，具体论述如下：

1. 项目的导向性

项目融资是以项目融资本身的现金流量和资产作为融资安排的基础。而不是以项目的投资者或发起人的资信为基础。由于是项目导向，银行借款的期限和每年的还款计划，可以按照项目本身的现金流量计划来安排，所以贷款期限可以做到比一般的商业借款期限长，例如：上海现有的高速公路项目融资已达到15年左右。

2. 融资目标的确定性

任何项目都有明确的目标和要求，否则，项目管理将是无的放矢。项目目标有约束性和成果性之分，约束性目标是指限制性条件，即我们经常提及的项目的工期、成本、质量目标及要求等。成果性目标是指项目的功能性要求，也即整个项目最终的目标和要求，主要是各种类型的效益目标，如兴建一所医院的“病床位”，一座矿山的生产能力及其效益等。显然，项目的约束性目标应服从项目的总目标。人们始终是围绕着项目总目标，按照预定的约束和限制条件，去开展和进行项目管理的。由于项目管理目标和要求的明确性，决定其融资目标就是按照项目明确的目标和要求，筹集所需的全部资金，而项目的规模、效益等约束性和成果性目标，决定了融资的规模、结构、时间等因素。

3. 融资形式的一次性

项目目的一次性、非重复性不仅决定了任何项目管理的特殊性和复杂性，决定了项目作为经济主体的组织形式和管理手段也只存在于某一段时间内，而且其融资形式一般情况下也是一次性的，即项目筹集其所需的资金所运用的收集方式是一次性的、非重复性的。不论是权益筹集资金，还是债务筹集资金，以及其他特殊的筹集方式，都是一次性地把所需资金筹集到位。不像企业在其生产经营活动中反复循环运用各种筹集方式进行多次筹集，以满足企业对外扩大再生产的持续经营的需要。例如：企业利用发行普通股票筹资，可能是初次发行股票筹资，也可能是增发新股筹资，发行债券筹资可能是接二连三地发行不同种类、类型、期限的债券进行筹集。而项目融资则不是如此，一般情况下，项目融资都是一次性的、非重复性的筹集和集中资金的经济行为。

4. 融资总量的限制性

项目规模的确定性是项目的约束性目标之一。其规模的确定性，决定了整个寿命周期内项目的工程量、工作量，一般而言是一个不变的量，而一定时期内预算定额及其标准也是一个定量，根据工程量及其定额的工程项目预算总额也是确定的。根据其融资规模适当的原则要求，既要避免因融资不足，影响项目的建设，又要防止资金筹集过多，造成资金闲置以及融资成本增加。而企业筹集资金则不然，就一次筹集行为，其融资总量、结构、方式是确定的，但就其企业扩大再生产的持续经营过程而言，企业融资总量是一个不确定性的量。

5. 融资来源的特殊性

一般而言，项目按最终发挥效用的表征来分类，可分为经营性的项目和非经营性的项目。一个经济主体在建设某个具体项目时，也有两种融资方式，公司融资和项目融资。经营性项目一般采用公司融资方式较好，非经营性项目多采用项目融资方式。公司融资一般采用权益资金和债务资金融通资金，它是指一个公司为了建设一个项目时，利用公司本身的资信能力，以公司本身作为债务人进行的融资方式。贷款银行在作贷款决策时，将该公司整体财务状况和资信情况作为评估是主要依据，而把该公司所要投资的某个具体项目的财务和历史资信状况，认为贷款风险基本得到控制和保障，即使该具体项目失败了，贷款银行还可以从该公司的整体财务效益中收回本金和利息的偿还。与传统的公司融资方式不同，项目融资是指投资者为了建设一个项目，首先建立一个项目公司，以该项目公司而不是投资者本身作为借款主体进行融资。银行等债务提供者在考虑安排贷款时，主要以该项目公司的本来现金流量作为主要来源，而且以项目公司本身的资产作为贷款的主要保障。即银行在进行项目评估时主要考虑以下两个方面的因素。

(1) 项目本身未来的现金流量和项目本身的资产价值是否足以保障归还银行的贷款本息。

(2) 项目投资者本身即项目发起人和项目本身以及其他相关各方面对该项目的支持程度，包括项目建设、营运、市场、技术等方面的支持和承诺等。以上 两方面因素的结合，构成项目融资基础。项目融资方式，除了一般项目权益资金、债务资金方式外，还有银团贷款、BOT 融资、ABS 融资、国家主权融资、国际信用融资及境外基金等特殊的融资方式。

6. 追索的有限性

在传统公司融资方式下，公司将对项目的全部借款承担全部的还款责任，若项目投资失败，公司将以自身的财务效益来归还银行贷款。即传统公司融资是完全追索性的贷款行为。而在项目融资的情况下，在项目建设阶段，投资者承担项目公司资本金的出资业务，并在一定程度上分担项目完工的责任，在此阶段，贷款银行通常要求投资人或者发起人承担全部或者大部分风险，保证项目公司正常投入运营；而项目一旦建成投入生产或者运营，达到预先设定的某些指标以后，贷款银行对于投资者的追索要求，将自动调整到局限于项目自身资产及项目的现金流量。

7. 风险的共担性

在传统公司融资情况下，工程项目的投资风险主要由投资者本身承担；而在项目融资的情况下，与项目建设、营运有关的各种风险，将设计、安排给其他投资者、其他利益相关的参与者以及贷款银行。由所有各方进行分担，真正实现工程项目收益共享，风险共担的原则。

8. 融资用途的限定性

项目融资的资金，主要投放于项目的建筑安装工程、设备投资、待摊投资和其他投资，相应形成按建设成本费用支出的用途划分的四大类支出：建筑安装工程投资支出、设备投资支出待摊投资支出和其他投资支出。建筑安装工程投资支出是指经济主体按照项目概算内容发生的建筑工程和安装工程的实际成本；设备投资支出是指经济主体按照项目概算内容发生的各种设备的实际成本；待摊投资支出是指经济主体按照项目内容发生的，按照规定应当分摊计入交付使用资产价值的各项费用支出；其他投资支出是指经济主体按照项目概算内容发生的单独移交生产单位使用的其他各种投资支出。工程项目融资强调按项目概算内容使用资金，具有很强的限定性。这一方面有利于实现项目成本最低化，实现价值最大化；另一方面确保项目目标的实现，达到成果性目标。

5.1.3 项目融资的基本原则

项目融资是一项系统性、复杂性和重要性的工作，为了有效地筹集项目所需资金，必须遵循以下基本原则。

1. 规模适当原则

不同时期企业的资金需求量并不是一个常数，企业财务人员要认真分析科研、生产、经营状况，采用一定的方法，预测资金的需要数量，合理确定筹集规模。这样，既能避免因资金筹集不足，影响生产的正常进行，又可防止资金筹集过多，造成资金闲置。

2. 筹措及时原则

企业财务人员在筹集资金时必须熟知资金时间价值的原理和计算方法，以便根据资金需求的具体情况，合理安排资金的筹集时间，适时获取所需资金。这样，既能避免过早筹集资金形成资金投放前的闲置，又能防止取得资金的时间滞后，错过资金投放的最佳时间。

3. 来源合理原则

资金的来源渠道和资金市场为企业提供了资金的源泉和筹集场所，它反映资金的分布和供求关系，决定着筹集的难易程度。不同来源的资金，对企业的收益和成本有不同的影响，因此，企业应认真研究资金的来源渠道和资金市场，合理选择资金来源。

4. 方式经济原则

在确定筹集数量、筹集时间、资金来源的基础上，企业对外筹资时还必须同时研究各种筹集方式，企业筹集资金都要付出一定的代价，不同的筹集方式条件下的资金成本有高有低。为此，就需要对各种筹集方式进行分析、对比，选择经济、可行的筹集方式。与筹集方式系统联系的问题是资金结构问题，企业应确定合理的资金结构，以便降低成本，减少风险。

5.1.4 项目融资的优点

对于项目投资者、项目发起人而言，项目融资可以帮助其更为灵活的安排资金，实现其在传统融资方式下无法实现的融资安排。

1. 投资者可以利用项目融资方式来安排超过自身能力的大型项目融资

有些特大项目，由于项目的投资金额巨大，已经超过了投资者的努力或愿意承受的程度，在传统公司融资方式下，将很难安排融资，因为一旦项目投资失败，投资者本身将面临破产的境地。如果利用项目本身的资金流量和资产来安排有限追索的项目融资，则投资者承受的投资金额和投资风险控制在一定的范围之内，使得投资大型项目成为可能。

欧洲英法海峡隧道全长约 50 公里，将英法两国连接起来。该项目发起人是英国海峡隧道集团。项目总投资为 103 亿美元，其中股本 17 亿美元，借款 86 亿美元，在项目资金结构中负债权益比率为 83∶17，1987 年 9 月由 215 家国际银行组成的辛迪加与欧洲隧道公司签署了信贷协议，偿还期为 18 年。

2. 为国家和政府建设项目提供灵活多样的融资方式

政府承担了许多社会和经济建设的职能，在一段时间内的预算收入和支出是有限的。这就决定了单靠政府的预算将很难进行大规模的基础设施建设。即政府不以直接投资者和直接借款人的身份，而以为投资者和直接借款人提供专营特许等优惠条件，由投资者以政府的特许权为基础而产生的未来现金流量抵押给银行，来达到融资的目的。

3. 融资机构可以隔离项目以外的风险

有别于传统的公司融资，项目融资除将项目产生的未来现金流量全部抵押给融资机构外，还通过投资机构的安排，将项目发起人的公司负债和其他风险因素隔离在项目以外，避免由于项目发起人本身的经营风险影响到项目的现金流量。

5.1.5 项目融资的缺陷

1. 程序复杂，谈判素质要求高

项目融资是一个非常复杂的工程，牵涉到复杂的相互之间需要良好的协调和合作的关系人，例如，项目的投资者、项目业主、政府、项目的承包商、借款方、项目产品的用户、保险公司等；同时又涉及许多经济和金融因素以及政府的支持政策等因素，所以项目融资对于利益各方，特别是投资者、发起人的综合素质和能力要求较高。一般而言项目融资的利益方之间的谈判费时、费力。

2. 融资成本相对较高

正因为项目融资的基础是以项目的资产和现金流量作抵押，与传统的公司融资方式相比较，银行的融资风险相对加大，所以银行融资的成本将加大；另外投资者和项目公司需承担其他额外的成本费用：如融资顾问费用、律师费用、保险顾问费用等。

5.1.6 项目融资的适用范围

项目融资雏形始于20世纪30年代，后来逐渐扩大范围。项目融资发展到现在，适合使用的主要有以下项目。

(1) 资源开发项目。如石油、天然气、煤炭、铀等能源资源，铜、铁、铝、矾土等金属矿资源以及金刚石开采业等均可成为项目融资的对象。

(2) 基础设施项目。基础设施项目必须要实行商业化经营，才可能产生收益。我国也开始对基础设施项目实行商业化经营，因此具备了项目融资的先决条件。基础设施项目实行商业化经营后可以有很好的收益。

(3) 大型制造业项目。如大型轮船、飞机。

(4) 石油管道、炼油厂项目。铺设新的石油管道也成功地使用过项目融资这种技术。

(5) 收费公路项目。在收费公路项目，以公路营运的收费收入为基础也能安排成为有限追索的项目融资。

(6) 通信设施项目。在信息时代，无论在发达国家还是发展中国家，都会对通信设施提供大量的需求，项目融资这种新的融资方式也不会放弃这一巨大市场。

（7）污水处理项目。对于居民生活产生的污水及工业生产产生的污水的处理，都可以项目融资的方式筹集资金。因为，在污水处理过程中，通过向制造污水单位收取一定的污水费能构成项目稳定的现金流量。

采用项目融资方式的项目有共同的特点：即项目产品比较单一，项目的现金流量容易测算和单独控制。

5.2 贷款的种类

5.2.1 国内贷款

1. 流动资金贷款

该贷款对公司自有流动资金不足，金融机构按比例的资金需要而发放的贷款。在公司自有流动资金达不到全部流动资金规定的一定比例，金融机构对暂时不足的部分，可以用发放流动资金贷款加以解决。

流动资金贷款额度＝上年流动资金占用额×规定的自有资金比例
　　　　　　　　　－自有和视同自有流动资金

流动资金贷款的期限一般为 2～3 年，也可以 1 年签订一次借款合同。

2. 临时贷款

该贷款是金融机构对公司由于季节性和临时性原因引起的资金需要而发放的贷款。临时贷款期限一般根据流动资金计划周转期限决定，但一般不超过 6 个月。

3. 基本建设投资贷款

该贷款是金融机构对公司新建、扩建、改建的基本建设项目所需资金发放的贷款。贷款对象是实行独立核算的公司，对于不实行独立核算却有还贷能力的公司，金融机构也可以贷款。贷款申请时必须具有项目建议书、设计任务书和初步设计及概算，用于规定的基建项目。

4. 技术改造贷款

技术改造贷款是金融机构发放的一种主要的固定资金贷款，主要用于支持公司推广应用科技新成果，降低能源和原材料损耗，开展综合利用而增加或更新设备等。技术改造贷款实行逐笔核贷，期限一般为 1～5 年。

为了用于公司少量更新设备或技术改造，需要在技术改造贷款基础上扩大使用范围，又产生另一种贷款叫小额技术改造设备贷款，其贷款额度在 5 万元以内，贷款期限一般为 1.5 年左右。

5.2.2 国外贷款

1. 外国政府贷款

外国政府贷款，或称政府信贷，是一国政府利用财政资金向另一国政府提供的长期优惠贷款，其性质属于国际经济援助。它的偿还期长，一般为 20～30 年；利率低，年利率只有 2％～3％，故政府间贷款中赠与成分较高，一般为 50％～70％。一般用于借款国的基础设施、基础工业、公共设施、福利设施、卫生、农业、能源等领域，或者是贷款国的优势行业，有利于该国设备出口。

2. 国际金融组织贷款

国际金融组织，也称为国际金融机构，是指在稳定和发展世界经济（包括区域经济）而从事国际金融事务的协调和管理，或进行国际金融业务的超国家的组织机构。当前国际金融组织已成为国际间经济援助的主体，是国际融资的又一个重要渠道。国际金融机构就其所起的作用可分为全球性和区域性的两大类国际金融机构。全球性的国际金融机构有国际货币基金组织和世界银行；区域性的国际金融机构有亚洲开发银行、泛美开发银行和非洲开发银行等。

3. 国际货币基金组织贷款

国际货币基金组织的宗旨是促进国际货币合作，支持国际贸易的发生和均衡增长，稳定国际汇兑并提供临时性融资，帮助会员国调整国际收支暂时失调时提供贷款，帮助它们克服国际收支逆差。国际货币基金组织贷款的条件比较严格，按照会员国在基金中所占的份额、面临的国际收支困难程度以及解决这些困难的政策能否奏效等条件来确定贷款的数额。

4. 世界银行贷款

世界银行是由国际复兴开发银行、国际开发协会和国际金融公司组成的世界银行集团的简称。我国是世界银行的创始国之一，1980 年 5 月 15 日，我国在世界银行的合法席位得到恢复。1981 年世界银行针对中国的经济进行了一次全面的考察，并写出了一份长达百万字的《中国：社会主义经济的发展》考察报告。1981 年 6 月，世界银行董事会批准了我国的第一个贷款项目——重点大学发展项目。从此开始了对我国提供长期开发性贷款业务。世界银行贷款也是目前我国利用外资的一条重要渠道，据财政部统计，截至 1994 年底，世界银行已批准对中国贷款项目 148 个，承诺资金达 203 亿美元左右，其中有息贷款 120 多亿美元。约占贷款总额的 60％；无息贷款 80 多亿美元，约占贷款总额的 40％。这些项目几乎覆盖了中国大陆除西藏和台湾省以外的所有省份和自治区，涉及工业、农业、能源、交通、社会发展、金融等行业和部门。世界银行提供给中国大陆的贷款重点是农业，主要用于农业开发、水利灌溉、土壤改造、果林副业、畜牧水产、扶贫事业等。可以说是项目受益面最广的部门。贷款额约占世行对中国货款承诺总额的 25.6%. 其次是交通项目，占总额的 21.5%，为中国的铁路、公路、港口、尤其是近几年的高速公路发展起到了很大的推动作用。社会发展项目内容广泛，包括各类教育、卫生、供水、城建住房等，金额占总额的 19.2%。

另外中国还与世界银行达成技术援助协定项目、中间金融机构转贷项目，中国还引进世界银行资金用于工业、林业发展，并已显示出良好的效益。

5. 亚洲开发银行

亚洲开发银行是亚太地区国家及西方国家联合办的政府间国际金融机构。贷款主要用于农业、基础设施、能源等方面。我国于 1986 年 2 月 17 日加入，认缴股本 1988 年底达 16.17 亿美元，占总额 6.7%为第三大认股国，获得贷款和技术援助，开辟利用外资新渠道。

6. 国际商业银行贷款

国际商业银行贷款是指借款人为支持某一项目，在国际金融市场上向外国银行借入资金。国际商业银行贷款特点如下：

(1) 贷款利率按国际金融市场利率计算，利率水平较高。例如，欧洲货币市场的伦敦银行间同业拆放利率是市场利率，其利率水平是通过借贷资本的供需状况自发竞争形成的。

(2) 贷款可以自由使用，一般不受贷款银行的限制。政府贷款有时对采购的商品加以限制；出口信贷必须把贷款与购买出口设备项目紧密地结合在一起使项目借款与特定的项目相联系；国际金融机构贷款有专款专用的限制。国际银行贷款不受银行的任何限制，可由借款人根据自己的需要自由使用。

(3) 贷款方式灵活，手续简便。政府贷款不仅手续相当繁琐，而且每笔贷款金额有限；国际金融机构贷款，由于贷款多与工程项目相联系，借款手续也相当繁琐；相比之下，国际银行贷款比较灵活，每笔贷款可多可少，借款手续相对简便。

(4) 资金供应充沛，允许借款人选用各种货币。

在国际市场上有大量的闲散资金可供运用，只要借款人资信可靠，就可以筹措到自己所需要的大量资金。不像世界银行贷款和政府贷款那样只能满足工程项目的部分资金的需要。

7. 出口信贷

国际贸易中，卖方同意买方在收到货物后可以不立即支付全部货款，而在规定期限内付讫由出口方提供的信贷。为奖励出口的一种措施。通常将 1～5 年期限的出口信贷列为中期，将 5 年以上者列为长期。中、长期出口信贷大多用于金额大、生产周期长的资本货物，主要包括机器、船舶、飞机、成套设备等。出口国官方机构、商业银行为支持本国出口向本国出口商提供的信贷不属于国际出口信贷范围。

出口信贷的方式 主要有以下几种方式。

(1) 卖方信贷。由出口商向国外进口商提供的一种延期付款的信贷方式。一般做法是在签订出口合同后，进口方支付5%～10%的定金，在分批交货、验收和保证期满时再分期付给10%～15%的货款，其余的75%～85%的货款，则由出口厂商在设备制造或交货期间向出口方银行取得中、长期贷款，以便周转。在进口商按合同规定的延期付款时间付讫余款和利息时，出口厂商再向出口方银行偿还所借款项和应付的利息。所以，卖方信贷实际上是出口厂商由出口方银行取得中、长期贷款后，再向进口方提供的一种商业信用。

(2) 买方信贷。出口方银行直接向进口商提供的贷款，而出口商与进口商所签订的成交合同中则规定为即期付款方式。出口方银行根据合同规定，凭出口商提供的交货单据，将货款付给出口商。同时记入进口商偿款账户内，然后由进口方按照与银行订立的交款时间，陆续将所借款项偿还出口方银行，并付给利息。所以，买方信贷实际上是一种银行信用。

(3) 买卖双方银行间信贷。买方信贷的另一种形式，即由出口方银行向进口方银行提供信贷，以便进口方得以用现汇偿付进口的机械设备的货款。进口方银行可以按照进口商原计划延期付款的时间陆续向出口方银行归还贷款，也可以按照双方银行另行商定的还款办法办理。至于进口商对进口方银行的债务，则由它们在国内直接结算清偿。

5.3 项目融资的可行性研究

5.3.1 项目可行性研究的主要内容

项目可行性研究的内容，是指与其有关的各个方面论证工程项目方案的可行性，包括工程项目在技术上、财务上、管理上等方面的可行性。其中任一方面的可行性，都有其特定的内容。

1.技术上的可行性

是指明确工程项目在技术上能达到的参数水平和技术效果以及可靠程度，研究和选择企业规模、生产工艺方案，确定优先的技术装备水平和设备选型、使之既比较先进又可以实现，这对新企业又是一个很重要的技术经济因素。另外，尚需根据建厂的经济技术条件（如气候、地质、地形、气象、运输等）做全面的研究，合理选择厂址。

2.财务上的可行性

是指对工程项目所需要的总投资与建设资金的来源途径（自有资金多少、向银行贷款多少、利率多大、计息方式等）以及项目建成投产后的总收入与总支出进行平衡分析，来预测项目的现金流动情况和投资基金的偿还能力。确定投资基金的偿还办法，据此明确项目所需的建设资金可以筹措到并有能力偿还。

3.经济上的可行性

经济上的可行性是指工程项目建成投产后的经济效果进行评价，预测项目建成投产后的获利水平 、获利额及资金回收情况等。具体做法是对工程项目进行财务评价和国民经济评价。

4.管理上的可行性

管理上的可行性是指可以获得该工程项目所需的合格的管理人员和技术工人。一个建设项目必须通过对以上几个方面，都进行了深入的调查研究和分析论证工作以后，才可能得出正确的结论。如果仅仅研究某一方面的可行性，则只可能是专题研究。

建设项目可行性研究的内容虽然包括各个方面，但其研究的具体内容则应根据工程项目的性质、特点和条件情况的不同，而有所区别和侧重。例如，矿山建设项目的可行性研究，首先应搞清楚资源储量、品位、开采条件、动力供应、运输情况；轻纺工厂建设项目的可行性研究，首先要考虑原料供应和市场销售情况；旅馆建设项目的可行性研究，首先应调查旅馆的数量和地点，从而确定旅馆的等级和规模等。尽管各种工程项目可行性研究各有侧重，但根据国内外可行性研究的工作实践，他们的研究内容还是有许多相似之处。

5.3.2 市场供求分析

可行性研究从市场分析开始。在生产社会化和国际化的今天，市场竞争异常激烈。在这种情形下，如果不了解市场和它的变化趋势，任何项目的建设、生产与经营都会处于一种盲目状态。

在可行性研究中，市场分析就是通过调查和预测，掌握拟建项目所需生产资料和原材料、燃料的来源、价格及其变化趋势；掌握拟建项目的产品品种、规格和需要量及其变化趋势。一般来说，对某个项目的可行性研究的正确与否，在很大程度上取决于对市场分析的深度与广度。

市场预测，就是预测市场对产品的需求和产品的供应情况。产品供应的预测一般通过对生产该产品工厂的现有生产能力和拟建项目的生产能力，即可大体上测算出来。因此，一般市场预测主要是指市场对产品需求量（即销售量）的预测。

市场预测可分为市场潜量预测和市场发展趋势预测两个方面。市场潜量预测是分析市场对产品目前或近期内可能的最大需求量；市场发展趋势预测是分析市场对产品在今后一段时期内的需求量的变化趋势，预测出市场对产品目前的需求量之后，便可在此基础上测算今后市场对产品需求的发展趋势。

市场发展趋势预测，又可按时间的长短分为长期、中期和短期 3 种。长期预测一般指 5 年以上的预测。应根据购买力水平、生产能力、交通运输能力以及科学技术水平等客观条件的发展变化来进行分析预测，从而决定该产品长期的经营方向和生产规模。中期预测一般指 3 年左右的预测。短期预测一般指 1 年以内的预测，根据各季度或月度的客观情况的变化，预测需求的季节性变化，从而具体安排生产活动。在可行性研究和项目评估中，所用的市场发展趋势预测主要是指长期预测，因为通常项目的寿命期至少为 10～15 年。

1. 国内市场潜量预测

国内市场潜量预测方法主要有以下 4 种：

(1) 购买力估算法。市场对消费品的需求量，决定于居民的购买力。购买力估算法通常是从估测居民对商品的购买力入手，来推算市场对某项产品的需求量，一般按以下步骤进行：

①测算居民对商品的购买力。商品购买力是指一定时期内一定地区居民在市场上购买商品的货币额。其计算公式为：

$$商品购买力 = 货币收入 \pm 储蓄存款增减额 \pm 货币净流入流出额$$

②分析商品购买力的投向。分析商品购买力的投向，即分析居民手中可用于购买商品货币的使用方向。例如，农村居民购买力的投向可分为吃、穿、用、购置生产资料等几大类，可分别估算其所占比例及投入货币额。

③分析某项商品在某类购买力中所占比重，从而估算出其市场需求潜量。

【例 1】 在 2000 年初，预测某地区农村当年年底购销针织品的需求量如下：

根据调查估测 2000 年该地区各项农产品的产量，预计要比 1999 年增收 8%。已知 1999 年该地区农业的实际收入为 6 亿元，2000 年的预计总收入为 6.48 亿元。扣除各项支出、税金、集体积累和分配实物等以外，预计可分配给农民现金 8 500 万元；加上家庭副业等各项其他收入 5 500 万元，该地区农民 1992 年的现金收入约为 1.4 亿元。又估算用于非商品约占 10%，即 1 400 万元；储蓄存款增加额约 500 万元；外地资金净流入额约 300 万元。那么，分步估算 2000 年年底该地区对针织品的需求量如下：

a. 测算商品购买力：

$$商品购买力 = 14\ 000 - 1\ 400 - 500 + 300 = 12\ 400(万元)$$

b. 分析购买力投向。由于农民生活的改善，吃的部分的投人所占比重下降，穿和用的部分的投入所占比重上升；由于农民实行自负盈亏以后精打细算，用于生产资料部分的投入有所减少。根据与前两年资料的对比，对该地区 2000 年农民购买力的投向估测见表 5-1。

表 5-1

	吃	穿	用	生产资料	合计
比重（%）	40	24	26	10	100
购买力（千元）	49 600	29 760	32 240	12 400	124 000

c. 估算 2000 年年底对针织品的需求量。根据近两年的统计资料，分析出农民对针织品的需求量约占穿的需求量的 30%，从而估算出 2000 年年底对针织品的需求量为：

$$29\,760 \times 30\% = 8\,928(\text{千元})$$

（2） 抽样调查法。要想取得市场对某产品需求潜量的第一手资料，进行全面调查是非常困难的，只能采取抽样调查的办法，根据所取样本的调查结果来推算全体。市场预测中常用的抽样调查法主要有“等距抽样法”和“判断抽样法”两种，分别举例说明如下。

①等距抽样法。等距抽样法，即在调查范围内按某比例进行任意抽样，对抽到的样本进行直接调查询问，再将调查询问的结果（通常为百分比）乘以调查范围内的总数，便得出整个调查范围内的需求总数。

【例 2】 某市共有居民 150 万户，某空调机厂对该市 2000 年对空调机的需求量用等距抽样法进行调查，做法如下：

a. 在全市各区平均抽取样本户 500 户，对他们进行空调购买意向调查，结果如下：已购空调户数 320 户（占调查总户数的 64%）；未购空调户数 180 户（占调查总户数的 36%）；未购户数中 2000 年拟购户数 108 户（占 180 户的 60%，占抽样户 500 户的 21.6%）。

b. 推算全市 2000 年购空调数。全市共有居民 150 万户，按等距抽样调查的比例推算，即全市 2000 年共需购买空调数为：

$$150 \times 21.6\% = 32.4(\text{万台})$$

c. 对需求空调的规格品种做出分析。要分析居民需求的空调规格、品种，必须要求用户在调查表格中，填明拟购空调的品种、规格等。假定根据调查表统计整理 108 户的需求情况见表 5-2 所示。

拟购空调品种、规格调查表

表 5-2

名　　称	国　　产		进　　口	
	台数	比例（%）	台数	比例（%）
窗机	2	1.8	0	0
1 匹冷暖挂机	10	9.3	10	9.3
1.5 匹挂机	28	25.9	8	7.4
1.2 匹变频挂机	15	13.9	20	18.5
2 匹柜机	5	4.6	10	9.3
合计	60	55.5	48	44.5

从表 5-2 可清楚地看出，该市居民对空调的需求趋势是：对挂机的需求增长，窗机已很少有人过问；对挂机的需求大幅度上升，且集中在 1.5 匹挂机上。据此，该厂就可据此做出决策，即停止生产窗机，增产 1.5 匹挂机，同时考虑转向生产变频空调和柜机空调。

②判断抽样法。判断抽样法，即根据用户对产品需求的特点，选择需用此类产品较多的那部分用户，再按比例任意抽样进行调查。

【例 3】 某市五金交电公司要了解微波炉、电视机、录像机、洗衣机、电冰箱等家用电器的市场需求情况，拟对各市区及郊县需用这类商品最多的结婚户进行重点抽样调查，以了解其计划结婚费用及其中用于购买家用电器的费用，调查结果见表 5-3。

结婚户购买家用电器费用调查

表 5-3

地区	抽样户数	每户平均结婚费用（元）	其中：采购家用电器费用（元）	占结婚费用比例（%）
市区	180	100 000	30 000	30
郊县	120	50 000	10 000	20
平均	150	75 000	20 000	25

假定该市 2000 年城区有 10 万对青年，郊区县有 15 万对青年要结婚，那么此年结婚户的家用电器需求量为：

$$30\,000 \times 10\text{万} + 10\,000 \times 15\text{万} = 45(\text{亿元})$$

根据这一数字，再结合掌握的结婚户对家用电器的需求量占全市家用电器总需求量的比例，就可推算出全市 2000 年对家用电器的总需求额，即可依此作为五金交电公司组织货源、安排计划的依据。如果要掌握各类家用电器的具体需求量应在调查表中详列各类家用电器的具体数据，便可进行统计估算。

(3) 相关产品法。很多不同产品的生产和需求之间存在着密切的关联，这类产品称为“相关产品”。相关产品有下述两类：

①需求量成正比例关系的“互补产品”。如汽车的需求量增加，汽油的需求量也相应增加。

②需求量成反比例关系的“替代产品”。如化纤降价，对化纤布的需求量增加时，对棉布的需求量就会减少。基于此，可以根据相关产品的需求量，来预测某项产品的需求潜量，特别是互补产品之间，测算更为方便。

【例 4】 手表专用自动车床与手表为互补产品，手表的需求量增加，专用自动车床的需求量也会相应增加。某自动车床厂为预测手表专用自动车床的需求量，应用相关产品法根据手表的需求量按以下步骤进行预测：

a. 调查手表需求量及现有手表专用自动车床数量。近几年来，手表需求量增长较快。据统计，2000 年的手表产量约为 10 000 万只。预计今后平均每年按 5% 的速度增长，即每年增长 500 万只。另据调查现有手表专用自动车床约为 4290 台。

b. 估测手表专用自动车床每年需求量增加数。估测手表专用自动车床每年需求量增加数，须根据手表需求量的发展速度及现有手表专用车床的更新速度。经初步调查，通常每年生产 10 000 只手表，约需专用自动车床 1.2 台。按每年增产手表 500 万只估算，约需增加专用自动车床 600 台。

根据我国手表专用自动车床更新的通常情况，每年约更新 5%，则每年更新台数为：

$$4290 \times 5\% = 215(\text{台})$$

以上两项合计，即为市场对手表专用自动车床的每年需求量，即

$$600 + 215 = 815(\text{台})$$

c. 计算该厂手表专用自动车床的每年潜在需求量。经调查该厂手表专用自动车床的销售量的市场占有率为 20%，那么，该厂手表专用自动车床的每年潜在需求量为：

$$815 \times 20\% = 163(\text{台})$$

(4) 市场试销法。当预测市场对新产品的需求量时，往往没有现成的数据资料，抽样调查也比较困难，此时可采用试销法来估测市场对新产品的需求量。但在新产品试销期间，由于消费者对新产品还不够了解，购买时容易犹豫，会对市场需求潜量估计不足，因而试销时应配合一定的广告宣传，方能确保市场试销的结果具有一定的准确性。

【例 5】 某厂生产一种有防口腔病作用的新药物牙膏，在该厂所在城市的连锁超市进行试销，一季度销售 18 万支，估计其中约有 1/3 是反复购买（平均每月购买 1 支），那么反复购买者估计有 18 万×1/3×1/3=2 万人。这 2 万人对这种新

药物牙膏感兴趣，因此在试用后反复购买。如果在城市各区增设一些分销点，估计反复购买者可达 5 万人。假设这个城市有 150 万人。按每人每月用一支估算，每年可销售牙膏 60 万支，其他零星购买者尚未估算在内。按每年只销售 60 万支，根据预计的生产费用和产品销售价格进行盈亏平衡分析，如果已高于盈亏平衡产量，可决策生产此药物牙膏。

5.3.3 不确定性分析

前面章节中所述的是确定性经济评价，其评价时所需的工程项目的生产规模、投资额、生产成本、价格、销售收益、项目的寿命等方面的数据，都是在考虑到将来社会、经济、技术的发展结果所假定的合理结论。也就是说，事先对每一个数据的确定都是在估计将来可能的政治动向、社会发展状况、技术发展水平、投入和产出价格等的基础上的假定产物。但企业实践中的实际情况，几乎很少与假定和预测的情况正好相符。即使是最现代化的预测技术，也不能消除影响投资项目的有关因素的不确定性。所以，实际上所有的投资决策都是在某些不确定的条件下做出的。

不确定性经济分析，是指对工程项目的投资效益有较大影响的关键变量的可能值都加以鉴别和考虑的条件下，即对每个主要相关变量都要估计出其具有明显发生机会的可能数值和该数值的发生概率的条件下，对工程项目所进行的经济分析。亦即以不确定因素的变动，来检验对项目投资效益的影响程度的分析，称为不确定性经济分析。

不确定性经济分析是考虑到确定性经济评价没有计算和考虑与某些变量实际上可能遇到（或存在）的其他值，同时确定性经济评价也没有考虑到在某些情况下，也确实很难精确地确定出某些关键变量的最可能值，故而确定性经济评价的结果有时就可能与项目将来的实际情况产生较大的差异。不确定性经济分析的结果可作为修改原投资建议的依据或使投资决策者事先注意到这一可能性，以便有准备地应付某些与原先经济评价时的结果不同的经济现实，而不至于到时感到惊惶失措。存在不确定性的主要因素是销售收入、生产成本、投资费用，其中每一个变量都包括数量和价格两个方面。此外，在投资计划中时间是一个关键要素，它对于项目的阶段划分和对其评价具有重要意义。为了估计不确定性因素对工程项目经济效果的影响，则需对工程项目的投资效益进行不确定性经济分析。

由于一般情况下，不大可能精确地预测出各种变量的数量和价格，也就不可能精确地预测出工程项目将来的效益、成本、投资的数量值，因而就会产生不确定性。可能精确地预测出各种变量的原因很多，主要有以下几类：

①工程项目的投入或产出物的价格，常会由于种种原因的影响而产主波动，价格随时间的确切波动量往往是不可知的。

②评价工程项目时所用的投入和产出物的数量与质量是根据现有的技术水平估算和制定的，但当对工程项目决策投资之后，仍有可能会发生技术性更改，致使原估计值产生较大偏差。

③评价工程项目时所用的额定生产能力在实际生产中可能达不到，这将会影响工程项目的生产成本和销售收益。

④在实践中往往出现低估固定资产投资和流动资金的需要量，而使项目的建设阶段和试运转阶段比预期计划拖长，这就会影响投资额、生产成本和销售收益。

⑤国内外政治经济形势和政策的变动等，会影响到技术发展方向的变化。资源的开发和利用，也会影响到原材料、能源等的供应。

总之，由于种种原因的影响，投资项目的有关因素的不确定性是客观存在的。有些因素的不确定性可能会超出事先的控制，有些因素的不确定性则会受到国家政策的影响。在实践中，虽然可以对某些不确定性预先做出考虑或采用风险小的工程项目来代替风险大的项目的办法来减少投资的风险性，但是，这样的决策并非是容易做出的，因为往往风险大的工程项目同时也可能是更有吸引力的项目。在工程项目的可行性研究中，进行不确定性经济分析的步骤和方法是盈亏平衡分析、敏感性分析。

1. 敏感性分析

（1）敏感性分析的基本概念。在经济分析中，经常需要计算一些经济指标，而影响这些指标的因素通常很多，如在前面评价指标 NPV 的计算就受许多因素的影响。投资、价格、产量、经营费用、寿命期、折现率等各种因素对其都有影响，而这些因素又具有不确定性，所以有必要分析各种因素的变化对指标的影响，以便减少项目的风险。

所谓敏感性分析就是分析并测定各个因素的变化对指标的影响程度，判断指标（相对于某个项目）对外部条件发生不利变化时的承受能力。

敏感性分析分单因素敏感性分析和多因素敏感性分析。在单因素敏感性分析中，设定每次只有一个因素变化，而其他因素保持不变，这样就可以分析出这个因素的变化对指标的影响大小。如果一个因素在较大范围内变化时，引起指标的变化幅度并不大，则称其非敏感性因素。通过敏感性分析，决策者可以掌握各个因素对指标影响的重要程度，在对因素变化进行预测、判断的基础上，对项目的经济效果作进一步的判断，或在实际执行中对敏感性因素加以控制，减少项目的风险。

多因素敏感性分析是考察多个因素同时变化时对项目的影响程度，通过分析可以判断项目对不确定性因素的承受能力，从而对项目风险的大小进行评估，为投资决策提供依据。

（2）敏感性分析的基本步骤。

①确定分析指标。指标的确定与所涉及的具体项目有关。在工程经济分析中，大多对投资项目进行评价，所以可以是各种反映项目经济效果的指标，如净现值（*NPV*）、净年值（*NAV*）、净现值率（*NAVR*）、投资回收期（Pt、Pt'）、内部收益率（*IRR*）等。各个都有其特定的含义，反映的问题、评价的角度都有所不同。因此应根据经济评价的深度和具体情况来选择敏感性分析指标。这里附带说明的是，不定性分析是可行性研究中项目经济评价的重要组成部分。一般而言，敏感性指标应与经济评价指标一致，不应超出所选用的经济评价指标范围而另立分析指标。在项目的今后研究阶段，各种经济数据较为粗略，常使用简单的投资收益率和投资回收期指标。而在详细的可行性研究阶段，经济指标主要采用净现值、内部收益率，并常常辅以投资回收期指标，所以可行性研究中的敏感性分析主要以这几个指标为主。

②选择需要分析的不确定因素。影响投资方案经济效果（或经济指标）的不确定性因素很多，而且所有与之有关的因素都具有不同程度的不确定性。但没有必要对所有因素都进行敏感性分析，只需要选择那些预计对指标影响较大的因素和引起数据的准确性把握不大的因素。

项目敏感性分析中的不确定性因素通常从以下几个方面选定：项目投资、项目寿命期、产品价格、产销量、经营成本、销售收入、项目残值、折现率等。

③计算不确定性因素变化对总部的影响程度。在单因素敏感性分析时，在固定其他因素的条件下，变动其中某一个不确定性因素，计算分析指标相应的变动结果，这样逐一得到每个因素对指标的影响程度。在多因素敏感性分析时，要计算多个因素同时变化对分析指标的影响程度。

④确定敏感性因素，对方案的风险情况作出判断。

2. 盈亏平衡分析

进行盈亏平衡分析是为了明确工程项目的盈亏平衡点（*BEP*），在此点处项目的经营水平为既不盈利也不亏损，项目的总成本等于其总收入。高于此点时，项目获得利润；低于此点时，项目就要发生亏损。换言之，进行盈亏平衡分析就是要找出项目在既不盈利又不亏损的条件下的最低生产水平或销售水平。工程项目盈亏平衡点的数值主要取决于投资额、产出收益、经营成本 3 个总变量。此外，工程项目的产品组合、投入组合、工艺类型等，也会直接或间接地影响盈亏平衡点。同时还应明确进行盈亏平衡分析的时期，采用一个正常年的数据是合适的。也就是说，一个投资项目的盈亏平衡点，可以根据某一个正常年度的投入量、产出量、价格等方面的数据，用数学方法和图解方法来确定。

假设：Q 为盈亏平衡点的产量，S 为盈亏平衡点的销售收入和生产成本，F 为一个年度的固定成本，U 为可变单件成本，R 为产品的销售价格，T 为年销售税金，t 为销售税率。则有以下的关系式：

销售收入方程式：$S=RQ$；生产成本方程式：$S=UQ+F$；故此，

$$RQ-T=UQ+F \tag{5-1}$$

根据式（5-1）可以导出用产量表示的盈亏平衡点为：

$$BEP_{\mathrm{Q}}=\frac{F}{R-U-T} \tag{5-2}$$

用销售收入表示的盈亏平衡点为：

$$BFP_{\mathrm{S}}=R(\frac{F}{R-U-t}) \tag{5-3}$$

用生产能力利用率表示的盈亏平衡点为：

$$BEP_{\mathrm{Y}}=\frac{F}{L-QU-Qt} \tag{5-4}$$

式中：L——项目达到设计生产能力时的销售额。其他符号含义同前。

投资项目的盈亏平衡点越低，则该项目的盈利机率越大，亏损的风险性越小。盈亏平衡点表明工程项目生产能力的最低允许利用程度。当计算出盈亏平衡点的产量、销售收入、生产能力利用率之后，如果变量的值还可能有一定的不确定性时便可估计出项目的经营会处于盈亏平衡点的哪一边。如能找到变量的数量范围时，便可看出哪一数值量是最有吸引力的，当变量值超出这个数值范围时，也可以估计出产生的后果。

在进行盈亏平衡分析时，需要注意鉴别工程项目的产品组合。如果其产品组合是由两种以上产品构成的，则应把每种产品的预期产量乘以预期的单位产品销售价格或单位可变成本进行分析。具体讲，就是采用下面的数学表达式：

$$R_1Q_1+R_2Q_2-T-T_2=F+U_1Q_1+U_2Q_2 \tag{5-5}$$

式中：R_1、R_2——产品 1、产品 2 的销售价格；

Q_1、Q_2——产品 1、产品 2 的产量；

U_1、U_2——产品 1、产品 2 的单件可变成本；

T_1、T_2——产品 1、产品 2 的年税金。

如果产品组合中的某一种产品，可以按另一种产品的实际计算单位来换算或表示时，则可将其代入上式加以简化，那么计算求解就更加简便。另外还有一种解决办法，就是取其中一种主要产品，只计算这种主要产品的盈亏平衡点，而其他产品都看作是副产品。进行盈亏平衡分析时，通常是基于项目产品的单件销售价格、项目投入材料的价格、项目单件产品可变成本是不变的；项目产品的生产量等于销售量；项目产品有几种时，其产品组合可以换算成单一产品；产品组合在项目生命期内保持不变或成组产品按比例变化等种种假设为前提条件的。但如此的种种假设条件在工程项目的实际中极少实现，故此，盈亏平衡分析的结果也就有可能起到消极的影响。虽然如此，盈亏平衡分析在规定和说明工程项目的产出量、生产成本、产出与投入的价格以及与其在项目经营中所得到的效益之间的关系时，仍是一种非常有用的工具。

5.4 信托租赁

5.4.1 信托

1.信托的概念

是指财产的拥有者为了一定的目的，委托他所信任的和有经营能力的人，按其要求代为管理或处分财产的信用形式。因此，信托是以信任为基础，委托为前提，财产所有权或使用权转移为条件的一种特殊的信用形式，“受人之托，代人理财”是其基本特征。信托是一项法律上的财产管理制度。委托人、受托人和受益人构成信托行为的当事人，他们之间在法律上的关系称为信托关系。委托人是资金或财产的所有者，他可以是“自然人”，也可以是“法人”；受托人是指接受信托并按约定的信托条件，授权对信托资产进行经营管理或处分的人；受益人是指享受信托利益的人，信托利益既包括信托资产本身的利益，也包括由信托资产所孳生的利益。所以，从法律角度看，信托就是委托人、受托人和受益人三方关系人，围绕着信托财产的管理和信托利益的分配而产生的一种财产权利义务。

2.信托业的发展

信托的产生与商品经济发展有着密切的联系。商品经济越发展，社会分工越细密，法人之间、个人之间、国内外之间的经济联系就越紧密并趋于复杂，加上某些单位或个人往往又没有条件和能力去处理有关的事务。在这种情况下，委托有信用、有能力的专业机构去代办，就有了客观上的需要。信托也就是为了适应这种需要而产生和发展起来的。现代经济中，信托已成为金融业务中的一大门类。在西方国家，信托业达到了异常庞大的规模，有些大银行受托管理的资产甚至比其本身的资产还要多。我国的金融信托自1979年正式开办以来，有了较快的发展。20世纪90年代初有400家信托投资公司，约3 500亿元资产的规模，从业人员近2万人。此后，对信托业进行过几次大的整顿，信托投资公司的数量有较大的减少（目前仅50多家），经营定位也更加明确。随着市场经济体制的建立，居民私有财产以前所未有的速度增长。伴随着个人财富的增加和金融意识的增强，将财产委托给专家代为管理、投资和运作，由信托机构提供理财服务，有较大的市场。开拓个人信托市场，既可以使信托业在激烈的市场竞争中找准自己的位置，又可以满足广大居民对多种投资工具的需求。加快信托业的发展，使之与银行业、保险业、证券业、租赁业一样，成为我国金融体系中的重要组成部分，无疑是我国金融改革的一项重要业务。

3. 信托业务

(1) 信托类业务。信托类业务就是信托机构接受委托人的委托，在一定时间内代为管理、运用和处理信托财产，并获得信托手续费，委托人不指明用途，受益人享有信托收益的一类业务。信托机构在办理信托类业务时，要求委托人委托的信托财产，必须是自主支配的、无争议的财产；凡涉及固定资产投资计划，信托机构承担信托类业务一切经营风险。

①信托存款。信托存款有广义和狭义之分。从广义上讲，信托存款就是信托机构办理一切存款业务，它包括存款、委托存款；而从狭义上讲，仅指前者。信托存款就是委托人把一定数额资金委托给信托机构，在一定时期内代为管理运用，但不具体指定使用对象和用途，并根据双方商定的收益率，其营运收益在扣除信托费用后，全部归受益人享有的一种资金信托。这里，信托存款特指狭义上的信托存款(以下信托存款、信托投资都是特指狭义的)。信托存款是信托机构主要的负债业务，涉及信托业务的规模、盈利水平等。

信托存款是 1 年以上（包括 1 年）的定期存款，一般不办理活期存款；其收益可支付给委托人，也可支付给指定的受益人或自动加入本金；其资金来源于各种基金，如劳动保险机构的劳保基金、科研单位的科研基金、各种学会基金、基金会的基金等。信托存款处理程序可比照银行定期存款办理。

②信托贷款。信托贷款就是信托机构用部分自有资金和信托存款，以贷款方式向企业提供资金的信托业务。在我国，亦称为乙类信托贷款。我国信托机构办理信托贷款与银行一般贷款相比较有以下特点：

a. 贷款形式多样、范围广泛。信托贷款有信用贷款、抵押贷款和票据贴现等多种具体形式，贷款范围不仅有流动资金贷款，而且有固定资产贷款，是一种综合性贷款。

b. 资金主要来源是信托贷款。

c. 信托贷款利率较灵活，在规定的范围内浮动。信托贷款的调查、审查、发放与收回等贷款管理工作，可比照银行一般贷款办理。

③信托投资。信托投资就是信托机构以投资者的身份直接参与合资联营企业投资，以及经营成果分配。信托投资是信托业的一项传统业务。信托投资收益与投资项目经济效益成正比关系，若发生亏损，信托者也要分担损失。因此，信托投资项目是“风险与共、利益均摊”。信托投资按投资对象可划分为两种类型：直接向企业投资、证券投资。直接向企业投资就是信托机构直接向企业注入资金。证券投资

就是信托机构用筹集的资金购买有价证券，赚取收益。

④财产信托。财产信托就是委托人将非货币形态的财产委托给信托机构，按其约定的对象和条件进行出售、转让的信托业务。财产信托业务按其处理方式可划分为一般财产信托和特定财产信托。

a. 一般财产信托。这是信托机构接受委托人（供货单位）申请，按指定对象或要求向需求单位出售、转让信托财产的业务。一般财产信托按信托机构是否融通资金划分为融资性财产信托和服务性财产信托。金融信托多属于前者。凡实行独立经济核算的企业单位有待出售的动产、不动产，可向信托机构办理一般财产信托业务。信托机构接受财产信托业务时，向供货单位一次性收取贷款总额1%～5%的手续费；如果为需方垫付款项的融资性财产信托，则应比照银行贷款利率计收垫付款项利息。一般期限为1～2年，最长不超过3年。

一般财产信托业务程序：

第一步：签订合同。供需双方签订供货合同。

第二步：申请财产信托。供货单位根据供货合同，向信托机构申请财产信托。

第三步：订立财产信托合同。信托机构根据委托人申请，对供需双方进行审查，认为符合委托要求，则同供需双方订立财产信托合同。

第四步：支付手续费。委托人根据信托合同向信托机构一次性支付手续费。

第五步：移交信托财产。动产由供货方直接向需求方发货。发货运单由信托机构办理，不动产由供需双方在信托机构直接参与下办理财产移交。

第六步：垫付货款。凡属融资性财产信托以信托机构资金代需求方垫付货款，解决供货方的资金需要。其性质是对供货方提供卖方信贷。对服务性财产信托，则不予融通资金。

第七步：按期支付货款。需求方按照财产信托合同规定期限将款项划给信托机构。

第八步：收回货款。信托机构按合同规定将代收到的信托财产款项全额划转供货方。对融资性财产信托则要扣回信托机构代需求方垫付的部分货款以及利息。

b. 特定财产信托。它是供货方把其动产、不动产委托信托机构代为销售转让，信托机构把信托财产折价抵作财产信托基金，以贷款形式将此项信托财产转给需求方。随着贷款的分期归还，再将财产信托基金陆续转交给供货方。特定财产信托以融资形式实现融物，有利于保证供需双方的权益。特定财产信托应由供需双方对信托财产的贷款、付款期限、利率等进行协商，委托信贷机构代为监督办理交货和收款事宜。财产信托贷款本息归供货方所有，信托机构只收取一定比例的手续费。特定财产信托业务处理程序与一般财产信托业务处理程序大致相同。

4.委托类业务

委托类业务就是委托人存入委托基金，信托机构按委托人指定的对象和用途，代为管理、运用，其收益归委托人所有，信托机构只能收取委托手续费。信托机构办理委托类业务时，委托人委托管理、使用的委托基金，必须是来源正当，且为自主支配的资金；委托人指定的运用对象、期限、利率等，除涉及固定资产委托业务需要经过有关部门批准以外，其他事项别人都不得干预。委托业务的经营风险和到后期是否能收回委托基金的风险均由委托人承担。

(1) 委托存款。委托存款就是委托人将货币资金交存信托机构，信托机构按照委托人指定的对象和用途，进行管理和运用。此项资金在先存后支的间歇期内形成的存款，在我国亦称为甲类信托存款。委托存款主要来源于财政部门和其主管部门委托贷款或委托投资的信托基金，即预算外资金。委托存款与委托项目紧密相关，委托存款不得提前支取。只有到委托项目的资金全部收回，委托人才能提取委托存款。

(2) 委托贷款。委托贷款是信托机构接受委托人的委托，在委托人存入的委托存款额度内，按其指定的对象、用途、期限、利率等发放贷款的一种金融信托业务。在我国，亦称为甲类信托业务。委托贷款的对象、用途、期限、利率等均由委托人决策，信托机构不得干涉；但是，委托人的决策必须符合国家产业政策和金融政策，否则，信托机构拒绝委托要求。信托机构办理委托贷款业务，其目的是为委托人资金安全和获取收益提供服务，减少贷款风险。为此，信托机构必须将委托贷款同办理其他贷款一样，进行严格审查、发放与监督管理，经常分析和检查贷款偿还能力。信托机构获得委托贷款的收益，不是委托贷款的利息，而是委托贷款的手续费。它是根据委托贷款手续的繁简，所负责任的大小，委托金额的大小等，确定收取数量的，作为办理委托贷款的报酬。收取手续费方式由信托机构与委托人商定。

(3) 委托投资。委托投资就是委托人把货币资金交存信托机构，作为委托投资基金，委托其向指定的联营或投资单位进行投资，并对投资使用情况、投资单位的经营情况和利润分配进行管理、监督的一种金融信托业务。

委托投资和委托贷款是相似的业务，主要不同之处是信托机构要直接参与投资企业的经营管理，保障委托人的合法经济利益，投资期较贷款期长，属长期投资范畴。另外，手续费按委托金额或实现利润的一定比例收取。

委托投资业务处理程序，可参照委托贷款办理。

5.其他资金信托业务

随着市场经济的发展，信托业务有待开拓。现主要介绍两种其他资金信托业务。

（1）公益基金信托。公益基金信托就是委托人为举办或发展社会公益、福利事业，将个人或社会各界捐赠的或由单位、团体筹集的公益基金，委托信托机构代为管理和经营，并将信托受益用于指定的社会公益事业的业务。委托人可以是法人、社团，也可以是个人，但其信托受益须用于公益事业。

办理公益基金信托业务，由委托人提出委托申请，信托机构接受委托要与委托人签订委托合同，委托人把委托基金交存信托机构。信托机构按照利润最大化的原则，把委托基金投向基金效益好的项目上，取得收益用于社会公益事业。委托期满，信托机构向委托人收取手续费，并退回信托基金。

（2）个人特约信托。个人特约信托就是信托机构受理个人非储蓄性质的资金，按其特定的要求和用途，代为办理特约事物的业务。个人特约信托的种类繁多，按照委托人不同的目的，划分为监护信托、遗嘱执行信托、赡养信托、抚恤信托等。凡委托的目的及财产用途是合法的，信托机构又能够承办的个人委托人托办的特定信托业务，均可称为个人特约信托。个人特约信托由委托人向信托机构提出委托申请，信托机构对其委托申请进行审查，同意受理时，与委托人签订个人特约信托合同，并确定手续费。信托机构对特约信托财产按照合同规定办理，不得自行变更特约内容，直到圆满完成委托人的要求，才能终止信托关系。个人特约信托在我国有待开拓与发展。

5.4.2 租赁业务

1.租赁的概念及特点

一般意义上的租赁，是指出租人和承租人通过契约关系，明确双方的权利和义务，以收取租金为条件，让渡财产使用权和一定范围内处分权的一种信用形式。租赁有广义和狭义之分。狭义的租赁，又称现代租赁，是一种通过让渡租赁物品的使用权而实现资金融通的信用方式。广义的租赁则泛指一切财产使用权的转让活动，不仅包括现代租赁，还包括传统租赁等。

租赁作为一种独立的信用形式，其主要特点是：

（1）融资与融物相结合。租赁涉及出租人（租赁机构）、承租人（用户）和制造厂商三方面的关系。租赁机构出资购进用户所需的设备，然后租给承租人（用户）；或者由承租人与制造厂商洽谈好供货条件，转由租赁机构出资购买后，承租人再与租赁机构签订合同，租进设备。由此可见，租赁实际上是企业筹措购置设备资金的一种方式，不过企业以直接租人设备的方式代替向金融机构举借购置设备的贷款，以支付租金形式代替向金融机构支付本金与利息，以融物代替融资，使融物与融资浑然一体。它既不像一般的银行信贷，“借钱还钱”，也不同于商业信用“欠钱还钱”，而是“借物还钱”，还钱又以租金逐期回流的形式进行。

(2) 所有权与使用权分离。一般的设备贷款，是由企业直接向银行借入资金，自行购买设备，借款人（企业）集设备的所有权与使用权于一身。而在租赁条件下，在整个租赁期间，设备的所有权始终属于出租人。承租人在租赁期满时，虽有留购、续租、退还设备的选择权，但在租赁期内，只能以支付租金为条件，取得设备的使用权。

(3) 分期回流。租赁业务中的租金，由租赁期内设备购置款、利息和租赁费用三个部分组成。租金偿还时，采取分期回流的方式。承租人与出租人事前约定在租赁期内交付租金的次数和每次所付租金的数额。到租赁期满时，租金的累计数相当于设备价款和该项资金在租赁期内应计的利息及有关费用。采用资金分期回流的方式，承租人负担较轻。

(4) 严格契约关系。租赁合同通常规定财产的归属，租金数额，财产使用、维修、保管等内容。租赁合同为不可撤销的合同，一经成立，双方就有义务遵守，任何一方不得单方面随意撤销或违约。租赁兼有商品赊销和资金信贷的双重性。对承租人来说，租赁可以“借鸡生蛋，以蛋换钱、还钱（支付租金），最终又可得鸡”，对缺乏资金的企业来说，不失为加速投入、扩大生产的好办法。

2. 融资租赁的概念

融资租赁就是信托机构购买承租人选定的设备，并将其出租给承租人，在租赁期内承租人向信托机构支付租金的一种资金融通方式。租赁期满后，承租人向信托机构支付产权转让费后租赁物归其所有。融资租赁的对象主要是大型的或成套设备，其实质是融通资金，形成融资与融物相结合的特殊信用方式。资金具有安全性和盈利性。因为在租赁期内，出租人保留设备所有权，遇有经济纠纷，可凭借设备所有权进行交涉，避免租赁资产遭受损失。同时租赁作为出租人的一种投资行为，通过收取租金，能获得比其他投资方式更多的利润。对设备制造企业来说，租赁有利于开拓市场，扩大销售。对某些产品积压的企业而言，租赁更不失为是一种促销手段，有利于化解买难与卖难同时并存的矛盾。

3. 租赁业的发展

租赁是一种古老的信用形式。在早期，所有者（出租人）将其闲置的房屋、土地交给经营者（承租人）使用，作为有偿使用的报酬，承租人向出租人交付一定的租金。在租赁期内，房屋、土地的所有权仍归出租人，承租人只是拥有使用权。在那时，租赁只是一种偶然的经济行为，主要解决部分物品和劳动资料余缺不均的矛盾。

现代租赁，是进入 20 世纪 50 年代以后，首先在美国出现的。1952 年 5 月，诞生了世界上第一家独立的、专业的租赁公司——美国租赁公司，开创了通过融通资金向企业提供新设备的出租方式。随着技术的发展，新技术、新产品层出不穷，且从开发研制到生产使用的周期日益缩短，因此，无论是工业发达国家，还是发展中国家，对生产技术和设备更新需要越来越迫切。但是，很多企业由于资金短缺，机器设备难以更新换代。另一方面，有些设备制造厂家，却苦于产品销售困难，生产正常周转受到影响。为了解决这个矛盾，租赁业务应运而生，并在世界范围内得到迅速发展。与此同时，为适应租赁业务的发展，出现了越来越多专业的租赁公司。租赁公司属于非银行的金融机构，是金融体系的一个重要组成部分。全世界专业性租赁公司约有 4 000 家，1994 年世界租赁业务量已达 3 564 亿美元，若加上汽车租赁，可达 5 000 亿美元。其中，美国有 80%的企业采用租赁方式增加设备、扩大生产，每年租赁交易额达 1 300 亿美元，在设备投资中所占的比重高达 30%。租赁已成为许多国家发展最快的一种融资方式，在世界金融和经济活动中发挥着越来越大的作用。

在我国，自改革开放以来，租赁业从无到有，发展较快。1981 年，由中国国际信托投资公司发起首先创办了中国租赁公司，并与日本合资创办了东方租赁公司。之后又相继成立了中国国际包装租赁公司等租赁企业。到目前为止，我国各类租赁公司计 60 余家，租赁交易额每年近 10 亿美元。从总体上看，我国租赁业还刚刚起步，规模较小，融资租赁交易额仅为美国的 1%，日本的 2%，韩国的 8%，此外，在我国租赁业发展过程中面临着一些较突出的问题，如承租人的欠租问题、完善租赁立法问题、租赁公司营运资金不足的问题、对租赁公司监管的问题、中资租赁公司在中国租赁业中所占比重较低的问题等。在国外，大到万吨巨轮、大型喷气飞机，小到机床、电子计算机都可以租赁。然而，我国许多企业一提到扩大生产，想到的只是买地皮、建厂房、购置设备，而不善于使用租赁方式。应该说，租赁业在中国的前景十分诱人，需要大力扶持与发展。

4. 租赁的分类

(1) 经营租赁。经营租赁，又称“使用租赁”或“服务性租赁”，是指出租人将自己经营的出租设备或用品反复地出租的业务。其主要特点是：

①承租者的目的在于使用设备，满足短期的、临时性的或季节性的需要，使用期结束，租赁关系也随之结束。

②租赁期限较短，一般都在 1 年以下，短的只有几个星期，有的甚至几天或几个小时。

③租赁的设备大都为通用设备，或者是有较好二手货市场的设备。专业性很强的设备不宜作为经营租赁提供的设备。

④在租赁期间，不仅设备所有权归出租人所有，而且设备的维修、改良和保养均由出租人承担。

⑤经营租赁可以中途解约，具有较大的灵活性。经营租赁是传统意义上的租赁，但在现代经济中仍有发展的空间，生产性的各种工作机械和先进的科技产品等，都可以成为经营租赁的物件。

(2) 金融租赁。金融租赁，又称融资租赁，是现代租赁的主要形式。采用这种租赁方式，与租赁资产所有权有关的风险和利益几乎已全部转移给承租人。一项租赁若具有下列情况之一者，通常归属为金融租赁：

①在租赁期终了时，资产所有权转让给承租人。

②承租人有以较低廉价格购买资产的选择权，且在租赁开始日就能确定在将来会行使此项选择权。

③租赁期较长，一般相当于资产的使用期限。

④出租人可以通过一次出租，就能收回在租赁资产上的全部投资。

⑤在租赁期内发生的租赁资产使用成本，包括保险费、财产税、维修费等全部由承租人支付。

金融租赁又可进一步分为直接租赁、转租赁、回租租赁、杠杆租赁等几种形式。直接租赁，又称"直接购买租赁"，是指出租人根据承租人提出的要求，用其垫付的资金直接购回选定的租赁物品，并租借给承租人使用的租赁形式。这种租赁的租期较长，一般设备的租期为3～5年，大型设备租期在10年以上。在租期内，承租人要承担设备的维修、保养、保险和纳税义务。直接租赁是金融租赁的一种主要形式，也是目前国内采用较多的租赁形式。转租赁，又称"再租赁"，是指承租者把租来的设备再转租给第三者使用的租赁形式。通常是租赁公司根据用户需要，先从其他租赁公司（一般是国外的租赁公司）租入设备，然后再转租给承租人使用。采用转租赁方式，一般要签订两次租赁合同，承租人要支付高于通常直接租赁方式的租金。回租租赁，又称"先卖后租式租赁"，是指企业将自制或外购设备卖给出租者，然后再以租赁方式将设备租回使用。具体有两种形式：一种是企业在急需某种设备而资金又暂时不足的情况下，先从制造厂商那里买进自己所需要的设备，然后转卖给租赁公司，企业再从租赁公司租回设备使用。另一种是企业进行技术改造或扩建时，因资金不足，就将本企业原有的设备或生产线先卖给租赁公司，收入现款以应对购买新设备和改扩建之急需。但售出的设备或生产线并不拆除，企业在卖出设备的同时即向租赁公司办理租赁手续，由企业继续使用原有设备，直到租金付清之后，再以较小代价办理产权转让手续，设备最后仍旧归企业所有。杠杆租赁，又称"衡平租赁"或"借贷式租赁"。在这种方式下，租赁公司只提供租赁设备所需投资的20%～40%，其余60%～80%的资金则由金融机构或银团提供，租赁设备的所有权归租赁公司，由租赁公司将设备提供给承租人。这种租赁方式的租赁对象都是价值高昂的飞机、轮船、海上勘探与开采设备等大型项目。由于贷款人注入的信贷资金对租赁业务起着财务杠杆作用，所以称这种租赁为杠杆租赁。

5.租赁的运作

租赁的运行过程较为复杂。以直接租赁为例，其操作程序是：

(1) 选定租赁设备。通过租赁方式添置设备的用户按照自己的要求，直接向设备制造厂或设备供应商选定所需设备。

(2) 申请租赁。用户将已选定的设备，正式向经比较后选中的租赁公司提出租赁申请，填写“设备租赁申请书”。

(3) 租赁谈判。租赁谈判由承租单位、租赁公司和设备供应单位三方面参加，谈判内容包括技术谈判、商务谈判和租赁谈判。技术谈判，主要在供货单位和承租单位之间进行，主要内容包括设备质量、性能、技术参数和售后服务等；商务谈判，在供货单位和租赁公司之间进行，其内容包括价格、供货日期、交货方式、付款方式等；租赁谈判则在租赁公司与承租单位之间进行，内容主要是确定租金及支付方式、手续费率、租赁期满设备的权属等。

(4) 签订合同。将以上谈判所达成协议的各项内容，以书面的法律形式确定下来，具体有购买合同和租赁合同两种，租赁合同签订在前，购买合同签订在后。

(5) 出租人订购设备。租赁公司在租赁合同签订之后，即向供货单位正式办理设备订购手续，即签订购买合同。

(6) 交货验收。租赁设备一般由供货单位直接发送到承租单位，由承租单位组织验收。但货物发票、运单等仍应寄送租赁公司。

(7) 支付货款。租赁公司根据购买合同的有关条款，向供货单位支付设备价款及代垫运杂费等款项。

(8) 财产保险。租赁公司向保险公司办理投保手续，其保费由承租单位直接向保险公司支付，也可由租赁公司垫付后并入租金中，向承租单位陆续收回。

(9) 偿还租金。承租单位按照租赁合同中租金的条款，主动、及时地向租赁公司支付租金。

(10) 处理租赁设备。租赁期满，双方应根据租赁合同的规定，处置租赁设备。一般来说，租赁公司应以无偿方式或收取象征性的价款，向承租单位转让设备的所有权。

5.5 国内外融资方式

5.5.1 直接融资与间接融资

金融市场的形成与资金融通是直接相联系的。不同的融资方式，决定了不同性质的金融市场。任何经济体的运行，无论是在宏观层面还是在微观层面，储蓄和投资的不均衡可能是一种常态，也就是说，经济中同时存在着盈余部门和赤字部门，从而需要某种机制，使盈余部门的储蓄能够转化为向赤字部门的投资。一般地说，资金从盈余部门流向赤字部门有两种方式。

一种是直接融资，即没有金融媒介体参加的融通资金的方式。在这种方式下，资金的供给者（盈余部门）与需求者（赤字部门）直接接触，进行票据、证券的买卖和货币借贷。其特点是把最后贷款者与最后借款者直接结合起来，无需任何金融媒介体插足其间。

一种是间接融资，是有金融媒介体参加的融通资金方式。在这种方式下，资金供需双方不直接见面，盈余部门与赤字部门之间的资金转移，要通过金融媒介体即银行或其他金融机构来进行。其中银行作为典型的金融媒介体，是借者和贷者的集中，通过它把资金从供给者转移给需求者。以上两种融资方式可用图 5-1 来表示。

从图 5-1 中可以看出，盈余部门与赤字部门之间资金余缺的调剂，是借助于金融市场实现的。通过资金余缺的调剂，实现了储蓄向投资的转化和生产要素的优化组合。

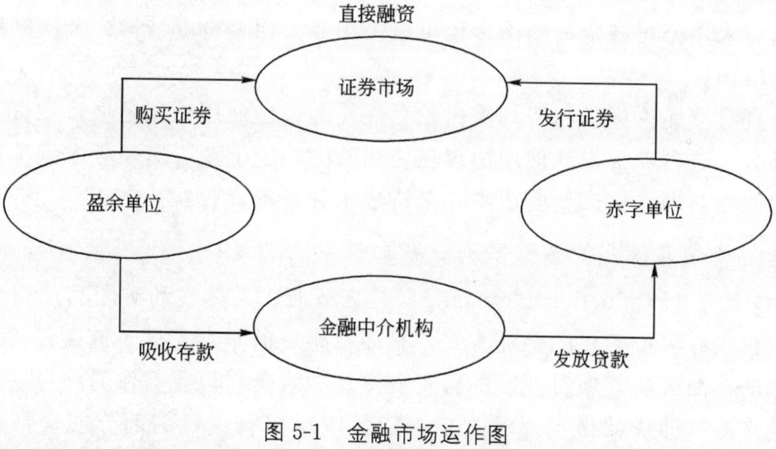

图 5-1　金融市场运作图

5.5.2 项目融资的主要模式

1. 以“设施使用协议”为基础的项目融资模式

国际上，一些项目融资是围绕着一个服务性设施或工业设施的使用协议作为主体安排的。这种设施使用协议（Tolling Agreement）是指在某种服务性设施或工业设施的提供者和这种设施的使用者之间达成的一种具有“无论提货与否均需付款”性质的协议。项目公司以“设施使用协议”为基础安排项目融资，主要应用于一些带有服务性质的项目，例如石油、天然气管道、发电设施、某种专门产品的运输系统以及港口、铁路设施等。20 世纪 80 年代以来，这种融资模式也被引入到工业项目中。

利用“设施使用协议”安排项目融资，其成败的关键是项目设施的使用者能否提供一个强有力的具有“无论提货与否均需付款”性质的承诺。这个承诺要求项目设施的使用者在融资期间无条件地定期向设施的提供者支付一定数量的预先确定下来的项目设施使用费，而无论使用者是否真正利用了项目设施所提供的服务。这种无条件承诺的合法权益将被转让给提供资金方，再加上项目投资者的完全担保，就构成项目信用保证的主要部分。一般来说，项目设施的使用费在融资期间应足以支付项目的生产经营成本和项目的还本付息。

在生产型工业项目中，“设施使用协议”被称为“委托加工协议”，项目产品的购买者提供或组织生产所需要的原材料，通过项目的生产设施将其加工成最终产品，然后由购买者在支付加工费后取走产品。

以“设施使用协议”为基础安排的项目融资具有以下特点：

（1）投资结构的选择比较灵活，既可以根据项目的性质、项目投资和设施使用者的类型等采用公司型合资结构，也可以采用非公司型合资结构、合伙制结构或者信托基金结构。

（2）具有“无论提货与否均需付款”性质的设施使用协议是项目融资不可缺少的组成部分。这种项目设施使用协议在使用费的确定上至少需要考虑到项目投资在三方面的回收，即：生产经营成本、融资成本和投资者收益。

2. 以“产品支付”为基础的项目融资模式

“产品支付（Production Payment）”是在石油、天然气和矿产品项目中常使用的无追索权或有限追索权的融资方式，是项目融资的早期形式，起源于 20 世纪 50 年代美国的石油天然气项目开发的融资安排。项目公司以收益作为项目融资的主要偿债资金来源，即贷款得到偿还之前，贷款银行拥有项目的部分或全部产品。当然，这并不是说贷款银行真的要储存几亿桶石油或足以满足一座城市需要的电力，在绝大多数情况下，产品支付只是产权的转移，而非产品本身的转移。通常贷款银行要求项目公司重新购回他们的产品或充当他们的代理人来销售这些产品。

以“产品支付”为基础的融资模式适用于资源贮藏量已经探明并且项目的现金流量能够比较准确地计算出来的项目。这种模式所能安排的资金数量取决于所购买的那一部分产品的预期未来收益按照一定贴现率计算出来的净现值。对于那些资源属于国家所有，项目公司只能获得资源开采权的项目，“产品支付”的信用保证是通过购买项目未来生产的现金流量，加上资源开采权和项目资产的抵押来实现的。以“产品支付”为基础的项目融资模式，在具体操作上有以下基本特征：

(1) 融资模式是建立在由贷款银行购买某一特定资源产品的全部或部分销售收入权益的基础上的，它是通过让贷款银行直接拥有项目产品的所有权来融资，而不是通过抵押或权益转让的方式来实现融资的信用保证。

(2) 融资期限一般应小于项目预期的经济寿命期。即如果一个资源性项目具有20年的开采期，那么，产品支付融资的贷款期限应该大大短于20年，以保证项目在还本付息之外还能实现一定的收益。

(3) 贷款银行一般只为项目建设投资提供融资，而不承担项目生产费用的融资。并且，贷款银行还要求项目发起人提供项目最低产量、最低产品质量等的担保。

(4) 一般要成立一个“融资中介机构”，即所谓的专设公司，专门负责从项目公司中购买一定比例的产品，在市场上直接销售或委托项目公司作为代理人销售，并负责归集产品的销售收入和偿还贷款。

3. BOT 项目融资方式

(1) BOT 项目融资的基本思路。BOT 是 Build-Operate-Transfer 的缩写，即建设—经营—移交，它是指政府将一个工程项目的特许经营权授予承包商（一般为国际财团），承包商在特许期内负责项目设计、融资、建设和运营，并回收成本、偿还债务、赚取利润，特许经营期结束后将项目所有权再移交给政府的一种项目融资模式。实质上，BOT 融资模式是政府与承包商合作经营项目的一种特殊运作模式，从20世纪80年代产生以来，越来越受到各国政府的重视，成为各国基础设施建设及资源开发等大型项目融资中较受欢迎的一种融资模式。BOT 融资在我国也称为“特许经营权融资方式”，主要以外资为融资对象，其含义是指国家或者地方政府部门通过特许经营权协议，授予签约方的外商投资企业（包括中外合资、中外合作、外商独资）承担公共性基础设施项目的融资、建造、经营和维护；在协议规定的特许期限内，项目公司拥有投资建造设施的所有权，允许向设施使用者收取适当的费用，由此回收项目投资、经营和维护成本并获得合理的回报；特许期满后，项目公司将设施无偿地移交给签约方的政府部门。

（2）TOT项目融资方式。TOT是Transfer-Operate-Transfer三个英文字母的缩写，即移交-经营-移交，它是BOT项目融资方式的新发展，指用私人资本或资金购买某项目资产（一般是公益性资产）的产权和经营权，购买者在一个约定的时间内通过经营收回全部投资和得到合理的回报后，再将项目产权和经营权无偿移交给原产权所有人。这种模式已逐渐应用到我国的项目融资领域中。

TOT方式存在着几点BOT项目融资方式所不具备的优势：积极盘活国有资产，推进国有企业转机建制；为拟建项目引进资金，为建成项目引进新的更有效的管理模式；只涉及经营权让渡，不存在产权、股权问题，可以避免许多争议；投资者可以尽快从高速发展的中国经济中获得利益。

另外，由于TOT的风险比BOT小很多，金融机构、基金组织、私人资本等都有机会参与投资，这也增加了项目的资金来源。

4. ABS项目融资模式

ABS是英文Asset-Backed Securitization的缩写，即资产支持型资产证券化，简称资产证券化。资产证券化是指将缺乏流动性，但能够产生可预见的、稳定的现金流量的资产归集起来，通过一定的结构安排，对资产中风险与收益要素进行分离与重组，进而转换为在金融市场上可以出售和流通的证券过程。

ABS起源于20世纪80年代，由于具有创新的融资结构和高效的载体，满足了各类资产和项目发起人的需要，从而成为当今国际资本市场中发展最快、最具活力的金融产品。具体而言ABS融资有两种方式：

（1）通过项目收益资产证券化来为项目融资，即以项目所拥有的资产为基础，以项目资产可以带来的预期收益为保证，通过在资本市场发行债券来募集资金的一种证券化融资方式。具体来讲是项目发起人将项目资产出售给特设机构（Special Purpose Vehicle，以下简称SPV），SPV凭借项目未来可预见的稳定的现金流，并通过寻求担保等信用增级（Credit Enhancement）手段，将不可流动的项目收益资产转变为流动性较高、具有投资价值的高等级债券，通过在国际资本市场上发行，一次性地为项目建设融得资金，并依靠项目未来收益还本付息。

（2）通过与项目有关的信贷资产证券化来为项目融资，即项目的贷款银行将项目贷款资产作为基础资产，或是与其他具有共同特征的、流动性较差但能产生可预见的稳定现金流的贷款资产组合成资产池（Asset Pool），通过信用增级等手段使其转变为具有投资价值的高等级证券，通过在国际市场发行债券来进行融资，降低银行的不良贷款比率，从而提高银行为项目提供贷款的积极性，间接地为项目融资服务。

ABS项目融资方式适用于房地产、水、电、道路、桥梁、铁路等收入安全、持续、稳定的项目。一些出于某些原因不宜采用BOT方式的重要关系国计民生的重大项目也可以考虑采用ABS方式进行融资。

5.以“杠杆租赁”为基础的项目融资

(1)以“杠杆租赁”为基础项目融资的基本思路以“杠杆租赁”为基础的项目融资模式，是指在项目投资者的要求和安排下，由有两个或两个以上的专业租赁公司、银行以及其他金融机构等以合伙制形式组成的合伙制金融租赁公司作为出租人，融资购买项目的资产，然后租赁给作为承租人的项目公司的一种融资模式。合伙制金融租赁公司和贷款银行的收入及信用保证来自税务好处、租赁费用、项目的资产以及对项目现金流量的控制。当租赁公司的成本全部收回并且获得了相应的回报后，项目公司只需交纳很少的租金，在租赁期满后，项目发起人的一个相关公司可以将项目资产以事先商定的价格购买回去，或者由项目公司以代理人的身份代理租赁公司把资产以其可以接受的价格卖掉，售价大部分会当作代销手续费由租赁公司返还给项目公司。

(2)以“杠杆租赁”为基础项目融资的主要特点。

①融资方式较复杂。由于杠杆租赁融资结构中涉及的参与者数目较多，资产抵押以及其他形式的信用保证在股本参加者与债务参加者之间的分配和优先顺序问题也比一般项目融资模式复杂，再加上税务、资产管理与转让等问题，造成组织这种项目融资所花费的时间要相对长一些，法律结构以及文件也相对复杂一些，因而比较适合大型工程项目的融资安排。

②融资成本较低。杠杆租赁由于充分利用了项目的税务好处，所以降低了投资者的融资成本和投资成本，同时也增加了融资结构中债务偿还的灵活性。利用税务扣减一般可以偿还项目全部融资总额的30%～50%。

③可实现百分之百的融资。在这种模式中，由金融租赁公司的部分股本资金加上银行贷款，就可解决项目所需资金或设备，项目发起人可以不需要再进行任何股本投资。

④应用范围比较广泛。既可以作为一项大型工程项目的项目融资安排，也可以为项目的一部分建设工程安排融资，例如用于购置项目的某一专项大型设备。

本章小结

1.项目融资具有项目的导向性、融资目标的确定性、融资形式的一次性、融资总量的限制性、融资来源的特殊性、追索的有限性、风险的共担性、融资用途的限定性等特点。

2.项目融资可行性研究是从技术上、财务上、管理上等方面分析项目融资方案的可行性。

3.项目贷款的形式有流动基金贷款、临时贷款、基本建设投资贷款、技术改造贷款。

4. 信托实质是指财产的拥有者为了一定的目的，委托他所信任的和有经营能力的人，按其要求代为管理或处分财产的信用形式。信托类业务有信托存款、信托贷款、信托投资、财产信托。

5. 项目融资的主要模式有以“设施使用协议”为基础的项目融资模式、以“产品支付”为基础的项目融资模式、BOT项目融资方式、ABS项目融资模式、以“杠杆租赁”为基础的项目融资。

复习思考题

1. 项目融资的特征有哪些?
2. 项目融资应坚持什么原则?
3. 如何对项目融资进行可行性分析?
4. 项目贷款的种类有哪些?
5. 什么叫信托?有哪些信托业务?
6. 项目融资的模式有哪些?

参考文献

[1] 王克华. 货币银行学. 武汉：武汉大学出版社，2001
[2] 曹龙骐. 金融学. 北京：高等教育出版社，2003
[3] 连永安. 金融与保险. 南京：东南大学出版社，2003

第6章 货币供求与货币政策

本章概要

1. 描述货币供应过程，特别是存款创造机制；
2. 分析货币供应中的决定因素，并推导了货币供给模型；
3. 介绍货币需求理论的演变。论述费雪等完善的古典理论、凯恩斯货币需求理论和弗里德曼的货币需求理论；
4. 分析货币政策的目标体系：最终目标、中介目标和操作目标；
5. 讨论货币政策工具体系（包括间接调控工具和行政命令等工具）；
6. 介绍中国货币政策的实践。

货币供应的变动，事关整个经济的健康运行。货币好比血液，川流不息地流动于经济的各个主体之间，促进经济与信用的发展，促进资本的积累，促进生产专业化与分工，促进资源的有效利用。而利率是货币对实际经济发生影响的重要渠道，它和商品的价格、劳动力的工资，以及土地的地租一样，是反应资源相对稀缺性的信号，是市场经济引导资源在各种用途之间进行资源配置的重要方式。本章首先讨论货币的供给和需求，然后讨论货币政策的目标体系，货币政策的工具体系最后对我国货币政策的实践进行讨论。

6.1 货币供给

货币供给理论发展较晚，因为经济学家一直认为货币供给是中央银行完全控制的外生变量。其实不然，货币供应是一个涉及各个经济主体行为的错综复杂的过程。涉及的主要经济主体包括①中央银行。监督银行体系并负责执行货币政策的政府机构。在我国，中央银行即为中国人民银行；②银行（存款机构）。从个人和机构处接受存款并发放贷款的金融中介结构，包括商业银行、信用社等；③非银行公众。主要是存款者和贷款者。在这个过程中，中央银行、银行体系和非银行公众都发挥了极大的作用。本节对此逐一介绍。

6.1.1 多倍存款创造：一个简单的模型

在前面，我们对央行的基本功能和银行运营进行了介绍，现在我们看看当央行向银行体系供应1人民币的额外准备金时，存款的增加数式如何数倍于这个数额的，这一过程也称作多倍存款创造。

1. 央行向银行体系提供储备

中央银行可以通过向银行发放贷款或购买政府债券的方式向银行体系提供额外的准备金。假设中央银行向中国银行购买了价值100万元人民币的政府债券（贴现贷款方式在此不详述）。中央银行立即将100万元存入央行的账户。该行的准备金增加了100万元，同时它的政府债券减少100万元，T账户如下：

中国银行

资产		负债	
政府债券	−100万元		
准备金	+100万元		

2. 存款创造

央行向中国银行购买了100万元的债券之后，该银行发现它的准备金增加了100万元，为分析该银行如何处置这笔存款，假定准备金没有利息收入，故该行不愿意持有超额准备金，将其贷出，它为借款人开立一张支票并将贷款划入该账户。T账户如下：

中国银行

资产		负债	
政府债券	−100万元		
准备金	+100万元	支票存款	+100万元
贷款	+100万元		

该银行通过贷款创造了支票存款。因为支票存款是货币供应的一部分，所以该银行的贷款创造了货币。在中国银行当前的资产负债状况下，仍拥有超额准备金，所以仍希望发放更多的贷款。不过，这部分准备金不会在该银行停留太久。因为借款人不会让100万元闲置在中国银行的账户上，而用该贷款从其他人或公司购买商品和服务。当借款人为这些购买这些商品或服务而签发支票时，这些支票就存于其他银行，最后，中国银行增加的100万元的准备金转化为100万元的贷款，以及在其他银行的存款增加100万元（假定公众不愿意持有任何多余的货币，故从中国银行账户签发的支票都存入银行，而没有转化为现金），为简化分析，假定中国银行贷款所创造的100万元存款存入了银行A，则中国银行和银行A的T账户如下：

中国银行

资　产		负　债	
政府债券	−100 万元		
贷　款	+100 万元		

银　行　A

资　产		负　债	
准备金	+100 万元	支票存款	+100 万元

假设法定准备金率为 10%，则银行 A 发现其法定准备金增加 10 万元，超额准备金为 90 万元。与中国银行类似，银行 A 将 90 万元全额贷出，假定借款人将从银行 A 贷出的 90 万元存入银行 B，则银行 A、B 的 T 账户分别如下：

银　行　A

资　产		负　债	
准 备 金	+10 万元	支票存款	+100 万元
贷　款	+90 万元		

银　行　B

资　产		负　债	
准备金	+90 万元	支票存款	+90 万元

同样，银行 B 发现其法定准备金增加 9 万元，超额准备金为 81 万元，同样将其全额贷出，借款人又将从银行 B 贷出的 81 万存入银行 C，则银行 B 的 T 账户如下：

银　行　B

资　产		负　债	
准 备 金	+9 万元	支票存款	+90 万元
贷　款	+81 万元		

依此类推，如果所有的银行都将其超额准备金全额发放贷款，支票存款进一步增加，情况如表所示：

银　行	存款增加（万元）	贷款增加（万元）	准备金增加（万元）
中国银行	0.00	100.00	0.00
A	100.00	90.00	10.00
B	90.00	81.00	9.00
C	81.00	72.90	8.10
D	72.90	65.61	7.29
E	65.61	59.05	5.91
⋮	⋮	⋮	⋮
所有银行合计	1 000.00	1 000.00	100.00

由银行体系的准备金增加而导致的存款多倍扩张，称为简单存款乘数。其值等于法定准备率的倒数。在上例中则为1/0.1=10，与表中计算所得相等。故存款多倍创造的公式可写为

$$\Delta D = \frac{1}{r_D} \times \Delta R \tag{6-1}$$

式中：ΔD——银行体系中支票存款总量的变动；

r_D——法定准备金率；

ΔR——银行体系准备金的变动。

同样，存款多倍创造过程也可反向作用，即当央行从银行体系中撤出储备时，存款将会发生多倍收缩。

3. 存款多倍创造的公式推导

根据前面假设，银行不持有任何超额准备金，故银行体系的法定准备金总额RR等于银行体系中的准备金总额R，即$RR=R$。而法定准备金总额等于法定准备金率乘以支票存款总额D[1]：$RR=r_D D$，从这两个式子可以得出$D=\frac{1}{r_D}R$，因该式两边同时变动，可用Δ表示，得：$\Delta D=\frac{1}{r_D}\Delta R$，该式与（6-1）相同。

4. 对简单模型的批评

上述的多倍存款创造模型表明：只要央行规定法定准备金率和准备金总量，就可以对支票存款的水平实施完全控制。但是实际存款创造比简单模型要复杂得多：①非银行公众选择以通货方式持有全部或部分贷款，则支票存款就不会如多倍存款创造的简化模型计算出来那么多。如借款人从银行A获得90万元的贷款并没有存入银行，而作为手持现金，则银行B就没有任何存款，货币创造过程就此停止，支票存款总额仅增加100万元，比上述计算出的1000万元少得多。②银行选择保留全部或部分超额储备，则多倍存款创造的简单模型所预测的存款扩张就不会实现。如银行A决定持有全额90万元的超额准备金，则银行B就不会获得存款，存款创造过程中止。存款增加总额为100万元，而非1000万元。

故并非只有中央银行的行为能影响存款水平、从而影响货币供应。银行持有超额准备金和非银行公众手持通货的数量都可以使货币供应发生变化。在以下各部分中，我们将建立更符合现实情况的货币供应模型。

---

[1] 根据统计口径的不同，货币供给可以划分为多个层次，如M_0、M_1、M_2、M_3等，本文在M_1层级讨论，即通货与支票存款。故法定准备金总额为法定准备金率乘以支票存款总额。

6.1.2 货币供应的决定因素

在上一部分，我们发展了一个简单的多倍存款创造模型，表现了央行如何通过规定法定准备金率和准备金总量来对支票存款进行控制。本部分将在这之上发展一个公众和银行都发挥重要作用的货币供应模型。相比于央行对准备金总量的控制，央行对基础货币（流通中的通货加银行体系的准备金总量）能实施较为精确的控制，故在模型中将货币供应的变动与基础货币的变动联系起来（通过货币乘数），另外在推导货币供应模型时，主要使用与 M_1 定义的货币（通货加支票存款[1]），但这些分析和结果也适用于 M_2 等。

1. 基础货币的控制

基础货币（也称作高能货币）等于流通中通货 C 加上银行体系的准备金总额 R。基础货币 MB 可以表示为：

$$MB = C + R \tag{6-2}$$

央行使基础货币发生变动的方式之一是在公开市场操作中买进或卖出政府债券。央行买进债券称为公开市场购买，卖出债券则称为公开市场出售。下面以公开市场购买来分析准备金和基础货币的变动。

如前所述，央行对银行的公开市场购买 100 万元债券，准备金增加了 100 万元，流通中的通货没有变化，故基础货币也增加了 100 万元。

除对银行的公开市场购买外，央行还可以对非银行公众进行公开市场购买。对后一种情况，应分两种情况进行分析：①向央行出售 100 万债券的个人或机构，将央行的支票存入银行，央行对非银行公众的公开市场购买与对银行的公开市场购买的最终结果相同：准备金增加额等于公开市场的购买额，基础货币同额增加；②向央行出售 100 万债券的个人或机构，将央行的支票进行了兑现。在这种情况下，公开市场购买的最终结果是准备金不变，而流通中的通货由于公开市场购买增加了 100 万元，基础货币也增加了 100 万元。通过上述分析表明，公开市场购买对准备金的作用，取决于债券出售人将所得款项以现金形式持有还是存入银行。如果将所得款项以通货形式持有，则公开市场购买对准备金没有影响；如果将所得款项以银行存款形式持有，则准备金的增加额等于公开市场的购买额。不过，不论债券出售人将所得款项以现金形式持有还是存入银行，公开市场购买对基础货币的作用都相同（基础货币增加额等于所购买的金额）。公开市场购买对准备金的影响与其对基础货币的影响相比，前者的不确定性要大得多。公开市场出售也可类似分析。通过

---

[1] 在我国，M_1 即为流通中的现金加活期存款。

对公开市场购买和出售的分析可以得出如下结论：公开市场操作对基础货币的作用同对准备金的作用而言，前者的确定性要强得多。因此，央行运用公开市场操作对基础货币的控制比对准备金的控制更为有效。

即使央行不进行公开市场操作，支票存款转化为通货也将对银行体系的准备金产生影响，不过由于基础货币等于支票存款加通货，故这种转变对基础货币没有影响，这也是央行对基础货币的控制强于对准备金的控制的原因之一。

另外，央行向银行发行贴现贷款时，基础货币也受到影响。假设央行向中国银行发放 100 万元的贴现贷款，则准备金增加 100 万元，但是如果中国银行归还央行的贷款，则准备金减少 100 万元，因流通中的通货没有变化，故基础货币等额增加或减少。

从上述分析可得，央行对基础货币的控制优于对准备金的控制。但是央行对基础货币仍缺乏完全控制，因为它不能单方面决定，从而准确预测银行从央行借款的金额。央行制定贴现率（贴现贷款的利率），然后由银行自身决定借款与否，虽然贴现贷款受央行制定的贴现率的影响，但并不完全受央行控制，银行的决策也很重要。故我们将基础货币分解为两部分：一是央行不能完全控制的，即由贴现贷款创造的那部分基础货币（DL）；二是央行可以完全控制的，称为非借入基础货币（MB_n），主要来自公开市场操作。

2. 货币供应模型和货币乘数

因为央行对基础货币的控制优于对准备金的控制，故通过下式将货币供应 M 与基础货币 MB 联系起来更有意义。

$$M = m \times MB \tag{6-3}$$

其中 m 为货币乘数，是基础货币转化为货币供应的倍数。反映了基础货币之外其他因素对货币供应的影响，非银行公众持有通货还是支票存款的决策是影响货币乘数的因素之一，另外，央行对银行体系的法定准备金率的规定以及银行对超额准备金的决策也都对货币乘数产生影响。下面通过模型对决定货币乘数大小的因素作出解释。

在 6.1.1 的多倍存款创造模型中，略去了公众所持通货和银行所持超额准备金的变动对存款创造的影响。在此，将这些变动引入到货币供应过程模型中来。假设通货 C 及超额准备金 ER 与支票存款 D 的比例表示为：

$$C/D = \text{通货比率}$$

$$ER/D = \text{超额准备金率}$$

下面推导由非银行公众决定的通货比率，由银行决定的超额准备金率及由央行决定的法定准备金率三者对货币乘数 m 影响的公式。

银行体系准备金总额 R 等于法定准备金 RR 加超额准备金 ER（在 6.1.1 中，$ER=0$），得

$$R = RR + ER \tag{6-4}$$

法定准备金总量等于法定准备金率 r_D 乘以支票存款数量 d，得

$$RR = r_D \times D,$$

$$\text{故 } R = r_D \times D + ER \tag{6-5}$$

基础货币 MB 等于通货 C 加上准备金 R，则：

$$MB = R + C = r_D D + ER + C \tag{6-6}$$

将通货比率和超额准备金比率代入上式，得：

$$MB = r_D D + \frac{ER}{D}D + \frac{C}{D}D = \left(r_D + \frac{ER}{D} + \frac{C}{D}\right)D \tag{6-7}$$

由（6-7）可得：

$$D = \frac{1}{r_D + ER/D + C/D}MB \tag{6-8}$$

再根据货币供应等于通货加支票存款（$M=D+C$），得：

$$M = D + C = D + \frac{C}{D}D = \left(1 + \frac{C}{D}\right)D \tag{6-9}$$

所以

$$M = \frac{1 + C/D}{r_D + ER/D + C/D}MB \qquad (6\text{-}9)$$

从式（6-9）可以得出货币乘数：

$$m = \frac{1 + C/D}{r_D + ER/D + C/D} \tag{6-10}$$

从式（6-10）可以看出，货币乘数随着公众决定的通货比率、央行决定的法定准备金率及银行决定的超额准备金率的变动而变动。

【例】 假设法定准备率 $r_D=0.1$，流通中的通货 $C=4\,000$ 亿人民币，支票存款 $D=8\,000$ 亿人民币，超额准备金 $ER=8$ 亿人民币。则：

$$m = \frac{1 + 4\,000/8\,000}{0.1 + 8/8\,000 + 4\,000/8\,000} = \frac{1.5}{0.601} = 2.5$$

即货币乘数为 2.5，表明基础货币增加 1 元人民币将导致货币供应（M_1）增加

2.5 元人民币。该货币乘数小于 6.1.1 中的简单存款乘数 10，理解这一点以及货币供应模型的关键在于：虽然存在着存款的多倍扩张，但对通货来说则不存在这样的扩张，所以如果基础货币有一部分成为通货，则该部分不存在多倍扩张。如图6-1。

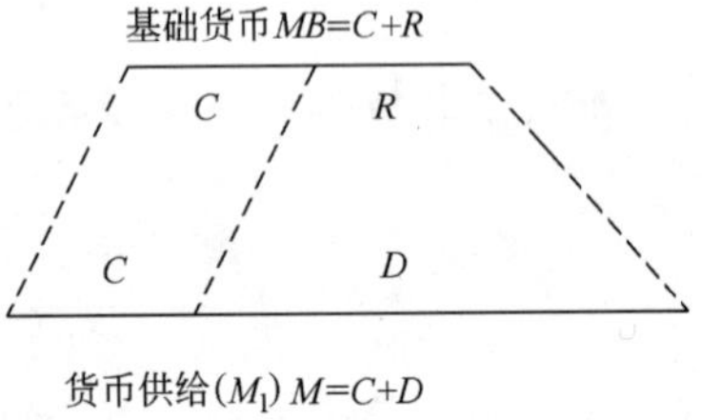

图 6-1　货币供应与基础货币之间的关系

下面通过其他变量不变，考察一个变量变动的方法来分析货币乘数中诸变量（C/D，r_D 和 ER/D）的变动对货币乘数的影响。

（1）法定准备金率 r_D 的变动。假设其他变量保持不变，如果提高支票存款的法定准备金率，则由于支票存款的法定准备金率提高，所以需要更多的准备金。由此形成的准备金不足意味着银行必须收缩贷款，使得存款及货币供应减少。相对于没有变动的基础货币 MB 而言，货币供应下降表明货币乘数也下降。同理，法定准备金率降低时，货币乘数上升。

接上例：分别讨论：①当 r_D 从 10%上升至 15%；②当从 10%上升至 5%。两种形式货币乘数的变化。

① $m=\frac{1+0.5}{0.15+0.001+0.5}=\frac{1.5}{0.651}=2.3$，小于 2.5

② $m=\frac{1+0.5}{0.05+0.001+0.5}=\frac{1.5}{0.551}=2.72$，大于 2.5

故，货币乘数和货币供应与法定准备金率 r_D 负向相关。

（2）通货比率 C/D 的变动。C/D 的上升意味着公众将部分支票存款转化为通货，如前所述，支票存款会发生多倍扩张，而通货不会。所以当支票存款转化为通货时，货币供应中发生多倍扩张部分转化为不发生多倍扩张部分，多倍扩张的总体水平下降，乘数也必然下降。

接上例：当 C/D 从 0.50 升高至 0.75 时，$m=\frac{1+0.75}{0.1+0.001+0.75}=\frac{1.75}{0.851}=$ 2.06，货币乘数小于原来的 2.5。

故，货币乘数与货币供应与通货比率 C/D 负向相关。

（3）超额准备金率 ER/D 的变动。当银行增加超额准备金时候，银行系统支持支票存款的准备金实际上减少了。此时由于基础货币 MB 不变，银行将收缩贷款，导致支票存款水平及货币供应下降，从而使得货币乘数下降。

接上例，当 ER/D 从 0.001 升高至 0.005 时，$m=\frac{1+0.5}{0.1+0.005+0.5}=\frac{1.5}{0.605}=2.48$。货币乘数小于原来的 2.5。虽然超额储备金率上升了 5 倍，但货币乘数降低幅度很少，之所以因此，是因为 ER/D 比率很小，所以它的变动对货币乘数影响也很少。

故，货币乘数与货币供应与超额准备金率 ER/D 负向相关。

(4) 货币供应的其他决定因素。依前所述，基础货币包括两个部分，即由央行通过公开市场操作直接控制的非借入基础货币 MB_n 以及央行制定的贴现率下由银行决定的贴现贷款 DL，由于 $MB=MB_n+DL$，故货币供应模型可重新写作

$$M = m(MB_n + DL) \tag{6-11}$$

根据式 (6-11)，由于货币乘数 m 为正值，故货币供应与非借入基础货币和贴现贷款正向相关。

6.1.3 对公众和银行行为的解释：完整的货币供应模型

前面按部就班地考察了存款创造，然后导出了在存款创造过程中体现了非银行公众和银行行为重要作用的货币乘数。本节通过对公众和银行行为的解释，给出一个完整的货币供给模型。

1. 影响银行超额准备金率的因素

一个理智的银行家将闲置的超额准备金留在手中是要比较其收益和成本的。闲置超额准备金的成本为机会成本，即可获得的收益——市场利息，当市场利率越高时，可获得的收益也越高，其机会成本也越大。故银行持有的超额准备金率与市场利率成反向关系。闲置超额准备金的收益主要是避免因流动性不足而造成的损失，故超额准备金率的高低由取决于下面两个因素：

(1) 出现流动性不足的概率，主要取决于预期存款流出量及其不确定性；

(2) 从其他渠道获得流动性的难易程度。其他渠道包括：①向别的银行借入同业资金；②同大企业签订证券回购协议；③向中央银行申请贴现贷款；④出售证券；⑤催还借款。不难理解，如果银行的负债管理能力越强，也即在必要时获得流动性补充的渠道越是畅通，费用越是低廉，它所愿意持有的超额准备金就越低。

2. 非银行公众对流通中的现金和支票存款的选择

非银行公众对流通中的现金和支票存款的选择是一种典型的资产选择行为。根据标准的资产选择理论，财富所有者对某种资产的需求，或者说以该种资产持有其财富的愿望主要取决于：①财富总额；②该种资产相对于其他资产的预期回报率；③该种资产相对于其他资产的风险；④该种资产相对于其他资产的流动性。

3. 完整的货币供给模型

现在，对完整的货币供给（M_1）模型进行总结，可得下式：

$$M = m(MB_n + DL)$$

$$m = \frac{1 + C/D}{r_D + ER/D + C/D}$$

式中：M——货币供给（在此为 M_1，通货加支票存款）；

m——货币乘数；

MB_n——非借入基础货币；

DL——银行从央行处获得的贴现贷款。

央行、银行体系和公众都能影响货币供应量。央行可以通过调整基础货币，即可通过公开市场调整 MB_n，也通过调整体现率影响 DL，央行也可以调整法定存款准备金率 r_D 来影响货币乘数，进而影响货币供应；银行系统可以通过调整超额准备金率来影响货币乘数，也可以在央行制定的贴现率下决定贴现贷款来影响基础货币，进而影响货币供应量。公众可以通过调整通货比率来影响货币乘数，也能影响货币供应量。表 6-1 分别列出了我国的货币量以及相对应的货币乘数。

我国的货币量及货币乘数 表 6-1

单位：百万元人民币

年　份	流通中的现金	基础货币	货币供给（M_1）	货币乘数
1999	13 455.5	33 620	45 837.3	1.363 394
2000	14 652.65	36 491.48	53 147.15	1.456 426
2001	15 688.8	39 851.73	59 871.59	1.502 359
2002	17 278.43	45 138.18	70 882.19	1.570 338
2003	19 746.23	52 841.36	84 118.81	1.591 912
2004	21 468.49	58 856.11	95 971.01	1.630 604
2005	24 032.82	64 343.13	107 279.91	1.667 309

6.2 货币需求

这里所说的“货币”，指的是通货和各种活期存款或支票存款。所以，虽然钱和货币在英文中都是 money，但对“钱”或财富的需求并不等于对“货币”的需求。人们保存财富的方法有很多种，不一定将财富完全以“货币”的形式持有，且对“货币”的需求并不一定越多越好，而是应该有一个最优水平。本节首先介绍传统货币数量论，然后介绍凯恩斯流动性偏好理论及其发展，最后介绍弗里德曼的现代货币数量论。

6.2.1 传统货币数量论

货币数量论是由古典经济学家在19世纪末20世纪初发展起来的，它主要探讨名义国民收入和物价的关系，而不直接研究货币需求。但该理论揭示了对既定数量的总收入应持有的货币数量，故它是一种货币需求理论。该理论最重要的特点是它认为利率对货币需求没有影响。

一般认为，欧文·费雪在1911年出版的《货币的购买力》一书中提出的交易方程式是货币数量论理论体系建立的重要标志。它原本是一个恒等式，在一定条件下反映了货币供给量与价格的关系，体现了宏观货币需求量。

1. 费雪的货币需求理论

费雪试图考察货币总量 M（货币供给）与整个经济生产出来的最终产品和劳务的支出总量 $P\times Y$（其中 P 代为价格水平，Y 代表总产出，故 $P\times Y$ 也称名义总收入或名义 GDP)。而 M 和 $P\times Y$ 之间的关系被称为货币流通速度，即货币周转率——每元钱每年用来购买经济中最终产品和劳务总量的平均次数。货币流通速度更精确的可以定义为

$$V=\frac{PY}{M} \tag{6-12}$$

变换可得：

$$MV=PY \tag{6-13}$$

式（6-14）即为交易方程式，它揭示了名义收入和货币数量、货币流通速度之间的关系。需要注意的是式（6-14）是一个恒等式[❶]，且只关注货币作为交易媒介的功能。

那么如何将交易方程式转化为货币数量论呢？

首先，费雪认为货币流通速度 V 由经济中影响个人交易方式的制度决定的，具体表现为支付习惯、信用发展程度、运输通讯条件、社会因素等制度决定。费雪认为，由于经济中的制度和技术特征只有在较长时间里才会对流通速度产生轻微影响，故在短期内货币流通速度相对稳定。将 V 视为相对稳定具有重要的意义，意

❶ 即由定义所概括的一种关系，并不能得出当货币供给 M 变动时，名义收入 $P\times Y$ 是不时同向变动等关系。

味着名义国民收入完全取决于货币供应量[1]，这正是货币数量论的主要观点。

其次，古典经济学家（包括费雪）认为工资和价格式完全有弹性的，所以经济始终保持在充分就业状态，故在短期内也可以认为总产出 Y 也保持不变。因而，货币数量论表明，由于 V 和 Y 都是常量，则如果 M 翻番，P 也翻番，即 M 的变化完全体现在价格 P 的变化上。意味着货币供应量的变化将引起一般物价水平的同比例变化，这是货币数量论的另一重要观点。

最后，从式 $MV=PY$ 可以得出 $M=\frac{1}{V}PY$，当货币市场均衡时，流通中的货币就是人们愿意持有的货币，即

$$M^d = \frac{1}{V}PY \tag{6-14}$$

用 K 代表 $1/V$（因 V 是常量，故 K 仍为常量），重写式（6-14）得：

$$M^d = KPY \tag{6-15}$$

因 K 为常量，所以名义国民收入的决定了货币需求量 M^d。故费雪的货币数量论表明，货币需求仅为收入的函数，利率对货币需求没有影响。费雪之所以得出这一结论是因为他相信人们持有货币的目的是为了交易，货币需求决定于：①名义收入水平 PY 引致的交易水平；②经济中影响人们交易方式、决定货币流通速度 V 的制度因素。

问题是货币的流通速度真的是一个常量吗？如果货币仅仅是一种交易的媒介，这个假定还可能成立。故只关注货币的交易媒介功能，没有认识到货币是财富的一种形式是现金交易数量论的一大缺陷——凯恩斯也正是从这点出发对传统货币数量论进行猛烈抨击的。正是存在缺点才使得后人在对其批判的基础上发展了货币需求理论。

2. 剑桥学派的货币需求理论

在欧文·费雪发展他的货币需求数量论的同时，包括阿尔费雷德·马歇尔和他的学生 A. C. 皮古等英国剑桥大学的古典经济学家也在研究同样的课题，发展出传统货币数量论的另一个版本——现金余额数量论。

虽然他们的分析得到与费雪货币需求等式（$M^d=KPY$）相同的等式，但研究方法大相径庭。剑桥的古典经济学家认为，人们之所以持有货币，是由于货币具有以下两个属性：①交易的媒介。货币作为交易的媒介，人们用它来完成交易。剑桥的经济学家同意费雪的观点，即货币需求与交易水平相关，由交易引起的货币需求

[1] 当货币数量 M 翻番时，$M\times V$ 也翻番，从而名义收入的价值 $P\times Y$ 也翻番。

与名义收入成比例。②财富储藏。剑桥的经济学家认为，人们的财富水平也影响人们的货币需求。财富增加，货币需求也增加，而且剑桥的经济学家认为名义财富与名义收入成比例，故他们认为货币需求中由财富引起的财富层面也与名义收入成比例。于是他们断定，货币需求与名义收入成比例，故他们将货币需求函数表示为

$$M^{d} = KPY \tag{6-16}$$

式中 K 是用比例表示的常数。

该等式表面上看与费雪的等式相同，而且剑桥经济学家也常常将 K 视为常量，并同意费雪的货币数量决定名义收入的观点。但他们的理论允许个人选择意愿持有的货币数量。而用货币储藏财富的决策取决于其他也可以作为储藏财富的财产的回报率和预期回报率，所以他们考虑了短期内 K 发生波动的可能性。颇为遗憾的是剑桥学派简单的将之视为一个常数，而放弃了进一步的研究；但是剑桥学派开创了一个研究角度，从货币需求函数出发推导出货币数量论，而不像现金交易说那样从货币数量论出发推导出货币需求函数。为后来的经济学家研究货币需求以及货币和国民收入的关系，奠定了宝贵的基础，凯恩斯的流动性偏好论正是在现金余额说的基础上发展起来的。

总而言之，费雪的剑桥的古典经济学家都发展了货币需求的古典理论，认为货币需求与收入成比例。两者的区别在于：费雪强调了技术上的因素，并排除了在短期内利率对货币需求的任何可能影响，而剑桥学派却强调了个人选择，没有排除利率的影响。

6.2.2 凯恩斯的流动性偏好理论

凯恩斯（J. M. Keynes）在1936年出版的《就业、利息和货币通论》（下称《通论》）中，凯恩斯放弃了古典学派将货币流通速度视为常量的观点，发展了一种强调利率重要性的货币需求理论。凯恩斯是马歇尔的学生且那时他人在剑桥，故自然而然地遵循了剑桥前辈创立的研究方法。凯恩斯认为在可以保值的资本中，货币是最具流动性的资本，所以对货币的需求也就是对流动性的需求，故他将他的货币需求理论称为流动性偏好理论（LiquidityPreferenceTheory）。该理论最显著的特点是注重对货币需求动机的细致分析，假定人们对货币的需求出于三种动机：①交易动机；②预防动机；③投机动机。

1. 交易动机（Transactions Motive）

费雪和剑桥学派的理论都假定个人持有货币的动机是因为货币具有交易媒介的功能，可用来完成每日的交易。遵循这一古典传统，凯恩斯认为这些交易与收入成正比，强调这一层面的货币需求主要由人们的交易水平决定。故假定货币需求的交易层面与收入成正比。

2. 预防动机（Precautionary Motive）

凯恩斯还认为人们持有货币除完成当期交易外，还要用来预防意料不到的需求。如，为应付突然发生的意外支出（生病等）和不失去意料之外的有利的购买机会（商品正大减价等）做好准备。这一认识使得凯恩斯的分析超越了古典分析的框架。尽管预防动机的货币需求受包括心理因素在内的许多变量的影响，凯恩斯认为主要取决于人们对未来交易水平的预期，且他还认为这些交易与收入成比例。因而他假定预防动机的货币需求与收入成比例。

交易动机和预防动机的货币需求合起来称为交易性需求，它们都与收入成比例。从上述分析可以得出，交易性货币需求的特点：①货币主要充当交换媒介；②交易性货币需求相对稳定，可以预见；③是收入的递增函数；④对利率不敏感。

3. 投机动机（Speculative Motive）

假如凯恩斯的理论仅停留在交易动机和预防动机上，则收入将是决定货币需求的唯一重要因素，凯恩斯并不能为剑桥学派的理论增添更多的内容。凯恩斯同意古典经济学家的观点：货币具有财富储藏的功能（他将这一持有货币的动机称为投机动机），也同意古典剑桥经济学家认为财富与收入密切相关。但是凯恩斯认为货币需求的财富储藏层面除了与收入成正比外，利率的作用不容忽视。

凯恩斯将财富分为两类：货币和债券，债券既可带来利息收入又会有资本利得，利息收入显然取决于利率的高低，资本利得则是债券的卖出价和买入价之间的差额，它也是和利率相关的，而我们知道利率与债券价格负相关，利率越高，债券的价格就越低，反之亦然。故，预期资本利得取决于未来的利率的波动，而每个投机者心目中都有一个利率水平的正常值，若实际利率高于此值，则他会预期利率将上升；反之则下降。预期利率下降，人们将持有债券，反之则持有货币。即利率上升导致货币需求下降，货币需求同利率水平负向相关。

将上述持有货币的三种动机综合起来表明，一定数量的实际货币余额与实际收入和利率相关。需要注意的是凯恩斯对名义数量和实际数量进行了严格的区分，它讨论的是实际的货币需求，而不是名义的货币需求。根据以上分析，凯恩斯的货币需求函数可表示如下：

$$\frac{M^{d}}{P} = f(\underset{-,+}{i,Y}) \tag{6-17}$$

式（6-17）被称为流动性偏好函数，表明了实际货币需求余额 M^{d}/P 是 i 和 Y 的函数，i 下面的负号表示真实货币余额的需求与利率成反比。Y 下面的正号表示实际货币余额的需求与收入成正比。

将流动性偏好函数的两边都乘以 Y，用 M 代替 M^{d}（因货币市场均衡时，二者

必须相等），求解货币流通速度得

$$V=\frac{PY}{M}=\frac{Y}{f(i,Y)} \tag{6-18}$$

因货币需求与利率负向相关，当 i 上升时，$f(i, Y)$ 下降，从而货币流通速度加快，即利率上升，使得人们在既定收入水平上持有较少的真实货币余额，因此货币流通速度必须上升，故货币的流通速度与利率正向相关。i 下降时的分析与上类似。综上可知货币流通速度并非常量，而与利率正向相关，这是凯恩斯的货币需求模型的重要含义之一。

总的来说，凯恩斯的流动性偏好理论与费雪的利率对货币需求没有影响的观点大相径庭，但它是在古典剑桥学派理论的扩展，不过在分析人们持有货币的动机上，比古典剑桥学派精细得多。

20 世纪 50 年代后，许多经济学家对货币需求的动机进行了更细致的研究，修正和完善了凯恩斯的理论，他们的共同特点是突出强调了利率对货币需求的影响。因为在货币理论中，利率被认为是一个关键的因素，所以理论研究的焦点集中在更好地理解利率对货币需求的作用上面。鲍莫尔（Baumol）、托宾（Tobin）和惠伦（Whalen）对货币的交易、预防和投机需求作出了更精确的阐述，他们都强调利率对货币需求的影响，所以进一步论证了凯恩斯关于货币流通速度不是一个常数的观点，从而进一步动摇了货币数量论的基础。

6.2.3 弗里德曼的现代货币数量论

1956 年，米尔顿·弗里德曼在“货币数量论：一种新的阐述”一文中，发展了货币需求理论。虽然弗里德曼经常引用费雪的货币数量论的观点，但实际上它对货币需求的分析更接近凯恩斯和剑桥经济学派的观点。弗里德曼继承了凯恩斯把货币视为资产的观点，但把财富形式扩展到股票、债券、实物等更大的资产范围。且不再具体分析持有货币的动机，而是笼统地认为影响其他资产需求的因素也必定影响货币需求。然后，弗里德曼将资产需求理论应用到货币上来。

货币需求为个人拥有的财富及其他资产相对于货币的预期收益率的函数。主要受以下因素影响：财富，因为一项资产的需求同财富正向相关，故货币需求也与弗里德曼的财富概念即永久性收入（Y_P）正向相关，永久性收入与平常所说的收入概念不同，理论上讲，就是所有未来预期收入的折现值，简单的可以称为长期收入的平均预期值，故永久性收入在短期内波动非常小。弗里德曼将永久性收入的概念作为货币需求的一个决定性因素的意义在于它表明货币需求在很大程度上不随产业周期的波动而波动。除货币之外，人们还可以用好几种形式持有资产，弗里德曼将之分成三类资产：债券、股票（普通股）和商品。持有这些资产而非货币在于这些资产的预期收益率，持有商品的预期收益率即当商品价格上涨时预期资本利得率，故等于预期通胀率 π^e。据此，弗里德曼将它的货币需求公式表述如下：

$$\frac{M^d}{P}=f\left(\underset{+}{Y_P},\underset{-}{r_b-r_m},\underset{-}{r_e-r_m},\underset{-}{\pi^e-r_m}\right) \tag{6-19}$$

式中：M^d/P——对真是货币余额的需求；

Y_P——弗里德曼计算财富的指标，永久性收入；

r_m——货币的预期收益率，受银行提供的服务和利息收入的影响；

r_b——债券价格的预期收益率；

r_e——股票（普通股）的预期收益率；

π^e——预期通货膨胀率。

等式下边的符号表示货币需求与符号上面的变量正向或负向相关，货币需求与永久性收入 Y_P 正向相关，r_b-r_m，r_e-r_m，π^e-r_m 代表了债券、股票和商品相对于货币的预期收益率，故当它们上升时，货币需求下降。

弗里德曼的理论与前述的凯恩斯的流动性偏好理论存在着两大差异。其一，弗里德曼认为利率的变动对货币相对于其他资产的预期收益率影响甚微，所以货币需求对利率不敏感；而凯恩斯理论认为利率是决定货币需求的重要因素。因为弗里德曼认为即使利率变动，但是债券、股票和商品等相对于货币的预期收益率（r_b-r_m，r_e-r_m，π^e-r_m）是平稳的。故从本质上看，弗里德曼的货币需求函数认为永久性收入是决定货币需求的主要因素，可表示为$\frac{M}{P}=f(Y_P)$。其次，弗里德曼强调货币需求函数的稳定性。其原因在于永久性收入是货币需求的主要决定因素，而永久性收入比统计上的收入来得平稳得多，故货币需求函数是稳定的。与前一观点结合，可以得出货币流通速度 $V=\frac{Y}{f(Y_P)}$，因为 Y 和 Y_P 的关系是可以预测的，故货币流通速度也是可以预测的。如果货币流通速度是可以预测的，那么就可以预测货币数量变动对总支出变动的影响。故即使不再假定货币流通速度为常数，货币供给仍是决定名义国民收入的主要因素。因而，得出与传统货币数量论相同的结论。

弗里德曼的现代货币数量论与传统的货币数量论也存在两点：其一，货币流通速度不再被假定为一个固定的常数，而被认为是一个稳定的，可以预测的变量；其二，放弃了传统货币数量论所认为的经济持续处于充分就业水平，从而当货币供给变化时，实际国民收入保持不变，价格与货币同比例变化的观点，而认为在短期内实际国民收入也随货币数量的变化而有所变化。但它们在一些基本立场上却是一致的，如上面提到的货币供给仍是决定名义国民收入的主要因素。

总的来说，弗里德曼的货币需求理论采用了与凯恩斯和更早些的剑桥学派经济学家相类似的方法，但对持有货币的动机未做深入分析。相反，弗里德曼运用资产需求理论表明，货币需求是永久性收入和货币相对于其他可替代资产的预期收益率的函数。

6.3 货币政策

现代市场经济的发展，离不开国家的宏观调控，而宏观调控的重点是金融调控。所谓金融调控，是指国家通过中央银行制定和实施货币政策，实现对整个社会经济活动的调节和控制。而货币政策是指中央银行为实现特定的经济目标而采用的各种控制和调节货币、信用及利率等变量的方针和措施的总称。本节首先介绍货币政策的目标体系，然后分析货币政策的工具体系，随后对我国货币政策的实践进行讨论。

6.3.1 货币政策的目标体系

目标就是要达到的目的，货币政策的目标即货币政策要达到的目的。中央银行希望达到诸如充分就业条件下，物价稳定等政策目标，但是它无法直接影响这些政策目标。虽然央行有一套工具可以使用（公开市场操作、变动贴现率和改变法定准备金率等），而且这套工具的使用能够在一段时间后（通常是一年以上）间接地影响政策目标。但是如果央行坐等一年后的物价水平和就业结果如何，然后采取措施对政策进行修正，不过这已经为时已晚，错误已无可挽回了。

因此央行为运用货币政策要在政策工具和所要达到的政策目标之间选定一些被称为货币政策中间目标的变量，诸如货币供应总量（M_1、M_2 或 M_3）或利率（短期或长期）来进行“跟踪”，这些变量对就业和物价水平等都有直接影响。但是这些中介目标并不是央行政策工具能直接影响的，故央行还必须选择另一套被称为操作目标的变量，诸如准备金水平（或非借入准备金）基础货币（或非借入的基础货币）和利率（官方利率[1]、国库券利率）来进行跟踪，这些变量对央行的政策工具反应较为灵敏。通过中介目标和操作目标，使得央行能迅速判断它的政策是否处于正确的轨道，而不必坐等在就业和物价水平上看货币政策的最终结果。

[1] 官方利率是中央银行直接制定的利率，主要包括中央银行基准利率，金融机构对客户的存、贷款利率等。

本节按照中央银行对货币政策的影响力、影响速度、影响方式等，将货币政策目标可分为三个层次：最终目标、中介目标、操作目标（如图 6-2），下面逐一进行介绍。

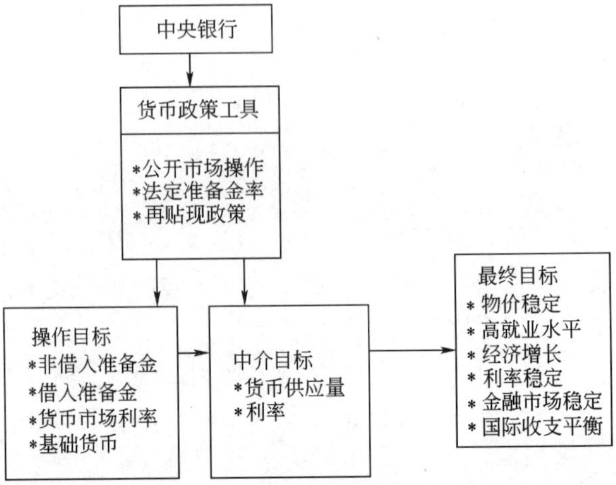

图 6-2　货币政策的目标体系

1. 货币政策的最终目标

最终目标着眼于一个国家长期的宏观经济发展，主要关注物价稳定、高就业水平、经济增长、利率稳定、金融市场稳定、国际收支平衡（外汇市场稳定）。但在这六个目标中，把哪个放到最主要的位置，各国政府以及一个政府在不同时期有不同的选择。例如美国政府把经济增长放到首要的位置，而日本则把物价稳定放在最重要的位置。

(1) 物价稳定。这是中央银行的传统目标。物价波动特别是通货膨胀在整个社会和经济方面的代价，持续上升的物价水平（通货膨胀）造成经济中的不确定性，如物价总水平变动时，商品和劳务价格中所包含的信息就更难以理解，从而消费者、企业和政府的决策可能变得更为困难。价格不稳定最极端的例子是恶性通货膨胀；另外，通货膨胀也使得计划未来的失去更为困难。故经济学家更关心把稳定的物价水平作为政策目标之一。

(2) 充分就业。充分就业是一个有价值的政策目标是因为：失业使家庭失去收入来源，从而触发一系列的社会问题；而且失业率高时，经济中不仅有闲赋的工人，而且有闲置的资源，从而造成产出的降低。但是充分就业并意味着完全消除失业，即零失业率，而是一个同充分就业不相矛盾的大于零（如 4%～6%）的失业率水平，在这一水平上，劳动力的需求等于劳动力的供给。通常将这个水平的失业率称为自然失业率。在市场经济中，有一些失业是有好处的，能满足生产扩张和结构性调整对劳动力的需求，而且又能在就业工人中产生竞争压力。中央银行可以通过货币政策影响社会总支出或总产出水平进而作用于失业率。

(3) 经济增长。经济增长是指一国市场商品和服务能力的增长，它与就业水平密切相关。因为当失业率低时，企业更乐于进行资本设备投资以提高生产率和促进经济增长。相反，如果失业率高，工厂闲置，企业就不会将资金投资于增添厂房和设备上。中央银行可以通过货币政策，创造和维护一个适宜经济增长的货币金融环境。

(4) 利率稳定。利率稳定是一个合乎需要的政策目标。因为利率波动可能引起经济中的不确定性，扰乱人们的既定计划、影响人们的预期。如，利率的波动影响消费者购买住房的愿望，不仅使消费者更难于决定何时购买住房，而且也可能使建筑企业更难于计划应建造多少住房。

(5) 金融市场的稳定。金融市场的稳定通过利率的稳定来促成。因为利率波动使金融机构产生很大的不确定性。利率上升导致长期债券和抵押资产上的大量资本损失，这些损失可能引起持有这些资产的金融机构的倒闭。中央银行促进金融市场稳定的一种方式是通过它作为最后贷款人来防止金融恐慌（特别是银行恐慌）

(6) 国际收支平衡。国际收支平衡指一国对其他国家的全部货币收入和货币支出的持平状态。虽然绝对的国际收支平衡是不可能的，但是大幅的国际收支不平衡将导致汇率的不稳定并造成国际间的贸易争端。在开放经济条件中，汇率不稳导致的本币升值不利于出口产品的国际竞争力，而本币贬值则可能引发通货膨胀。

上述的政策目标中有许多是彼此相互一致，如充分就业与经济增长，利率稳定与金融市场稳定。但并不总是如此，在短期内，价格稳定的政策目标常常同利率稳定和高度就业的政策目标发生冲突。比如，经济正在上升，失业正在下降时，通货膨胀和利率可能同时上升。政策目标之间的不一致可能使中央银行面临某些困难的选择。使货币政策难以统筹兼顾，只能有所侧重和取舍，一般是根据具体情况采用“相机抉择”的方针，多数国家把货币政策的目标侧重于保持长期的“物价稳定”。我国货币政策的目标：“保持货币币值的稳定，并以此促进经济增长”。在后面，我们将考察中央银行如何在相互冲突的目标之间进行选择。

2. 货币政策的中介目标

由于中央银行不能直接控制和实现一国的最终经济目标，它只能借助货币政策工具间接实现最终目标。政策工具通过经济机制影响中介目标，而中介目标影响最终目标，故中介目标是货币政策作用过程中一个重要的环节，它选择正确与否以及选定后能否达到预期效果，关系到货币政策最终目标能否实现。

(1) 中介目标的选择标准

根据中央银行使用目标体系背后依据的原理，作为中介目标的变量必须在一定时期能获得准确数据，即可测性；另外，央行必须有能力准确地控制或有力地影响这些变量，即可控性；最后，这些变量必须与总支出、名义GDP、失业率和价格水平等变量有紧密关系（换句话说，这些变量应该是货币政策最终目标的重要决定因素），即相关性。

①可测性。对中间目标变量迅速和精确的测量是必要的，因为只有在政策“偏离轨道”时，它能比政策目标更快地发出信号才是有用的。这里不仅要求中介目标能测量，而且获得的速度应比最终目标快得多，如像GDP数据是按季度编制并在一个月后公布，而且也没有货币总量或利率的数据那样精确，故不应将GDP数据作为中介目标。

②可控性。如果一个变量作为一个有用的目标起作用的话，中央银行必须能有效地控制这个变量。假如中央银行不能控制一个中介目标，那么，即使知道它“脱轨”有什么用呢？如对名义GDP，央行很少进行直接控制，而央行却能对货币总量和利率从多方面加以控制，尽管这种控制并不完全。

③相关性。如果中央银行控制的某变量对货币政策的最终目标没有影响，那么这一变量是不相关的。选择一个不相关的变量作为其中介目标，最好的情况是在浪费时间和精力，而最糟的可能是由于控制这些不相关变量的努力会与相关变量的合适变动不相容而损害经济。一个变量作为中间目标是否有用必须具有可预测对政策目标的影响。

（2）中介目标的选择

根据上述标准，能作为中介目标的变量有两种不同的类型：利率和货币供应量。在可测性上，利率似乎比货币供应量更便于计量，不仅能较快得到，也计量得更精确，而货币供应量却需要多次修正。但是能迅速和精确计量的利率是名义利率，通常情况下是不能用来计算借贷的真实成本，而计算借贷的真实成本可用真实利率，根据预期通货膨胀率调整过的利率（$i_r=i-\pi^e$），较为精确的计算。但是预期通货膨胀率并没有直接计算的手段，故实际利率是极难计量的。在可控性上，从前面货币供给的讨论中，我们知道中央影响并不能完全控制货币的供给量（还受银行和公众的影响）；而利率是央行可以直接制定的，可是央行不能控制预期通货膨胀率，故无法制定真实利率。而且利率是内生还是外生还很难确定，当经济繁荣时，利率因投资需求增加而上升，当经济停滞时，利率因投资需求下降而下降，体现了内生性一面；作为外生性一面，当经济过热时应提高利率，经济萧条时，应降低利率。在相关性上，货币供应量和利率同货币政策目标（产出量、就业和物价水平等）之间的联系在经济学界争论甚多，至于何者与政策目标有更密切的联系仍不清楚。总而言之，作为中介目标，是利率优于货币供应量还是正好相反，目前还没有定论。在西方货币政策的理论中，凯恩斯主义主张以利率为中介目标，而货币主义者主张以货币供给量作为中介目标。

既然作为中介目标的利率和货币供给量谁优谁劣还没有定论，那么央行是否可以同时采用两者作为目标呢？回答是否定。下面我们通过货币市场的供求分析来整理这一点。

首先分析以货币供给量为目标为何造成利率失去控制。如图 6-3，如果央行将货币供给量控制在 M^*，并预期货币的需求曲线位于 M^{d*}，那么央行预期利率将在 i^*。但是由于产出量的意外增减、物价水平的变动或公众对持有货币还是债券的偏好发生变动，货币需求曲线可能在 $M^{d'}$ 和 $M^{d''}$ 之间波动，而这种波动将造成利率在 i' 和 i'' 之间波动。故以货币供给量目标将导致着利率的波动。

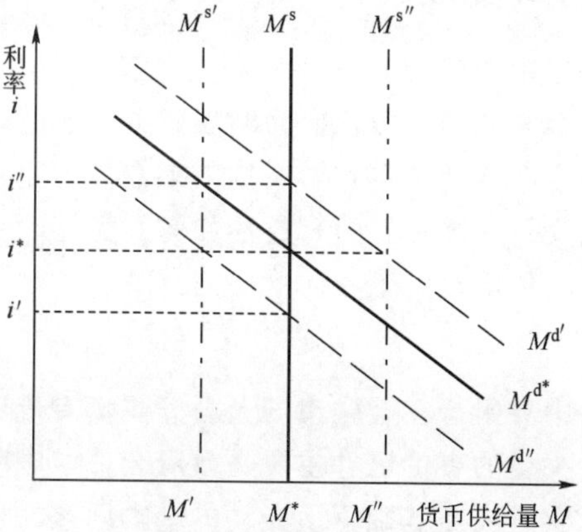

图 6-3　货币供求的分析

其次，分析以利率为目标为何造成货币供给量失去控制。如图 6-3，央行将利率目标确定在 i^*，同样央行预期货币需求曲线位于 M^{d*}，但是由于产出量的意外增减、物价水平的变动或公众对持有货币还是债券的偏好发生变动，货币需求曲线可能在 $M^{d'}$ 和 $M^{d''}$ 之间波动。如果货币需求曲线下降到 $M^{d'}$，则利率下降到 i^* 以下，债券价格上升，故央行需通过出售债券以促使其价格下跌和利率回升到原来的水平，即通过公开市场出售直到货币供应量减少到 $M^{s'}$，在该点，均衡利率又是 i^* 了。同样，当货币需求曲线上升到 $M^{d''}$，通过公开市场购买直到货币供应量 $M^{s''}$，使均衡利率又回到 i^*，故央行以利率为目标，将引起货币供应量的波动。

从上述分析可知，利率目标和货币供给量目标是互不相容的，中央银行能够大致实现其中的任何一个，但不能同时达到两个目标。

3. 货币政策的操作目标

货币政策的操作目标，又称近期目标，距央行政策工具最近，是中央银行直接调控的对象。操作目标的选择可以建立在评价中介目标所使用的标准之上，稍有不同的是第三个标准（相关性），操作目标要与中介目标相关，且前者对后者的影响是可以预测的。如果一项操作目标对与中介目标的影响是能够预测的，且该中介目标又被认为是理想的，那么，这项操作目标将优先被考虑。如果理想的中介目标是利率，那么优先考虑的操作目标应该是像中央银行基准利率那样的利率变量，因为利率之间彼此是密切相关的。如果理想的中介目标是货币供给量，根据第六章中的货币供应理论，那么诸如基础货币、准备金等变量将被优先考虑为操作目标。由于还没有理由说明作为中介目标，利率优于货币供给量，而且两者是不相容的，故最佳操作目标的选择取决于中介目标的选择。

6.3.2 货币政策的工具体系

在前面货币供应过程中，曾提到中央银行可用来操纵货币供应的三大政策工具：公开市场操作，它影响基础货币；变动贴现率，它通过影响贴现贷款的数量来影响基础货币；变动法定准备金率，它影响货币乘数。下面我们介绍中央银行如何在实践中应用它们，以及每一种工具的有效性如何。另外，针对中国处于转轨经济的现状，介绍一些其他的货币政策工具。

1. 公开市场操作

公开市场操作是指中央银行在金融市场上公开买卖有价证券，以调节货币供给的一种业务。中央银行买卖的有价证券主要是政府公债、国库券等。它是最重要的货币政策工具。因为，它是决定基础货币变动的基本因素，也是货币供应波动的主要根源。公开市场购买扩大了货币基数，从而增加了货币供应；公开市场出售则缩小基础货币，减少货币供应。

公开市场操作可以分两类：“积极性”的公开市场操作和“防守性”的公开市场操作。前者旨在改变准备金水平和基础货币；后者旨在抵消影响货币基数的其他因素的变动。

同其他货币政策工具相比，公开市场操作有以下几个优点：

（1）公开市场操作是由中央银行主动进行的，其规模的大小完全由它所控制。而贴现政策就实现不了这种控制，中央银行可以通过变动贴现率来鼓励和限制银行取得贴现贷款，但是它不能直接控制贴现贷款的规模。

（2）公开市场操作是灵活和精巧的，其规模可以恰到好处地把握。无论想要准备金或基础货币发生微小的变动或相当大的变化，公开市场操作都可以通过少量或大规模的债券出售或购买来实现目标。

（3）公开市场操作是易于逆转的。当公开市场操作中出现错误时，中央银行可立即逆向使用这一工具。

（4）公开市场操作可迅速执行，不会有行政性延误。当中央银行要变动基础货币或准备金时，它只要向证券交易商发出购买或出售的单子，交易便可立即得到执行。

公开市场业务虽然有许多优点，但并不是所有国家的中央银行都可以采用这一货币政策工具的。开展公开市场业务必须具备以下条件：首先，中央银行必须是强大的，具有调控整个金融市场的力量；其次，金融市场发达，证券种类，特别是债券种类齐全并达到一定的规模等。

2.贴现政策

贴现政策，主要指的是变动贴现率，通过它可以影响贴现贷款数量和基础货币，从而对货币供应发生影响。贴现贷款的上升，增加基础货币，进而使货币供应扩大。贴现贷款的下降，则减少基础货币，进而使货币供应缩小。中央银行向商业银行发放贴现贷款的设施，称作贴现窗口。

中央银行可以通过两个途径影响贴现贷款的规模：影响贷款的价格（贴现率）或通过它对贴现窗口的行政管理来影响贷款的数量。通常贴现贷款有三类：

（1）调整性信贷，最为普遍的贴现贷款，其目的是帮助银行解决因暂时性存款流出可能带来的短期流动性需要。

（2）季节性信贷，通常用于满足那些具有季节性特点的少数银行（如农业发展银行）的季节性需要。

（3）持续性信贷，发放给那些因存款流出而面临严重流动性需要的银行，一般不要求迅速归还。

对中央银行而言，贴现政策还具有另外一种功能：可用作一种信号以表明央行将来货币政策的意向，即声明效应。如，中央银行决定让利率上升以放慢经济增长速度，便可以用提高贴现率的方法来表明它的这种意向，由于公众会因此预期未来的货币政策是紧缩性的。

另外，除了作为影响基础货币和货币供应的一种工具之外，贴现亦具有防止金融恐慌的作用。在银行危机或金融恐慌时，中央银行通过贴现向银行体系提供准备金，以作为最好贷款人发挥作用。

贴现政策最重要的优点是中央银行可以利用它来履行其最后贷款人的作用。但是贴现政策在控制货币供应中不如公开市场操作有效，因为①中央银行能够改变贴现率，但不能强迫银行借款，而公开市场操作完全由中央银行自行决定。②相对于贴现率来说，公开市场操作更易于调转方向。另外，贴现政策的声明效应可能被误解而导致对央行意向理解的混乱。

3.法定准备金

法定准备金率是商业银行以及其他金融机构缴存中央银行的存款准备金占其吸收存款的比率。法定存款准备金建立的最初目的，是保持银行资产的流动性，提高银行等金融机构的清偿能力，从而保证存款人利益以及银行自身的安全。后来，由于中央银行有权调整法定准备率，因而法定准备率就成为中央银行控制货币供给的一项重要工具了。

法定准备金率的变动引起货币乘数变动从而影响货币供应。法定准备金率的提高，减少一定水平基础货币所能支持的存款额，导致货币供应的收缩。相反，法定准备金率的降低，导致货币供应扩大。法定准备率的高低同存款的种类、流动性、期限和规模有关。期限短的定期存款和一般活期存款的法定准备率高，期限长的定期存款的法定准备率低，储蓄存款的法定准备率也较高。存款金额大的法定准备率就高，存款金额小的准备率就低些。

中央银行可以针对经济的繁荣与衰退来调整法定准备率，发挥其金融调节作用。例如，在经济处于需求过度和通货膨胀情况下，中央银行可以提高法定准备率，借以收缩信用及货币量。如果经济处于衰退状况，中央银行则可降低准备率，使银行及整个金融体系成倍扩张信用及货币供给量，借以刺激经济增长。

使用法定准备金率来控制货币供应的主要优点是对所有银行的影响都是平等的，并且对货币供应有很强的影响。但是，作为一种有力的工具，可能利小弊多，因为：①法定准备率通常被认为是货币政策中作用最猛烈的工具。即使是准备率调整的幅度很小，通过乘数作用引起货币供给量的巨大波动。②对超额准备不高的银行，提高法定准备金率可能立即引起流动性问题。通常央行提高法定准备金率时，会实施公开市场操作或放松贴现窗口，为需要准备金的银行提供准备金。另外不断变动法定准备金率，也可能引起更大不确定因素，使银行的流动性管理更为困难。鉴于上述原因，法定准备金率是中央银行手中的一项强有力的，但不经常或不轻易使用的武器。

4. 其他的货币政策工具

以上三种政策工具都属于一般性货币政策工具，它们都属于间接调控工具。除此之外，中央银行还采用行政命令或其他方式对商业银行等金融机构进行控制，包括信用控制、利率控制、流动比率控制和直接干预等。

(1) 信用控制

信用控制可采用：①信用配额。中央银行根据经济形势，为避免信用过度扩张，对商业银行的资金用途进行合理分配，以限制其信贷活动。在限制信用方面，主要是对商业银行向中央银行提心的贷款申请，以各种理由拒绝，或者给予贷款但规定不得用于某些领域。对信用采取配给政策，一般发生在资金供求不平衡的国家，由于这些国家投资需求超过资金来源。例如，制定一国的产业政策时，规定优先提供资金的顺序；或按资金需要的缓急，将有限的资金分配到最需要发展的部门；有些国家则采用设立专项信贷基金的办法，以保证某种建设的特殊需要。②不动产信用控制。不动产信用控制是指中央银行对金融机构在房地产方面进行贷款限制，以抑制房地产投机。如对金融机构的房地产贷款规定最高限额，最长期限以及首次付款最低额和分期付款的最长期限等。③消费信用控制。消费信用控制是指中央银行对不动产以外的各种耐用消费品的销售融资予以控制。消费信用的控制，可以抑制消费需求，抑制消费品价格的上升。

(2) 利率控制

利率控制可采用：①规定存贷款利率的上下限。在发展中国家，利率上下限的规定普遍存在。即使是在发达国家的过去，如美国在 1986 年以前也曾经对利率进行上下限的规定，其目的是防止银行用抬高利率的办法竞相吸收存款和为谋取高额利息而进行风险贷款。②差别利率。差别利率是中央银行对不同部门、不同企业规定不同的贷款利率。例如，中央银行对国家重点发展的经济部门和产业，如出口工业、农业等，采取鼓励措施，执行优惠利率政策。

(3) 流动比率控制

流动比率控制是流动资产对存款负债的比率。一般而言，流动比率于收益率成反比。为保持中央银行规定的流动比率，商业银行必须减少长期投资和贷款，扩大短期贷款和增加应对提现的资产等措施。

(4) 直接干预

直接干预是指中央银行根据金融情况，在必要时对各金融机构或某一类金融机构规定贷款的最高发放额；直接干涉银行对活期存款的吸收；规定各银行投资与贷款的方针，诸如限制贷款项目，如不允许商业银行从事股票以及不动产投资；也包括对贷款额度的限制，如规定商业银行的中长期贷款的最高额度。中央银行对业务活动不当的商业银行，可拒绝向其提供融资，或者提供融资要收取惩罚性的利息。

6.3.3 中国货币政策的实践

传统计划经济体制下，没有货币政策，只有信贷政策。资源配置是计划体制，“钱随物走”，“物”是由行政确定的，资金供应自然也由行政或计划确定的。在由计划经济向市场经济转轨的过程中，情况发生了变化，旧的金融体制在向新的市场型金融体制演变，新旧体制在转轨中并存。本节先讨论我国货币政策的新特点，然后讨论我国货币政策措施。

1. 我国货币政策的基本特征

(1) 货币政策经历了较长时期的“双轨调节”

在转轨初期，调节货币供给的主要措施是现金发行管理和贷款规模管理，其特点是使用计划直接管理货币供给量。同时逐渐增加准备金、公开市场操作和再贴现等市场经济中广为采用的货币政策的间接手段。

(2) 货币政策的最终目标“多重有重”，即多重目标但有重点

1986年《银行管理条例》提出金融机构的任务是“发展经济、稳定货币、提高社会经济效益”，这时最早对货币政策目标的表述。1993年《中共中央关于建立社会主义市场经济体制若干问题的决定》中，第一次明确提出“中央银行以稳定货币为首要目标，调节货币供应量，并保持国际收支平衡”的货币政策最终目标。但在不同场合和文件中，货币政策目标也不是单一的，如国务院在1994年《关于金融体制改革的决定》和1995年颁布的《中国人民银行法》均规定，中国人民银行货币政策的最终目标是“保持货币币值的稳定，并以此促进经济增长”。显然货币政策不仅要保持货币稳定，而且要促进经济发展和就业，并保持国际收支的平衡，即目标的多重性，在这多重目标中，首要的是保持货币稳定。

(3) 货币政策的中介目标在选择中变化

长期以来，中国人民银行以信贷规模和现金发行规模作为货币政策的中介目标，随着改革的深入和经济结构的变化，控制信贷规模的办法越来越不适应市场经济中宏观间接调控的要求，进入20世纪90年代以来，中国人民银行加速对货币供给量的统计与研究，于1994年第三季度开始按季度向社会公布货币供给量，1995年尝试将货币供给量纳入货币政策工具的中介目标体系，1996年正式将货币供给量确立为货币政策的中介目标。自1998年起取消贷款规模控制之后，中央银行设定货币供给量增长区间作为货币政策的中介目标。

(4) 货币政策的传导机制存在“变异性”

货币的传导机制有组织系统，也有管理目标系统。从组织系统看，20世纪80年代初期，货币政策的传导机制初步形成，即由中央银行-金融机构-企业组成，其中金融机构是传导机制的关键。从管理目标系统来看，上世纪80年代主要由信贷政策链组成。而到90年代，产生了多种货币政策工具—操作目标—中介目标—最终目标的系统。根据《国务院关于金融体制改革的决定》，操作目标主要由银行备付金和同业拆借利率，中介目标主要是货币供给量和信用总量，最终目标是稳定货币并促进经济增长。由于我国金融机构情况复杂且处于改革之中，因此，传导中的“变异现象”严重。如在实行从紧的货币政策时，金融机构以各种方式扩张信贷，以获取利润，2003年后，全社会投资总规模过大，能源和部分原材料等资源约束的矛盾日益加剧，这些投资主要靠信贷的急剧扩张。

(5) 不规范的金融市场影响了货币政策的实施效果

金融市场的发展本应该为货币政策的实施提供良好的基础，如市场融资利率为央行的利率政策提供重要参照。但在转轨经济中，金融市场的发展是非均衡的，行政性主导的改革方案随意性大，使货币政策借助金融市场发挥预期的作用经常大打折扣，甚至在金融市场上对利率等变化出现反向反应。金融市场只有在不断完善中

前进，货币政策才能一步步在健全的市场基础上发挥作用。

2. 我国货币政策的工具

转轨经济中，货币政策是“两种货色齐全，各有各的用处”，既有计划经济下的政策措施，也有市场经济下的货币政策工具。下面按照时间的大致先后顺序简述如下：

（1）现金发行管理

现金是指中国人民银行依法发行的流通中的人民币，包括纸币和硬币。商业银行投放现金主要通过储蓄提款、工资性现金支出、行政企业事业管理费支出和农副产品收购几条渠道。商业银行收回现金则主要通过储蓄存款、商品销售后现金回笼、服务事业现金回笼和税收现金回笼。为保持币值稳定，控制现金投放是重要手段。中央银行要求商业银行完成货币投放和回笼计划，控制现金的不合理支出，加强对大额现金提取的监督，防止公款私存，提高现金回笼速度等，达到控制流通中现金数量的目的。

（2）信贷计划

信贷计划是一定时期信贷资金来源与运用的数量匡算和结构安排，其核心是贷款规模控制。长期以来，信贷计划以指令性方式下达，未经批准，不能突破贷款的限额。1980 年，把统存统贷方式改为存贷差额控制，实行“统一计划，分级管理，存贷挂钩，差额控制”。1985 年中国人民银行对信贷资金实行实贷实存的管理方式，即“统一计划，划分资金，实贷实存，相互融通”。1995 年，中国人民银行又制定了商业银行资产负债比例管理办法，实行了在资产负债比例管理基础上的规模管理，并逐步过渡到完全的资产负债比例管理。信贷计划将走向指导性计划。

在转轨 20 多年的大多数时间里，控制信贷规模是控制货币供给量的主要办法，在一定程度上起到了保持价格稳定、促进经济发展的作用。但作为一种行政性手段，其不符合市场经济下需求管理的问题一步步暴露出来了。

（3）信贷政策

西方国家的货币政策主要是总量调控，利用信贷政策进行结构调控具有中国特色。1979 年以后，信贷政策是按照“保证重点、压缩一般”的精神，重点支持农业、国有大中型企业和国家重点建设这三条主线，重点支持纳入国家计划的竞争性、基础性重点建设项目和国有大中型企业的重点技术改造、技术开发以及重点技术装备项目。

除了对信贷资金投向给予指导外，信贷政策还包括信贷资金管理的一些内容，如对申请流动资金或固定资产贷款的条件的规定及审批等。1993 年，中央银行的宏观调控由贷款规模控制为主，逐步向运用经济手段调控货币供给量过渡。1994 年开始在地方商业银行、城乡信用合作社和信托投资公司实行资产负债比例管理，引入了外汇公开市场操作。1996 年对国有商业银行实行以资产负债比例管理为基础的贷款规模管理。1997年试编制基础货币规划，1998年正式编制了基础货币规划。2004年以来，中国人民银行执行“区别对待、有控有保”的方针，加强对贷款投向的引导。一是有针对性地对商业银行加强“窗口指导”和风险提示；二是协调督促各商业银行采取有效措施适度控制对钢铁、电解铝、水泥等“过热”行业的授信总量；三是引导金融机构加大对农业、就业和助学等方面的贷款上持；四是大力发展消费信贷，努力扩大消费需求。信贷政策在改革中将会逐渐缩小范围，淡化其行政化色彩，成为货币政策中的补充性部分。

(4) 利率政策

利率是一定时期内利息额与借贷资金的比率，通常分为年利率、月利率和日利率。中央银行直接制定的利率为官方利率，主要包括中央银行基准利率，金融机构对客户的存、贷款利率等，市场利率是由金融市场资金供求关系决定的利率，主要有同业拆借利率，国债二级市场利率等。在我国由于利率没有市场化，因此，作为货币政策的中介，未能真正发挥作用。在计划经济下，我国的利率是按照集中、低利、简单的要求形成的，利率调整要经国务院批准。其不足之处是利率长期由国家银行规定，只有一种法定利率，利率管理权集中于中国人民银行，利率档次少，利差小。这种利率不能反映资金的余缺情况，客观上促成了一种地下黑市利率。

从1993年起，我国开始进行利率机制的改革。形成了三个层次的利率：一是法定利率，二是有限度的浮动利率，三是市场利率。

(5) 存款准备金

20世纪80年代初，中国人民银行建立了存款准备金制度. 从1984年起，规定各专业银行吸收的存款需按比例缴存中国人民银行，缴存比例为：企业存款的20%，农村存款的25%，储蓄存款的40%；1985年，又统一规定为10%；1988年时，统一规定为13%。1998年，中国人民银行将法定存款准备金率下调为8%，并取消了备付金账户。1999年11月，中国人民银行将金融机构法定存款准备金率下调到6%。2003年9月和2004年4月，人民银行又分别将存款准备金率上调1个和0.5个百分点（达到7.5%）。中国人民银行决定从2004年4月25日起实行差别存款准备金率制度，以抑制资本充足率低且资产质量差的金融机构盲目扩张贷款，完善货币政策传导机制。

(6) 公开市场业务

公开市场业务是指中央银行在市场上买进或卖出有价证券的交易活动。与一般金融机构所从事的证券买卖不同，中央银行买卖证券的目的不是为了营利，而是为了调节货币供给量。这个基本功能与西方国家是一样的。20世纪90年代中期以来，公开市场业务在中国取得了快速发展。近几年，中国人民银行在银行间债券市场持续、大规模地开展公开市场业务操作，大规模地吞吐基础货币。调节货币供应量和商业银行信用规模，公开市场业务已成为央行货币政策操作的主要工具。

目前，公开市场业务的一级交易商共包括40家商业银行，交易品种主要包括回购交易、现券交易和发行中央银行票据。其中回购交易分为正回购和逆回购两种。现券交易分为现券买断和现券卖断两种，前者为央行直接从二级市场买入债券，一次性地投放基础货币，后者为央行直接卖出持有债券，一次性地回笼基础货币。中央银行票据即中国人民银行发行的短期债券，央行通过发行央行票据可以回笼基础货币，央行票据到期则体现为投放基础货币。公开市场操作已成为中国人民银行货币政策日常操作的重要工具，对于调控货币供给量、调节商业银行流动性水平、引导货币市场利率走势发挥了积极的作用。

我国公开市场业务是从外汇操作起步的。1988年以后，各地相继成立了外汇调剂中心或外汇调剂市场，并于同年开始了人民币公开市场操作。1994年，建立了银行间外汇市场。1996年人民银行正式启动短期国债交易，当年公开市场业务的交易量仅20多亿元。1998年人民银行恢复债券公开市场操作，1999年首次开展现券买卖操作。1998～1999年公开市场业务的基本操作方式是逆回购，合计增加基础货币2 600多亿元，占基础货币增加总额的85%。2000年首次开展正回购操作。2003年正式发行中央银行票据和开展赎回中央银行票据操作，银行间债券市场的回购交易达到117 203亿元，比1997年增长了380倍；现券交易量达到30 848亿元，比1997年增长了3100多倍。2004年央行首次预发行远期央行票据并扩大公开市场业务一级交易商机构的范围，建立公开市场业务一级交易商考评调整机制。2004年共开展110次人民币公开市场操作，累计回笼基础货币19 971亿元，累计投放基础货币13 281亿元。通过人民币公开市场操作净回笼基础货币6 690亿元；共发行105期央行票据，发行总量为15 072亿元，年末央行票据余额为9 742亿元；开展正回购操作43次，收回基础货币3 330亿元；开展逆回购5次，投放基础货币1 490亿元，使基础货币的增量稳定下降。

公开市场业务的发展促进了我国货币政策系统执行的稳定性和有效性. 一方面，它逐步成为企业短期融资和银行提高流动性管理、规避风险的重要途径；另一方面，也为中央银行实施货币政策提供了一个传导机制。但由于利率没有完全市场化，缺乏充足的载体如国债品种少、汇率机制不够灵活，因此，我国公开市场业务操作还受到一定制约，需要通过发展短期融资工具和与再贴现进行有机结合等来完善公开市场业务操作。

(7) 再贴现❶

我国再贴现工具的作用与西方国家是大致相同的。但在转轨阶段，还有许多不

---

❶ 即前面所说的贴现。

足的地方，有很多自己的特点。我国早在1980年就试办了票据贴现业务，1985年全面推开，1986年中央银行正式开办了对商业银行现票据的再贴现业务。90年代中期以后有了较快发展。据不完全统计，1996年，全国累计收到金额为3 900亿元的银行承兑汇票，商业银行累计办理贴现2 260亿元，中国人民银行累计办理再贴现1 360亿元。商业票据在一些经济发达地区和国有大中型企业中逐步成为重要的结算方式和融资手段。

与西方国家相比，我国商业汇票的承兑、贴现与再贴现业务往往成为支持国有经济金融的工具，而不是对全社会各类企业提供同等金融服务的工具；在特定条件下，商业汇票的承兑、贴现与再贴现成为解决银行提高贷款回收率、企业减少债务拖欠的手段。中央银行通过贴现窗口对商业银行提供的贷款称作贴现贷款，其实就是再贷款。由于票据贴现的规模和水平还很小、还不高，再加上我国整体社会信用基础条件不好，票据市场发展缓慢，因此，从总体上讲，我国再贴现政策对调控基础货币供给量的作用还不显著。

(8) 中央银行再贷款

我国中央银行再贷款由中国人民银行对专业银行的贷款演变而来，是限额管理下的一种资金供给行为。这一政策工具，对基础货币的管理起到很大的作用。尤其是1995年后，中央银行借助再贷款操作，对冲外汇占款引致的基础货币扩大投放。1995～1997年，人民币外汇占款约7 000多亿元，中央银行回收国有商业银行再贷款约5 000亿元，阻止了基础货币过快增长。另外，再贷款利率水平对商业银行的贷款利率水平也有一定的影响。

本章小结

1. 本章建立了一个完整的货币供应模型。首先分析存款多倍创造的简单模型，得出货币乘数为法定准备率的倒数，并指出其不考虑漏出的通货和超额准备金的缺陷；其次考察了基础货币的决定及基础货币比银行体系中的准备金更容易控制的原因；再次，我们用货币乘数的概念将基础货币与货币供应联系起来，在货币供应过程中，中央银行、银行和非银行公众都起到了重要作用：中央银行通过法定准备金、公开市场操作和制定贴现率，银行通过超额准备金和贴现贷款、非银行公众通过对通货比率的决定。

2. 费雪发展了以交易为基础的货币需求理论，认为货币需求对利率不敏感，总支出决定于货币数量的变动，而且货币流通速度不变；古典剑桥学派也认为实际货币需求于实际收入成正比，但是它没有分析利率对货币的影响；凯恩斯通过分析持有货币的三种动机发展了剑桥学派，形成流动性偏好理论。他认为交易层次和预防层次的货币需求与收入成正比，而投机层次的货币需求与利率成反比，随后凯恩斯理论的进一步发展表明利率对货币需求的三个层次影响都很大。弗里德曼采用支出需求理论，创立了现代货币数量论，认为货币需求是永久性收入和货币的预期收益率相对而言的其他资产的预期回报率的函数。

3. 货币政策的目标是一个有机的体系，包括最终目标、中介目标和操作目标三个层次。货币政策的最终目标一般包括：充分就业、经济增长、价格稳定、利率稳定、金融市场稳定和国际收支平衡。这些目标中部分具有一致性，部分存在冲突，要求货币当局在这些目标之间进行适当的取舍。

4. 货币政策的中介目标必须具有可测性、可控性以及最终目标的相关性。货币供应量和利率是常用的中介目标，但两者并不相容。货币政策的操作目标则包括官方利率、银行准备金和基础货币等。

5. 货币政策工具是一个有机的整体。通常包括公开市场操作、贴现政策和法定准备金，另外还有行政命令等方式，如信用控制、利率控制、流动性比率控制和直接控制等。不同的金融货币体制所提供的政策工具选择范围是不同的。

复习思考题

1. 银行是如何创造货币的？多倍存款创造模型有哪些不足？
2. 中央银行如何控制基础货币？其控制能力如何？
3. 试推导货币乘数，并分析影响货币乘数的因素有哪些？
4. 简述凯恩斯货币需求的流动性偏好理论。
5. 比较弗里德曼货币需求理论和凯恩斯货币需求理论有什么不同？
6. 简述货币政策目标及其内容。
7. 有哪些货币政策工具？这些工具在实践中如何运用？其有效性如何？

参考文献

[1] 易纲，吴有昌．货币银行学．上海：上海人民出版社，1999
[2] 黄达主编．金融学．北京：中国人民大学出版社，2003
[3] 戴国强主编．货币金融学．上海：上海财经大学出版社，2006
[4] 武康平．货币银行学教程．第 2 版．北京：清华大学出版社，2006
[5] 姚长辉．货币银行学．第 2 版．北京：北京大学出版社，2002
[6] MishkinF. S.，The Economics of Money，Banking and Financial Markets，6th ed. update，Addision-Wesley，2003

第7章 风险与风险管理

本章概要

1. 叙述风险的含义和分类；
2. 介绍风险的成本；
3. 叙述风险管理的含义、目标和程序；
4. 叙述工程风险的含义和种类；
5. 介绍工程风险评估和防范的方法。

7.1 风险与风险管理概述

7.1.1 风险概述

1. 风险的含义

从经济学、管理学、保险学等不同的角度来考察风险，我们可以得到风险的不同含义。由于着重点不一样，对风险的理解以及处理风险的方法就会有所差别。而且，换一个角度审视某个问题，就可能影响一个人对待风险的态度。但是从本质上讲，风险是指损失的不确定性。主要包含以下三个方面的含义。

(1) 风险是不确定的。一般情况下，将来的活动或事件，其后果有多种可能，各种后果出现的可能性的程度，即概率也不一样。由于人们对于将来活动或事件一般不能掌握全部信息，因此事先不能确知最终会产生什么样的后果。这种现象就是不确定性。它反映了人们由于难以预测未来活动或事件的后果，不能确定或估计他们发生的概率。不确定性的三种类型为：

①说明或结构的不确定性。指人们由于认识不足，不能清楚的描述和说明项目的目的、内容、范围、组成和性质及项目与环境之间的关系。

②计量的不确定性。计量的不确定性指在确定项目变数数值大小时，由于缺少必要的信息、尺度或准则而产生的不确定性。在确定项目变数的数值时，人们有时

难以获取有关的数据和观察结果。有些项目则不知采用何种计量尺度和准则才好。

③事件后果的不确定性。当人们无法确认事件的预期结果及其发生的概率时，称此时的不确定为事件后果的不确定性。在这种情况下，人们在采取行动之后，却不知道事件或活动到底会产生怎样的结果。

(2) 风险必然导致不良后果。从保险业的角度出发，往往更加强调风险所导致的不良后果。对于进行风险活动来获取更大的经济收益不是人们关注的重点。事件发生后产生损失的后果，一方面是说，行动和事件的后果同人们的期望预想之间的偏离。后果偏离预期越大，产生损失就越大，风险也越大；另一方面是说，人们从事各项活动的确可能蒙受损失或损害，对这种不利的后果不但要提高警惕，而且要防范和如何处理这样的不利后果。

(3) 风险既是客观现实，又是一种主观感受。风险时时通过形式和程度不同的损失来证明自己的存在与危害，因而可以说风险是客观存在的。但风险同时又是一种由精神和心理状态所引起的不确定性感受。它是客观上曾经发生的灾害事故在人脑中产生的主观反应，是人脑对未来灾害损失发生的可能性的一种主观估计。由于人与人之间认识水平的差异，使得这种反应与估计也存在着差异。所以，人们对风险的认识及风险意识是因人而异的。这与人们的知识、经历、经验及心理状态等多种因素相关。

2. 风险的属性

(1) 风险的客观性。无论是自然界中的风暴、洪水、地震、海啸等天灾，还是人类社会领域中的战争、犯罪、过失或意外事故等人祸，都是不以人的意志为转移的客观存在。这是因为决定风险的各种因素对于风险主体来说是客观存在的，不论风险主体是否意识到风险的存在，只要风险的诱因存在，一旦条件形成时，风险就会发生。

(2) 风险的随机性。风险是客观存在的，但并不是任何一个风险因素最终都会演变为风险事件，风险事件的发生具有随机性、偶然性，有时需要一定的时间和诱因。风险事件是否发生、风险的程度有多大、何时发生、发生之后造成什么样的后果，这些都是不确定的。从总体上说，风险事件的发生是必然的，但具体风险事件的发生却带有偶然性。

(3) 风险的相对性。风险总是相对人类活动或事件的主体而言的，不同主体对风险的承受能力是不一样的，同样的风险对于不同的主体有不同的影响。对于风险，人们的随机应变能力主要受下列几个因素的影响：

①收益的大小。收益总是有损失的可能性相伴随。损失的可能性和数额越大，人们希望为弥补损失而得到的收益也越大。与之相反，收益越大，人们愿意承担的风险也就越大。

②投入的大小。人们对活动投入的越多，就对成功所抱的希望越大，愿意冒的风险也就越小。当投入少时，人们可以接受较大的风险，即获得成功的概率不高也能接受；当投入逐渐增加时，人们就开始变得谨慎起来，希望活动获得成功的概率提高了，最好达到百分之百。

③主体的地位和拥有的资源。管理人员中级别高的与级别低的相比，能够承担大的风险。同一个风险，不同的个人或组织随能力的不同也不同。个人或组织其拥有的资源越多，其风险抵抗能力也越大。

(4) 风险的可变性。无论是风险的性质还是后果都会随着活动或事件的进程而发生变化，这就是风险的可变性。风险的可变性具有三层不同的含义：

①风险性质的变化。某些风险事件随着时间的进程发生了变化，原来的风险事件或因素已经不再称其为风险。例如，随着医学水平的提高，许多曾经威胁人类健康的疾病，像天花和一些早期癌症等，已能为医学所控制。这些风险已经弱化了，并将逐渐减少或消失。

②风险后果的变化。风险后果包括后果发生的概率、收益或损失大小。随着科学技术的发展和生产力的提高，人们认识和抵御风险事故的能力也逐渐增强，能够在一定程度上降低风险事故发生的概率并减少损失或损害。

③出现新的风险。随着人们管理水平的提高、技术的进步以及风险控制措施的运用，原有风险因素将会发生变化，某些风险因素可能消除，也可能会导致新的风险因素的产生，而且可能产生的新的风险损失更加惊人。例如，汽车的激增带来了损失巨大的交通事故；原子能的应用产生了令人畏惧的核泄漏风险和可能导致人类毁灭的核战争风险。所以，风险从发展趋势上看不是一成不变的，而是此消彼长、不断变幻的。

(5) 风险的可测性。个别的风险事件是很难预测的，但可以应用现代技术手段对其发生的概率进行分析，并可以评估其发生的影响，同时利用这些分析预测的结果为人们的决策服务，预防风险事件的发生，减少风险发生造成的损失。正因为如此，风险管理学科才得以创立和发展。

3. 风险的分类

依据不同的标准，可以把风险分成许多种类。

(1) 按风险的性质分类。按照风险的性质，风险可分为纯粹风险和投机风险两大类。

①纯粹风险。纯粹风险指那些只有损失的机会而无获利可能的风险。例如，自然灾害一旦发生，将会导致重大损失，甚至人员伤亡，如果不发生，只是不造成损失而已，但不会带来额外的收益。由于纯粹风险主要表现为造成损害，较容易预测，因此成为了风险管理所研究的主要对象。

②投机风险。投机风险指那些既有损失机会，又有获利可能的风险。例如，炒股票等投资行为、新产品的研制和生产、新技术的开发与应用等，都有可能发生损失，但也可能有超额利润，这类风险就是投机风险。投机风险之所以产生在于人们在从事这种高风险活动中可能获得超常的预期收益。对投资主体来说，投资风险有三种可能的结果，既造成损失、不造成损失和获得利益。就社会整体而言，投机风险可能使投机主体蒙受损失，但其他活动主体并不一定遭受损失，因而社会不一定也跟着受损失。

人们通常既面临着纯粹风险，又面临着投机风险。而且同一个风险可能兼有纯粹风险和投机风险的性质。例如，房产所有人就同时面临纯粹风险（如财产损坏等）和投机风险（如经济形势变化所引起的房产价值的升降等）。

纯粹风险与投机风险还有一个重要区别。在相同的条件下，纯粹风险重复出现的概率较大，表现出某种规律性，因而人们可能较成功地预测其发生的概率，从而相对容易采取防范措施。而投机风险则不然，其重复出现的概率较小。因此对投机风险预测的准确性相对较差，也较难防范。保险公司对大多数的纯粹风险是可以保险的，而大多数的投机风险是不可保的。

(2) 按风险产生的原因分类。按照风险产生的原因，风险可分为自然风险、政治风险、经济风险、社会风险、组织风险和技术风险。

①自然风险。自然风险指由于自然界的异常变化或意外事故所导致损失的风险。例如，洪水、地震、干旱、冰雹、雪灾等自然界的风险。

②政治风险。政治风险是指由于政局变化、政权更迭、罢工、战争等引起社会动荡而造成财产损失和损耗以及人员伤亡的风险。

③经济风险。经济风险是指人们在从事经济活动中，由于贸易条件变化、价格波动、供求关系转变、通货膨胀、汇率和利率变动等原因所导致的经济损失的风险。

④社会风险。社会风险是指由于不断变化的道德信仰、价值观、人们的行为方式、社会结构等因素所导致的经济损失的风险。

⑤组织风险。组织风险是指由于项目有关各方关系不协调以及其他不确定性而引起的风险。由于项目有关各方参与项目的动机和目标不一致将会影响合作者之间的关系，影响项目进展和项目目标的实现。

⑥技术风险。技术风险是指伴随科学技术的发展而来的风险。

(3) 按风险损害的对象分类。按照损害对象，风险可分为财产风险、人身风险、责任风险和信用风险。

①财产风险。财产风险指导致财产毁损、灭失和贬值的风险。如房屋、机械设备等财产遭受火灾、洪水等毁损风险；企业库存产品被盗的风险；产品因消费者偏好改变而贬值的风险，都属于财产风险。

②人身风险。人身风险指可能导致人身伤害或影响健康的风险，例如，生、老、病、残、死、失业、精神痛苦或失常等风险。

③责任风险。责任风险指依法对他人所遭受的人身伤害或财产损失应负的法律赔偿责任或未履行契约所致对方受损应付的合同赔偿责任。这种责任给责任者带来较大的损失，因而是一种风险。例如，产品缺陷给消费者造成经济损失时，生产企业应承担赔偿责任，这种责任属于产品责任风险。

④信用风险。信用风险指在经济交往中，因对方违约或不可抗力的发生，致使合同无法执行时所造成的经济损失的风险，既失信风险。例如，在国际贸易中，因对方到期不付款或不提货或对方破产等，给出售方造成损失的风险就属于信用风险。

（4）按产生风险的环境分类。按照产生风险的环境，风险分为静态风险和动态风险。

①静态风险。静态风险指不受社会经济活动变化影响的风险，即在任何社会经济条件下都不可避免的风险。例如，自然界的不规则变化、意外事故或人的过失或故意行为所导致的财产或人身风险。

②动态风险。动态风险则是由于社会、政治、经济、技术等的巨大变化而产生的风险。例如，人口的老龄化、环境的污染、产业的失衡等风险。

动态风险与静态风险有一定的差异。首先，静态风险通常指直接影响到少数人；而动态风险的影响却十分广泛，并经常产生一系列的连锁损失。例如，交通事故通常只伤亡几个人，而战争则可能影响一代人甚至几代人的生活稳定。其次，静态风险的发生较有规律性。例如，洪水多发生在雨季、干旱常在春季发生等；动态风险的发生往往受人为因素及社会情绪的影响，因而呈现出不确定性的特点。最后，从性质上看，静态风险一般多属于纯粹风险；而动态风险则包容更广泛。例如，新技术的应用、经济危机等，尤其是社会性巨大投机风险，多属于动态风险。

除上述分类方法以外，还可以从不同角度采用不同标准进行其他分类。例如，根据发生风险的经济主体不同，分为个人风险、家庭风险、企业风险、国家风险和国际风险；根据可保险的程度，分为基本可保风险、特约承保风险和不可保风险；根据风险分布情况，分为国别（地区）风险、行业风险等。

4. 风险的成本

风险事故造成的损失或减少的收益以及为防止发生风险事故采取预防措施而支付的费用，都构成了风险成本。风险成本包括风险损失以及预防与控制风险的费用。

（1）风险损失。风险损失包括有形损失和无形损失。

①有形损失。风险的有形损失包括风险事故造成的直接损失和间接损失。直接损失指风险造成的财产及人身的实际损害的价值。例如，企业在正常生产中突然失

火的直接损失包括企业厂房的重置成本、受伤人员的医疗费、休养费和工资等。间接损失指直接损失以外的它物损失、责任损失以及因此而造成的收益的减少。例如，企业失火的间接损失包括因灭火扑救发生的费用、因企业中断生产导致的营业收入的减少等。

②无形损失。风险的无形损失指由于风险所具有的不确定性而使风险主体在风险事件发生之前或之后付出的代价。这主要表现在以下几个方面：

a. 风险损失减少了机会。由于对风险事件没有把握，不能确知风险事件的后果，风险主体不得不事先作充足的准备。这些准备往往占用大量资金或其他资源，使其不能投入再生产，不能增值。

b. 风险阻碍了生产率的提高。由于新工艺、新技术、新产品的开发和生产都会冒一定的风险，人们不愿意把资金投向风险很大的新技术产业，因而风险阻碍了新技术的应用和推广，阻碍了社会生产率的提高。

c. 风险造成资源分配不当。由于风险的存在，人们总希望尽快收回投资，致使那些风险大和投资回收期长的能源、交通、基础设施的建设投资严重不足，形成社会生产与投资的短期化行为，进而造成国民经济基础产业萎缩，阻碍了国民经济的快速发展。相反，过量的资金都集中在那些安全系数高的加工业、商业，使一些部门资源过剩，造成不必要的浪费，使社会经济形成巨大的无形风险成本。

此外，风险本身也是人们对其后果充满忧虑和恐惧，造成巨大的社会心理负担和精神痛苦。例如，人们普遍担心失业、贫困、疾病及可能面临的自然灾害。这些大众的忧虑和恐惧在一定的条件下有可能形成社会性经济和政治风险的风险因素，进而给社会稳定发展造成无法弥补的风险成本。

(2) 风险预防与控制的费用。一般来讲，只有当风险事件的不利后果超过为风险管理而付出的代价时，才有必要进行风险管理。人们为了预防和控制风险或对风险损失进行经济补偿，使风险的不利影响降到最低限度采取了各种措施。例如，向保险公司投保、向有关方面咨询、购置安全预警和救护设备、设立安全管理机构和人员、对有关人员进行必要的教育或训练以及人员和设备的维持和维护费用等。这些都形成了企业和个人的风险成本。更重要的是，由于风险的存在，迫使人们提留或保存大量的补偿准备增加了企业和个人资金运用的机会成本，减少了社会财富的增加机会，而且使资金效率降低，影响着社会经济福利的增长速度。

7.1.2 风险管理

1. 风险管理的含义

风险管理是指对风险从认识、分析乃至采取防范和处理措施等一系列过程。具体地说，就是指风险管理的主体通过风险识别、风险分析和风险评估，并以此为基础，采取主动行动，合理地使用回避、减少、分散或转移等方法和技术，对活动或事件所涉及的风险实行有效的控制，妥善地处理风险事件造成的不利后果，以合理的成本保证安全、可靠地实现预定的目标。风险管理包括以下四层含义：

(1) 风险管理的主体包括社会成员中的每个个人、家庭、经济单位及政府。它不是哪一个人或某几个部门的事情，而是全社会的事情。

(2) 风险管理的任务和程序是：识别风险；估测风险损失概率和损失程度；选择各种有效工具控制风险或做好损失补偿安排；风险发生后妥善处理好抢险、保管损余物资等事宜；最后，总结和评价风险管理的效果，改进以后的工作。

(3) 风险管理的目标是以最小的成本付出，获得最大限度的安全保障或使风险损失降到最低水平。

(4) 风险管理的核心环节是风险管理工具的选择，即处置风险的技术选择及其科学组合。这是实现风险管理目标的关键。

2. 风险管理的目标

风险管理是一项有目的的管理活动，只有目标明确，才能起到有效的作用。否则，风险管理就会流于形式，没有实际意义，也无法评价其效果。风险管理目标的确定一般要满足以下几个基本要求：

(1) 目标的一致性。一致性指风险管理目标与风险管理主体总体目标的一致性。

(2) 目标的现实性。现实性指风险管理主体在确定目标时要充分考虑其实现的客观可能性。

(3) 目标的明确性。明确的目标体系便于风险管理主体正确选择和实施各种方案，并对其效果进行客观的评价。

(4) 目标的层次性。从总体目标出发，根据目标的重要程度，区分风险管理目标的主次，以利于提高风险管理的综合效果。

风险管理的具体目标还需要与风险事件的发生联系起来。由于损失发生前后的风险管理目标存在一定的差异性，可以把风险管理的具体目标分解为两个部分：损失发生前的风险管理目标和损失发生后的风险管理目标。

(1) 损失发生前的风险管理目标。损失发生前，风险管理应实现节约成本、消除精神痛苦、履行社会义务等目标。

①节约成本指用最经济且有效的手段来规避风险。这一目标要通过最佳的风险对策组合来实现。

②消除精神痛苦指通过教育等方法减少人们的忧虑和恐惧，使其从风险的阴影中解脱出来，心情舒畅地投入到社会生活和工作中去。

③履行社会义务指风险管理应尽社会成员应尽之义务，如配合社会防灾部门做

好防洪、防火检查工作，保护周围环境等。

(2) 损失发生后的风险管理目标。风险的不确定性使得风险防不胜防，损失不可避免。损失发生后，风险管理应达到维持生存、迅速恢复生产与生活、经济上实现稳定的收益并持续增长和尽社会责任等目标。

①维持生存，即尽最大努力使受灾者能够在财力、物力以及心理上保持生存的条件。这是风险发生后的最基本、最重要的目标。所以，损失发生后应首先解决人们的吃穿住医问题，并注重鼓励人们树立战胜灾害、重建家园的信心。

②迅速恢复生产与生活，即通过经济补偿和恢复生产设施，使生产和生活秩序得以复原。这是实现稳定收益、偿还债务并实现收益持续增长的前提条件。

③经济上实现稳定的收益并持续增长，即通过经济补偿或注入新的资金，努力以最短的时间恢复原有的收入水平或是生产水平持续增长。

④尽社会责任，即当企业恢复生产后及时偿还债务或弥补因自身受灾而对他人的影响，如及时偿还贷款、补齐拖欠销售商的产品、补发职工工资等。

3. 风险管理的程序和原理

风险管理应是一个系统的、完整的过程，一般也是一个循环的过程。风险管理包括风险识别、风险分析、风险评估、风险控制和风险监控五方面的内容。

(1) 风险识别。风险识别是进行风险管理的第一步，指的是确认哪些风险因素有可能会影响项目进展，并记录每个风险因素所具有的特点。风险识别是一项复杂的系统工程，即使是规模很小的一个项目，它所面临的风险也是多方面的，而任何一个风险因素如果处理得不好，都可能使得项目遭受损失。因此，如何把握全局、正确识别全部风险，是理论研究和实践调查中必须解决的实际问题，需要运用科学的方法进行多角度、多层次的认识和分析。

风险识别首先要明确项目的组成、各个分项的性质和相互间的关系以及项目与环境之间的关系等。在此基础上利用系统的、明确的步骤和方法来查明对项目可能形成风险的事项。在这个过程中还要调查、了解并研究对项目以及项目所需资源形成潜在威胁的各种因素的作用范围。

风险识别是一个连续的过程。因为风险因素是不会一成不变的。对某一项目而言，即使已经进行了风险的识别，但经过一段时间以后，旧的风险可能消失或减少，新的风险可能会出现。因此，风险识别工作是持续不断的。

(2) 风险分析。风险分析是对个别风险因素及其影响进行量化并以此为基础形成风险清单，为风险的控制提供各种行动路线和方案的过程。主要包括以下几个方面的内容：

①在查明项目活动在哪些方面、哪些地方、什么时候可能存在风险的基础上，对识别出来的风险因素尽可能量化，估算风险事件发生的概率。风险因素的发生概

率估计分为主观和客观两种。客观风险估计以历史数据和资料为依据，主观的风险估计无历史数据和资料可参照，而凭借人的经验和判断力。一般情况下这两种估计都要做。

②根据选定的计量尺度和方法估计风险后果的大小，确定各风险因素的大小以及轻重缓急顺序。需要同时考虑那些有可能增加或减少的潜在风险。

③对风险出现的时间和影响范围进行确认。

(3) 风险评估。风险评估就是对各种风险事件的后果进行评估，并确定不同风险的严重程度顺序。重点是综合考虑各种风险因素对项目总体目标的影响，确定对风险应该采取何种应对措施，同时也要评估各种处理措施可能需要花费的成本，也就是综合考虑风险成本效益。在风险评估过程中，管理人员要详细研究决策者决策的各种可能后果，并将决策者做出的决策同自己单独预测的后果相比较，判断这些预测能否被决策者所接受。各种风险的可接受或危害程度互不相同，因此就产生了哪些风险应该首先或者是否需要采取措施的问题。进行风险评估时，还要提出防治、减少、转移或消除风险损失的初步办法，并将其列入风险管理阶段要进一步考虑的各种方法之中。在实践中，风险识别、风险分析和风险评估绝非互不相关，而常常是互相重叠的，需要反复交替进行。

(4) 风险控制。在完成风险分析与评估之后，需要采取必要的应对措施来避免风险的发生或减少风险造成的损失。风险控制的前提是制定并正确地实施风险管理计划。通常情况下，对风险的应对，一是采取措施防患于未然，尽可能地消除或减轻风险，将风险的发生控制在一定的程度下；二是通过适当的风险转移安排来减轻风险事件发生后对项目目标的影响。例如，在结合考虑不同风险承担主体的风险承受能力后，将某些风险的后果转由其他人承担，如保险公司等。当然，并非所有的风险都需要转移，也不是所有的风险都能转移。因此，如何正确地分析查明风险的来源、所属类型以及特点等，并谨慎地对风险进行评估，作出风险转移计划，就是风险控制的基本工作内容。

(5) 风险监控。风险监控是在计划付诸实施之后进行的。其目的是查明风险控制的结果与预期的是否相同。风险监控时要找出细化和改进风险管理计划的机会，并加强与决策者的沟通，把信息反馈给有关决策者。在风险监控过程中，如果发现已做出的决策是错误的，则必须尽早承认，以便采取纠正行动。如果已做出的决策是正确的，则不应过早地改变。频繁的改变计划会浪费许多宝贵的项目资源，大大增加项目的风险。

风险管理过程不是一成不变的既成顺序或是划分成各自独立、互不干扰的部分。项目各个不同方面实际上是平行展开的，项目各种不同的活动之间经常重叠，项目活动随时创造出新的选择。

7.2 工程风险

7.2.1 工程风险概述

工程风险是指一项工程在设计、施工及移交运行的各个阶段可能遭受的，影响项目系统目标实现的风险。由于工程项目是一个紧紧依赖于环境的组织，故工程项目经营的风险因素极为繁多。市场竞争的激烈，环境的复杂多变，更使工程项目经营风险因素复杂化而难以把握，致使工程项目的风险事件经常发生，并导致重大的风险损失。然而，也正是环境的复杂多变，又给工程带来了有利的机会，使工程项目获得风险收入。工程项目的实施者常常会对风险收入与风险损失、风险成本进行比较，在此基础上进行经营决策以及实施相应的经营管理行为。工程风险的功能主要有诱惑功能和约束功能。

1. 诱惑功能

诱惑功能是指工程风险诱导决策者追逐风险利益。风险诱惑功能的强弱，取决于风险收入与风险成本之间的比率或差额。风险收入是指工程项目在风险因素构成的环境中经营所获得的收入，它是工程项目的全部经营收入减去非风险经营收入的余额；风险成本是为克服风险因素所投入的资金、人力、时间、信誉和社会利益等。风险收入与风险成本之间的比率越高，风险的诱惑功能越强，反之则越弱。

风险的诱惑功能将使工程决策者把握经营环境中出现的有利机会，大胆开拓，勇于创新，促进项目经营管理水平的提高和项目自身的发展。

2. 约束功能

风险是一种带来费用、损失与损害的不确定性。因此，它在诱惑项目决策者追求风险收益的同时，又对工程项目的经营管理行为构成了约束。这种约束具体表现为对工程项目经营活动的威胁、抑制和阻碍，也就是风险成本与风险损失对工程项目经营行为的约束。

工程项目经营风险约束力的大小取决于风险损失的大小与风险成本的大小。当风险损失与风险成本都很大时，风险约束力很强；当风险损失较大、风险成本较小或者风险损失较小、风险成本较大时，风险的约束力也较强；当风险损失与风险成本较小时，风险将更多地表现为对工程项目经营行为的诱导。

风险的约束功能将促使工程项目决策者制定周密详实的经营策略和经营计划，认真研究和分析经营环境及其发展变化趋势。既不盲目乐观，也要把握机会；既要注重工程项目的可行性和安全性，也要充分利用各种资源使工程如期完成，并获得预期的收益。

就工程项目而言，当风险的约束力大于诱惑力时，应趋向于回避、分散风险，以避免风险成本和风险损失；当风险的约束力小于诱惑力时，应趋向于承担风险以及相应的风险成本和风险损失，以获得风险收入。另外，随着各种风险因素的变化，风险的约束力、诱惑力及其相互关系也随之变化。

7.2.2 工程风险的种类

工程风险仅涉及工程项目，其风险的主体只限于项目的参与各方，即业主、承包商、咨询监理、设计师、材料供应商等。工程风险中的有些风险对他们来说是共有的，而有些因素对某一方是风险，而对另一方则可能不是风险。工程风险主要包括业主的风险、承包人的风险和监理咨询的风险。

1. 业主的风险

作为工程项目的业主方，主要面临政治风险、经济风险、自然风险和人为风险。

(1) 政治风险。政治风险是指由于国家政局、政策变化、政权更迭、罢工、国际局势变化、战争、动乱等因素引起社会动荡而造成财产损失以及人员伤亡的风险。政治风险对工程项目的业主来说是一种非常重要的风险源。可以说无论建设项目的建设地点在什么地方，也不论项目参与的任何方面，都可能需要承担政治风险。工程项目的业主主要面临的政治风险主要有以下几种：

①国家政局。任何国家、任何政治体制，都会出现政局不稳的风险，而发展中国家在这一方面的风险更加突出。政局不稳对国际工程项目的建设是一大威胁，特别是有些国家，每届政府均有自己的一套主张，往往会对前任政府制定的各种措施，包括社会体制大刀阔斧地更改，甚至不考虑后果。

②政策法规。国家的政策法规，特别是工程建设法规变化无常，或者无法可依、有法不依、以令代法，令企业无所适从。

③权力部门。一个国家的权力部门腐败无能、营私舞弊、执法犯法，必然导致社会混乱，投资环境、经营条件恶化，对项目整体目标的实现构成威胁，因而构成重大政治风险。

(2) 经济风险。经济风险是一个国家在经济实力、经济形势及解决经济问题的能力等方面潜在的不确定因素构成的经济领域的可能后果。对工程项目的业主而言所面临的经济风险主要有以下几种：

①投资环境。投资环境是投资能否取得成功的关键因素。对于工程业主来说则更为具体，就是说与具体行业区域的软硬环境都分不开。投资的软环境指法制建设、政府服务水平、工作效率等。投资的硬环境包括投资地的交通便利状况、电力供应状况、通讯覆盖状况等。

②市场物价。在正常情况下，人们通常能比较准确地做出投资估算，但如果经济形势不稳，物价飞涨，则业主将很难作出较为准确的预测，其结果将是工程决算大大超过预算。如果业主没有足够的应变能力，势必会出现工程追加资金无着落，而承包人将会因为资金不足而中途停工。

③资金筹措。资金筹措困难是业主经常碰到的重大风险。资金不能及时到位，有可能导致承包人中途停工，从而影响工期按时完成，投入资金回收期时间相应延长，从而导致预期的利润不能实现。

(3) 自然风险。自然风险是指工程项目所在地区客观存在的自然条件和现场条件等因素可能给工程业主构成的威胁。

①自然条件。自然条件指项目工程所处地域的气候条件和地理位置。项目工程所处地域的自然条件对项目成本影响很大。不同地域的自然条件各不相同。例如寒带地区严冬无法施工；酷暑地带施工作业时间短；火山影响区域、地震多发带，洪水、海啸、泥石流多发区都潜伏着直接威胁工程的严重自然灾害。这些灾害，轻则破坏已竣工程，重则完全摧毁工程项目。即便未发生自然灾害，基于防灾，也必须在设计方面考虑加固措施，从而加大工程造价。

②现场条件。工程的现场条件受多种因素影响，特别是进出场通道、给排水设施、供电、供气的可能性，夜间或节假日加班作业的可能性等。位于闹市区的工程项目虽然给排水、供电、供气都不成问题，但材料进出及夜间或节假日加班就受到制约。现场条件中更大的制约因素是工程地质条件，一是地质钻探资料可能与实际情况不相符；二是土壤地质水文条件资料不正确，这些情况的发生都会影响工程建设。

(4) 人为风险。人为风险是指因人的主观因素导致的种种风险。这些风险虽然表现形式和影响的范围各不相同，但都离不开人的思想和行为。归纳起来，人为风险主要起因于以下几个方面：

①合同条款。通常情况下，不少合同是由业主根据政府规定的格式拟订。除了国际通用的合同条款外，多数合同条款都难免有不严谨或漏洞之处，实施过程中又常常发生不少超出预见的情况。承包人的合法权利之一就是索赔，而索赔在许多情况下是基于合同条款不严谨而使业主无法拒绝。实践中常常有些合同条款含混不清或模棱两可给承包人以可乘之机。承包人根据合同条款据理索赔是完全正确的。如果合同条款严谨，可以保护业主的正常利益。

②道德。道德风险是指业主的执行人员应有的品行道德发生背离，失去应有的事业心和责任感，对工程玩忽职守等不轨行为，致使业主的财产遭受损失，或工程质量缺乏监督保证。

③群体越轨行为。群体越轨行为通常有两种情况：一种是来自社会的越轨行

为，如全国性、地区性或行业性的罢工或骚乱甚至暴乱。这类事件一旦发生，社会将不得安宁，正常的秩序被打乱，直接或间接地影响工程的施工，甚至使工程瘫痪。另一种群体越轨行为是来自业主的直接合作者出现的这类事件，虽然业主可以通过罚款以减少工程开支，但于事无补。因为通过罚款所省下的钱绝对不能弥补工程拖延、竣工误期、投产推迟所造成的损失。

④承包人。承包人在合作过程中缺乏诚意。有经验的承包人通常以低报价诱惑业主授予项目，而一旦合同签订，则使尽心计，制造索赔机会，从而加大业主的风险。另外，承包人履约不力也是常见的。虽然工程承包合同对承包人规定了种种义务和惩罚措施，但实际操作时常有很多情况使得合同不能圆满履行。除了客观原因履约不完全外，承包人有意无意地履约不力也是常见的。当然，承包人不履约的事也时有发生。有些承包人因投标报价失误或因当初出于竞争需要报价过低，合同谈判时对业主比较迁就，一旦合同到手随即态度大变，千方百计地迫使业主追加合同价格。这种情况下，业主常常不能断然拒绝，只好作出让步。其结果只能是加大业主和投资商的风险。

工期拖延也是承包商带给业主的主要风险。虽然国际工程承包合同中都明确规定了合同工期及误期罚款，但罚款总额通常最多不超过合同总价的10%。如果误期不严重，业主尚能通过误期惩罚条款以弥补其遭受的损失，但如果工程严重拖期，则不仅加大工程开支，还会因工程投入服务推迟而使项目不能很快产生效益。这种情况下，工程业主除要承担直接风险损失外，还要承受间接风险损失。

⑤材料供应商。出于地方发展，地方政府要求工程材料由当地采购，而当地的材料供应商无论在产品质量还是交货期方面有时很难保证，承包人常常可以把质量不合格或工程进度慢的责任推给材料供应商，业主也无可奈何。有些业主出于节省工程开支或照顾伙伴关系，采取包工不包料办法发包工程。这种情况下，材料供应商有时只顾自己的利益而不考虑业主的急迫需要或全局利益，致使工程停工待料，或因材料质量不合要求而导致返工，承包人不仅不承担责任，还得向业主提出索赔。当然业主有时可以对材料供应商采取惩罚措施，但局部补偿可能难以抵消全局性的损失，以及由此而产生一系列的连锁反应。

⑥指定分包人。指定分包人往往有一定的背景，他们在技术或施工能力方面有时很难使业主满意，但因某种背景，业主不得不指定分包。然而，因能力问题他们有时在客观上影响工程的正常进展或不能达到标准要求。由于是指定分包人，总包商要求他们直接向业主承担责任。虽然总包商有责任对其进行管理，但他们通常没有义务代指定分包人承担施工不合格的责任。因此，指定分包人造成的麻烦或者不履约应由业主承担。

⑦监理工程师。监理工程师作为业主委托的工程管理人员，本应保护业主的利

益，对业主尽职尽责以确保工程的质量和进度。行为公正、认真负责是监理工程师的行为准则。但监理工程师并不是业主的全权代表，在技术及工程管理上他有其特殊地位。如果监理工程师失职或缺乏应有的职业道德，则业主将大受其害。

⑧设计质量。工程设计是工程质量的根本。虽然工程实施前，设计方案或图纸都应交付业主审核批准，但许多情况下，业主不具备审核能力，常常任凭设计师解释或作出有关决定。如果设计出现错误，虽然设计师要为其错误承担责任，但不能完全抵消业主所遭受的损失。

2. 承包人的风险

承包人与业主是合作者，但在各自利益方面则又是对立的两方，双方既有共同利益，同样的风险，但又有各自独特的风险。承包人的行为固然会对业主构成风险，但业主的处事也会威胁着承包人的利益。承包人面临的风险贯穿于项目的始终。

(1) 决策错误的风险。承包人在考虑是否进入某一市场、是否承包某一项目时，首先要考虑是否能承受进入该市场或承揽该项目可能遭遇的风险，承包人首先要对此作出决策。相应潜伏的风险主要有：

①信息风险。工程承包市场信息多，几乎每天都会有一些工程招标或发包的信息。这些信息虽然是真实的，但是否都值得捕捉和追踪却不见得。有些承包人急于揽到工程以摆脱困境，难免饥不择食，头脑缺乏冷静或不自量力，见标就投。在这种背景下参与竞争，所采取的态度自然缺乏求实精神。即使中标，获取的项目也是极具亏本风险的。

②中介风险。随着商业交易的日益复杂，许多业务需要借助中介业务而促成。诚然，中介业有对商业交易独特的贡献，但人们越来越清楚地认识到中介业务会给交易带来风险。在近代社会，许多从事中介业务的人以谋私利为目的，凭着三寸不烂之舌，以种种不实之词诱惑交易双方成交，从中渔利。而承包人常常因夺标心切，对其漏洞较少察觉，甚至任凭其摆布。几乎每一个中间人都拍胸脯保证能拿下项目，以此骗取许多缺乏经验的承包人的巨额佣金。

③买标与保标风险。业主买标和承包人联合保标当算现今招投标活动中的绝招。业主买标是指业主为压低标价，花钱雇佣一两家投低标，开标后要求报价较高但又很想得标的承包人降价至最低标以下方予受标。这种情况多见于业主已有意中投标人，或出于政治原因必须授项目于某一承包人，但该承包人的报价却难以降下来。为达到既能授项目于意中投标人，又能获得低价标，业主便暗中出资让一些有特殊关系的投标人故意报低价，开标后再要求报价较高的意中投标人降价至最低标以下，继而授予项目。当然采用这种手段仅限于有限招标，而且是在秘密开标的前提下。这一绝招之所以能获得成功，关键在于成功地利用了承包人夺标的迫切心情。

承包人联合保标是指同一国家的若干家承包人出于统一策略，内定保举某一家公司中标且不冒标价过低风险。因此除被保举中标的公司外，其他各家报价普遍较高，从而定下高价基调，而被保举的公司则报价相应较低。这种策略常常能够奏效。

无论是业主买标，还是承包人保标，都会给承包人带来风险。因为前一种情况会导致承包人降低标价，而后一种情况则限制了非保举对象的承包人的得标机会，而损失只能由承包人承担。

④报价失误风险。报价策略是承包人中标获取项目的保证。策略正确且应用得当，承包人自然会获取很多好处，但如果失误或策略不当，则会造成重大损失。

（2）缔约和履约风险。缔约和履约是承包工程的关键环节，许多承包人因对缔约和履约过程的风险认识不足，致使本不该亏损的项目亏得一塌糊涂。缔约和履约风险主要潜伏于以下几个方面：

①合同条款。合同条款中潜伏的风险往往是责任不清、权利不明所致。由合同条款带来的风险主要有不平等条款、合同中定义不明确和条款遗漏造成。

合同的重要原则之一就是平等性，但在工程承包实践中，业主与承包人很少有平等可言。业主往往倚仗着僧多粥少的优势，在制订合同时常常对承包人强加种种不平等条款，赋予业主种种不应有的权力，对承包人则只强调义务，而不提其享有的权利。而且，在合同中对一些问题定义不准或措辞含混不清。一旦事件发生，业主往往按其自己意图歪曲解释。特别是涉及质量标准时，合同中虽然也规定按照某某规范，但都加上“要达到工程师满意”这类字句，而在实施期间，则只强调达到工程师满意，而不提遵循规范。另外，一些不熟悉业务的业主通常不愿意沿用工程普遍遵循的条款，而自己制订合同条款。这些条款常常很不完善，遗漏事项颇多，甚至是东搬西抄，有意无意地漏掉或省略一些关键内容，致使履约时承包人常常找不到合法依据以保护自己的利益从而产生风险。

②工程管理。工程管理对于有经验的承包人来说通常并不算困难，但若是大型复杂工程，参与实施的分包公司太多，工序错综复杂，加上地质、水文及自然条件发生意外变化，总包商将面临很多风险。

③物资管理。物资管理直接关系工程能否顺利地按计划进行，材料能否充足供应，人员能否充分发挥效率等系列问题。这些问题直接或间接地影响工程效益。物资管理既要保证工程的需要，又不能大量积材而占用大笔资金。

④财务管理。财务管理是承包工程获得理想经济效益的重要保证。财务工作贯穿于工程项目的始终，任何一个环节的疏忽或差错都可能导致重大风险。除了筹资和收款工作中潜伏着重大风险外，国际工程财务管理工作中还包括成本失去控制和保函被没收两大风险。

（3）责任风险。工程承包是基于合同当事人的责任、权利和义务的法律行为。

承包人对其承揽的工程设计和施工负有不可推诿的责任，而承担工程承包的责任是有一定风险的。

①法律责任。工程承包是法律行为，合同当事人负有不可推卸的法律责任。法律责任包括民事责任和刑事责任。承包人应对由于违约、废约和不履约等的法律责任承担民事责任的经济赔偿，这对承包人来说无疑是一项不容忽视的风险。除了民事责任外，承包人有时也难免承担刑事责任，特别是由于技术错误或人为造成房屋倒塌、伤害人命等，承包人都必须承担刑事责任。而这类责任的损失风险丝毫不比民事责任小。

②替代责任。由于承包人的活动不是孤立的，离不开他人的合作或具体实施，而合作或实施是以承包人的名义活动或为其利益服务。因此，承包人还必须对以其名义活动为其服务的人的行为承担责任。最常见的替代责任主要起因于代理人和承包人的雇员。因为根据代理原则，当代理人代表委托人的利益行事时，委托人要对代理人的侵权行为负责。至于承包人的雇员，如果属民事侵害行为，自然亦应由承包人承担责任。如果实行工程分包，承包人还应承担因分包人过失或行为而造成损失的替代责任。

③人事责任。承包人系企业之主，对企业的每个成员的人身安全、就业保证及福利待遇都负有责任。任何雇员，尤其是关键人员的潜在损失都将可能成为承包人的责任风险。承包人要想保证或提高其经济效益，必须吸引和稳定雇员，提高雇员的士气和生产率。而要达到此目的，承包人必须承担最起码的经济支出。

3. 监理咨询的风险

(1) 来自业主的风险

①业主不切实际的要求。有些业主对工程提出的要求往往有些过分，例如要求工程标准高、实施速度超出了可能性。咨询监理常常不能说服业主改变观点，不得不勉为其难。这就有可能导致工程标准难以控制或者难以保证，由此而导致咨询监理的责任风险。

②盲目干预。有些业主虽然与咨询监理签有服务协议书，但并不把权力交给咨询监理工程师。项目实施期间，随意作出决定，对工程师的工作干扰过多，甚至横加指责，严重影响咨询监理工程师行使权力，影响合同的正常实施，而责任却由咨询监理来承担。

③管理不到位。许多业主或投资人只片面追求投资效益，对于如何获得投资预期效益却很少考虑，特别是对项目的宏观管理，既缺乏能力，又缺乏意识，不努力改善投资环境，而把一切工作全推给监理公司去办。但监理公司在许多方面却并不具备条件和相应的权力，项目实施严重受阻，因而这些责任通常落在监理公司身上。

(2) 来自承包人的风险

①承包人投标不诚实。承包人出于策略需要，投标时往往使用种种不光明正大的手段。例如投钓鱼标，即投标时报价很低，一旦获得项目后，施工过程中层层加码。若监理工程师不答应，则以停工相要挟。虽然监理工程师要凭合同条款对其惩罚，甚至撤销合同，但这样做的结果对业主并没有什么好处。如果业主对这种结果有所准备，事先采取了预防措施，尚可避免因停工造成的损失。但多数情况下，业主总是希望工程能早日竣工，取得效益，对于承包人所采取的钓鱼策略并不曾防范。

②承包人缺乏商业道德。有些承包人缺乏应有的商业道德，对监理工程师软硬兼施。通常情况下总是千方百计地争取监理工程师手下留情，对其履约不力或质量不合要求能网开一面。若承包人的企图不能得逞，则有可能走向反面，给监理工程师出难题，蓄意败坏监理工程师的形象以达到借业主之手而驱逐之目的。例如，在监理工程师施工期间，承包人闻知业主的代表要检查工程，在业主代表到达之前，监理工程师曾先行预检查，并已签字。该承包人为达到驱逐监理工程师的目的，故意在业主代表到达之前，将监理工程师业已检查认可的工程弄得面目全非，业主代表在查问题原因时，承包人便出示监理工程师的认可签字，以证明其是按照监理工程师的要求，从而使业主认定错在监理工程师方面。

③承包人素质太差。承包人的素质太差，履约不力，甚至没有履约诚意或者弄虚作假，对工程质量极不负责，都有可能使监理工程师蒙受责任风险；虽然监理工程师有权监督甚至处罚承包人，但工程工作面大，内容复杂，监理工程师无法时时处处严加监督。承包人弄虚作假蒙混过关的机会依然存在，且工程的隐患一般不会立即显露，等到真正显露时，固然可以追究承包人的责任，但监理工程师的责任更难免除。

(3) 职业责任风险

咨询监理工程师的职业要求其承担重大的职业责任风险。这种职业责任风险一般由下述因素构成：

①设计不充分、不完善。若设计不充分、不完善，无疑是监理工程师的失职。例如，业主提供的技术资料不全或不准，而监理工程师又无法亲自取得第一手资料，特别是有关地质、水文的勘探资料，这种情况属事出有因。当然，监理工程师的责任心不强也是失职的原因之一。但不管出于何种原因，设计不充分、不完善而引发的风险损失自然应由咨询监理工程师承担相应的监理责任。

②自身的能力和水平不适应。咨询监理业务是一项高难度的技术与管理工作，要求担负这项工作的技术人员掌握金融、财会、经济、贸易、法律、工程、物资管理及外语等多学科知识，还要具有多学科多领域工作的丰富阅历和经验，要善于处理各种繁杂的事务纠纷，还要有高度的应变能力。施工监理必须熟悉规范、细节、

人工以及材料等级和处理方法。除此以外，还必须及时掌握各种发展形势，不断掌握新的知识，而高度的事业心和责任感以及正直、廉洁的道德水平更是不可缺少的。不具备这些条件，就很难完成咨询监理这一艰难的任务，随之而来的风险自然就难以避免了。

7.2.3 BOT方式与工程风险

1. BOT在中国运用的定义

"BOT投融资方式"在中国被称为"特许权投融资方式"。其定义是指国家或地方政府部门通过特许权协议，授予签约方的外商投资企业（包括外商独资企业、中外合资企业和中外合作企业）承担大型的能源、交通及基础设施的建设等项目的投融资、建造、经营和维护。在协议规定的特许期限内，项目公司拥有投资建造设施的所有权（该所有权不是完整意义上的所有权），允许向设施使用者收取适当费用，由此回收项目投融资、经营和维护成本并获得合理的回报。特许期届满，项目公司将设施无偿地移交给签约方的政府部门。

2. BOT目前在中国的适用范围

BOT方式在中国的应用将分阶段进行，先易后难，先试验后推广，采取"渐进"的方式。先行试点的范围：列入国家和省、直辖市、自治区地方政府中长期发展规划内的火电站、水电站、高等级高速公路、桥梁、隧道；城市给排水、污水处理、电力、交通、城市供水等市政设施。通过试点总结经验后再逐步扩大适用范围。

3. BOT的风险分担原则

项目公司自行承担项目的融资、建造、运营和维护等商业性风险。对项目公司不能预测而带来的风险采取以下承担原则：

①由于国家政策、法律法规的变化致使项目公司受到实质性的影响，政府部门可以通过调整收费价格，延长特许期限或采取其他相应措施予以补偿。

②自然不可抗力原则上由项目公司通过保险方式承担。

③政治不可抗力，可通过协商加以解决。

7.3 工程风险的评估和防范

7.3.1 工程风险的评估

工程项目由于其规模大，时间长，涉及因素多，面临着比一般企业更多、更复杂、破坏力也更强的各种风险因素。因此就必须对工程的风险进行评估，以认识和度量这些风险发生的可能性及其程度。

1. 工程风险评估的作用

风险评估的作用主要体现在以下几个方面：

(1) 更准确地认识风险。通过风险评估，可以确定工程各种风险因素和风险事件发生的概率大小或概率分布，及其发生后对工程目标影响的严重程度或损失严重程度。其中，损失严重程度又可以从两个不同的方面来反映：一方面是不同风险的相对严重程度，据此可以区分主要风险和次要风险；另一方面是各种风险的绝对严重程度，据此可以了解各种风险所造成的损失后果。

(2) 保证目标规划的合理性和计划的可行性。由于工程风险的个别性，只有对特定工程的风险进行定量评价，才能正确反映各种风险对工程目标的不同影响，才能使目标规划的结果更合理、更可靠，使在此基础上制定的计划具有现实的可行性。

(3) 合理选择风险对策，形成最佳风险对策组合。不同风险对策的适用对象各不相同。风险对策的适用性需从效果和代价两个方面考虑。风险对策的效果表现在降低风险发生概率和降低损失严重程度，有些风险对策在这一点上较难准确地量度。风险对策一般都要付出一定的代价，如采取损失控制的措施费，投保工程险时的保险费等，这些代价一般都可以准确地量度。而风险评价的结果是各种风险的发生概率及其损失严重程度。因此，在选择风险对策时，应将不同风险对策的适用性与不同风险的后果结合起来考虑，对不同的风险选择最适宜的风险对策，从而形成最佳的风险对策组合。

2. 工程风险评估的方法

随着人们对风险评估的重视，风险评估的方法也层出不穷，大量的社会学、政治学、经济学乃至数学的方法被移植到评估系统中。

一般而言，外部导向型的评估组织形式较多地倾向于依靠以概念为基础的框架和模型来进行评估。因为这些分析者大多是他们各自领域的专家，因而供分析用的模型也很多。评估方法的运用主要取决于分析者的研究领域。经济学家倾向于经济模型，政治分析家则趋向于运用以政治科学为基础的表达方式。而在内部导向型的评估组织中，分析人员则主要致力于反映管理者本人容易操作的方面，风险评估因此主要集中于市场策略、产品决策和其他功能决策上。

此外，根据分析所使用的数据的性质，风险评估有主观方法和客观方法之分。这里应指出的是，定量分析并不能说明这种分析是客观的还是主观的。因为主观反映，如观点和感觉，也可以用一定的技术将其量化。这里所涉及的方法主要有以下几种：

(1) 实地考察。在政治风险、经济风险、社会文化风险等的分析中，这是一种必要的分析方法。决策者可以通过访谈、实验、电话调查等方法，对构成实际操作环境的各个因素形成本质而直观的感觉，以避免其他资料在信息传递过程中的失真、扭曲和失效等问题的出现。需要注意的是，一次简单的考察有可能得出狭隘的甚至带有偏见的结论。观察者可能只注重于那些显而易见的方面，而没有机会进行更深一步的分析。多派几个调查团又可能会因为经费的限制，不能很好地保证所收集信息的数量和质量。但是，如果将这种方式与其他更精密的评估方法结合起来运用，则一次实地考察就可能获得更明确、更详细的结果。

(2) 运用第二手资料。与实地考察获取原始资料不同，这种方法是从与目标国家或地区有密切关系的人那里获得专门信息，以进行风险评价。这样的信息包括专家对目标国或地区的政治、经济、社会文化等环境因素的判断和观点。第二手资料可以通过建立工程项目自身的信息网络，或者通过外部的专业顾问或服务机构获得。这样的专家可以是以前的外交官、国际机构的官员、驻外新闻记者和知名学者。运用第二手资料的方法也有主观偏见和信息失效等潜在缺点。但是，如果它与其他评估方法结合起来，第二手资料的方法将能够提供关于东道国或地区变化的有洞察力的信息。大多数跨国工程都通过某些形式和渠道获得第二手资料。对于那些无法支付高额咨询费用的项目来说，可以雇用一些私立的顾问机构来获得所需的服务。一般而言，第二手资料和实地调查都可以看作是定性风险分析方法。

(3) 调查打分法。调查打分法，又称为综合评估法或主观评分法，是一种最常见，最简单且已经应用的风险评估方法。是定性分析方法向定量分析方法的过渡。该方法主要包括三部分的工作内容。首先，识别出工程项目可能遇到的所有风险，并列出风险表。其次，将列出的风险表提交给有关专家，利用专家的经验，对可能的风险因素的重要性进行评估。最后，收集专家对风险的评估意见，对专家评估结果做计算分析，综合整个项目风险分析概况并确定出主要风险因素。具体步骤如下：

①针对风险识别的结果，确定每个风险因素的权重，以表征其对项目的影响程度。

②确定每个风险因素的等级值，等级值按可能性很大、比较大、中等、不大、较小分为五个等级，分别以1.0、0.8、0.6、0.4和0.2打分。当然，等级的划分反映了一种主观的判断，因此，等级数量的划分和赋值也可以根据实际的需要做出调整。

③将每项风险因素的权重与相应的等级值相乘，求出该项风险因素的得分。得分越高的风险因素对项目影响越大。因此，在此基础上可以确定出主要风险因素。

得分的计算公式如下：

$$\text{某种风险因素的得分}=\sum_{i=1}^{n}\text{专家对该风险因素权重的打分}\times\text{专家赋予该风险因素的等级值}$$

式中 n 表示参与风险评估的专家人数

④将逐项风险因素的得分相加得出工程项目风险因素的总分，总分越高、风险越大。

这种方法的一个明显缺点是，将不同专家的意见等同对待，未考虑专家在某一方面的专长。为了规范这种方法，可根据专家的经验，以及其对所评估项目的了解程度、知识领域等，对专家评分的权威性确定相应的权重值。权威性权重值的设定主要考虑进行工程承包和项目管理工作的经验；对工程项目投标的市场环境、社会环境、政治环境和经济环境等方面的了解程度；对有关工程项目实施的技术的掌握程度；对风险管理方法的认识程度等。该权威性的取值建议在 0.5～1.0 之间，1.0 代表专家的最高水平，其他专家取值可相应减少。这样，具体风险因素的最后风险得分值为每位专家评定的风险得分乘以该专家的权威性权重值的总和。

(4) 数量方法。数量方法是指那些运用统计和数学方法进行信息处理和风险评估的方法。主要包括层次分析法、决策树法、计划评审技术、网络图法和敏感性分析法等。需要指出的是，这些方法并不是适用于所有项目，也不是适用于项目的所有阶段，在实际应用时需要考虑项目的规模、类型、项目目标的性质。如计划评审技术和敏感性分析主要应用在项目可行性决策和投标阶段。

7.3.2 工程风险的防范

工程项目的风险防范指项目负责人运用政治、经济和法律等手段对可能发生的风险进行有效的预防，以及对已发生的风险进行及时的补救，以把损失减少到最小。风险防范的技术有很多种，但归纳起来不外乎以下两种最基本的手段：一是控制法；另一种是财务法。

1. 风险控制

风险控制指为了降低损失概率、缩小损失幅度或减低意外损失的不可预测性所为之的任何行动。在这个定义里，应注意三点：第一，风险控制直接与实际毁损问题有关，也即直接改善风险单位损失的特性使风险可以被人们预测控制，用来降低损失概率和缩小损失幅度。至于如何计算损失，与风险控制对策并无关系。第二，任何特定的风险控制对策会因经济个体的不同而有不同层面的影响。例如，设立天桥对行人而言可免除身体受伤的人身风险；对汽车驾驶者而言，可免除责任风险。第三，任何特定的风险控制仅与所要控制的特定损失有关。例如自动洒水系统仅与特定的火灾毁损有关而与此系统所导致的水灾损失无关，安置氧气瓶可使煤矿工人免除呼吸困难，但也有引起爆炸的可能。综合上述三点，风险控制对策属于风险防范技术的积极对策。风险控制的主要方法有以下几种：

（1）风险规避。风险规避是指为了不产生所要避免的风险，或者是为了完全消除既存风险所采取的行动。简单地说就是企图完全降低损失发生几率直至为零的行动。这个对策是所有风险对策中唯一“完全能自足”的风险对策，即风险如能完全避免就不会产生损失，则其他风险对策就不需要了。因此风险就完整地被人们处理了，所以称它为完全能自足对策。规避风险常用的形态主要有三种：一是根本就不从事可能产生某特定风险的任何行动。二是中途放弃可能产生某种特定风险的行动。三是放弃已经承担的风险以避免更大的损失。这三种规避风险的形态都反映了工程项目的负责人对风险的消极态度。

（2）损失控制。损失控制是指有意识地采取行动防止或减少风险的发生以及所造成的经济及社会损失。它包括两方面的工作：一是在损失发生之前，全面地消除损失发生的根源，尽量减少损失发生的概率；二是在损失发生之后努力减轻损失的程度。损失控制是风险控制中最重要也是最常用的对策。它具有积极改善风险损失的特征。例如，一栋建筑物在施工前设计阶段就考虑其抗震、防震设计是最常见的损失控制措施，有了这种设计不但使建筑物积极地进行施工，而且也使施工完成之后，建筑物如遭受地震作用仍可无恙，从而缩小了可能造成的极大损失。

（3）风险分离。风险分离基于“不要把所有的鸡蛋放在同一个篮子里”的原理。根据这一原理，风险分离主要有两种方法。一种方法是将面临损失的风险单位分割，即“化整为零”，而不是将它们全部集中在可能毁于一次损失的同一地点。例如，大型运输公司分几处建立自己的车库，以防止火灾的发生。这种分割客观上减少了一次事故的最大预期损失，但却增加了独立风险单位的数量。另一种方法是增加风险单位数量，不是采用“化整为零”的措施，而是完全重复生产备用的资产或设备，只有在使用的资产或设备遭受损失之后才会把他们投入使用。例如，企业的重要资料要进行备份、企业要储备机械设备的重要零部件等。

（4）控制型风险转移。风险转移是风险控制的另一种手段。经营实践中有些风险无法通过上述手段进行有效控制，经营者只好采取转移手段以保护自己。风险转移的手段常用于工程承包中的分包和转包、技术转让和财产出租。合同、技术和财产的所有人通过分包或转包工程、转让技术或合同、出租设备或房屋等手段将应有其自身全部承担的风险部分或全部转移至他人，从而减轻自身的风险压力。

2. 风险理财

风险理财是指对损失复原所需要资金的来源和用途进行管理的一种科学方法。具体来说，就是在损失发生前对资金来源进行计划和安排，在损失发生时或发生后对资金用途进行引导和控制。风险理财的方法主要有两种，即风险的财务转嫁和风险承担。

（1）风险财务转移。风险的财务转移指风险转移人寻求用外来资金补偿确实会发生或已发生的风险。保险是转移风险最常用的方法。项目班子只要向保险公司交纳一定数额的保险费，当风险事故发生时就能获得保险公司的补偿，从而将风险转移给保险公司。在国际上，建设项目的业主不但自己为建设项目施工中的风险向保险公司投保，而且还要求承包人也向保险公司投保。

（2）风险承担。风险承担是指企业本身自己承受风险所致的损失。在其他风险防范技术无法有效处理风险，也无法避免、转移和加以控制的情况下，企业只好自己承受风险。当然，并不是说风险承担是一种不重要的风险防范技术，相反地，它在风险管理中的地位已逐渐受到企业界的重视。当风险导致的损失概率和幅度都比较低，而且风险所造成的最大损失对企业而言并不严重时，企业自己承担风险较为适当。

本章小结

1. 风险是指损失的不确定性。风险具有客观性、随机性、相对性、可变性和可测性的特点。风险按性质分为纯粹风险和投机风险；按产生的原因分为自然风险、政治风险、经济风险、社会风险、组织风险和技术风险；按损害对象分为财产风险、人身风险、责任风险和信用风险；按产生风险的环境分为静态风险和动态风险。

2. 风险事故造成的损失或减少的收益以及为防止发生风险事故采取预防措施而支付的费用，都构成了风险成本。风险成本包括风险损失以及预防与控制风险的费用。

3. 风险管理是指对风险从认识、分析乃至采取防范和处理措施等一系列过程。损失发生前，风险管理应实现节约成本、消除精神痛苦、履行社会义务等目标。损失发生后，风险管理应达到维持生存、迅速恢复生产与生活、经济上实现稳定的收益并持续增长和尽社会责任等目标。

4. 风险管理应是一个系统地、完整的过程，一般也是一个循环的过程。风险管理包括风险识别、风险分析、风险评估、风险控制和风险监控五方面的内容。

5. 工程风险是指一项工程在设计、施工及移交运行的各个阶段可能遭受的，影响项目系统目标实现的风险。工程风险主要包括业主的风险、承包人的风险和监理咨询的风险。

6. 为了更准确地认识风险、保证目标规划的合理性和计划的可行性、合理选择风险对策，形成最佳风险对策组合，就要对工程风险进行评估。风险评估所涉及的方法主要有实地考察、运用第二手资料、调查打分法和数量方法。

7. 工程项目的风险防范指项目负责人运用政治、经济和法律等手段对可能发生的风险进行有效的预防，以及对已发生的风险进行及时的补救，以把损失减少到最小。风险防范的技术有很多种，但归纳起来不外乎以下两种最基本的手段：一是控制法；另一种是财务法。

复习思考题

1. 如何理解风险的含义？风险具有什么属性？

2. 投机风险和纯粹风险有什么区别？动态风险和静态风险有什么区别？

3. 如何计量风险的成本？

4. 在风险管理的过程中主要经过哪几个程序？

5. 业主主要面临的风险有哪些？承包商主要面临的风险有哪些？监理咨询师面临的风险又有哪些？

6. 为什么要进行风险评估？最常用的风险评估方法有哪些？

7. 如何防范工程风险？

参考文献

[1] 宋明哲．现代风险管理．北京：中国纺织出版社，2002
[2] 吴小平．保险原理与实务．北京：中国金融出版社，2002
[3] 马水伟．各国保险法规制度对比研究．北京：中国金融出版社，2002
[4] 张洪涛，郑成功．保险学．第2版．北京：中国人民大学出版社，2002
[5] 郭颂平，赵春梅．保险基础知识．北京：中国金融出版社，2001

第8章 保险基础

本章概要

1. 叙述保险的概念与特征；
2. 描述保险的产生与发展、职能与作用；
3. 介绍保险的基本原则；
4. 叙述保险的基本分类；
5. 叙述保险合同的概念及其法律特征；
6. 叙述保险合同的种类；
7. 描述保险合同的成立、生效、履行及其变更；
8. 描述保险合同争议的解决；
9. 介绍世界国际保险市场的发展及主要的国际保险组织。

8.1 保险概述

8.1.1 保险的产生与发展

1. 古代的保险思想和保险雏形

人类社会从开始就面临着自然灾害和意外事故的侵扰。在与大自然抗争的过程中，古代人们就萌生了对付灾害事故的保险思想和原始形态的保险方法。我国历代王朝都非常重视积谷备荒。春秋时期孔子“耕三余一”的思想就是颇有代表性的见解。孔子认为，每年如能将收获粮食的1/3积储起来，这样连续积储3年，便可存足1年的粮食，即“余一”。如果不断地积储粮食，经过27年可积存9年的粮食，就可达到太平盛世。

在国外，保险思想和保险雏形在古代就已经产生。据史料记载，公元前2000年，两河流域的巴比伦王国，国王曾下令僧侣、法官及村长等对他们所辖境内的居民收取赋金，用以救济遭受火灾及天灾的人们。在古埃及石匠中，曾有一种互助基金组织，向每一成员收取会费以支付个别成员死亡后的丧葬费。古罗马军队中的士兵组织，也以收取会费作为士兵阵亡后对其遗属的抚恤费用。

2. 现代保险业的形成与发展

(1) 海上保险。海上保险在各类保险中起源最早。正是海上保险的发展，推动了整个保险业的繁荣与发展。人类历史的发展，一直与海洋密不可分。海上贸易的获利与风险是共存的，在长期的航海实践中逐渐形成了由多数人分摊海上不测事故所致损失的方式—共同海损分摊。在公元前916年罗地安海立法中规定："为了全体利益，减轻船只载重而抛弃船上货物，其损失由全体受益方来分摊"。在罗马法典中提到共同海损必须在船舶获救的情况下，才能进行损失分摊。现代海上保险是由古代巴比伦和腓尼基的船货抵押借款思想逐渐演化而来的。14世纪以后，现代海上保险的做法已在意大利的商人中间开始流行，1384年，在佛罗伦萨诞生了世界上第一份具有现代意义的保险单。这张保单承保一批货物从法国南部阿尔兹安全运抵意大利的比萨。在这张保单中有明确的保险标的及明确的保险责任，如"海难事故，其中包括船舶破损、搁浅、火灾或沉没造成的损失或伤害事故"。在其他责任方面，也列明了"海盗、抛弃、捕捉、突袭"等所带来的船舶及货物的损失。16世纪时，英国商人从外国商人手里夺回了海外贸易权，积极发展贸易及保险业务。到16世纪下半叶，经英国女王特许，在伦敦皇家交易所内建立了保险商会，专门办理保险单的登记事宜。1720年经女王批准，英国的"皇家交易"和"伦敦"两家保险公司正式成为经营海上保险的专业公司。

(2) 火灾保险。火灾保险起源于1118年冰岛设立的Hrepps社，该社对火灾及家畜死亡损失负赔偿责任。17世纪初德国盛行互助性质的火灾救灾协会制度，1676年，第一家公营保险公司－汉堡火灾保险局由几个协会合并宣告成立。但真正意义上的火灾保险是在伦敦大火之后发展起来的。1666年9月2日，伦敦城被大火整整烧了五天，市内448亩（1亩$=666.6m^2$，下同）的地域中373亩成为瓦砾，占伦敦面积的83.26%，13 200户住宅被毁，财产损失1 200多万英镑，20多万人流离失所，无家可归。灾后幸存者非常渴望能有一种可靠的保障，来对火灾所造成的损失提供补偿，因此火灾保险对人们来说已显得十分重要。在这种情况下，聪明的牙医巴蓬1667年独资设立营业处，办理住宅火险，1680年他与另外三人集资4万英镑，成立火灾保险营业所，1705年更名为菲尼克斯即凤凰火灾保险公司。1710年，波凡创立了伦敦保险人公司，后改称太阳保险公司，接受不动产以外的动产保险，营业范围遍及全国。进入19世纪，在欧洲和美洲，火灾保险公司大量出现，承保能力有很大提高。随着人们的需要，火灾保险所承保的风险也日益扩展，承保责任由单一的火灾扩展到地震、洪水、风暴等非火灾危险，保险标的也从房屋扩大到各种固定资产和流动资产。19世纪后期，随着帝国主义的对外扩张，火灾保险传到了发展中国家和地区。

(3) 人寿保险。在海上保险的产生和发展过程中，一度包括人身保险。15 世纪后期，欧洲的奴隶贩子把运往美洲的非洲奴隶当作货物进行投保，后来船上的船员也可投保，如遇到意外伤害，由保险人给予经济补偿，这些应该是人身保险的早期形式。17 世纪中叶，意大利银行家伦佐·佟蒂提出了一项联合养老办法，这个办法后来被称为“佟蒂法”，并于 1689 年正式实行。但直到 1762 年成立伦敦公平保险社才算是真正根据保险技术基础而设立的人身保险组织。

3. 新中国保险 50 余年历史回顾

1949 年 10 月 20 日，中国人民保险公司在北京成立，宣告了新中国第一家全国性大型综合国有保险公司的诞生。1950 年 1 月 4 日《中国人民保险公司组织条例》正式公布。1952 年 1 月，外国保险公司完全退出中国保险市场。1955 年完全废除保险经纪人制度。1958 年 12 月，全国财政会议正式决定全面停办国内保险业务，只保留涉外保险业务继续经营。

1979 年 11 月 19 日，全国保险工作会议在北京召开，停办 20 多年的国内保险业务开始复业；11 月 29 日，中国保险学会成立。1980 年 12 月，除西藏以外 28 个省、自治区、直辖市已恢复人民保险公司分支机构。各级机构总数达 311 个，专职保险干部 3 423 人。1983 年 9 月 1 日，国务院颁布《中华人民共和国财产保险合同条例》，这是新中国成立后第一部财产保险合同方面的规范性法规。1985 年 3 月 3 日，国务院颁布《保险企业管理暂行条例》，此条例共 6 章 24 条，是新中国成立后第一部保险业的法律文件。1988 年 3 月 21 日，中国人民银行批设了一家区域性保险公司—深圳平安保险公司，同年 4 月 27 日正式开业，此为中国第一家股份制保险公司。

1995 年 6 月 3 日八届全国人大常委会审议通过了《中华人民共和国保险法》(以下简称《保险法》)，并于同年 10 月 1 日正式实施。这是我国第一部针对保险行业的立法，是对商业保险的法律规范与协调。保险法的颁布标志着我国保险业法制建设的进步，也为我国保险业的蓬勃发展奠定了法律基础。1995 年 10 月经国务院批准，中国人民保险公司开始机构体制改革，成立中国人民保险（集团）公司，下设中保财产保险有限公司、中保人寿保险有限公司和中保再保险有限公司 3 个子公司。

1998 年 2 月 24 日中国人民银行颁布《保险经纪人管理规定（试行)》。这是我国第一个关于保险经纪人的法规。1999 年 5 月 15 日，中国保险监督管理委员会为规范中介市场，举行全国首次保险经纪人资格考试。2000 年是我国保险市场加快开放步伐的一年，共有 2 家合资保险公司和 2 家外国保险公司分公司获准进入。批设保险经纪公司 8 家，保险专业代理公司 33 家，保险公估公司 3 家，保险中介市场主体框架初步形成。保险监督委员会出台了《保险公司管理规定》等一系列行政规章和规范性文件44个，进一步完善保险法律法规，在除拉萨外的30个省会城市和深圳市设立了31个保监办，扩大了保险公司分支机构的经营区域，允许跨地区开办大型商业保险和统括保单业务。

2002年我国保险业继续在发展、并在市场化和监管的道路上健康运行。同年7月，中国保监会在北京召开全国保险工作座谈会，会议重点研究了解决保险业发展、保险中介市场发展、国有保险公司体制改革、车险条款费率管理制度改革和保险市场整顿工作等重要问题。当年10月，国务院决定，任命吴定富为中国保险监督管理委员会主席。中国人寿保险公司2002年保费收入顺利突破1 000亿元，实现了历史性跨越。12月，中国人民保险公司自主制定的机动车辆保险改革方案，获得中国保险监督管理委员会批准，该公司将从2003年1月1日起正式实施新的车险条款费率，这是自全国车险条款费率改革以来，首家获得中国保监会批准实施的车险条款费率。2003年我国保险业改革取得重要进展，随着新《保险法》的实施，进一步体现了对被保险人的保护。中国保监会晋升为国务院直属正部级单位，与银监会、证监会一起成为我国金融监管的“三驾马车”。保监会加大对行政法规调整的力度，营造更宽松的保险市场环境，三家国有保险公司顺利完成重组改制工作。中国人民财产保险股份有限公司和中国人寿保险股份有限公司相继在境外成功上市，实现了保险公司上市零的突破，为国有保险公司下一步的发展打下了坚实基础。我国保险业正呈现出欣欣向荣、生机勃勃的新气象。

8.1.2 保险的概念与特征

1.保险的定义

关于保险的定义，有多种说法，至今仍有争议。要全面理解保险这一概念，可以从不同的角度进行定义：

(1) 从经济角度看，保险是集合同类风险分担损失的一种财务安排。通过保险，少数不幸的被保险人的损失由包括受损者在内的所有被保险人分摊，是一种非常有效的财务安排。

(2) 从法律角度看，保险是一种合同行为。保险是保险人和投保人之间的合同行为，双方在法律地位平等的基础上，经过自愿的要约和承诺，达成一致意见并签订合同。投保人通过履行缴付保险费的义务，换取保险人为其提供保险经济保障的权利，体现了民事法律关系主体之间的权利和义务关系。

(3) 从社会的角度看，保险是社会经济保障制度的重要组成部分，使社会生产和社会生活的“稳定器”。

(4) 从风险管理的角度看，保险是风险管理的一种方法，通过保险，可以起到分散风险，消化损失的作用。

《保险法》第1章第2条规定："本法所称保险，是指投保人根据合同约定，向保险人支付保险费，保险人对合同约定的可能发生的事故因其发生所造成的财产损失承担赔偿保险金责任，或者当被保险人死亡、伤残、疾病或者达到合同约定的年龄、期限时，承担给付保险金责任的商业保险行为"。

2. 保险的特证

(1) 经济性。保险是一种经济保障活动，保险经济保障活动是整个国民经济的有机组成部分，其保障对象即财产和人身直接或间接属于社会生产中生产资料与生产力两大经济要素，其实现保障的手段，最终都必须采取支付货币的形式进行补偿或给付，其保障的根本目的，无论从宏观角度还是从企业微观角度，都是为了有利于经济发展。

(2) 互助性。保险具有"一人为众，众人为一"的互助特性。保险在一定条件下，分担了个别单位和个人所不能承担的风险，从而形成了一种经济互助关系。这种经济互助关系通过保险人用多数投保人缴纳的保险费所建立的保险基金对少数遭受损失的被保险人提供补偿或给付而得以体现。

(3) 科学性。保险是以科学的方法处理风险的有效措施。现代保险经营以概率论和大数法则等科学的数理理论为基础，保险费率的厘定、保险准备金的提存等都是以科学的数理计算为依据的。

(4) 商品性。在商品经济条件下，保险是一种特殊的劳务商品，保险业属于国民经济第三产业。所以，保险体现了一种等价交换的商品经济关系。这种商品经济关系直接表现为个别保险人与个别投保人之间的交换关系，间接表现为在一定时期内全部保险人与全部投保人之间的交换关系。

(5) 法律性。从法律角度看，保险是一种合同行为。保险是依法按照合同的形式体现其存在的。保险双方当事人要建立保险关系，形式是保险合同。保险双方当事人要履行其权利和义务，其依据也是保险合同。

8.1.3 保险的构成要素

保险的要素是指进行保险经济活动所应具备的基本条件，是区别于其他经济活动的主要标志。一般地说，现代商业保险的要素包括：

1. 可保风险的存在

可保风险是指符合保险人承保条件的特定风险，是风险的一种形式。因此，可保风险的存在，是构成保险的第一条件。也就是说，无风险则无保险。

2. 大量同质风险的集合与分散

保险的经济补偿活动的过程，既是风险的集合过程，又是风险的分散过程。保险人通过保险将众多投保人所面临的分散性风险集合起来，当发生保险责任范围内的损失时，又将少数人发生的风险损失分摊给全体投保人，即通过保险的补偿或给付行为分摊损失或保证经营稳定。

3. 保费率的厘定

保险在形式上是一种经营保障活动，而实质上是一种商品交换行为。因此，制定保险商品价格，即厘定保险费率，便成为保险的一个基本要素，但是保险商品交换行为又是一种特殊的经济行为，为保证保险双方当事人的利益，保费率的厘定要做到如下几点：

（1）遵循费率的基本原则。保险费率的厘定应当遵循的基本原则是：适度性原则、合理性原则和公平性原则。适度性原则是指保险费率的确定应当能够足以抵补一切可能发生的损失以及有关的营业费用。合理性原则是指保险费率不应在抵补一切可能发生的损失以及有关的营业费用后，获得过多或者超额的利润。公平性原则是指被保险人的风险状况与其承担的保险费率要尽量一致，或者说被保险人能按照风险的大小、比例分担保险的损失与费用。

（2）以完备的统计资料为基础，运用科学的计算方法。保险费率的厘定是依据历史的资料预测未来，根据大数法则的要求，保额损失率指标必须有足够的年数，一般至少需要有保险事故发生比较正常的连续五年以上的资料，而不能以一年为限。因为各年的保额损失率只是频率值，具有不稳定性，只有将若干年的保额损失率加以平均，才能接近损失概率。然而，这也仅仅是厘定费率的基本依据。考虑到以后年度的变化因素，通常又会在平均保额损失率的基础上，另加一、两次或三次均方差数值，作为保险附加。

（3）接受国家和政府保险监管机关的审核或备案。保险费率竞争同样是保险市场竞争的有效手段之一。为防止各保险公司间保费率的恶性竞争，一些国家对于一些保险费率的厘定，采取同业行会制定统一费率予以制约或由国家保险监管部门审定某些费率。

4. 保险金的建立

保险的分摊损失与补偿功能是建立在具有规模的保险基金基础上的。保险基金是用以补偿或给付因自然灾害、意外事故和人体自然规律所致的经济损失、人身损害及收入损失，并由保险公司筹集、建立起来的专项保险货币基金。

5. 保险合同的订立

作为经济关系，保险是投保人与保险人之间的商品交换关系，这种经济关系需要有关法律关系对其进行保护和约束，即通过一定的法律形式固定下来，这种法律形式就是保险合同。风险的最基本特征是不确定性，这就要求保险人与投保人应在确定的法律和契约关系约束下履行各自的权利与义务。倘若不具备在法律上或契约上规定的各自的权利与义务，那么，保险经济关系便难以成立。

8.1.4 保险与相似制度比较

从表面上看，现有一些制度与保险相类似。因此，人们往往容易把保险与这些相似制度相混淆。为了更清晰地理解保险的内涵，现将保险与一些相似制度进行比较。

1. 保险与互助保险

保险与互助保险既有共同性的一面，也有其差异性的一面。二者的共同性主要表现为：保险与互助保险均以一定范围的群体为条件；保险与互助保险均具有“一人为众，众人为一”的互助性质。

保险与互助保险的差异主要表现为：

①保险的互助范围以全社会公众为对象，而互助保险的互助范围则是以其互助团体内部成员为限。

②保险的互助是其间接后果而不是直接目的，而互助保险的互助则是直接目的。

③保险是按照商品经济原则，以盈利为目的而经营的商业保险行为，而互助保险的互助则是以互济为目的的非商业活动。

由于二者有上述性质上的差别，二者成为两种不同的事物，互助保险不属于商业保险范畴。

2. 保险与社会保险

保险与社会保险的共同之处主要有：保险与社会保险均以社会公众为对象；保险与社会保险均以缴纳一定保险费为条件。

保险与社会保险的区别主要有：

①保险的实施方式大多采取自愿原则，而社会保险是由法律或行政法规规定的强制性行为。

②保险公司经营是以盈利为目的，而国家举办社会保险则是以社会安定为宗旨。

③保险是以“公正性”费率为准则，而社会保险则是以“均一保费制”为主要缴费原则。

④保险以现代企业为其经营主体，而社会保险则是以事业单位为经办主体。

可见，社会保险不属于商业保险范畴。

3. 保险与社会福利

保险与社会福利，就其对社会经济生活的安定作用来看，两者有共同之处，然而，保险与社会福利之间的差异是十分显著的。

①保险以商业保险公司为提供保障的主体，而社会福利则是以社会为主体。

②保险以投保人缴纳保险费为前提，而社会福利则不以个人缴费为前提。

③保险是以损失或收入减少为受益条件，而社会福利则无此限制，是以国家规定的某些条件为依据。

④保险是以补偿为己任，而社会福利则是以改善和提高公民的生活为宗旨。

可见，社会福利不属于商业保险范畴。

4.保险与社会救济

保险与社会救济，就其都是以一定的风险事故的发生而对人们的生产或生活带来一定的困难为条件这一点来说，具有相同之处。但保险与社会救济的根本性质是不同的。

①保险风险事故是以保险合同规定的范围为限，而社会救济的风险事故则是以造成生产或生活的困难为前提。

②被保险人所得到的保险补偿或保险金与其（或投保人）交纳的保费收入的多少有直接关系，而在社会救济下个别人所得到的救济金额与其对社会的贡献无直接关系。

③提供保险补偿的主体是商业保险公司，而社会救济是以国家为主体。

④保险是商业行为，而社会救济是社会行为。

可见，社会救济不属于商业保险范畴。

5.保险与储蓄

保险与储蓄都具有以现在的积累解决以后的需要这一共同特点。保险与储蓄的差异在于：

①保险是以一定的群体为条件，而储蓄则是以个人或单位为主体。

②保险属于他助行为，而储蓄属于自助行为。

③保险与储蓄的受益期限不相同，保险由保险合同规定受益期限，在合同有效期内，不论何时出险，均可得到补偿；而储蓄则以本息返还期限为受益期限，单纯的储蓄行为不属于保险范畴。储蓄不属于商业保险，然而，保险与储蓄相结合的储蓄性保险，则属于商业保险范畴。

8.1.5 保险的职能和作用

1.保险的职能

保险职能是指保险内在的固有的功能。它是由保险的本质和内容决定的。一般认为，保险的职能有基本职能和派生职能之分。

(1) 基本职能。基本职能有经济补偿职能和经济给付职能之分。

①经济补偿职能。在保险活动中，保险人作为组织者和经营者，通过与投保人

订立保险合同的方式，集合众多遭受同样风险威胁的被保险人，按损失分摊原则向每个投保人收取保险费，建立保险基金，用以对某些被保险人因约定保险事故造成的损失给予经济补偿，从而实现保险的独特的社会功能。

②经济给付职能。由于人的价值是很难用货币计价的，所以，人身保险是经过保险人和投保人双方约定进行给付的保险。因此，人身保险的职能不是损失补偿，而是经济给付。

（2）派生职能。派生职能有融资职能和防灾防损职能之分。

①融资职能。保险的融资职能，就是保险融通资金的职能或保险资金运用的职能。保险的补偿与给付的发生具有一定的时差性，这就为保险人进行资金运用提供了可能。同时，保险人为了使保险经营稳定，必须壮大保险基金，这也要求保险人对资金进行运用，因此，保险又派生了融资的职能。

②防灾防损职能。保险的防灾防损职能是指保险人参与了防灾防损活动，提高了社会的防灾防损能力。保险公司从自身效益出发，愿意主动参与防灾防损工作。防灾防损工作做得好，保险事故就发生的少，保险公司的经济赔偿就会减少，利润就会增加。保险公司从主观利益出发采取的行动，如进行防灾防损宣传，向防灾防损部门投资等，从客观上促进了全社会防灾防损工作的开展，减少了保险事故造成的损失。

2.保险的作用

（1）保障社会再生产的正常运行。在社会再生产过程中，各生产部门之间保持合理的比例关系，是社会再生产过程连续进行的必要条件。但是，再生产过程中这种合理的比例关系，以及再生产的连续性，会因各种自然灾害和意外事故儿被迫中断和失衡，并导致连带损失。也就是说，这些风险不仅会造成生产单位本身的损失，而且会造成相关生产单位的连带损失。

（2）促进社会经济的发展，保障社会稳定。通过保险这一保障机制，不仅能补偿投保人的损失，保障生产的正常进行，而且，通过转移被保险人的风险，解除投保人的后顾之忧，并在保险期间，向投保人提供风险管理服务，具有促进经济发展的作用。同时，保险通过分散风险及提供经济补偿，建立完善的经济保障制度，对全社会的稳定具有积极的作用。

（3）有助于推动科技发展和对外经济贸易发展。科技进步已成为经济发展中最主要的推动力，面向高新技术的风险投资已成为现代社会重要的经济活动。但高科技的开发同样有风险，因此，保险公司所提供的保障，有利于企业开发新技术、新产品，推动科技快速发展。同时，保险在对外经济贸易和国际经济交往中是不可缺少的环节。保险业的发展，有力地促进对外经济贸易，使国际经济交往得到有效保障，带来巨额的无形贸易净收入，成为国家积累外汇资金的重要来源。

（4）保险有助于企业及时恢复生产。如果企业参加了保险，在遭受保险责任范围内的风险损害时，就可以从保险公司及时取得相应的赔偿，从而及时购买受损的设备和原材料来恢复生产，保障企业生产和流通连续不断地进行。

（5）有利于安定人民生活和均衡消费。保险公司通过对社会成员承保家庭财产险和各种人身意外伤害险，当被保险人遭受各种天灾人祸或收入损失时，保险公司通过及时提供赔偿或给付保险金，就可以帮助被保险人重建家园，安定被保险人的生活。同时，可以将节省下来的过去生产财富用于未来的生活需要，也是对人的一生所需消费的一种均衡。

8.2 保险的基本原则与种类

8.2.1 保险利益原则

1.保险利益原则的概念

保险利益原则也称可保利益原则，指投保人或被保险人对保险标的具有的法律上承认的利益。保险利益原则是保险合同的基础，是订立保险合同和履行保险合同的重要条件。投保人对保险标的不具有保险利益的，保险合同无效。

2.保险利益原则的意义

（1）可以有效地避免产生赌博行为。保险和赌博都具有射幸性，以与自己毫无利害关系的保险标的投保，投保人就可能因保险事故的发生，而获得高于所交保险费几十倍的额外收益，这种收益不是对损失的补偿，是以小的损失谋取较大的经济利益的投机行为。保险利益原则规定，投保人的投保行为必须以保险利益为前提，一旦保险事故发生，投保人获得的就是对其实际损失的补偿或给付，这就把保险与赌博进行了本质上的区分。维护了正常的社会秩序，保证了保险事业的健康发展。

（2）可以防止道德危险的发生。投保人以与自己毫无利害关系的保险标的投保，就会出现投保人为了谋取保险赔偿而任意购买保险，并盼望事故发生的现象，增加了道德风险事故的发生。在保险利益原则规定下，由于投保人与保险标的之间存在利害关系的制约，投保的目的是为了获得一种经济保障，一般不会诱发道德风险。

（3）规定了最高的赔付限额。保险人赔偿或给付保险金的最高金额，不能超过保险利益，否则就容易诱发道德风险和赌博行为。

3.保险利益原则的构成条件

（1）必须为合法的利益。投保人对保险标的所具有的利益要为法律所承认。只有在法律上可以主张的合法利益才能受到国家法律的保护，因此，保险利益必须是符合法律规定的、符合社会公共秩序、为法律所认可并受到法律保护的利益。合法利益体现在保险标的存在的合法性、投保人与保险标的关系的合法性等方面。如毒品、赌博、偷税漏税、盗窃、走私等非法行为所得的利益不得作为投保人的保险利益而投保等。如果投保人为不受法律认可的利益投保，则保险合同无效。

(2) 必须能以货币计量。由于保险保障是通过货币形式的经济补偿或给付来实现其职能的，如果投保人或被保险人的利益不能用货币来反映，则保险人的承保和补偿就难以进行。因此，投保人对保险标的的保险利益在数量上应该可以用货币来计量，无法定量的利益不能成为保险利益。

(3) 必须为确定的或未来可以实现的利益。保险利益必须是一种确定的利益（现有利益）或未来某一时期内将会实现的利益（期待利益）。现有利益或期待利益在投保时，均可作为确定保险金额的依据。

4. 保险利益的存在时间

在财产保险中，一般要求从保险合同订立时到保险事故发生时，都应存在保险利益，如果投保时具有保险利益，发生损失时已丧失保险利益，则保险合同无效，被保险人无权获得赔偿。但海洋运输货物保险的保险利益在时效上具有一定的灵活性，规定在投保时可以不具有保险利益，但索赔时被保险人对保险标的必须具有保险利益。在人身保险中，由于保险期限长并具有储蓄性，因而强调在订立保险合同时投保人必须具有保险利益，而索赔时不追究有无保险利益，即使投保人对被保险人因离异、雇佣合同解除或其他原因丧失保险利益，并不影响保险合同效力，保险人仍负给付被保险人保险金的责任。

8.2.2 最大诚信原则

1. 最大诚信原则的含义

诚实信用是世界各国民事、商事活动都应遵循的基本原则，也是保险活动应当遵循的基本原则。从事保险活动必须遵守法律、行政法规，遵循自愿和诚实信用的原则。所谓诚实信用就是指任何一方当事人对另一方当事人不得隐瞒、欺骗，做到诚实；任何一方当事人都应善意地、全面地履行自己的义务，做到守信用。由于保险经营活动的特殊性，保险活动中对诚信原则的要求更为严格，要求做到最大诚信。因此，最大诚信原则是指保险双方在签订和履行保险合同的整个过程中，必须诚实守信，以最大的诚意恪守信用，如实告知重要情况，不欺骗、不隐瞒，并保证正确履行各自的权利与义务。在保险活动中，最大诚信原则以法律的形式最早出现于英国的《1906 年海上保险法》条文中。

最大诚信原则是保险合同成立以及顺利履行的充分必要条件，双方都必须恪守这一原则。保险人违背这一原则，由保险监督管理部门按照保险法规予以处理，以切实保障被保险人的利益。如若投保人或被保险人不履行最大诚信原则，则保险人便可依法解除保险合同，宣告合同自始无效；如果构成欺诈的，保险人还可以向有关责任人提出损害赔偿的诉讼。

2. 规定最大诚信原则的原因

保险经营活动的特殊性决定了保险活动必须遵循最大诚信原则，主要是由于在整个保险经营活动中，保险标的始终控制在投保人、被保险人手中，投保人对保险标的的价值及风险状况最为了解，保险人则没有足够的人力、物力、财力对保险标的的价值及风险状况进行详细的调查研究，保险人往往根据投保人一方告知的保险标的的情况决定是否同意承保或者提高保险费率。所以，保险经营活动要能正常进行，就要求投保人一方必须遵循最大诚信原则，将保险标的情况如实告知保险人。同时，由于保险合同是附和合同，保险条款是由保险人事先拟定好的，具有较强的专业性和技术性，这就要求保险人也必须遵循最大诚信原则，将保险合同的条款内容尤其是责任免除条款告知投保人和被保险人。

3. 最大诚信原则的基本内容

最大诚信原则的基本内容包括告知、不得隐瞒、保证、弃权与禁止反言等。

(1) 告知。告知是指在保险合同订立过程中，当事人依法应将与合同订立有关的事实如实向对方陈述或说明的义务。告知包括口头和书面陈述。但告知应视为主动陈述，而不是被动说明，而且告知是投保人或被保险人应尽的义务。

告知的立法形式，国际上主要有客观告知和询问回答告知两种。客观告知义务是指法律上对告知内容没有作具体而又确切的规定，只要事实上与保险标的危险状况有关的任何重要事实都有告知的义务。法国、比利时等国采用这一形式；询问回答告知义务是指投保人或被保险人对保险人询问的问题，必须如实申报，对询问以外的问题则没有告知义务。保险人没有询问的问题一般被视为非重要事情，投保人可以推断其已知或应知。目前大多数国家的保险都采用这种询问式的告知义务形式，我国也同样如此。

值得注意的是，如果投保人已将有关危险标的重要情况告知保险代理人，如室内存放爆竹易燃物，而保险代理人明知其为火灾保险所不允，仍称无关紧要，并发出保险单收取保险费，则以后发生火损事故，保险人就不能拒赔。人寿保险一般还有不可抗辩条款，即合同生效满一定时期后，保险人就不能再以投保人在投保当时没有如实告知为理由，而主张保险合同自始无效。也就是说，保险人要在一定时期内审核投保人或被保险人的告知真实性问题。

(2) 不得隐瞒。告知与隐瞒是一件事情互相联系的两个方面。告知不实为误告，而不予告知则为隐瞒。有人称隐瞒为沉默的误告，它同样可使保险人发生错觉，而订立保险合同。因此，通常公认对一件重要事实的隐瞒与错误陈述在法律影响上是相同的，保险人也有权解除合同。

在海上保险中只要隐瞒重要事实，即可解除合同，而在其他保险中必须是非常重要的和欺诈性质的，才予以解除合同。人寿保险中，在保险单出立之前，被保险人的身体情况有重大改变的，如有癌症症状、心肌中毒等，又故意未向保险人报告的，就可视为投保人或被保险人在投保时隐瞒证据。但如果属众所周知的情况，则不告知也不构成隐瞒。如一家商店与加油站相邻，在投保火灾保险时，未将加油站相邻之事告知保险人，以后商店失火，保险公司不得以隐瞒重要事实而拒赔，因为加油站地点是众所周知的。但如果商店存放易燃易爆物品，故意不作告知便构成了隐瞒，则保险公司有权解除保险合同。

（3）保证。保证是指投保人或被保险人对某一事项的作为或不作为，某种事态的存在或不存在作出的许诺。根据保证存在的形式，可分为明示保证和默示保证。所谓明示保证，是指以文字或书面的形式载明于保险合同中，成为保险合同的条款。明示保证是保证的重要表现形式，又分为承诺保证和确认保证。承诺保证是指投保人或被保险人保证的事项现在如此，将来也必须如此。确认保证是指投保人或被保险人保证的事项现在如此，将来不一定如此。默示保证，一般是国际惯例所通行的准则，习惯上或社会公认的被保险人应在保险实践中遵守的规则，而不载明于保险合同中，是保险实践经验的总结。

（4）保证与告知的区别。保证与告知都是对投保人或被保险人诚信的要求，但二者是有区别的。

①保证是保险合同内容的重要组成部分，除默示保证外，均须列入保险单或其附件中；而告知是保险合同成立前投保人必须履行的义务，并不是保险合同的内容。

②保证在法律上推定其是重要的，任何违反保证的行为，都可以导致保险合同的无效。而投保人违反如实告知义务，并非导致保险合同无效，而是赋予保险人以解除保险合同的权利。

③保证的目的在于控制危险，而告知的目的在于使保险人能够正确估计其所承担的危险。

（5）弃权与禁止反言。弃权是指保险人放弃其在保险合同中可以主张的某种权利；禁止反言是指保险人即已放弃某种权利，日后不得再向被保险人主张这种权利。

8.2.3 近因原则

1.近因原则的概念

所谓近因，是一种能动而有效的原因，是导致损失发生的起决定作用的强有力的原因，而不是指时间上或空间上最接近的原因。近因原则是指保险人只对于所承保危险近因所致的损失负赔偿或给付保险金的责任。

2. 近因原则的认定及适用

认定近因的关键是确定风险因素与损失之间的关系，确定这种因果关系的基本方法有顺推法和倒推法两种。顺推法就是从最初事件出发，按逻辑推理直到最终损失发生，最初事件就是最后一个事件的近因。如雷击折断大树，大树压坏房屋，房屋倒塌致使家用电器损毁，家用电器损毁的近因就是雷击。倒推法就是从损失开始，沿系列自后往前推，追溯到最初事件，如没有中断，最初事件就是近因。如第三者被两车相撞致死，导致两车相撞的原因是其中一位驾驶员酒后开车，酒后开车就是致死第三者的近因。

如果造成保险标的损失的原因只有一个，那么，这个原因就是近因。若这个近因属于承保危险，保险人负赔偿责任；若该项近因属未保风险或除外责任，则保险人不承担赔偿责任。如果是一连串原因导致损失的，第一个原因为近因。一连串原因导致损失，即各原因依次发生，持续不断，且具有前因后果的关系，那么最先发生并造成一连串事故的原因为近因。如果是多个原因导致损失，多个原因为近因，若都属承保危险，全部赔；若部分属承保危险且损失能划分，部分赔；若部分属承保危险但损失不能划分，全部不赔。

8.2.4 损失补偿原则

1. 损失补偿的基本原则

(1) 损失补偿原则的概念。损失补偿原则是指当保险标的发生保险责任范围内的损失时，保险人的赔偿仅限于被保险人遭受的实际损失，通过保险赔偿，使被保险人恢复到受灾前的经济原状，但不能因损失而获得额外收益。即保险补偿就是在保险金额范围内，对被保险人因保险事故所遭受损失的全部补偿。补偿原则只适用于财产保险合同中，而不适用于人身保险合同。

损失补偿原则是保险理赔的重要原则，坚持这一原则，既保障被保险人在受损后获得赔偿的权益，又维护了保险人的赔偿以不超过实际损失为限的权益，使保险合同能在公平互利的原则下履行；同时可以防止被保险人通过赔偿而得到额外利益，避免保险演变成赌博行为以及诱发道德风险的产生。

(2) 保险人的赔偿限额。

①以实际损失为限。在补偿性保险合同中，保险标的遭受损失后，保险赔偿以被保险人所遭受的实际损失为限，全部损失全部赔偿，部分损失部分赔偿。如医疗保险中以被保险人实际花费的医疗费用为限。财产保险中以受损标的当时的市值为限，即以受损标的当时的市场价计算赔款额，赔款额不应超过该项财产损失时的市价。

②以保险金额为限。保险金额是指保险人承担赔偿或者给付保险金责任的最高限额。赔偿金额只应低于或等于保险金额而不应高于保险金额。因为保险金额是以保险人已收取的保费为条件确定的保险最高责任限额，超过这个限额，将使保险人处于不平等的地位。即使发生通货膨胀，仍以保险金额为限。

③以保险利益为限。保险人的赔偿以被保险人所具有的保险利益为前提条件和最高限额，被保险人所得的赔偿以其对受损标的的保险利益为最高限额。财产保险中，如果保险标的受损时财产权益已全部转让，则被保险人无权索赔；如果受损时保险财产已转让，则被保险人对已转让的财产损失无索赔权。

2. 损失补偿的派生原则

(1) 重复保险分摊原则。重复保险是指投保人对同一保险标的、同一保险利益、同一保险事故分别向两个及以上保险人订立保险合同，且其保险金额的总和超过保险价值的保险。为了防止被保险人利用重复保险在数个保险人处重复得到超过损失额的赔偿，以确保保险补偿目的的实现，并维护保险人与被保险人、保险人与保险人之间的公平原则，重复保险的分摊原则应运而生。它是指在重复保险的情况下，当保险事故发生时，各保险人应采取适当的分摊方法分配赔偿责任，使被保险人既能得到充分的补偿，又不会超过其实际损失而获得额外的利益。

重复保险的分摊赔偿方式主要包括比例责任分摊、限额责任分摊和顺序责任分摊三种方式。

①比例责任分摊方式就是各保险人按其承保的保险金额占保险金额总和的比例分摊保险事故造成的损失，支付赔款。其计算公式为：

各保险人承担的赔款＝损失金额×该保险人承保的保险金额/各保险人承保的保险金额总和

【例 1】 某企业投保人分别与甲、乙保险人订立合同的保险金额分别是 100 万元和 120 万元。若保险事故造成财产部分损失 150 万元。那么按比例：甲保险人应赔偿：150 万元×100 万元/220 万元＝68.19 万元；乙保险人应赔偿：150 万元×120 万元/220 万元＝81.81 万元。

②限额责任分摊方式。各家保险公司的分摊不以其保险金额为基础，而是在假设无他保情况下单独应负的赔偿责任限额占各家保险公司赔偿责任限额之和的比例分摊损失金额。其计算公式为：

各保险人承担的赔款＝损失金额×该保险人的赔偿限额/各保险人赔偿限额总和

【例 2】 甲、乙两家保险公司承保同一财产，甲公司保 4 万元，乙公司保 6 万元，实际损失为 5 万元。甲公司在无乙公司的情况下应赔 4 万元，乙公司在无甲公司的情况下应赔 5 万元。在重复保险的情况下，如以责任限额来分摊：甲公司应赔付 5 万元×4 万元/9 万元＝2.22 万元；乙公司应赔付 5 万元×5 万元/9 万元＝2.78 万元。

③顺序责任分摊方式。各保险公司按出单时间顺序赔偿，先出单的公司先在其保额限度内负责赔偿，后出单的公司只在损失额超出前一家公司的保额时，在自身保额限度内赔偿超出部分。

【例 3】 发货人及其代理人同时向甲、乙两家保险公司为同一财产分别投保 10 万元和 12 万元，甲公司先出单，乙公司后出单，被保财产实际损失 16 万元，按顺序责任，甲公司赔款额为 10 万元；乙公司赔款额为 6 万元。

在保险实务中，各国较多采用的是比例责任和限额责任分摊方式，因为顺序责任分摊方式下各承保公司承担的责任有失公平。我国《保险法》规定：重复保险的保险金额总和超过保险价值的，各保险人的赔偿金额的总和不得超过保险价值。除合同另有约定外，各保险人按照其保险金额与保险金额总和的比例承担赔偿责任。

(2) 代位追偿原则。保险事故发生后，如果损失是由被保险人以外的第三者造成，被保险人既可以依据法律规定的民事损害赔偿责任向第三者要求赔偿，也可以依据保险合同规定的索赔权向保险人要求赔偿。如果由保险人和第三者同时赔偿被保险人的损失，就有可能使被保险人获得双重赔偿，这与保险的补偿性质相违背；如果仅由第三者赔偿，又往往会使被保险人得不到及时补偿。于是法律规定了代位追偿原则，以保证当保险标的因第三者责任而遭受损失时，保险人支付的赔款与第三者赔偿的总和，不超过保险标的的实际损失。

代位追偿原则也称代位求偿原则，是损失补偿原则的派生原则，是指当保险责任事故是由第三者责任方引起时，保险人按照合同的约定履行赔偿责任后，依法取代被保险人向第三者责任方索赔的权力，即代位追偿权。代位追偿原则适用于财产保险合同，而不适用于人身保险合同。主要包括权利代位和物上代位。

代位追偿原则的实施条件如下：

①保险人要合法、有效地取得代位求偿权。这是因为保险合同关系是一种法律关系，保险人代位求偿权的合法性，体现在该权利的行使是基于有效保险合同的前提之下的，事故损失发生在保险有效期内，当事人的权利与义务是合法的，被保险人对保险标的具有可保利益。只有在这些前提下，被保险人获取保险赔偿的权利才是合法的，作为保险赔偿关系的当事人——保险人，也才有权利代被保险人行使向第三者责任方的求偿。

②保险人代位求偿权的取得，是建立在严格按照保险合同规定的内容和履行义务的基础之上的，而非通融赔付和自愿赔付的结果。损害事故发生的原因，损害标的，都属于保险责任范围。如若事故发生原因不属保险责任范围，也非保险标的受损，那么保险人也就无需行使赔偿义务。受害当事人只能向有关责任方索赔或自己承担损失，因而也就不能构成代位求偿。

③被保险人必须同时具有法律认可的两种索赔权：损害索赔权和保险索赔权，

并在首先选择了保险索赔时，保险人才适用代位求偿权。损害索赔权是有一定条件的，即保险事故的发生是由第三者责任方造成的，肇事方负有民事损害赔偿责任，这样被保险人才能将向肇事责任方索赔的权利转让于保险人。

④保险人一般是在支付赔款之后，才取得被保险人签署的权利转让书，行使向第三者责任方的求偿，而且其求偿所得只能以支付的赔付金额为限，超过部分应返还给被保险人。这是因为保险代位求偿的目的在于保护被保险人的正当利益，避免道德危险，防止被保险人获取双重赔款，得到额外利益。所以保险人就更不能为获取额外利益而侵害被保险人的权益。

⑤保险人不能对自己的被保险人行使代位求偿权。如若第三者责任方也是同一保险人的责任保险的被保险，保险人就无权向自己的被保险人提出索赔，行使求偿权。

需要注意的是，被保险人将向第三者责任方求偿的有关权利，转让于保险人之后，对不属于保险责任范围的损失，但应由肇事责任方负责赔偿的，仍然有权索赔；代位求偿是第三者责任方追索赔偿的权利，无需承担任何义务；保险人也可放弃代位求偿权，这是由于有时代位求偿所需的法律费用会超过获得的补偿额，或者由于保险人出于保持良好关系的考虑。

8.2.5 保险的种类

1.按照保险的性质分类

按照保险的性质分类，可以将保险分为商业保险和政策保险两类。

(1) 商业保险。商业保险是指投保人根据合同约定，向保险人支付保险费，保险人对于合同约定的可能发生的事故因其发生所造成的财产损失承担赔偿保险金责任，或者当被保险人死亡、伤残、疾病或者达到合同约定的年龄、期限时承担给付保险金责任的商业保险行为。

(2) 政策保险。政策保险是指政府为了政策上的目的，运用普通保险的技术而开办的一种保险。政策保险的种类包括社会政策保险和经济政策保险两大类别。具体包括社会保险、国民生活保险和农业保险等。

2.按照经营主体分类

按照经营主体分类，可以将保险分为公营保险与民营保险。

(1) 公营保险。公营保险又分为国家经营的保险和地方政府或自治团体经营的保险，包括国家强制设立的保险机关经营的保险或国家机关提供补助金的保险。

(2) 民营保险。民营保险是由私人投资经营的保险，具有营利性质的私营保险其形式主要有股份保险公司和个人经营的保险公司，非营利性质的私营保险包括相互保险公司和保险合作社等。

3.按照实施方式分类

按照实施方式分类，可以将保险分为自愿保险与强制保险。

(1) 自愿保险。自愿保险也称任意保险，是指保险双方当事人通过签订保险合同，或是需要保险保障的人自愿组合、实施的一种保险。自愿保险的保险关系，使当事人之间自由决定、彼此合意后所成立的合同关系。投保人可以自主决定是否投保、向谁投保、中途退保等，也可以自由选择保障范围、保障程度和保险期限。保险人也可以根据情况自愿决定是否承保、怎样承保，并且自由选择保险标的，选择设定投保条件等。

(2) 强制保险。强制保险又称法定保险，是国家对一定的对象以法律、法令或条例规定其必须投保的一种保险。法定保险的保险关系不是产生于投保人与保险人之间的合同行为，而是产生于国家或政府的法律效力。法定保险的范围可以是全国性的，也可以是地方性的。法定保险具有全面性与统一性的特征。

4.按照承保方式分类

按照承保方式分类，可以分为原保险、再保险、重复保险和共同保险。

(1) 原保险。原保险是相对于再保险而言的，是指投保人与保险人直接签订保险合同而建立保险关系的一种保险。在原保险关系中，保险需求者将其风险转嫁给保险人，当保险标的遭受保险责任范围内的损失时，保险人直接对被保险人负损失赔偿责任。

(2) 再保险。再保险又称分保，是指保险人将其承担的保险业务，部分或全部转移给其他保险人的一种保险。再保险是保险的一种派生形式。原保险是再保险的基础和前提，再保险是原保险的延伸和补充。

(3) 重复保险。重复保险是指投保人以同一保险标的、同一保险利益、同一风险事故分别与数个保险人订立保险合同，且保险金额总和超过保险价值的一种保险。

(4) 共同保险。共同保险是指投保人与两个以上保险人之间，就同一保险利益，同一风险共同缔结保险合同的一种保险。在实务中，数个保险人可能以某一保险公司的名义签发一张保险单，然后每一保险公司对保险事故损失按比例分担责任。共同保险与再保险的区别在于：

①反映的保险关系不同。共同保险反映的是投保人与各保险人之间的关系，这种保险关系是一种直接的法律关系；再保险反映的是原保险人与再保险人之间的关系，再保险接受人与原投保人之间并不发生直接的关系。

②对风险的分摊方式不同。共同保险的各保险公司对其承担风险责任的分摊是第一次分摊，而再保险则是对风险责任进行的第二次分摊；共同保险是风险的横向分担，再保险则为风险的纵向分担。

5. 按照赔付形式分类

按照赔付形式分类，可以分为定额保险与损失保险。

（1）定额保险。定额保险是指在保险合同订立时，由保险双方当事人协商确定的一定的保险金额，当保险事故发生时，保险人依照预先确定的金额给付保险金的一种保险。定额保险一般适用于人身保险。

（2）损失保险。损失保险是指在保险事故发生后，由保险人根据保险标的实际损失额而支付保险金的一种保险。损失保险一般适用于财产保险。

6. 按照保险标的分类

按照保险标的分类有广义和狭义之分。从广义来看，一般将保险分为财产保险和人身保险两大类，前者包括财产损失保险、责任保险、信用保证保险等；后者包括人寿保险、健康保险、意外伤害保险等。从狭义来看，可分为财产保险、人身保险、责任保险和信用保证保险。

（1）财产保险。财产保险是指以财产及其相关利益为保险标的，因保险事故发生导致财产利益损失，保险人以保险赔款进行补偿的一种保险。广义的财产保险包括财产损失保险、责任保险、信用保证保险等；狭义的财产保险仅只有形的物质财富及其相关利益为保险标的的一种保险。包括火灾保险、海上保险、汽车保险、航空保险、工程保险、利润损失保险、农业保险等。

（2）人身保险。人身保险是以人的身体或生命为保险标的的一种保险。根据保障范围的不同，人身保险可以分为人寿保险、意外伤害保险和健康保险。

（3）责任保险。责任保险是以被保险人依法应负的民事赔偿责任或经过特别约定的合同责任为保险标的的一种保险。责任保险包括公众责任保险、产品责任保险、职业责任保险、雇主责任保险等。

（4）信用保证保险。信用保证保险是一种以经济合同所约定的有形财产或预期应得的经济利益为保险标的的一种保险。信用保证保险是一种担保性质的保险。按担保对象的不同，信用保证保险可分为信用保险和保证保险两种。

8.3 保险合同及其法律关系

8.3.1 保险合同的概念、法律特征及其种类

1. 保险合同的概念

所谓合同，根据《中华人民共和国合同法》（以下简称合同法）第 2 条的规定，是平等主体的自然人、法人、其他组织之间设立、变更、终止民事权利义务关系的

协议。保险合同作为合同的一种，根据《保险法》第 9 条的规定，是投保人与保险人约定保险权利义务关系的协议。那么，《合同法》与《保险法》在规范保险合同方面是一种什么样的关系呢？用一句话概括，《合同法》与《保险法》的关系是普通法与特别法的关系，即有关保险合同的订立、效力、履行、变更和终止等优先适用于《保险法》的规定，当《保险法》没有规定或者规定不明确时，再适用《合同法》的规定；当《合同法》没有规定或者规定不明确时，再适用《民法通则》的规定。

保险合同也称保险契约。根据《保险法》第九条的规定，“保险合同是投保人与保险人约定保险权利义务的协议”，即按照保险合同的约定，投保人有向保险人支付保险费的义务，而保险人则应在合同约定的保险事故发生后，对因其发生所造成的财产损失承担经济赔偿责任，或者当被保险人死亡、伤残、疾病或达到合同约定的年龄、期限时，承担给付保险金的义务。

保险合同是由双方当事人在平等自愿、协商一致的基础上，依法建立危险损失补偿（给付）关系，确立双方权利、义务的协议。

2. 保险合同的法律特征

保险合同作为合同的一种，具有一般合同所具有的法律特征，如保险合同是当事人双方的法律行为，保险合同当事人之间的法律地位平等等。同时，保险合同又是一种特殊的合同，所以又具有某些特殊的法律特征。

（1）保险合同是最大诚信合同。由于保险经营的特殊性，即保险标的掌握在被保险人手中而保险条款由保险人事先拟定，就要求保险合同双方当事人在订立和履行合同中必须遵循最大诚信原则。

（2）保险合同是附合合同（格式合同、标准合同）。保险条款是由保险人事先拟定好的，在订立保险合同时，投保人只要表示接受与否，所以保险合同是附和合同、格式合同和标准合同。

（3）保险合同是双务合同。依据合同双方当事人是否互享权利、互负义务，可以将合同划分为双务合同和单务合同。所谓双务合同，是指合同双方当事人互享权利、互负义务。所谓单务合同，是指合同一方当事人只享有权利不承担义务，而另一方当事人只承担义务不享有权利，如赠与合同等。我国《保险法》第 14 条规定：“保险合同成立后，投保人按照约定交付保险费，保险人按照约定的时间开始承担保险责任”。所以保险合同属于双务合同。

（4）保险合同是射幸性合同。对于单个保险合同而言，如果在保险期限内没有发生保险事故，投保人、被保险人只交纳了保险费，却没有获得实际的保险金赔偿或者给付；但如果在保险期限内发生保险事故，被保险人或受益人获得的保险金赔偿或者给付数额远远大于所缴纳的保险费。因此，对于单个保险合同而言，投保人所缴纳的保险费与获得的保险金是不相等的，所以保险合同具有射幸性特征。但就全部保险合同而言，投保人交纳的纯保险费总额与保险人支付的保险金总额是相等的。

（5）保险合同是诺成性合同。依据合同的成立是否必须交付标的物或完成其他给付为标准划分，可以将合同分为诺成性合同和实践性合同。诺成性合同是指合同在双方当事人的意思表示达成一致时即告成立，即“一诺即成”；实践性合同是指除双方当事人的意思表示达成一致以外，尚需交付标的物才能成立的合同，如定金合同等。我国《保险法》第 13 条规定：“投保人提出保险要求，保险人同意承保，并就合同条款达成协议，保险合同成立”。第 14 条规定：“保险合同成立后，投保人按照约定交付保险费，保险人按照约定的时间开始承担保险责任”。从以上规定可以看出，法律并未规定投保人交纳保险费为合同成立要件，保险合同为“一诺即成”，所以保险合同属于诺成性合同。

（6）保险合同是要式合同。要式合同是指合同的成立必须符合法律规定的形式，合同的主要内容由当事人一方事先制定，而另一方只能对合同的条件做同意或不同意的意思表示，而不能更改合同内容。由于保险合同专业性较强，一般保险合同都是由保险人单方面事先制定合同，而投保人或被保险人只能就合同条件决定是否购买而无权改变合同条件。因此，国际通行的惯例，如果保险合同发生争议，要做有利于被保险人、受益人的解释，我国《保险法》对此也有相同的规定，所以说，保险合同是要式合同。

3. 保险合同的种类

（1）根据保险标的的不同，可以将保险合同分为财产保险合同和人身保险合同。财产保险合同是以财产及其有关利益为保险标的的保险合同；人身保险合同是以人的寿命和身体为保险标的的保险合同。

（2）根据保险合同的性质不同，可以将保险合同分为定额保险合同和补偿保险合同。定额保险合同是指当发生保险事故或约定的给付期限到来时，保险人按照合同约定的金额给付保险金的保险合同。补偿保险合同是指当发生保险事故时，保险人在保险金额内补偿被保险人的实际损失。

（3）在财产保险合同中，以保险标的的保险价值是否由投保人和保险人事先约定并在保险合同中载明为依据划分，可将财产保险合同分为定值保险合同与不定值保险合同。

（4）根据保险金额与保险价值的关系，又可分为足额保险合同、不足额保险合同和超额保险合同。足额保险合同指保险金额等于保险价值的合同；不足额保险合同指保险金额小于保险价值的合同；超额保险合同指保险金额大于保险价值的合同。

（5）以投保人是否就同一保险标的、同一保险利益、同一保险事故与数个保险人订立保险合同为依据划分，可以将保险合同分为单一保险合同、共同保险合同和重复保险合同。单一保险合同指投保人就同一保险标的、同一保险利益、同一保险事故与同一个保险人订立的保险合同。共同保险合同指投保人就同一保险标的、同一保险利益、同一保险事故与数个保险人订立保险合同，保险金额总和未超过保险价值。重复保险合同指投保人就同一保险标的、同一保险利益、同一保险事故与数个保险人订立保险合同，保险金额总和超过保险价值。

(6) 以保险合同的当事人不同、保险标的不同为依据划分，可以将保险合同分为原保险合同和再保险合同。原保险合同指投保人与保险人订立的以财产及其有关利益或人的寿命和身体为保险标的的保险合同。再保险合同指原保险人与再保险人订立的以原保险人承担的保险责任为保险标的的保险合同。

8.3.2 保险合同的成立与生效

1. 保险合同成立和生效的概念

所谓合同成立，是双方当事人的意思表示达成一致。根据我国《合同法》第13条、第25条的规定，当事人订立合同，采取要约、承诺的方式，承诺生效时合同成立。保险合同成立是保险合同双方当事人的意思表示达成一致。根据我国《保险法》第13条的规定，投保人提出保险要求，经保险人同意承保的条款达成协议，保险合同成立。保险合同生效指依法成立的保险合同产生法律效力，对合同双方当事人都有约束力。根据我国《合同法》规定，合同生效有以下情形：合同成立时生效；法律、行政法规规定应当办理批准、登记等手续生效的，自批准、登记时生效；当事人对合同的效力约定了附条件或者附期限的，自条件成就或期限届至时生效。

2. 保险合同成立和生效的关系

保险合同成立是生效的前提，保险合同生效是合同成立的最终目的。我国《合同法》规定：依法成立的合同，自成立时生效。法律、行政法规规定应当办理批准、登记等手续生效的，依照其规定。附生效条件的合同，自条件成就时生效，附解除条件的合同，自条件成就时失效。当事人为自己的利益不正当地阻止条件成就的，视为条件已成就；不正当地促成条件成就的，视为条件不成熟。在我国保险实务中，财产保险合同的生效普遍实行“零点起保制”，即保险合同的生效时间通常在合同成立日的次日零时或约定的未来某一日的零时。我国把“投保人交纳（首期）保费”作为人身保险合同的生效条件。投保人支付了（首期）保险费，合同成立并生效，保险人开始承担保险责任。

8.3.3 保险合同的有效和无效

1. 保险合同有效和生效的关系

保险合同有效和生效的关系可以表述为：保险合同有效是生效的必要条件；保险合同有效，只要所附条件成立或所附期限到来，保险合同就生效；保险合同无效，即使所附条件成立或所附期限到来，保险合同也不生效。

2.保险合同有效的一般条件

订立保险合同是一种民事法律行为，应符合我国《民法通则》第55条对民事法律行为的规定。民事法律行为应当具备下列条件：行为人具有相应的民事行为能力；意思表示真实；不违反法律或者社会公共利益。据此规定，保险合同有效的一般条件是：

(1) 主体资格合法。保险合同主体具有相应的民事行为能力，包括保险合同的当事人、关系人和中介人。

保险合同的当事人包括保险人和投保人。保险人的资格条件是经过保险监督管理机关批准、依法设立的具有法人资格的保险公司，其经营范围包括所承保业务的，就具有订立保险合同的完全民事行为能力，就具备订立保险合同的资格条件。投保人可以是自然人、法人和非法人组织。当投保人为法人和非法人组织时，只要订立保险合同属于其经营范围或设立宗旨内的行为，就具有完全民事行为能力，具有签约资格，能与保险人订立保险合同。当投保人是自然人时，须为完全民事行为能力人。

保险合同的关系人包括被保险人和受益人。被保险人的资格条件在财产保险中，法律没有具体规定。人身保险的被保险人的资格条件有：法人不可能成为被保险人，对被保险人都有年龄和健康方面的限制，其目的在于防止逆选择，稳定保险人的经营。

受益人的资格条件在我国法律中没有具体规定。即被保险人或者投保人可以指定任何人为受益人。

(2) 当事人的意思表示真实。它是指当事人外在的表示行为应当真实地反映内心的效果意思。如前所述，当事人意思表示一致，合同成立。也就是说，当事人意思表示真实，合同有效。如果一方当事人由于重大误解或者因对方的欺诈、胁迫而作出的意思表示就是不真实的，意思表示不真实可导致合同无效或合同可撤销。

(3) 不违反法律或者社会公共利益。只有合法的、符合社会公共利益的保险合同，才会被法律所认可并受法律保护。违反法律、违反社会公共利益的合同可导致合同无效。

3.保险合同有效的特殊条件

保险合同作为一种特殊的合同，如最大诚信合同、附合合同、双务合同、射幸性合同、诺成性合同、要式合同等，其具备特殊的有效条件。

(1) 投保人对保险标的必须具有保险利益。投保人对保险标的应当具有保险利益，如果投保人对保险标的不具有保险利益，保险合同无效。保险利益是指投保人对保险标的具有的法律上承认的利益。

(2) 只有父母可以为其未成年子女（无民事行为能力人）投保以死亡为付保险金条件的人身保险。投保人不得为无民事行为能力人投保以死亡为给付保险金条件的人身保险，保险人也不得承保。父母为其未成年子女投保的人身保险，不受前款规定限制，但是死亡给付保险金额总和不得超过保险监督管理机构规定的限额。

(3) 以死亡为给付保险金条件的人身保险合同，必须经过被保险人的书面同意并认可保险金额。以死亡为给付保险金条件的合同，未经被保险人书面同意并认可保险金额的，合同无效。依照以死亡为给付保险金条件的合同所签发的保险单，未经被保险人书面同意，不得转让或者质押。父母为其未成年子女投保的人身保险，不受第一条规定限制。这主要是为了尊重被保险人的人身权利，让被保险人根据自己对投保人投保动机的判断，作出是否同意的选择，可以防止道德危险，避免投保人为了获得保险金而故意伤害被保险人的行为，以保护被保险人的人身安全。

4. 保险合同的无效

(1) 无效保险合同。无效保险合同指当事人虽然订立，但不发生法律效力，国家不予保护的保险合同。合同无效，指合同自始无效、当然无效、绝对无效。

(2) 保险合同无效的分类。根据保险合同无效的范围，可分为保险合同全部无效和保险合同部分无效。所谓保险合同全部无效主要是指欠缺合同有效条件，使保险合同全部不具有法律效力。所谓保险合同部分无效主要是指欠缺合同有效条件，使保险合同部分不具有法律效力，部分具有法律效力。

(3) 保险合同无效的确认和处理

有下列条件之一的，合同无效：一方以欺诈、胁迫的手段订立合同，损害国家利益；恶意串通，损害国家、集体或者第三人利益；以合法形式掩盖非法目的；损害社会公共利益；违反法律、行政法规的强制性规定；投保人为无民事行为能力人时；投保人为限制民事行为能力人，法定代理人拒绝追认的，为无效保险合同。

确认保险合同无效的特殊条件是：投保人对保险标的无保险利益的；非父母的投保人为未成年的无民事行为能力人投保以死亡为给付保险金条件的人身保险；以死亡为给付保险金条件的人身保险合同，未经被保险人书面同意并认可保险金额的。

保险合同无效的确认机构是人民法院和仲裁机构。保险合同无效的处理方式有返还财产或折价补偿、赔偿损失和追缴财产等形式。

8.3.4 保险合同的履行

1. 保险合同履行的概念

保险合同的履行是指保险合同当事人依据保险合同约定全面履行各自的义务的

行为。保险合同成立后，投保人按照约定交付保险费，保险人按照约定的时间开始承担保险责任。

2.投保人、被保险人义务的履行

（1）交纳保险费的义务。交纳保险费的义务是财产、人身保险合同投保人必须履行的基本义务。根据我国《保险法》的规定，交纳保险费的义务人是投保人，而不是被保险人。保险费的交纳数额由保险人单方面确定，但在保险合同有效期限内，保险费的数额会发生变化。保险费的交付方式有一次交（趸交）和分期交两种。保险费趸交的，投保人应当在合同成立后一次交清全部保险费；保险费分期交的，投保人应当在合同成立时交付首期保险费，其余各期的保险费按照保险合同规定的期限交付。如果当事人一方不履行合同义务或者履行合同义务不符合约定的，应当承担继续履行、采取补救措施或者赔偿损失等违约责任。经催告后在合理期限内仍未履行的，另一方可以解除合同。除此之外，保险人还可要求投保人承担损害赔偿责任和采用诉讼方式要求投保人交付保险费。人身保险合同中投保人不按照合同约定交纳续期保险费的，保险合同效力中止，在合同效力中止期间，如果发生保险事故，保险人不承担给付保险金的责任，或者保险人可以按照合同约定的条件减少给付保险金额。

（2）维护保险标的安全的义务。从法律规定可以看出，维护保险标的安全的义务人是投保人、被保险人。如果投保人、被保险人未按照约定履行其对保险标的安全应尽的责任的，保险人有权要求增加保险费或者解除合同。

（3）危险增加的通知义务。根据《保险法》的规定，财产保险合同中危险增加的通知义务人是被保险人，补偿性人身保险合同中危险增加的通知义务人是投保人或被保险人。保险标的危险程度增加的，被保险人应当“及时”通知保险人，保险人有权要求增加保险费或者解除合同。如果被保险人未履行危险增加的通知义务的，因保险标的危险程度增加而发生的保险事故，保险人不承担保险责任。

（4）保险事故发生的通知义务。投保人、被保险人或者受益人知道保险事故发生后，应及时通知保险人。如果没有及时通知保险人，投保人、被保险人或者受益人应承但由于通知迟延致使本公司增加的勘查、检验等项费用，但不可抗力导致的迟延除外。

（5）保险事故发生时的施救义务。保险事故发生时，被保险人有责任尽力采取必要的措施，防止或者减少损失。保险事故发生后，被保险人为防止或者减少保险标的的损失所支付的必要的、合理的费用，由保险人承担。保险事故发生时的施救义务人是被保险人，施救费用由保险人承担，而且施救费用是单独一个保险金额，在保险标的损失赔偿金额以外另行计算。被保险人如果没有履行保险事故发生时的施救义务，则对扩大部分的损失，保险人不承担保险责任。

3. 保险人义务的履行

(1) 承担保险责任的义务。保险合同成立后，投保人按照约定交付保险费，保险人按照约定的时间开始承担保险责任。由此可见，承担保险责任是财产、人身保险合同中保险人的基本义务。保险人对保险单上载明的保险事故所造成的保险标的的损失承担赔偿或者给付保险金责任。

(2) 赔偿或者给付保险金的义务。如果在保险有效期内发生保险单上载明的保险事故，那么保险人就应该实施赔偿或者给付保险金，保险人的承担保险责任的义务由存在转化为实际履行。一般来说，保险人按照近因原则确定是否属于保险责任，即保险人只对于所承保危险近因所致的损失负赔偿或给付保险金的责任；对于赔偿或者给付保险金的数额，保险人应当与被保险人或者受益人达成一致的协议。如果保险合同对赔偿或者给付保险金的期限有约定的，从其约定，如果没有约定的，保险人应在与被保险人或者受益人达成有关赔偿或者给付保险金额的协议后10日内赔偿或者给付保险金。保险人自收到赔偿或者给付保险金的请求和有关证明、资料之日起60内，对其赔偿或者给付保险金的数额不能确定的，应当根据已有证明和资料可以确定的最低数额先予支付，保险人最终确定赔偿或者给付保险金的数额后，应当支付相应的差额。如果保险人未及时履行规定义务的，除支付保险金外，应当赔偿被保险人或者受益人因此受到的损失。

(3) 支付其他费用的义务。在财产保险合同，保险人除了赔偿保险金以外，还要支付施救费用、查勘费用和责任保险的仲裁或者诉讼费用。

(4) 为客户保密的义务。在原保险合同中，保险人对投保人、被保险人的业务、财产情况或者被保险人的身体状况负有保密义务；在再保险合同中，再保险人对投保人、被保险人或者原保险人的业务、财产情况、被保险人的身体状况负有保密义务。

8.3.5 保险合同的变更

1. 保险合同的变更

保险合同的变更是指在保险合同的有效期内，当事人依法或协商对合同条款进行的修改或补充，即保险合同内容的变更。保险合同变更的构成条件是必须以当事人已经存在的合同关系为基础；必须依据法律的规定或当事人的协商同意；必须符合法定形式；必须引起合同内容的变化。变更后的合同取代了原合同，其法律效力在变更协议达成前以原合同为准，而变更协议达成后以新合同为准。

2. 保险合同的转让

保险合同的转让是指保险合同当事人一方依法将其合同的权利和义务全部或者部分地转让给第三人的行为，即保险合同主体的变更。一般来说，财产保险合同的转让是由保险标的的转让引起的。人寿保险单利益的转让主要是受益人的变更和保险人法人资格的消灭。

3. 保险合同的解除

保险合同的解除是指在保险合同有效期间内，保险人或者投保人提前结束合同效力的法律行为。保险合同解除必须以合同合法有效为前提，依据法律规定（法定解除）或者合同约定（约定解除）。保险合同是格式合同，保险条款由保险人事先拟定，投保人并未参与保险条款的制定，为了平衡保险人与投保人法律地位上的不平等性，我国法律规定解除权向投保人倾斜，即法律赋予投保人较大自由的解除合同的权利，而对保险人的合同解除权作了较大限制。合同解除权属于形成权，权利人只能行使解除权，并向对方发出解除合同的通知，解除合同的通知应当采用书面形式，通知到达对方时，保险合同得以解除，具有法律效力。保险合同的解除主要有法定解除和约定解除两种。法定解除是指解除权的产生依据是法律的规定；约定解除是指解除权的产生依据是当事人的约定而非法律的规定。

4. 保险合同的终止

保险合同的终止是指保险合同权利义务关系的绝对消灭。保险合同的终止主要有以下原因：保险合同因有效期限届满而终止；保险合同因保险人履行全部义务而终止；保险合同因非保险事故造成的保险标的灭失或者被保险人死亡而终止；财产保险合同中，保险人履行部分义务后，投保人或者保险人终止保险合同；保险合同因解除而终止。

5. 保险合同争议的解决

保险合同争议的解决有和解、调解、仲裁和诉讼等形式。和解是指当事人协商自行解决争议的方法，该方法不仅可以节约费用和减少麻烦，而且还能增进彼此了解，不伤和气，有利于保险合同的顺利履行。调解是指在第三人主持下，通过说服劝导解决纠纷的方法。根据第三人的身份和法律效力不同，可以将调解分为群众调解和司法调解。仲裁是指当事人根据自愿达成的仲裁协议，将纠纷提交选定的仲裁机关，由仲裁机关居中作出裁决的活动。保险诉讼是指争议双方当事人通过国家审判机关—人民法院解决争端，进行裁决的办法。

8.4 国际保险组织和保险市场简介

8.4.1 国际保险业的发展

1. 国际保险组织形式

（1）股份制保险组织形式。在世界50强保险公司排名榜中，大部分为股份制保险公司，而且跨国经营的保险公司也大多为股份制形式。从发展趋势看，股份制形式的保险公司还会有进一步的发展。

（2）合作保险组织形式。它是由需要保险的个人或单位共同出资组织起来的保险实体。合作保险组织通常也采取公司形式，它以相互保险公司的形式活跃在保险市场上。

（3）个人承保经营保险组织形式。个人承保经营方式主要为英国伦敦劳合社保险市场所采用，个人承保有300多年的历史。根据劳合社法规，缴纳规定的保证金，并以其全部资产作为履行责任的担保，个人成员组合成辛迪加，接纳专项业务。不过，劳合社市场近年来也引入了有限责任公司形式，并引导个人承包商组成有限公司。

2. 国际保险业务范围

（1）主要财产保险。科技发展推动了运输业的发展，汽车运输保险、铁路运输保险和飞机运输保险相继产生并发展，进而成为财产保险中的主要险种，同时各险种的责任范围也得到完善。

（2）保险种类延伸。社会进步和法律制度的健全，责任保险不断充实于保险领域：有的成为附加险，以法定形式承保；有的成为独立险种并加以细化，如公众责任险分为场所责任险、电梯责任险、个人责任险等。

（3）保险责任范围。随着现代科技的发展，保险责任范围也不断扩展。如飞机的飞行速度加快，载客量增加，相应的财产保险和责任保险要求也就增加，保险的责任范围扩大，形成了飞机机身险、第三者责任险、旅客和货物责任险、机场责任险及战争险等保险体系。

（4）无形资产保险。新科技的发展推动了新工业、新工艺的产生。如电力革命带来了电动机和发电机的广泛运用，于是财产保险就增添了保险机器安装和损坏风险的安装工程一切险和机器损坏险，进而扩展到无形资产的保险，如利润损失险或营业中断险的产生。

(5) 信用保险产生。随着国际资本的流动、资本输出规模的扩大和跨国公司的发展，投资者可能遭遇外汇风险和信用风险，尤其是国际付款方式的多样化，出口信用保险应运而生。

(6) 人身保险变化。随着生活水平的提高和人类寿命的延长，人身保障内容已从生命保障进入到了生活质量和医疗护理方面的保险，保障程度也体现出时代的特征——高额保险。

(7) 科技保险发展。随着高新技术的发明和运用，集装箱运输的推广，核电站的建设，航天卫星的发射及计算机网络的形成，又为保险展示了新的发展前景如集装箱运输保险、卫星发射保险和计算机犯罪保险也相继出台。

3. 国际保险资金运用及效益

保险基金已成为各国资本市场的重要资金来源。发达国家的保险基金不仅投向不动产，用于购买有价证券和发放贷款，还采用银行和信托存款的形式投资。有些国家为了更好地实施资金运用原则，还创设了保险资金安全运用保障服务系统。跨国投资一般能带来更大的收益，但同时也面临着新的金融风险。各国保险人都对全球的金融风险极为重视，对投资取向采取更为灵活的选择手段，投资结构也更为合理。

8.4.2 国际保险市场的发展特征、结构及市场模式

1. 国际保险市场的一体化和多元化特征

(1) 国际保险市场具有一体化发展趋势的特征。区域性是目前国际保险市场的主要形式，而国际保险市场的一体化则是其总体的发展趋势。从世界经济的发展来看，已经出现并存在着许多的区域性经济合作发展组织，而这些区域性的经济合作组织内部所形成的保险市场，就构成区域性的国际保险市场，其中尤以欧盟保险市场为代表。其实，各区域保险市场内部保险自由化和一体化的发展及其进程，以及各区域之间保险自由化、一体化的发展和互动，都会构成国际保险市场上的各种活动，从而使相对独立，但又相互影响、相互依存和相互协作的保险市场上的保险活动自由化和一体化，进而实现其协调性、规范性和公平竞争性，它需要通过一定形式的组织管理者和进行协调的法律依据和机制建立和完善国际保险市场，国际保险市场的一体化是其发展的内在客观要求。

(2) 国际保险市场又具有多元化发展趋势的特征。国际保险市场是基于各国保险活动的国际化、自由化发展而逐渐形成的跨国界保险活动的场所或领域。由于各国保险市场的对外开放，其他国家保险经营与保险服务主体的进入，使各国国内的保险市场本身与国际保险市场发生了不同程度的融合。而整个国际保险市场在融合

中又会体现出地区性的差异，这种差异直接导致了国际保险市场在保险供给与需求，以及在法律体系、监管等方面的多元化发展趋势。

2. 国际保险市场的结构和内容

国际保险市场由市场的主体、客体和价格三部分组成。市场主体是指国际保险市场上交易活动的参与者，包括国际保险市场上的供给方、需求方和中介方；市场客体是指保险市场上供求双方具体交易的对象，由于保险是为了在风险损失发生时给予补偿或给付的经济活动，因此在保险市场上交易的客体是保险经济保障；市场价格是由国际保险市场上的供求双方所决定的。但是，影响国际保险市场上价格水平的因素还有很多。当然，国际保险市场上供给的力量通常对于价格水平的影响要更明显一些。

国际保险市场的管理者主要是保险监督管理机构。虽然国际保险市场是跨国界的，但参与国际保险交易的双方或中介人都分属于不同的国家，要接受所在国政府以及相关法律的监管和约束。况且作为国际性的保险业务交换不仅要获得准许，而且还受制于保险本身内在运行规律的要求。其实，在国际经济贸易的交往中已经形成了不少国际法规、国际公约和国际惯例，并得到了国际保险界的认同，为维持国际保险市场的正常秩序发挥了重要作用。当然，保险行业自律组织、保险人协会、同业公会、经纪人协会等在加强市场管理方面也发挥了积极的作用，保证了各经营主体在国际保险交易中的规范化运作。

在国际保险市场上，一些国际性保险组织在加强保险专业技术的研究和指导，组织成员国定期交流推广新技术和新经验，推动国际保险市场技术水平的提高和交易行为的规范化等方面发挥了重要的作用。如国际海上保险联盟组织主要研究海上保险的各种技术问题，以提高海上保险业务技术水平；国际信用和投资保险联盟是从事信用和投资保险业务研究的行业性国际组织，它们专门拟订为各国共同接受的信用保险经营原则和保险条款，并协调各国信用保险的费率和条款。

国际保险市场包括原保险市场、再保险市场和自保市场。原保险市场是指经营直接业务的保险公司所形成的保险市场，国际原保险市场还包括这些原保险公司在国外开办的从事直接业务的海外分支公司。其实，在国际保险市场上，还有不少原保险公司从事相互的再保险业务，所以，原保险市场和再保险市场事实上并非是完全分离的。再保险市场是由各种专业再保险公司、兼营再保险公司和再保险集团公司等组成。自保市场主要是指一些自营保险公司。这是按承保方式的分类。如果按业务性质划分，国际保险市场包括寿险市场和非寿险市场。按照承保方式还可以将寿险业务分成个人寿险（Individual）和团体寿险（Group）。各种非寿险产品的交易都是在非寿险市场中进行的，具体包括健康保险、意外伤害保险、责任保险、财产保险、信用和保证保险等。

3. 国际保险市场变化的模式选择

按照市场结构细分理论，可以将国际保险市场分为完全竞争市场、垄断竞争市场、寡头垄断市场和完全垄断市场四种类型。完全竞争的国际保险市场是指在国际市场上存在数量众多的保险公司，存在大量的买方和卖方，资源流动自由，投保人与保险人参加保险市场的交易活动自由，价值规律和供求规律充分发挥作用，保险行业协会在保险市场管理中发挥重要作用。在垄断竞争的国际保险市场中，少数大公司在国际保险市场上占据垄断地位，垄断公司与垄断公司之间的竞争将更加激烈。寡头垄断的国际保险市场是指在国际保险市场中仅有几家保险公司，这几家保险寡头瓜分垄断绝大部分保险业务。完全垄断的国际保险市场是指国际保险市场完全由一家保险公司所控制。可以认为，目前的国际保险市场属于寡头的市场——国际保险并购浪潮导致了国际保险市场中超级航母的出现，市场集中度越来越高，并购实现了强强联合，这不仅反映在保险业内部产寿险业的各大公司的兼并重组，而且还反映在保险业与其他金融行业如银行业、证券业的融合。在此基础上，国际保险市场上出现了金融超市，它汇集了巨大的资本和庞大的分支机构体系。而在未来一定时期内，国际保险市场结构的发展模式应该是国际保险市场中大小公司并存的垄断竞争模式。

国际保险业经历了产寿险兼营—产寿险分业经营—保险、银行、证券混业经营的过程，目前国际保险并购也表现出国际保险业混业经营的态势。值得关注的是，保险业毕竟有自己特殊的职能和作用，有自己规定的经营属性和业务范围，尤其是社会分工越来越细且更明确的现代市场经济。应该说，金融融合和金融超市所表现的是保险、银行、证券三者相互利用各自的优势来更好地发展自己的业务。作为独立的法人组织，国际保险企业可以在法律许可的范围内经营以保险产品为主的各种产品，但并不是只能经营一种“混合”的产品。因此，金融“混业经营”是国际保险企业的一种经营模式，但不是一种定式。

新型风险和巨灾风险给保险人的承保能力和偿付能力造成了新的压力，迫使保险人寻找新的方法防范和处理风险，这就促进了国际保险市场保险产品的不断创新，诸如已经出现非传统风险转移方式（AlterativeRiskTransfer，简称 ART 方式）的国际保险产品创新。ART 的重要形式如保险证券化，其实质是通过借助证券方式和工具从资本市场获取大量资金，并通过将保险风险分散到资本市场上的方式扩大承保能力。保险证券化的产品和证券化工具作为传统保险的替代或补充，能有效解决巨灾风险的承保能力的不足，并逐步受到各国保险公司的重视。但是，ART 并不能完全代替传统保险产品，未来国际保险产品的发展模式将是以传统与非传统的保险产品相结合并不断创新保险产品的模式，各国保险公司可以通过不同类型的保险产品的组合来防范和控制全球范围内的各种风险。另外，随着世界金融服务一体化的发展，银行保险不仅会在全球范围内得到广泛发展，而且可能会出现保险银行，就是通过传统的保险销售渠道来销售银行产品。同时，由于互联网具有超越时空限制进行信息交换的特点，所以能使保险公司获得更多的时间和更广阔的空间拓展业务，随时随地为客户提供 24 小时全球性营销服务，深入到不同年龄、不同层次、不同地域的人群，实现更加灵活方便地展业。

8.4.3 主要国际保险组织简介

1. 国际保险学会

国际保险学会（International Insurance Society）在同类跨国保险组织中是规模最大的，它拥有分布于 92 个国家的约有 200 名团体会员和 1 000 名个人会员。国际保险学会成立于 1965 年，是一家自律的非盈利性机构，致力于向各公司团体提供机遇，引导保险各个领域的行政官员、研究人员和其他关心保险业的人士在广阔的范围内交流经验、理论和设想，探讨保险业中重要的课题。其董事会由 36 位来自 20 个国家的各大公司行政官员和学术界的权威组成，在管理思路、创造共同利益和互通有无方面，尤其是在当今全球贸易大环境下，拥有独一无二的地位。

2. 伦敦保险协会

伦敦保险协会（IIL）成立于 1907 年 6 月 18 日，由大不列颠及爱尔兰保险联盟的总裁发起，联盟总裁同时也是商业协会的总经理。伦敦协会的建立是为了确保“培育各保险分支机构各方面的知识和信息”。1912 年，经皇家特许，成立特许保险协会。在之后的几年中，伦敦保险协会将其图书馆、陈列馆、保险教育及成员管理职责移交给了特许保险协会，并于 1934 年将会址搬到位于 Aldermanbury 大街 20 号的保险会堂，该会堂是专为他们的结合而建的。

伦敦保险协会通过讲课和参观以及刊物和进修学习达到其在保险教育事业和专业发展上支持特许保险协会的目的。伦敦保险协会以其具有 13 000 个成员而成为特许保险协会的 90 个地方协会和非正式会员中最大的协会。

3. 国际伯尔尼协会

国际信贷和投资保险人协会（简称伯尔尼协会）于 1934 年成立，秘书处设在伦敦。其宗旨是：确定会员国出口信用保险的行为规程和操作原则；建立国际贸易统一的出口信贷原则条件；确立海外投资保险的公务操作原则；并通过密切的国际合作，不断改善国际投资环境；在会员中交换有关出口信用保险和海外投资保险业务活动中的政治风险和商业风险信息，促使会员相互提供业务和技术方面的支持，为全球的出口贸易提供风险保障。目前协会共有 41 个正式成员、5 个观察员，分别来自 37 个国家和地区。由于它的成员大多为各国政府直接或间接支持的本国出口信用保险机构，故其在国际金融、贸易，尤其是在资本性或半资本性货物的出口活动中，占有举足轻重的地位，在一定程度上反映了出口国在对外经济贸易方面的重大政策。

中保财产保险有限公司 1996 年 10 月代表国家加入伯尔尼协会，这为我国融入国际经济大循环，为我国的出口贸易的发展，顺利地引进外资提供更为广阔的发展空间。

4. 百万圆桌协会

百万圆桌协会（The Million Dollar Round Table，简称 MDRT）是由在以人寿保险为基础的金融服务业工作的销售人员组成的国际性独立协会。在 1927 年，32 位销售额超过 100 万美元的人寿保险营销家就梦想成立一个国际性的论坛会，在论坛会上来自世界各地的营销专家相互交流经验，以此来提高、规范保险营销人员的职业技能水平。在此背景下，百万圆桌协会于 1927 年在美国成立了。目前，MDRT 有会员 19 000 人，都是寿险金融服务领域的优秀销售人员，分布在世界 50 多个国家和地区，代表着 450 多家公司。根据各国的实际情况，MDRT 制定了不同的入会标准，即以本国货币表示的最低销售达标佣金收入。另外，MDRT 每年都召开年会，所有会员共同探讨寿险业的发展状况及存在的问题。

5. 国际海上保险联盟

国际海上保险联盟是按照瑞士法律程序登记注册的全球性的保险组织，该组织主要研究海上保险的各种技术问题，以提高海上保险业务技术水平，推进海上保险事业的发展为宗旨，并与联合国贸易和发展会议、世界贸易组织和国际商会建立了紧密的协作关系。

6. 国际机械保险人协会

国际机械保险人协会也是一个全球性组织，该协会专门就工程保险业务的技术进行研究和协调，就工程保险的运行原则、工程保险业务专业技术术语的运用、统计口径的规范性问题以及相关技术问题进行指导交流。该协会设在擅长于工程保险的德国慕尼黑。

7. 国际信用和投资保险联盟

国际信用和投资保险联盟是从事信用和投资保险业务研究的行业性国际组织，内设出口信用保险委员会和投资保险委员会，专门拟订为国际共同接受的信用保险经营原则和保险条款，协调各国信用保险的费率和条款，以维护国际贸易和国际投资的正常秩序。

8. 国际精算协会

国际精算协会是人寿保险精算事务的国际性组织，总部设在布鲁塞尔，该协会定期组织会员国进行精算业务经验交流，推动精算业务研究，提高全世界人寿保险精算水平。

9. 国际保险法协会

国际保险法协会是研究保险法律的国际性组织，对各国保险法律进行调查和研究，并举办专业研讨会，出版论文集，力求实现国际保险法规的标准化。

10. 美国保险监督官协会

美国保险监督官协会（NAIC）是由来自美国50个州、哥伦比亚行政区和4个美属准州的保险监督官（即州保险部）所组成。它是美国最古老的由州政府官员所组成的协会。这些保险监管者在保险实务中基于公平、合理的原则保护消费者的利益。通过他们在NAIC的成员资格，在适当时候各州监督官能保持监管的统一性。

此外，联合国贸发会议内部也设有3个机构，从事有关保险研究工作和指导活动。尤其是保险特别方案组在无形贸易和资金委员会的部署下，进行着保险立法和监督条例方面的研究，设计和修正各国的保险条款和费率，使之适合各国国情，同时也促进国际间的再保险合作。联合国贸发会议航运委员会下属的航运立法工作组注重对全世界范围的海洋运输法规的研究，制订出能被大多数国家所接受的国际航运法规和条款，并确定海洋运输货物保险和船舶保险的标准条款，使之成为国际通用的统一条款。

8.4.4 世界主要保险市场简介

保险具有国际性的特点，其运行的本质就是实现风险责任的广泛而又合理的分散。风险不仅要在国内广泛分散，而且有些重大责任还需在国际市场求得均衡与分摊，因而保险业务的交易活动，从空间上可分为国内市场和世界市场，世界市场也可视为各国保险市场的总汇和国际间保险交换关系的总和。当前世界保险业务的90%汇集在北美、日本以及欧洲经济发达国家，其中美国和日本的保险费总收入分别占世界市场份额的30%以上，欧洲主要国家的保险费总收入合计占世界市场份额的20%以上，因而北美、日本和欧洲国家的保险业基本控制了国际保险业务，也形成了几大国际性的保险市场。在此就主要国家的保险市场作一简要介绍。

1. 英国保险市场

英国保险业发展有其辉煌的历史，在相当长时期里英国主宰了国际保险业，至今仍不失世界保险市场一大中心的地位。20世纪90年代以来英国的保险费总收入规模一直保持世界第四的水平，寿险业务居世界第三，非寿险业务、人均保费以及保险深度指标均为世界第四，保险从业人员密度为104人/万人。根据Sigma的资料足以说明英国保险业位于世界发达国家的前列，它还拥有世界水险和航空险市场的最大份额，分别占28%和38%。此外英国还以在全世界获取保险费外汇最多而著称，尤其是以海上保险和再保险享誉世界。英国保险业不仅很发达，而且还具有特色，主要体现在以下几个方面：

(1) 英国保险市场是完全开放的。英国保险市场是完全开放的市场，其市场格局呈两种类型的市场体系平行共存，同步发展。其中著名的劳合社市场是以个体承保人和承保人集团承接业务为经营特色的，已有300多年的历史，并以其卓著的信誉而闻名于世。另一市场是公司市场，有800多家公司，其中既有本国的保险公司，又有外国保险机构设立的子公司，30多万从业人员。

英国的保险市场尤其是伦敦市场已经成为全世界保险交易的中心，每当各国发现本国市场承保能力不足时，首先总会向伦敦市场求援，伦敦市场成为国际保险业务的吞吐口，每日的保险交易量以千万英镑计量，其水险、航空险和再保险业务量在世界市场上具有举足轻重的地位。总之，英国保险市场是开放的、充满生机和活力的市场，是世界保险中心之一。

(2) 英国市场的承保技术具有国际权威性，是世界保险业发展的先导。这不仅表现在新险种的开发上，而且还表现在其条款设计的世界典范性上。英国市场是新险种开发的源头，世界上第一张盗窃保险单，第一辆汽车和第一架飞机保险都出自英国，当今新技术领域的卫星发射保险、核风险保险、石油能源开发保险也都是英国首创的。英国所设计的保险条款往往被世界各国公认和采纳，英国保险市场的S、G保单曾长期风靡于国际市场，被公认为标准保险单。1982年新协会货物运输险A、B、C条款，每种条款都设计为8项、19条，正式实行后也得到国际保险界的认可，其他国家的被保险人也要求按伦敦协会A、B、C条款投保，都于以接受，新的船舶保险条款也被公认为最具代表性的条款，1983年10月正式运用后为许多国家所仿效。英国的承保方法也不断改进，现在英国已成为电话直销最为普及的市场，并于1996年夏季，伦敦市场全面使用电脑系统，大部分业务在电子网络上达成交易，使交易成本下降，雇员人数减少，并改变了劳动密集型的工作状态。

(3) 英国保险法律制度健全，具有国际影响。英国早在1601年就制订了第一部海上保险法律，在对几百年保险实践知识总结的基础上，将多年来所遵循的海上保险惯例和法规解释，运用法律的形式固定下来，由此便产生了著名的1906年海上保险法。它的颁布产生了巨大的世界影响，长期以来一直是国际海上保险的法律规范，对世界保险立法有重大作用。英国曾在1909年制订过《保险公司法》，1935年又颁布过《保险公司解散法》，对保险业进行规范管理。现行的管理法规主要是1981年的《保险公司管理条例》、《保单持有者保护法》、《保险经纪人法》和1982年修订的《保险公司法》，这些法规构成了完善的法律体系，不仅对保险人经营行为、财务活动、最低偿付能力作了具体规定，而且从被保险人角度对经纪人的中介活动也作了规范。有力地保证了保险市场的健康发展，并为世界各国提供了可供借鉴的经验。

2. 美国保险市场

美国是个保险大国，这是与其经济发达程度相适应的。美国的保险发展历史要比英国为短，而且在200年的发展历程中还屡遭挫折，仅1835年的纽约大火就曾使美国当时的26家保险公司中的90%倒闭，20世纪30年代的经济大危机又给保险业带来沉重灾难。从困境中顽强发展起来的美国保险业是在第二次世界大战之后获得迅速发展的，并一跃成为世界保险大国，当今的美国保险市场具有以下特点：

（1）世界上最大的保险市场之一。美国是世界上最大的保险市场之一，在世界保险业中具有举足轻重的地位。这无论从保险公司的数量，还是业务种类和业务量来衡量，都无疑是世界首屈一指的。美国拥有5 800家左右的保险公司，保险从业人员达200多万，另有经纪人和代理人近120万，这些都是其他国家所无法比拟的。美国的保险费总额一直居世界前列，尤其是非寿险业务长期排列在世界第一，寿险业务长期居世界第二。

美国的保险市场是从第二次世界大战之后，由内向型转为向外发展的。美国国内市场的保险需求量极大，并有相当的国外业务，与此同时，美国的保险人通过设立跨国性质的分支公司或独资公司来争揽海外业务，并凭借其雄厚的实力收买外国经纪公司和保险公司，渗入其他国家的保险市场，尤其是在欧洲和亚洲市场有长足的发展。其中美国国际集团就是典型一例，该集团1995年的资产总值就达1 100亿美元，并实现了多样化的经营。就保险业务而言，该集团已在世界130多个国家和地区设有400家分支机构，经营财产险、人身意外伤害险、水险、寿险以及金融服务性保险业务。在中国的上海和广州也都设立了分公司，短短几年它在中国市场上的座次排定为第四，现在美国的全美人寿保险公司、通用再保险公司、安泰保险公司都活跃在中国市场上。综上所述，美国保险业正活跃在世界保险市场上，它在世界各个区域的拓展进一步扩大了其在世界保险市场上的影响。

（2）建立以代理制为核心的销售制度。美国市场建立了以代理制为核心的销售制度，采用了集团形式为特征的联合承保，运用了先进技术装备的防范措施。美国的保险业务一般分为三类：财产——责任保险、健康——意外伤害保险和人寿保险，在展业活动中美国主要实行了代理制度。代理制是保险公司取得业务来源的重要组成部分，代理人遍及各行各业，其业务无所不包，以致全国形成了巨大的代理销售网，整个保险市场机制运行就是以代理人的活动为中心的。

美国市场活跃着几千家保险公司，其类型主要有股份制保险公司、相互保险公司、健康保险组织和专业自保公司。为了增强实力，许多保险公司，尤其是财产责任保险公司普遍采用了集团形式，联合承保，以提高竞争能力和承保技术。联合承保可以应付一些单个保险公司所难以承保的风险，实现稳健经营。同时，美国是科学技术发达的国家，在保险领域的风险管理中同样显现出先进技术的内涵。大的保险公司一般都运用电子计算机数据系统向保户提供损失管理服务等。

（3）双重管理体制。美国是联邦制国家，各州享有高度的自主权，联邦政府和州政府都有立法权。1868 年美国最高法院通过法案，确立各州对保险业的管理权，因而各州都制定了本州的保险法。美国的保险管理主要落实在州。每个州都依据独立的保险法进行管理，各州设立保险部，由州保险监督官负责监督管理保险公司的创设以及日常财务和经营活动。全国设保险监督官协会，由保险监督官协会制订一系列的监管标准，如规定赔付率不得高于 100％，综合投资回收率不得低于 5％，净保费收入溢额变动不得高于上年的 50％，也不得低于上年的 10％，否则表明业务经营的不稳定；负债与流动资产比例不得高于 105％，否则会影响偿付能力；跨州经营直接业务的，要向州政府缴纳保证金，保证金比例为各种业务保险费总和的 0.5％～2％等。除了联邦和州政府双重管理之外，美国还通过保险协会、寿险业务员协会来进行同业间的协调和监督。

3. 日本保险市场

日本的保险业是以海上保险和工厂火灾保险为基础，以人身保险为重点，伴随着经济的起飞而快速发展，并一跃成为世界保险大国的。日本保险业的发展特点是：

（1）日本保险业稳健而大跨度发展。日本保险业分为损害保险和生命保险两类，全国共有保险公司 74 家，其中生命保险公司 41 家，损害保险公司 33 家。全国保险从业人员不过 54 万左右，保险展业传统习惯擅长自我推销，并借助于代理网络和经纪人力量开展业务。日本保险公司数量之少，在保险大国中实属少见，然而这些公司实力雄厚、经营稳健，不少是世界性的大公司，因而几乎没有破产倒闭的现象。尤其是 20 世纪 90 年代以来，日本创出的业绩更为惊人，1994 年日本保险费总额列世界第一，其寿险业务尤为突出，多年来一直为世界之最。且日本人寿保险公司在世界最大的 50 家保险公司中占 11 家之多，而且“日本生命保险”、“日本第一生命保险”、“日本住友生命保险”、“日本明治生命保险”都居世界前茅。由此不难看出，日本的保险业呈现出快速发展态势。

（2）日本保险业管理严格，独具特色。日本保险业的管理由大藏省银行局保险部实施实质性的管理，依据“保险法”、“保险业法实施规则”对保险公司经营活动的各个方面都进行严格限制。只有符合雄厚资产、强大承保力和可靠信誉条件的，方可获准经营，而且整个经营期间的业务活动和财务状况及新险种的推出都须经大藏省审核，竞争必须以业务水准取胜。政府对一些特殊的、政策性险种非常重视，如地震、农业保险都采取民办官助的形式，从而保证了业务的稳定发展。

日本保险同业公会主要注重于技术性方面具体而又细致的协调和指导，与政府管理部门的关系和谐，且各有管理侧重，因而效果良好，增大了监督管理的力度。日本保险企业间的竞争是通过协会费率、限幅波动、大企业集团彼此参股以及保险企业情报联网等措施被限定在一定范围内。同时，政府管理当局以非常谨慎的态度允许外国公司准入，外国公司的市场占有率很小，因此日本保险业发展稳健，管理有序。

(3) 日本保险业对外拓展市场，服务于国家整体经济发展战略。日本保险业为适应金融国际化、自由化的发展需要，朝着银行与保险相互渗透、国内与国际市场相呼应的方向发展。日本保险业海外市场的拓展，是与其对外贸易和海外投资相配套的，20 世纪 90 年代日本投资热点转向亚洲，保险业的扩展重点也转向亚洲。日本保险公司于 1994 年 7 月进入中国市场，拓展了在华业务。此外，日本的“生命保险文化研究所”还专门举办了“中华人民共和国保险的发展与展望”特别讲座，主要讲述 1949 年新中国成立后保险业产生的历史背景以及 1979 年以后的巨大变化及发展的实际情况，研究现行中国保险制度。1995 年日本《保险》周刊撰文“非寿险打人中国之未来”，这些研究活动为日后更多的日本保险企业介入中国保险市场创造了条件。目前，东京海上火灾保险公司、三井海上火灾保险、住友海上火灾保险、安田火灾保险、明治生命保险等公司都已进入中国市场。总而言之，日本的保险业服务于国家整体经济发展战略，正不断与其资本输出一道，合力拓展国际市场。

4.德国保险市场

德国也是一个保险大国，有百年以上的历史，尤其是在两德统一后，其保险实力进一步增强。德国现有保险公司 700 多家（其中 110 家是外国公司），开辟的险种达 215 种之多，全国保险从业人员达 25.6 万，每万人中有 90 人是保险从业人员，可见其保险业也相当发达。德国还拥有数家世界著名的大公司，如安联保险公司和慕尼黑再保险公司。

德国保险业管理严格，1987 年开始实行《保险管理法》、《保险法》，全国执行监督管理职责的是总部设在柏林的“保险业联邦监督局”，该监管机构主要监督管理私营保险公司和跨州经营的保险机构，设在巴登符腾堡的“州保险管理局”则是负责监督境内各州经营法定保险的机构。德国保险业的管理非常细致，其最低资本金的规定是以险种而分别规定的，如经营意外伤害险的最低资本金为 500 万马克、汽车险为 200 万马克、信用保险为 600 万马克、寿险健康险和财产保险均为 300 万马克。德国保险机构缴纳的税收率也以险种不同而有所区别，如船舶险税收为 2%，其他所有非寿险险种一律为 10%等。由此可见其管理的细致性和严密性。

德国再保险业很发达，可称为再保险大国。世界上最早的再保险公司就诞生于德国，世界上最著名的再保险公司也在德国。1995 年世界十大非寿险再保险市场，德国位居第二，再保险需求 238 亿美元，其中专业再保险公司承接业务高达 90%。

德国科隆再保险公司和慕尼黑再保险公司都是历史悠久、实力强大的再保险公司，享誉世界，积累了几百亿美元的基金和高超的技术经验，具有国际权威性。

5. 瑞士保险市场

瑞士虽然国土面积不大，但却是一个保险发达国家。它不仅是世界第一大金融中心，而且也是保险中心，苏黎世是继伦敦之后的第二个国际保险中心。瑞士拥有保险公司 100 多家，平均每万人中从事保险的就达 141 人。瑞士保险市场由联邦司法警务部和联邦保险管理局共同管理，由于各公司执行统一费率，因而竞争十分有限，保险业发展很稳健。

瑞士保险业可引以为荣的是创办了闻名于世的 Sigma 刊物，其统计数据为世界各国保险界所关注，并引用于国际保险的比较研究之中。Sigma 每年向世界公布各个国家的保险费总额、实际增长比率、占世界市场的份额，此外还分别列出非寿险与寿险的各种指标、人均保费和保险费占该国国内生产总值的比例。显然瑞士每年花费巨大精力搜集世界各国的统计指标，并加以归类、编制、比较和分析，由此也从一个侧面反映出瑞士保险业的地位。瑞士拥有世界著名的苏黎世再保险公司和瑞士再保险公司。其中瑞士再保险公司名列世界专业再保险公司第二，其在全球各大洲 25 个国家拥有 55 个再保险机构，业务结构实现多样化，在欧美有很高的地位，在亚洲则更为显赫。该公司具有一流的业务水平，到 2000 年其亚洲的业务量将占总业务量的 1/4。目前该公司已在东京、马尼拉，新加坡和中国香港开展业务，还准备设 12 个经营点，其中在中国设 2 个机构。总之，瑞士是按人口计算的世界最大的保险和再保险业务接受国，再保险国外部分的外汇收入约占 94%。

【案例 1】　引黄工程导致“水灾”不属保险责任

【案情简介】　某年 2 月 15 日，邢台市南宫市北胡乡某砖厂投保了企业财产保险，总保额为 81 万元，保费 8 100 元，保险期限一年。在合同特别约定栏目内，除明确砖厂可保的固定资产和流动资产项目外，并无其他书面约定。后南宫市政府根据河北省和邢台市政府安排，为解决当地干旱问题，人工引黄河水 2 000 万立方米灌溉农田。所引黄河水途经被保险人砖厂附近的河沟，因河沟水位不断上涨，直接危及砖厂财产安全。虽据被保险人称采取了一些防范措施，但终因水位上涨过高，于次年 1 月 3 日零时许引水淹没了砖厂。被保险人即向保险人报损索赔 217 680元。保险公司接到报案后，迅即赴现场查勘，经搜集资料和证据，最后认为，此事故系人工引水所致，不属保险赔偿范围。双方发生纠纷，引起诉讼。

【案情分析及结论】　南宫法院一审判决为：保险公司赔偿砖厂损失 217 680 元，并负担案件受理费 5 760 元。保险公司不服一审判决，上诉至邢台中级人民法院。邢台中级人民法院撤销南宫法院原判决，发回重审。南宫法院再审后判令保险公司赔偿被保险人事故损失、违约金及一二审代理费、案件受理费共计 294 252 元。

面对基层法院的再次判决，保险公司仍然认为原判法院适用法律不当，故继续上诉至邢台中级人民法院。邢台中级人民法院认为原签保险合同为有效合同，条款中虽未明确约定引水淹没砖厂是否在保险责任范围内，但签订合同时，保险代办员曾口头承诺承担保险责任，故作出如下判定：一是撤销南宫法院原判决，二是由保险人赔付被保险人事故损失、违约金及负担代理费、案件受理费共计 156 400 元，并确定此判决为终审判决。

保险人对邢台中级人民法院作出的判决依然不服，认为法院适用法律不当，向河北省高级人民法院提出再审请求。河北省高级人民法院经过审理，最后裁定：保险公司与邢台市南宫市北胡乡砖厂保险合同纠纷案，经复查认为，原（生效）判决认定事实主要证据不足，适用法律不当，现指令中止原判决的执行。同日，河北省高级人民法院给邢台中级人民法院发函："本案是保险合同纠纷案，应以保险合同规定的内容进行审理……淹没砖厂属于人为造成的，不属保险责任范围……"。

此案之所以会发生再审裁定与一审、二审判决截然相反的结果，关键在于法院对保险合同的认定。保险条款是保险合同的组成部分，其内容应成为法院判决的重要依据。保险条款规定，保险公司所承保的风险应为不可预料的自然灾害或意外事故所造成的经济损失，由于行政行为或执法行为所致经济损失保险公司不负责赔偿。而一审法院和二审法院一味地强调保险合同是有效的，却忽略了保险合同的独特之处，即有效未必一定产生双方当事人履行权利义务关系的后果，且此案对保险公司所产生的教育意义远远要大于此案胜诉的意义，可归纳为以下几点：

(1) 保险公司应尽量避免与保户发生保险诉讼。商业保险的经营是以保险公司社会信誉为基础的。双方发生分歧时，应多以沟通、协商、调解的办法解决，这对双方均有利。当然，对个别明显"吃保险"、徇私枉法的骗赔案、错判案，保险公司也不能怕打官司，应依法维护自身的权益，维护保险业形象。

(2) 保险公司在签订保险合同时要慎之又慎。据实地调查，该砖厂初建时就违反当地水利部门规定，坐落在离引水沟很近的低洼地带，从风险管理角度看，出险概率应当说较高。承保时，如果保险人认真查验标的，就应慎重核保。再者，当时签合同、复要约时的经办人员是聘用当地农联社一位未受专业培训的人员代理的。据保户向法院告称：该代理人当时口头承诺了条款之外的保险责任。虽然该代理人出庭时予以否认，但从经办人的素质看，从承保半个月后即出险的结果看，起码这样的承保过程和方式都不够慎重。这里也警示保险公司要加强对代理业务的管理。在签订代理合同时要认真审核代理人资质，代理人提供的每一笔承保业务要认真核保，切实从源头上控制住风险和可能发生的赔付争议。

(3) 保险从业人员要在熟悉本专业的基础上，钻研社会诸多学科，努力成为"多能型"人才。因为保险面对各行业，不了解客户行业的基本状况和技术标准，就很难把住“人口”风险和“出口”尺度。针对法制不健全的现实，还应努力钻研国家的有关法律、政策，尤其要掌握《保险法》、《合同法》、《民事诉讼法》、《仲裁法》等经济法律法规，不仅自身要遵纪守法，还要与违纪违法现象作有理有据的斗争，向客户做有说服力的法律解释。

【本案启迪】 本案是人为的原因引起的灾害或事故，不属于保险责任范围内的事故，理应拒赔。但在此案中，诉讼长达六年，被保险人认为人为的灾害或事故是“自然灾害”或“意外事故”，最终法院判被保险人败诉。通过此案可以看出社会上一些人甚至法院对公民参加保险和对《保险法》的认识是相当不够的，保险公司有义务加大保险知识宣传，配合各级政府和有关部门抓好保险知识的学习，以提高公众的保险意识。

【案例 2】 家庭财产险重复保险损失案

【案情简介】 李某于 2000 年 1 月 30 日向当地甲保险公司办理了家庭财产保险并附加盗窃险，保险金额 10 万元，保险期限自 2000 年 1 月 31 日至 2001 年 1 月 30 日。后来，李某所在单位为全体员工投保了家庭财产保险并附加盗窃险，李某家的保险金额为 5 万元，保险期限自 2000 年 3 月 18 日至 2001 年 3 月 17 日，但承保人为乙保险公司。2000 年 5 月 10 日，李某家发生盗窃。李某向公安部门报案，并通知了甲保险公司，经查勘确定，李某家被盗损失达 20 000 元，其中现金存折计7 000元，金银首饰 3 000 元，字画 3 000 元，录像机、高级西装共 7 000 元。李某向甲、乙两家保险公司提出索赔。

在理赔过程中，乙保险公司发现李某向甲保险公司进行了投保，后来李某所在单位为职工在乙公司投保，因此，乙公司认为这属于重复保险，李某违反诚信原则，第二份保险合同无效，乙公司不负赔偿责任。

甲保险公司承担保险责任。剔除现金存折、金银首饰、字画等不保财产外，甲保险公司以保险金额的全额 7 000 元赔付李某。

【案情分析及结论】 最大诚信原则是指保险合同当事人在订立合同时及合同有效期内应依法向对方提供影响对方是否缔约以及缔约条件的重要事实，同时绝对信守合同缔结的认定与承诺；否则，受害方可主张合同无效或解除，甚至要求对方赔偿因此而受到的损失。最大诚信原则是签订和履行保险合同所必须遵守的一项基本原则。本案中李某是否违反了最大诚信原则呢？一方面，李某与甲保险公司签订的合同，是合法有效的合同，合同双方没有违反最大诚信原则；另一方面，李某与其工作单位是劳动合同关系，其工作单位与乙保险公司签订的保险合同要求遵循的最大诚信原则不能约束李某，只能约束其工作单位。因此，李某没有违反最大诚信原则。

我国《保险法》第四十一条第一、第三款规定：“重复保险的投保人应当将重复保险的有关情况通知各保险人。重复保险是指投保人对同一保险标的、同一保险利益、同一保险事故分别向二个以上保险人订立保险合同的保险。”本案中，李某所在单位与乙保险公司签订保险合同的投保人是其工作单位，而非李某，因此，李某没有违反《保险法》的上述规定。

在重复保险的情况下，当保险事故发生之后，若被保险人通过向不同保险人就同一损失索赔而获得超额赔款，显然有违损失补偿原则。为了防止被保险人由于重复保险而获得额外利益，财产保险确定了重复保险赔偿分摊原则。我国《保险法》第四十一条第二款规定：“重复保险的保险金额总和超过保险价值的，各保险人的赔偿金额的总和不得超过保险价值。除合同另有约定外，各保险人按照其保险金额与保险金额总和的比例承担赔偿责任。”因此，本案中，李某可以从两家保险公司获得比例赔偿。

根据《家庭财产保险条款》的规定，金银、首饰、珠宝，货币、有价证券，票证、邮票、古玩、古书、字画、文件、账册、技术资料、图表、家畜、花、树、鱼、鸟、盆景等无法鉴定价值的财产，是不保财产，不在保险财产范围以内，因此李某的有效索赔金额为 7 000 元。

根据上面的分析来看本案，乙保险公司不负责任的做法是不对的。甲保险公司也不应赔偿 7 000 元就了事，而应主动与乙保险公司协商，确定两家公司的赔偿方式，妥善处理该家财险损失案。

如果按比例责任分摊方式，则甲公司应负赔偿金额为：

7 000×［100 000/（100 000＋50 000）］＝4 666.67（元）

乙公司应负赔偿金额为：

7 000×［50 000/（100 000＋50 000）］＝2 333.33（元）

实际上，李某家庭财产仅在 2000 年 3 月 18 日至 2001 年 1 月 30 日期间为重复保险。2000 年 1 月 31 日至 2000 年 3 月 17 日，只有甲公司的保险，2001 年 1 月 31 日至 2001 年 3 月 17 日，只有乙公司的保险。所以，在这两个期间，不能算是重复保险。如果在这两个期间发生保险事故，则分别由甲、乙两家保险公司负责，不发生分摊问题。

【本案启迪】 本案中，李某没有重复投保，但其所有的财产却因投保人不同而产生了重复保险。如果李某将自己已购买家庭财产保险的事实告知单位，一方面可以避免发生保险事故索赔时可能产生的纠纷；另一方面，可以减少单位的保险费支出。

【案例 3】 代位求偿纠纷案

【案情简介】 1998 年 6 月 15 日，个体运输户王某为自己载重量为 5 吨的东风牌汽车投保车辆损失险和第三者责任险，保险期限为 1 年。当年 7 月 20 日，王某运货，在高速公路上被一辆强行超车的大卡车撞着，汽车毁损，王某受伤且货物被浸损，卡车司机驱车逃走。交通部门认定，此起交通事故由卡车司机负全责。事后王某向保险公司报案并请求赔偿。经鉴定车损为15万元，保险公司依损失额80%赔付12万元，同时保险公司还给付王某第三者责任保险金2 400元及施救费500元，扣除损余200元，实际赔付12.27万元。后来肇事司机被交通部门抓获，交通部门通知王某。王某与肇事司机会面达成协议，规定对方只须支付王某货物损失7 000元及施救费1 500元。保险公司得知后，要求王某退回重赔保险金，王某拒绝，双方遂引起争议。

【案情分析及结论】 王某认为，保险公司的保险金赔偿是机动车辆损失及相关赔偿，而自己从肇事司机处获得的赔偿是货物损失赔偿，两者是不同的赔偿概念。

保险公司认为，王某应该退回施救费用500元。保险公司已经赔偿了500元施救费用，而王某又从肇事司机处获得1 500元的施救费用，其中500元是重复赔偿，因此王某应该退回保险公司支付的施救费用，否则王某就是获得了额外经济利益。

（1）在保险活动过程中，如果保险标的发生损失的原因是由第三者造成且该损失属于保险责任事故的，被保险人既可以依法向第三者要求赔偿，也可以依据保险合同向保险公司提出索赔。在这种情况下，被保险人有可能就同一损失获得的赔偿超过实际损失额，从而获得额外利益，违背损失补偿原则。为了防止这种情况出现，我国从立法方面进行了规范。《保险法》第四十五条第一款规定："因第三者对保险标的的损害而造成保险事故的，保险人自向被保险人赔偿保险金之日起，在赔偿金额范围内代位行使被保险人对第三者请求赔偿的权利。"保险公司赔付了王某车损、第三者责任保险金和施救费，因此保险公司就以上三项保险金取得代位求偿权，即保险公司有权向肇事司机索赔以上三项费用。

（2）《保险法》第四十六条第二款规定："保险人向被保险人赔偿保险金后，被保险人未经保险人同意放弃对第三者请求赔偿的权利的，该行为无效。"因此，王某与肇事司机私下约定放弃对车损及第三者责任赔偿请求权的行为无效。同时，为了避免王某行使两种请求权而获得双重利益，王某不能就已获赔款范围再向肇事司机行使原有的赔偿请求权，故王某从肇事司机处获得施救费用中的500元为重赔保险金，其应归属保险公司。

（3）保险人追偿额以实际支出的赔偿金额为限，对没有赔偿的部分则不得主张代位权。《保险法》第四十五第三款规定："保险人依照第一款行使代位请求赔偿的权利，不影响被保险人就未取得赔偿的部分向第三者请求赔偿的权利。"因此，王某有权就货损及车损赔付未足部分向肇事司机索赔，但本案中王某放弃了向肇事司机请求赔偿车损赔付未足部分的权利。

【本案启迪】 最终，王某与保险公司达成一致，王某退还保险公司重赔保险金，即施救费500元。保险的基本职能是分散风险和损失补偿，它不允许被保险人因损失而获利。因此，对保险人而言，一定要了解代位求偿权的真正含义，并学会行使向保险公司和向第三者的两种请求赔偿的权利，只有这样，才能既保全自己的财产，又避免不必要的纠纷。

本章小结

1. 保险主要是对灾害事故进行分摊的一种经济保障制度的手段，保险是一种合同行为。保险的基本原则是保险利益原则、最大诚信原则、近因原则和损失补偿原则。

2. 保险责任是指保险人承担赔偿或给付保险金责任的风险项目。除外责任是保险人不负赔偿或给付保险金的责任范围。保险金额是指保险人承担赔偿或给付保险金责任的最高限额。保险价值是投保人与保险人相互约定并记载于保险合同中的保险标的价值。

3. 保险合同是投保人与保险人约定保险权利义务的协议，保险合同主体是保险合同的关系人和当事人；保险合同的客体是保险标的所具有的保险利益；保险合同的内容是保险条款。

4. 主要国际保险组织有国际保险协会、伦敦保险协会、国际伯尔尼协会、百万圆桌协议、国际海上保险联盟等。

复习思考题

1. 什么叫保险？保险的本质是什么？
2. 保险的基本原则有哪些？
3. 什么是最大诚信原则？它有哪些构成要素？
4. 什么是保险利益原则？它的构成条件和立法方式有哪些？
5. 什么是补偿原则？它的适用范围是什么？
6. 什么是代位求偿原则？它的适用范围和实施条件是什么？
7. 重复保险的分摊方法是什么？
8. 试述保险责任、除外责任、保险金额和保险价值的含义。
9. 简述自愿保险和法定保险的定义及其特点。
10. 保险主要的种类有哪些？
11. 什么是保险合同？它有什么特征？
12. 试述保险合同的法律关系。
13. 简述世界上主要的国际保险组织和保险市场。

参 考 文 献

[1] 宋明哲．现代风险管理．北京：中国纺织出版社，2002
[2] 吴小平．保险原理与实务．北京：中国金融出版社，2002
[3] 马水伟．各国保险法规制度对比研究．北京：中国金融出版社，2002
[4] 张洪涛，郑成功主编．保险学．第2版．北京：中国人民大学出版社，2002
[5] 郭颂平，赵春梅主编．保险基础知识．北京：中国金融出版社，2001
[6] 于九如．投资项目风险分析．北京：机械工业出版社，2003
[7] 雷胜强．国际工程风险管理与保险．北京：中国建筑工业出版社 2001
[8] 段昆．当代美国保险．上海：复旦大学出版社，2001
[9] 李明，高欣．国际工程保险制度的发展和基本内容研究．基建优化，2002
[10] 孟宪海．国际工程保险制度研究借鉴．建筑经济，2000
[11] 彭雪梅．我国保险监管模式选择．财经科学，2000
[12] 黄如宝．建筑工程一切险保险费率的合理确定．建设监理，2000
[13] 朱俪云．亟待发展的建设工程保险．基建优化，2000
[14] 刘杰，孙智．论我国工程保险制度的建立和完善．保险研究，2002
[15] 彭利，蒋雪辉．建筑工程保险探析．内蒙古保险，2002
[16] 黄鸿珊，毛俊嵘，王斌．我国建筑工程保险发展现状及前景．保险研究，2001
[17] 魏华林，林宝清．保险学．第2版．北京：高等教育出版社，2006
[18] 王和，沈南宁．工程保险．厦门：鹭江出版社，1999
[19] 国际咨询工程师联合会．大型土木工程项目保险．北京：中国计划出版社，2001
[20] 郭振华，雄华，苏燕．工程项目保险．北京：经济科学出版社，2004
[21] 瑞士再保险公司．建筑工程一切险保险．瑞士：瑞士再保险公司，1999
[22] 郭家汉．建设工程设计责任保险实务．北京：知识产权出版社，2003
[23] 王和．工程保险．北京：中国金融出版社，2005
[24] 龙卫洋，龙玉国．工程保险理论与实务．上海：复旦大学出版社，2001
[25] 连永安，金融与保险．南京：东南大学出版社，2003
[26] 张洪涛，王国良．财产保险案例分析．北京，中国人民大学出版社，2006

第9章 保险的购买

本章概要

1. 阐述购买保险产品应当遵循的主要原则；
2. 介绍评判保险产品提供者——保险公司的几项指标；
3. 介绍保险中介的三种类型：保险代理人、保险经纪人和保险公估人。

通常投保人要通过保险中介人来购买保险，而且投保人在购买保险之后，要与提供购买产品和服务的保险公司保持一种较为长期的关系。为此，投保人在购买保险之前，应当认真作出一个计划，既要对自身的情况做全面的考察，也要了解保险中介人和保险公司。本章首先介绍保险的购买原则，然后分析保险中介人、保险公司及其选择。

9.1 保险的购买原则

9.1.1 进行风险评估，制定购买原则

转移工程风险有不同的方法，工程保险就是其中的一种。工程风险涉及工程项目在设计、施工及移交运行各个阶段都可能遭受到的风险，同时还会涉及到业主、投资商、承包商、咨询监理方、设计师和材料设备供应商等众多参与人。有些风险对一些参与人是风险而对其他参与人来说不是风险，涉及众多的参与人，工程建设过程中某些参与方的行为会对其他参与方产生影响。而保险公司针对工程项目推出的保险又很多，是否需要全部购买？还是只是购买其中的一部分？购买哪些种类的保险比较有利？因此，投保人在决定购买保险来转移工程风险时，应先认真进行风险的评估，制定购买计划。

保险是进行风险管理的有效工具，对风险进行充分的评估就应对风险进行充分的识别，对投保人来说，对风险进行评估是制定风险管理计划的依据，也是科学、合理地进行保险安排的基础。对保险人而言，如果对于风险缺乏充分的评估，就不

可能科学地确定保险的价格，甚至可能导致自身经营的不稳定。

1.风险评估

（1）直接影响和间接影响。大多数情况下，工程风险产生的直接影响是很明显的，可以在事故发生之前进行评估。但是由直接影响导致的间接影响就不是显而易见的了，必须要有一定的经验、进行仔细的评估才能得出间接影响。

直接影响是风险事故发生后产生的结果或者风险因素对财产价值产生的影响。例如：火灾的直接影响是维修或更换被大火烧毁的那部分财产所需的成本，间接成本是由于火灾导致的在维修或更换受损部件期间不能使用房屋而产生的损失，其中还包括由于火灾造成的损失的销售量和临时存放货物的成本。

（2）损失频率和损失幅度。在可投保的风险中，关于损失的计算主要是损失频率和损失幅度。损失频率是指单位时间内损失事件发生的平均次数。例如，某事故损失的损失频率是每月1/3次，也就是说该事故平均每3个月发生1次。损失幅度是指损失的严重程度。期望损失等于损失频率乘以损失幅度。

例如：某风险发生后损失的平均成本是6万元，损失频率是每年1/2次，那么该损失发生的期望损失为：1/2×60 000＝30 000元。

从以上可知根据损失频率和损失幅度计算得出的期望损失值只是一个平均数据，在实际评估风险产生的结果时，应该考虑偏差情况。例如上例中的损失频率每年1/2次和损失幅度6万元只是对事实的总体描述，而这些平均数的背后可能发生的模式不同。如果20年之间每两年发生一次，其损失频率是每年1/2次，但是如果20年中集中在一年发生10次，其他年份都安然无恙，这样也是损失频率为每年1/2次。再如，损失幅度6万元，可能是每次损失发生损失成本都是6万元，也有可能90％的成本是3万元，剩余10％的成本是3万元。

（3）风险评估的注意事项。在进行风险评估时，一般应注意以下几点：

①风险损失往往更多地取决于其潜在的损失幅度而不是损失频率。因为一次严重的损失可能是由多次小的过失引起的，也有可能由一次大的损失事件引起的，关键在于事故发生后对企业或个人完成任务起阻碍作用。

②在估算潜在损失幅度时，由同一事故所引起的所有财务损失必须一起考虑。例如，某分公司的办公室发生火灾使财务遭受损失、职工受伤、重要文件丢失，其他分公司必须提供重要的物资才能使该分公司维持最低程度的运转，这些损失都应考虑在内。

③风险事故的最终损失可能会超过事前估计的直接影响和间接影响之和。

④估算损失幅度不仅仅要考虑损失的数额，还要考虑损失的时间价值。

⑤一次事故可能会造成多人受伤、大部分的设施和设备损坏。

（4）最大损失的可能性。在进行风险评估、估计风险时间对企业的影响时，可预见条件下的最大损失是一个重要信息。最大可能损失，是指可能发生的损失的最大值。在一般人的观念中最大损失事件属于小概率事件，发生的可能性不大，但是不表示不会发生。对于财产损失，可以根据财产的物质特征和它对损害的脆弱性来估计它的最大可能损失。例如，某栋住宅大楼有良好的防火设施，发生火灾的财产损失值不超过大楼价值的30%，那么该住在大楼发生火灾的最大损失是它价值的30%。但是如果该住宅大楼没有很好的防火设施时，火灾发生后最大的损失就有可能超过大楼价值的30%。同时由于地震等非火灾因素导致的最大损失和火灾导致的最大损失也是有区别的。

在大部分的情况下，估计最大损失的可能性受主观因素的影响，随着科技的进步，人们逐步借助数学模型来估计最大损失的发生概率。当人们确定的最大可能损失较大时，一般不能容忍实际损失超过最大可能损失；但是，当人们确定的最大损失比较小的时候，对最大损失的发生就比较有忍耐性，即可以容忍损失的发生。进一步说，最大可能损失的使用目的也常常影响对最大可能损失的估计。最大损失的估计对象可能是单独的物体（如大楼），也可能是一组系列（如联体别墅、车队），或者是在一段时间（如1年）内的最大损失。当保险公司给某地居民签发大量保险单时，他们会估计单个事件的最大可能损失。在这种情况下，巨大的最大可能损失是由于一种灾害对许多财产造成的损失累计而成的，而不是由许多灾害对单个财产造成的。

2. 制定购买计划

在充分进行风险评估的基础上，再按照程度不同将需要购买的保险分为必不可少保险、重要的保险以及可选择保险。必不可少风险是指保险事故一旦发生，就可以使投保人家破人亡，造成严重的后果，强制性保险就属于这类保险；重要保险是指保险事故一旦发生投保人遭受损失后要进行借贷后才能弥补这类损失；可选择风险是指保险事故发生后，有可能减少投保人当前的财产和收益。

因此在制定购买计划时，企业家会采用定性分析和定量分析相结合的方法来决定如何购买保险、购买何种保险。

(1) 定性分析法。

①必不可少保险。一项工程不可避免会有多种风险，无论是业主还是承包商都会意识到必须预先确认其中一些风险造成的后果。承包工程中的强制性保险就是属于双方都认为必须应取得的保险。在工程承包实践中，业主或其政府明文规定的一些强制保险就是必不可少保险。对于一项工程而言，强制保险包括：建筑工程一切险（包括建筑工程第三者责任险）；安装工程一切险（包括安装工程第三者责任险）；社会保险（包括雇主责任险、人身意外伤害险）；机动车辆险；十年责任险。强制保险只能通过保险公司获取，承包商无选择自由。

②重要的保险。除了必不可少保险外，承包商还将面临一系列风险，有些风险

既不宜自留，也不能分散，只能通过转移方法取得保障，而转移的有效方法之一就是保险，这类保险包括运输保险、设备保险、物资保险、产品质量保险、责任保险、汇率保险、政治保险等。

③可选择保险。有些保险虽然要付出代价，但比较它可能带来的利益，这些风险损失要小的多。如：汇率保险可以使投保人获得稳定的外汇收入，政治风险保险可以使投保人免除因政治风险造成的重大损失。面对这些保险，虽然因为投保花费了一些开支，但是却使投保人免除了各种忧虑，更能安心从事经营业务。

（2）定量分析法。

①概率分析预测法。在拥有大量有关过去分析损失的数据资料的情况下，可以将以往各种损失看成是所有可能发生损失的样本。在稳定的环境中就可以利用概率分析来对未来可能发生的损失进行预测。

a. 结合概率。结合概率，即复合概率，是指在给定的条件下由两个或两个以上的事件发生的概率。运用复合概率进行预测，首先必须明确这些事件之间的关系，是相互独立的、不独立的、还是对立的，再根据事件之间的情况采用不同的原则进行计算。

独立事件，是指在一个结合事件中，如果一个事件的发生并不影响另一个事件发生，这两件事件之间是相互独立的。如果事件之间的关系是独立的，那么结合概率，即结合事件的概率等于这些独立事件概率的乘积。例如，A 事件发生的概率是 p，B 事件发生的概率是 q，那么 A、B 事件同时发生的概率就是 $P(AB)=pq$。例如，北京市某一住宅失火的概率是 0.05，天津市某一住宅失火的概率是 0.06，那么北京市、天津市这两座住宅大楼同时发生火灾的概率是 $0.05\times0.06=0.003$，这个概率显示，两地建筑物同时失火的概率非常小。

不独立事件，指某事件发生后会影响其他事件的发生。不独立事件的复合概率计算比较复杂，单独事件 A 和 B，如果在 A 发生的情况下 B 事件发生，则 B 事件发生的概率称为条件概率，记作 $P(B/A)$；如果 A 和 B 同时发生，即 $P(AB)=P(A)\cdot P(B/A)$。例如，李明家住在凤凰花苑的 A 栋 301 室，302 室住着退休的张大爷，两家各自发生失火的概率是 0.5，由于一家失火使得另一家失火的概率增大到 0.8，那么李明家和张大爷家同时失火的概率是 $0.5\times0.8=0.4$。

对立事件，又称为互斥事件，是指两个事件不能同时发生，或者说在同一个事件中或同一时间内，A 事件发生，则 B 事件就不会发生，则称 A 事件是 B 事件的对立事件。对立事件的概率之和等于 1。

【例 1】 在某房地产的交易合同签订之前，买主要求对该房产进行验收。假设他提出 50 个验收项目，开发商经过初步估计可能有 2 个方面不符合要求，现在按照随机抽样的办法进行验收。如果第一次为合格，接着抽第二次。问：第二次抽样不合格的概率有多大。

【解答】 假设事件为"对50个指标进行第一次抽样检验，合格"，则 $P(A)=\frac{48}{50}$，在事件 A 发生的情况下，指标数目少了一个，即49个，但是不合格的指标还是2个，因此，假设事件 B 为"第二次抽样不合格"的概率为 $P(B/A)=\frac{2}{48}$，所以第一次抽样合格，第二次抽样不合格的概率为：

$$P(A\cdot B)=P(A)\cdot P(B/A)=\frac{48}{50}\times\frac{2}{9}=0.039\ 2$$

【例2】 某房产开发工程可分为 A、B、C、D 四个阶段，每个阶段遭受的风险损失的概率均为0.1，则

1. 该工程 A 阶段与工程 C 阶段共同发生损失的概率为：0.1×0.1=0.01
同样的道理，该工程任何两个阶段发生风险，遭受损失的概率都是0.01。
2. 每个阶段不发生损失的概率是1－0.1=0.9，这是对立事件的运算。
3. 四个阶段都不发生损失的概率是：0.9×0.9×0.9×0.9=0.656 1
4. 有一个阶段发生损失，但是不能确定哪一个阶段发生损失的概率是：
0.1×0.9×0.9×0.9+0.9×0.1×0.9×0.9+0.9×0.9×0.1×0.9+0.9×0.9×0.9×0.1=0.291 6
5. 有两个阶段发生损失的概率是：
0.1×0.1×0.9×0.9+0.1×0.9×0.1×0.9+0.1×0.9×0.9×0.1+0.9×0.1×0.1×0.9+0.9×0.1×0.9×0.1+0.9×0.9×0.1×0.1=0.048 6
6. 有三个阶段发生损失的概率是：
0.1×0.1×0.1×0.9+0.1×0.1×0.9×0.1+0.1×0.9×0.1×0.1+0.9×0.1×0.1×0.1=0.003 6
7. 四个阶段都遭受损失的概率是：0.1×0.1×0.1×0.1=0.000 1
8. 至少有一个阶段遭受损失的概率，有两种求法：
第一种：求4～6的和：0.291 6+0.048 6+0.003 6=0.343 8
第二种：求3项的对立事件概率：1－0.656 1=0.343 9
9. 不多于两个阶段发生损失的概率，也有两种方法：
第一种：求3～5的和：0.656 1+0.291 6+0.048 6=0.996 3
第二种：求6、7的对立事件的概率：1－0.003 6－0.000 1=0.996 3
10. 多于两个阶段发生损失的概率，同样也有两种求法：
第一种：求6、7之和：0.003 6+0.000 1=0.003 7
第二种：求9的对立事件的概率：1－0.996 3=0.003 7

b. 选择概率。选择概率是指在给定时间内，两个事件或多个事件中任何一个

事件发生的概率。选择概率和事件之间的关系密切相关，所以在计算选择概率的时候，要先判断事件之间的关系，是互不相容事件还是相容事件。

互不相容事件，是指在同一时间内或同一实验中，不能同时发生的事件，如果各个事件互不相容，那么选择概率就是各个事件发生概率的和。

相容事件，是指在这些特定时间内发生的事件，并不是相互排斥的。在仅仅考虑两个事件至少发生一个事件的情况下，选择概率是两个事件分别发生的概率之和减去两者同时发生的概率。

【例3】 有一建筑工程，假设因失火和偶然的人工损害所产生的概率分别是0.06和0.08，那么：

(1) 因失火和偶然损害导致的损失概率是：0.06＋0.08－0.06×0.08＝0.135 2

(2) 只是因为失火导致损失的概率是：0.06× (1－0.08) ＝0.055 2

(3) 只是因为偶然的工人损害产生的损失的概率是：(1－0.06) ×0.08＝0.075 2

如果有3个或多个风险单位，但是所关心的是其中的2个和任意一个发生风险的选择概率，上面的计算方法仍能比较方便地使用。

例如：假设有3个住宅，称为A、B、C座，分别发生火灾的概率是0.025，或者A、或者B发生火灾的概率还是A失火的概率加上B失火的概率减去A、B均失火的概率。即0.025＋0.025－0.025×0.025＝0.049 4。

②灰色系统预测法。利用数理统计的预测方法很多，但是利用数理统计的方法，必须对各种随机变量、随机过程进行研究和预测，需要大量的数据，从大量的数据中统计出规律，并且只能处理发生在概率统计中经典的概率分布内的事件，对那些经典概率分布之外事件的处理仍然困难。

而灰色系统理论，则将一切随机变量看成是在一定范围内变化的、与时间有关的灰色过程。对灰色量不是从找统计规律的角度，通过大量样本进行研究，而是用数据处理的方法，将杂乱无章的原始数据整理成规律性较强的生成数列再作研究。灰色系统理论认为系统的行为现象尽管是朦胧的，数据是杂乱无章的，但它毕竟是有序的，是有整体功能的。灰色系统预测就是从杂乱无章的原始数据中去开拓、发现、寻找这种内在的规律性，进而做出趋势的预测。

将灰色系统预测应用于风险分析确定购买保险计划是完全可行的。事实上，影响风险产生的因素是极为复杂的，而且很多是具有偶然性的。要掌握某些因素的演变规律是十分困难的，灰色理论正好帮助人们解决了这一问题。灰色系统预测要求的数据不多，它不考虑其他的影响因素，因为这些因素的影响过程是一个很复杂的过程，但往往都会在结果数据中有一定的反映，这样便为预测提供了极大的方便。在无法采用其他预测的情况下，灰色系统预测不失为一种有用的方法。

【例4】 在某一地区，整个房地产行业会遇到各种各样的风险。根据资料统计，其损失额见表9-1，试对2007年的风险损失量做出预测。

某地区房地产的风险损失

表9-1

年份	2002	2003	2004	2005	2006
序号	1	2	3	4	5
损失 X（万元）	32	37	41	46	50

【解】 第一步、原始数据生成，按公式 $X^{(1)}$ （k）$=\sum_{m=1}^{k}X^{(0)}$ （m）进行计算。可得到以下的生成数据 X，见表9-2。

依次累加生成数表

表9-2

序号 m	1	2	3	4	5
$X^{(1)}$ （m）	32	69	110	156	206

第二步、构造数据阵 B、Y_N，按以下公式进行计算：

$$B=\begin{bmatrix}(-1/2)[X^{(1)}(1)+x^{(1)}(2)] & 1\\(-1/2)[X^{(1)}(2)+x^{(1)}(3)] & 1\\(-1/2)[X^{(1)}(3)+x^{(1)}(4)] & 1\\(-1/2)[X^{(1)}(4)+x^{(1)}(5)] & 1\end{bmatrix}=\begin{bmatrix}-50.5 & 1\\-89.5 & 1\\-133 & 1\\-181 & 1\end{bmatrix}$$

$$Y_N=[X^{(0)}(2)\quad X^{(0)}(3)\quad X^{(0)}(4)X^{(0)}(5)=]^T=[37\quad 41\quad 46\quad 50]^T$$

第三步、求参数列

$$\hat{a}(B^TB)^{-1}B^TY_N=\begin{bmatrix}-0.1009\\32.0440\end{bmatrix}\quad \text{解得 } a=-0.1009\quad u=32.0440$$

第四步、确定模型，灰色系统的预测模型为 G（1，1）模型，即：

$$\mathrm{d}X(1)/\mathrm{d}t+ax(1)=u$$

该模型可以化为：

$$\hat{x}^{(1)}(k+1)=\left[X^{(0)}(1)-\frac{u}{a}\right]e^{-ak}+\frac{u}{a}$$

将 $X^{(0)}$ （1）=32，代入式子，得：

$$\hat{x}(k+1)=34.477271\quad e^{0.1k}-317.4772717$$

将 $k=5$ 代入计算，就可以得出2007年的预计风险损失值为：

$$\hat{x}^{(0)}(6)=55.576(\text{万元})$$

③注意事项。以上所介绍的各种方法虽然是十分有用的定量分析方法，但对分析结果也不能盲目地加以接受。因为数学方法本身总需要一定的假设条件或前提，只能近似地描绘现实。并且风险是一个很复杂的现象，完全依靠简单的数学公式进行模拟是不可能精确的，因此，分析的结果往往会与实际情况有一段距离。同时，

一般风险数据资料往往也不够完整，根据这些资料归纳的数学模型及其计算结果也不可能完全符合实际。

为了提高分析的正确性，要注意做到以下几方面：

a. 要保证资料的完整性和科学性，不仅要收集有关损失本身的历史数据，如损失发生的频率、损失程度的大小等，而且应该注意收集与风险发生有关的各种环境数据资料，如物价变化、经济发展状况等。

b. 要注意分析和研究这些数据资料所反映的状态并依次采用不同的预测方法进行预测。

c. 要善于发现新的数据资料，善于从历史数据中得出新的结论，即一方面要以现有数据为基础，推断结论，另一方面要吸收新的材料，随时修改原有结论。

9.1.2 重视高额损失

从现实来看，和风险发生的可能性相比，分析风险发生后损失的严重性是衡量风险程度更为重要的一个指标。可保风险一般发生的可能性很小，但是一旦发生，后果却很严重的，而严重程度很高的事件是适合于保险的（但不包括特大灾难）。高额损失正是这样一种损失，人们除了购买保险来对待它，没有别的更好的办法。因此在决定购买什么样的保险、购买多少保险之前，作为投保人，首先需要考虑的问题就是：你所面临的潜在损失的规模有多大，该损失规模越大就越应当购买该保险。这儿所说的损失规模是指非故意的、非计划的和非预期的经济价值的减少。

损失规模包括有形损失和无形损失。前者是指直接造成的直接损失；后者是指直接损失带来或引发的间接损失。间接损失包括额外损失、收入损失、责任损失等。

在考虑面临的潜在损失规模时，可以分析以下文件：财务报表、企业营运流程图、现场勘测结果、事故报告、历史损失统计资料、有关合同、危险因素、与外部企业和专业组织交流情况等。财务报表分析能将报表同金融预测和财务预算联系起来，发现未来损失，同时能揭示这些信息和财产；流程图的分析是考察企业活动和运作情况，从而识别企业可能损失的程度；直接现场勘测，能深入了解企业的活动和行为方式；事故报告应包括已发生的事故报告、准事故报告和未果事故报告；历史损失统计资料分析能预测将来发生损失的概率及其严重程度；合同审查分析可能会揭示一些风险损失，要注意到的风险；危险因素分析是帮助企业确定可能发生的事故的损失程度。

9.1.3 充分利用免赔方式

如果有些损失，投保人可以完全承担，那么就没有必要购买保险。当这个可能损失是你所不能承担的时候，投保人就可以将自己能承受的部分（即低额损失）以免赔的方式自留起来。

免赔，即保险事故发生后投保人要自己承担的损失。免赔要求投保人在保险人作出赔偿之前承担部分损失，其目的在于降低保险人的成本，从而使得低保费成为可能。这是因为：第一，根据统计经验，财产损失的一个重要特征是，发生全部损失的情况不是很多，大部分只是部分损失。国外有人做过统计，85%的房屋建筑损失不到或接近其本身价值的20%。只有不到5%的直接损失导致财产丧失50%以上的价值。可见与财产本身的价值相比，大部分的直接财产损失数额较小。如果投保人可以自己承担一些小额损失，就不需要每次都经过索赔和理赔的程序，这必然会减少公司的费用；第二，由于投保人需要承担部分损失，就会有动机去关心防止损失的发生，由此降低道德风险和行为风险。

例如，有很多投保人认为他们的财产所在地地震通常不会发生，即使发生，损失也不会太大，自己完全可以承担。如果有两份保单：一份将地震风险损失列为免赔额，投保人每年可节约100元；另一份合同承保地震风险，投保人每年至少要花费100元，那么，投保人很可能会选择前者。

9.2 保险中介人

9.2.1 保险代理人

保险代理人是根据保险人的委托，向保险人收取代理手续费，并在保险人授权的范围内代为办理保险业务的单位或者个人。由于保险代理人是协助保险人代理保险业务的，因此其所支出的经营费用即其他费用应当向保险人收取。同时，代理人所应得的报酬也需在代理合同声明中明确规定。

1.保险代理人与一般代理关系的共同之处

从一般代理行为来说，它是指代理人根据法律的规定或者依据被代理人的授权，以被代理人的名义同第三者所进行的民事法律行为。我国《民法通则》第63条规定：代理是代理人在代理权限内以被代理人的名义实施民事法律行为。被代理人对代理人的代理行为承担民事责任。保险代理与一般代理在法律关系上有相同之处，主要表现在：

(1) 代理关系均涉及三方，即委托人（保险人）、代理人和第三方（投保人）。委托人是通过授权给代理人与第三方订立保险合同而创造出代理关系的；代理人根据与被代理保险公司订立的代理协议而取得代理权。

(2) 代理人的代理权来自于委托人即保险公司，这种代理权既可以明示也可以默示。

(3) 代理人只能在授权范围内行使权利。如被代理人可以委托代理人承保有关保险业务，也可以委托代理人负责收取保费或理赔工作等等。

2. 保险代理关系与一般代理关系的不同之处

(1) 保险代理人在使用代理权时如果超越其授权范围，被代理人在得知后虽未追认，也未加以拒绝，即可被认为保险人在事实上赋予了代理人这种权利。保险人不能以自己未明示授权而否认代理行为的法律效果。这样的规定也是为了保障善意投保人的利益。例如，保险代理人在承保某项保险时，未经保险人的授权就主动收取了保费，保险人不能以代理人越权而否定该项保险合同的有效性。

(2) 代理人所知晓的事情应假设为保险人所知。因此，只要被保险人对代理人履行了告知义务，保险人就不能以不了解投保人的危险情况而拒绝履行自己的赔偿责任，即使由于代理人的过错致使保险人未获知晓，也是如此。因为从投保人或被保险人的角度来说，保险代理人就是保险公司，代理人所具有的常识就是保险人的常识，所以保险代理人必须对保险人承担忠实和谨慎的责任。保险人因为代理人超越代理权而受到损失时，有权要求保险代理人赔偿。

为使保险人明确保险代理人的权限，保险人可以在保单上载明对保险人权利的一些限制。例如，在保单上载明，发生索赔案时须向某地的保险理赔代理人提出，这就表明该保险代理人仅仅被授权处理赔案。同时，投保人应认真阅读投保单，特别是投保单上有关保险责任、保险人的责任免除、投保人（被保险人）的义务等具体规定。

3. 保险代理人的类型

我国规定保险代理人的类型有三类：专业保险代理人、兼业代理人和个人代理人三种。

(1) 专业代理人。专业代理人是指专门从事保险代理业务的保险代理公司。在保险代理中，它是唯一具有独立法人资格的保险代理人，根据《保险代理机构管理规定》，保险代理机构可以以合伙企业、有限责任公司或股份有限公司的形式成立。三种形式代理人的条件

①成立条件：

a. 合伙企业要求有两个以上的合伙人，出资额不得低于人民币 50 万元。

b. 有限责任公司要求有 2 人以上 50 人以下的股东，注册资金不得少于人民币 50 万元。

c. 股份有限公司规定有 5 人以上符合法律规定的发起人，注册资金不得少于人民币 1000 万元的实收入。

②有符合法律规定的合伙协议或公司章程。

③具有符合中国保监会任职资格管理规定的高级管理人员。

④持有《保险代理从业人员资格证书》的保险代理从业人员不得低于员工人数的 1/2。

⑤法律、行政法规要求具备的其他条件。

专业代理人的业务范围主要是:

a. 代理销售保险单。

b. 代理收取保险费。

c. 保险和风险管理的咨询服务。

d. 代理保险人进行事故损失的勘查和理赔。

e. 经中国人民银行批准的其他业务。

(2) 兼业代理人。兼业代理人是指接受保险人委托，在开展自身业务的同时，指定专人为保险代理人代理保险业务的单位。根据《保险兼业代理管理暂行办法》规定，保险兼业代理人从事保险代理业务应遵守国家的有关法律规定和行政规章，遵循自愿和诚实信用原则，保险兼业代理人在保险人授权范围内代理保险业务的行为所产生的法律责任，由保险人承担。

申请保险兼业代理资格条件:

①具有工商行政管理机构核发的营业执照。

②有同经营业主直接相关的一定规模的保险兼业代理业务来源。

③有固定的营业场所。

④具有其他营业场所直接代理保险业务的便利条件。

兼业代理人的业务范围主要是:

①代理销售保险单。

②代理收取保险费。

(3) 个人代理人。个人代理人是指根据保险人的委托，向保险人收取代理手续费，并在保险人授权的范围内代为办理保险业务的个人。个人代理人的业务范围主要是:

①代理销售保险单。

②代理收取保险费。

但是个人代理人不得办理企业财产保险业务和团体人身保险业务，不得签发保险单，任何个人不得兼职从事个人保险代理业务。

9.2.2 保险经纪人

保险经纪人是基于投保人的利益，为投保人与保险人订立保险合同提供中介服务，并依法从保险人那里收取佣金的人。它即可以是个人也可以是公司。

1. 保险经纪人的特证

经纪人是投保人的代表。在投保人的授权范围内，经纪人的行为可以约束投保人，但是不能约束与投保人订立合同的保险人。投保人如因经纪人的过失而遭致损失，经纪人在法律上需负赔偿责任。

2. 保险经纪人的作用

保险经纪人也是联结投保人和保险人的一个重要的保险市场中介组织、是一个完善成熟的保险市场的重要组成部分。它的发展经历了较长的历史。据有关资料表明，早在17世纪，英国成为海上贸易大国，海上保险业务随之兴起。由于早期的保险业承保能力较低，没有哪个商人敢于单独承担一次航行的全部风险，一些人不得不跑遍伦敦全城来安排许多商人来共同为一次远航的轮船提供保险，于是产生了早期的保险经纪人。

保险经纪人的作用除了可以从保险中介人产生的一般原因中得到解释外，还主要体现在以下三个方面：

(1) 保护投保人（被保险人）的利益。由于保险经纪人了解保险市场行情，同时又是熟知保险条件、保险费率等专业知识和技能的专业人才，因而，保险经纪人作为投保人的代理人，可以帮助投保人设计费用最低、保险保障程度最高的投保方案。在保险事故发生后，保险经纪人作为投保人的代理人向保险人索赔，从而保障投保人的利益。

(2) 促进保险市场竞争、完善保险市场机制。由于保险经纪人基于投保人的利益，在保险市场上从多家保险人中为投保人选择那些费率最低、服务质量最好、保险保障程度最高的保险人进行投保，这将促使各保险人出于竞争的需要，不断改善经营管理，提高服务质量，增加保险商品品种，降低经营费用，由此将完善保险市场机制，促进保险业的发展。

(3) 维护国内保险市场。国际经验表明，涉外业务、大宗业务、高风险业务以及特殊风险业务等企业保险业务离不开保险经纪人的专业运作，因而对保险经纪有强烈的需求。

经过数百年的发展，保险经纪公司已经成为保险市场最为活跃的主体之一。保险经纪公司不仅从事一般的保险经纪业务，而且能够为客户提供许多高附加值的服务。特别是近些年来，随着客户对风险保障需求层次的不断提高，保险经纪人在提供风险管理咨询、保险方案设计等方面的作用与日俱增，许多国家都有健全的保险经纪人协会等行业自律组织。

9.2.3 保险公估人

1. 保险公估人的特征

保险公估人是站在第三者的立场上，依法为保险合同当事人办理保险标的查勘、鉴定、估损及理赔款项清算业务并给予证明的人。

保险公估人的主要任务是：在风险事故发生后判定损失的原因及程度，并出具公证书。公证书不具备强制性，但它是有关部门处理保险争议的权威性依据。

由于保险公估人通常是由具有专业知识和技术的专家担任的，且保持公平独立、公正的立场，因而其职业信誉较高，所做出的公证书通常为保险双方当事人所接受，成为建立保险关系、履行保险合同、解决保险纠纷的有力保障。

被保险人和保险人都有权委托保险公估人办理有关事宜。但在一些国家，保险合同当事人双方为证明和估价所支出的费用，除合同另有约定外，无论哪一方委托，一般都是由保险人承担的。由于保险公估人工作失误而给委托人造成损失的，则由保险公估人承担赔偿责任。

2. 保险公估人的作用

保险公估人的作用也可以从保险中介产生的一般原因中得到解释。除此之外，保险公估人的存在还体现公平原则，解决保险争议。由于保险公估人在某些特定方面具有专长，且有相当的权威性，同时又处于第三者的地位，与保险合同当事人双方以及保险标的均无经济利害关系，因此，一方面，保险公估人所出具的公证报告更能保证客观、公正，从而最大限度地维护各方保险合同当事人的利益；另一方面，也易于为保险合同当事人双方所接受，有利于解决保险争议。

9.2.4 保险中介人之间的关系

1. 从保险代理人与保险经纪人之间的关系来看二者差别

(1) 法律地位不同。如前所述，保险经纪人是投保人的代理人，其行为代表着投保人的利益；保险代理人是保险人的代理人，其行为代表着保险人的利益。

(2) 进行业务活动的名义有别。保险经纪人在从事业务，当他实施居间行为时，必须以他自己的名义进行；而当他进行代理行为时，则以投保人或者被保险人的名义进行；保险代理人从事业务时则必须以保险人的名义进行。

(3) 行为后果的承担者不同。因保险经纪人办理居间业务的结果对保险经纪人发生效力，如因保险经纪人的过错而给投保人、被保险人造成损失的，由保险经纪人承担赔偿损失责任；而保险代理人根据保险人的授权代为办理保险业务，由此给被保险人造成损失的，通常由保险人承担责任。

2. 从保险代理人、保险经纪人与保险公估人三者来看其差别

(1) 法律地位不同。保险代理人是保险人的代理人，保险经纪人是投保人的代理人，保险公估人则既不代表保险人的利益，也不代表投保人的利益，他是站在第三者的地位进行公证。

(2) 名义不同。保险代理人从事保险业务必须以保险人的名义；保险经纪人从事保险业务，若为投保人代为投保或代投保人索赔，则以委托人的名义；若从事居间活动或咨询活动，则必须以自己的名义；而保险公估人从事保险公证活动时，只能以自己的名义。

(3) 业务要求不同。一般保险代理人熟悉保险业务；而对保险经纪人的业务要求比保险代理人要高；对保险公估人的业务要求则更高，保险公估人必须是某方面的专家。

(4) 行为后果不同。保险代理人的行为后果一般由保险人承担，而保险经纪人和保险公估人因其过错给当事人造成的损失则通常由自己承担赔偿责任。

9.3 选择保险人

9.3.1 选择保险公司

投保人可以通过保险中介人购买保险，但也可以直接从保险公司购买。在有些情况下，保险公司为了节省费用，或为了更好地、直接地了解消费者的需求，通过本公司的雇员来销售保险，即保险公司直接展业。而事实上，不论是投保人通过保险中介人来购买保险，还是直接从保险公司购买，选择保险人都是购买保险的又一个重要环节。这是因为，购买保险产品与购买一般的商品是不同的。在后一种场合，购买者在完成一手交钱，一手交货的交易后，可以说与商家就没有什么关系了（除非只是在需要退换商品、保修的时候，或再一次需要购货的时候）。但在保险产品购买的场合就不一样了。在投保人按期缴纳了保费以后，在整个保险期间，他们都与该公司有着非常密切的关系。

一般来说，作为一个投保人，他在作出判断和选择之前，需要了解保险人的各种基本评价指标信息，以确定从哪一家保险公司来购买保险。这些信息主要包括：该公司的财务状况如何？其产品价格是否合理？保单是否提供了投保人所需要的险种和数额？该公司的理赔情况怎样，是否公平？该公司是否轻易注销合同？该公司有没有足够的承保能力？该公司所提供的服务怎样？与其他保险公司相比，该公司的投诉率如何？现在让我们逐一对以上各个问题作出解释。

1. 公司的财务状况

当投保人购买了保险以后，他实际上是从保险人那里购买了一个在将来某一个时期才能兑现的承诺。那么，保险人将来能否履行其承诺呢？很显然，对于投保人来说，保险人的经济实力和经营的稳定性是其能否履行承诺的重要因素。而经济实力和经营的稳定性主要可以通过保险人的财务状况反映出来。在西方国家，有许多专门的保险评估机构每年对保险公司作出综合评价，消费者可以从它们的评估中作出自己的购买选择。我国目前还没有这方面的评估机构，但随着保险业的发展，应当尽快成立类似的机构，以指导消费者的购买行为，保护消费者的利益。

保险公司的经济实力和经营的稳定性主要可以通过保险人的财务状况反映出来。评估保险人的财务状况有偿付能力和流动比率两个重要指标。在进行偿付能力评估时，较为常用的是净资产比率，用公式表示为：

净资产比率＝净资产/资产总额

在使用净资产比率来观察公司的经营情况时，必须注意以下几个问题：

(1) 只有将净资产和净资产比率这两个指标放在一起来衡量，才能比较真实地反映一家公司真正的偿付能力。例如，有甲乙两家公司，甲公司是一家大公司，乙公司是一家小公司。甲公司的净资产是乙公司的5倍，但是乙公司的净资产比率却是甲公司的2倍。那么，从这个指标来看，乙公司的财务状况比甲公司的还要强一些。因此说，规模本身并不能完全说明问题。

(2) 使用净资产指标必须特别慎重。因为该指标有时很容易被人为地操纵。假定有两家公司面临相似的理赔案件和赔偿数额，但其中一家公司有意低估其价值，它所提留的准备金必然低于另一家，在这种情况下，这一家公司的净资产比率无疑要比另一家高。

流动比率又称营运资金比率，它是衡量保险人短期偿债能力、赔款能力的最通用的一项指标。流动比率的大小是由流动资产和流动负债的对比来表示的。从长期来看，一个保险公司可能具有偿付能力，但短期偿债能力弱。如果是这样一种情况，投保人也要格外小心才是。

2. 价格和比较成本

在购买保险产品时，价格不应当是消费者唯一的考虑因素，但至少是主要的因素。假定其他条件都是相同的，人们没有理由从一家产品的价格比另一家要高的公司来购买保险产品。但保险产品的价格比较是一个很复杂的问题，它应当注意以下一些事项。

(1) 产品本身要具有可比性，这是事物比较的一个最基本的原则。不同的险种有不同的价格。例如，如果拿某一家公司的建筑工程一切险的价格和另一家公司的安装工程一切险的价格做比较，就很难说明问题。

（2）联系保险合同中的除外责任条款来进行价格的比较。即使是同一险种，同一价格，但除外责任的范围不同、可以说价格也就不同。比如说，甲乙两家公司都出售建筑工程一切险，其价格从表面来看也是一样的，但甲公司的除外责任比乙公司要多，这意味着甲公司的责任范围要比乙公司小，那么在实际上，甲公司的价格与乙公司相比较来说就是高的了。

（3）考虑非价格因素，特别是公司的财务状况和服务质量。比如，某一家公司的某一种产品价格较另一家公司同一类产品的价格低，但仅有这一个指标，并不能保证购买前一家公司的产品就合算。如果它的财务状况不好，或者服务质量很差，那么，即使价格低廉，最终投保人还是会吃亏的。

这里，我们提出一个比较简单的方法。投保人最好自己先确定一个选择保险人、经纪人或代理人的标准。这个标准包括你所需要的保险的类别和数量，保险人和代理人所应具备的最起码的资格，服务水平和其他的一些条件，不能满足这些条件的保险人自然就在淘汰之列。在余下的选择中，你再来比较价格和非价格因素。

3. 合同条款

虽然保险合同的基本原则是相同的，但不同的保险公司其合同条款还是有很大差异。因此，投保人必须非常明确你所购买的保险是否能够满足你的需要。例如，假定一个消费者要购买财产保险，他就应当认真了解以下几个方面的情况：该合同承保哪些风险；被保的基本责任有哪些，责任限额有多大；保险期限多长，是6个月，还是1年，抑或更长的时间；损失发生时使用什么样的补偿方法；合同包括哪些除外责任；合同只包括直接损失，还是只包括间接损失，或者是两种都包括；附加条款是否能够更好地满足你的需要；该条款使用什么样的免赔方式和共保条款等。

4. 理赔实践

理赔实践是投保人了解保险人的又一个重要方面。我们国家由于保险的历史不长，大多数人还没有保险的实践，因此，也就谈不上了解理赔实践的问题了。但是，这种情况也会随着我国保险业的发展而逐渐得到改变的。在国外，投保人非常重视保险公司的理赔实践。在购买保险之前，他们通常从以下几个渠道获取有关公司理赔实践的信息：

（1）向保险监管机构、保险行业协会、消费者协会等咨询该公司受消费者投诉的情况。当然，消费者的投诉不可能百分之百都是合情合理的，但如果消费者所考虑的这一家保险公司在一定时期中所受投诉次数高于同期同行业的平均数的话，那么最好还是避免选择这一家保险公司。

（2）从相关的报纸杂志上收集各公司有关理赔实践的文章和报道。

(3) 从保险代理人和经纪人那里获取保险公司过去的理赔情况。

(4) 从朋友那里打听，他们的保险公司是怎样对待他们的。

5. 注销合同

合同的注销是指保险人和投保人（但通常是保险人）依据合同的条款和双方的协议终止有效期的合同。在购买保险之前，投保人应当了解，这家保险公司是否有注销条款，条款是怎么样规定的，公司是否经常在投保人发生第一次保险事故后，就撤销保险或拒绝续保。根据国内外的保险实践，大部分保险公司都不会这样但也的确有一些公司这样做，特别是在一些特殊情况下。例如，“9.11”恐怖事件以后，许多私人保险公司就使用了战争行为责任赔款的注销条款。恐怖事件之前，保险监管者和飞机出租公司要求航空公司购买至少 10 亿美元甚至高达 15 亿美元的保险。但“9.11”以后，保险公司的新条款只提供 5 000 万美元的保险。不过，目前许多国家的法律对保险人注销合同的权利都有很严格的限制，使其不能轻易注销合同，以保护投保人（被保险人）的利益；而保险公司为了吸引顾客，也通过合同条款来限制注销的权利，以增强保单的吸引力。

6. 承保能力

承保能力是指保险人扩展新业务的能力。在这一方面，保险人可以采取一些有效的措施，特别是使用再保险这一工具。但是，由于各个保险公司本身的规模、财力、业务范围的不同，它们所能得到的再保险也是不同的，投保人最好能够了解保险公司的自留额有多大，与这家保险公司有业务联系的再保险公司是哪一家，保险评估公司对这一家再保险公司的评估情况怎样。关于采取什么样的措施来扩大公司的承保能力以及再保险的有关问题，我们在其他章节讨论。

7. 服务

保险是一种特殊的服务行业，在服务这个项目中，代理人或经纪人的建议，保险人的理赔是投保人（被保险人或受益人）所需要的最主要的服务。例如，在购买保险之前，投保人需要询问许多有关保单的情况，他们希望就这些问题能够得到保险代理人或经纪人迅速、圆满的答复；在购买了保险以后，他们可能需要了解诸如转换保单类型、贷款（在人身保险的场合）、红利的支付等情况；在发生保险事故以后，他们希望保险公司能够迅速调查，并给予应有的赔偿。所有这些服务对于投保人选择保险公司来说，都是必须考虑的重要因素。

对于工商企业来说，一些保险人提供的为工程控制与损失控制的服务也是非常重要的。许多操作和损失控制活动都是由保险人或在他们指导下实施的。在选择保险人时，保险人投入的这些努力的措施和这些努力的成功程度等，都是投保人考虑的重要因素，所有这些服务对于投保人选购保险公司的产品来说，也都是必须考虑的重要因素。

9.3.2 如何选择中介人

中介人包括代理人、经纪人和公估人。很多保险合同都通过中介人成交。中介人诚实程度影响投保人对保险人的选择。许多保险业务都是中介人与投保人直接洽谈，若中介人提供了失误或错误的信息，则投保人和保险人均可能会做出错误的抉择，在这种情况下签订的保险合同将后患无穷。

中介人的权限相当重要，一旦达成契约文件，他会使投保人和保险人受到契约的约束。中介人的办事能力也影响投保人的选择决策。一般情况，投保人不太可能同一些能力低下的人洽谈关于自己切身利益的重大问题。

中介人向投保人提供服务的能力还取决于其保险业务是否娴熟，服务态度如何，还取决于其对风险问题的理解以及帮助投保人处理风险的效率，对有关问题的分析技巧。中介人既可以代理保险人承揽洽谈保险合同、代表保险人履约、处理保险标的所遭受的危险和损失、对投保人提供有益的帮助，还可以提供对损失的评估或对损失控制提供咨询等其他服务。

总之，在选择保险人时，一方面应对保险人进行审核评估和比较，另一方面也应对中介人进行选择，以免上当受骗。

9.4 案例分析

9.4.1 地铁工程的主要风险及控制

无论是从设计的角度，还是从施工的角度看，地铁工程均属于风险相对较大的项目，其最大的特点是施工环境复杂且承受能力差。大多数地铁项目是在城市中心施工的，这些地方从地面到地下的情况都十分复杂，一旦发生意外情况，容易导致连锁反应和巨额损失，同时，地铁项目由于是地下施工，发生意外之后，施救工作往往不易展开。因此，在进行地铁项目的风险评估过程中，应当充分认识到评估的难度。

在地铁施工过程中，可能面临的主要风险有自然灾害、意外事故以及第三者责任风险。从世界地铁发展 100 多年历史的损失情况看，在地铁灾害（包括建设期与运营期）中发生频率最高，造成损失最大的原因是火灾。而建设期的情况则是自然灾害居首位，根据慕尼黑再保险公司的统计：1982～1996 年期间的 612 个损失金额大于 10 万美元的保险赔偿案件中，火灾事故为 18%，自然灾害事故为 50%，施工方法为 20%，设计事故为 9%，其他为 3%。实践证明：水灾、火灾和第三者责任是地铁施工过程中最需要关注的风险，也是地铁风险评估和控制的重点。

水是地铁施工过程中的一个最主要的风险，地铁工程的特点是形成一个庞大的地下结构或者地下空间，所以，如果控制不当，就可能导致大量的水灌入，或者积留在这些空间并造成损失，导致水损的主要原因是暴雨、洪水、地下水和排水系统故障。首先，是暴雨和洪水问题，控制风险的主要手段是确保各种防护设施到位和有效，尤其是在台风和洪水季节，应当密切关注天气和水情变化情况，制定相应的预案。必要时，应当及时转移处于低洼地段的贵重物资和设备。其次，是地下水问题。地下水的存在是地铁施工过程中的正常现象，或者说是一种“常态”，关键是对地下水的监测、控制与处理。在地铁的设计和施工方案中已经充分考虑了地下水的控制问题，针对地下水的工程控制手段有很多，包括集水井技术等。在施工过程中应当动态监控地下水位的变化情况，确保地下水能够控制在工程许可的范围内，实现这个目标的手段是排水系统。一旦发现异常情况，应尽快分析并查找出问题的原因，及时采取应对措施，通常是排水系统出问题了，导致地下水失控造成损失，因此，应当经常地检查排水系统，确保其处于良好的工作状况。

在地铁施工过程中，火灾也是一个重要的风险因素。火灾风险的主要分布区域为盾构机、车站、车场和工地外储存等，导致火灾的原因主要有热工、润滑油、液压油、明火、消防管理、清洁工作等。火灾风险更多地体现为一种管理风险，体现为对于施工现场的管理，因此，控制火灾风险的关键是建立一套行之有效的制度，严格进行现场的管理，特别是对于明火作业的管理，同时，对于施工机具的管理，特别是对盾构机的施工现场管理尤为重要，许多地铁火灾事故是由盾构机造成的。

大多数地铁工程是在城市地区施工的，有的施工需要在城市繁华商业和人口密集地段进行，所以，一旦出现问题，很容易导致巨大的责任风险。第三者责任的主要风险有：

（1）土壤扰动，或者减弱支撑，或者覆盖板碎裂，导致土地承载力受影响，造成工地及周边地区的地面塌陷、建筑物和道路损坏以及人身伤亡。

（2）爆破施工过程中，爆破物降落导致周边的人身伤亡和财产损失。

（3）地下或者海底施工过程中，造成管道和电缆的损坏。

（4）施工过程中可能产生的环境责任，包括了对土壤的破坏、噪声和空气污染等。为此，在地铁的施工设计过程中应当高度重视第三者责任风险问题，采取定期检查等方式，防止事故隐患的出现。

从施工的角度看，塌方是主要的风险或损失表现形式，而导致塌方的原因往往是综合和复杂的，有客观原因，如地下水、暴雨、洪水等，也有主观原因，如支撑不足，二次衬砌不及时，施工作业面防护不当等。但主观因素是关键和决定的因素，因此，在分析和控制风险的过程中，应当抓住重要因素，从主观因素入手，加强施工管理，特别是加强对于施工质量和进度的管理，确保有效地控制塌方风险。现代地铁隧道大都采用盾构技术，所以，隧道挖掘风险主要是盾构机施工风险。盾构机的主要风险除了火灾风险外，开挖的起点和结束点的塌方、操作失误、盾构机放弃也是主要的风险。在盾构机的吊装过程中，由于大多数是由专业人士进行，且较为重视，所以，发生事故的几率反而不大。

9.4.2 风险评估报告（样本）

风险评估报告
（地铁项目）

项目名称：

业　　主：

工程位置：

工程造价：

工　　期：

检验时间：

联 系 人：

检 验 人：

报告制作人：

年　　月　　日

目　录

1 背景情况

受××保险公司委托，在业主的安排下，我公司于××××年××月××日对××市地铁现场进行风险情况检验，检验的目的是：

熟悉路线布置；

了解施工方法；

发现施工过程中可能发生的潜在风险；

按保险人的委托完成风险评估报告。

2 项目概况

××市地铁为全地下城市轨道交通系统，由一条主线和一条支线构成，总长××公里，共有，×个站及×个换乘站。

项目总投资×××亿元人民币，包括土建、机械及电子设备安装、土地及融资成本。

项目计划于××××年××月完工。

2.1 主线

主线全长××公里，为南北向，共有13个车站，从××站到××站。

2.2 支线

支线全长×公里，共有×个站，与主线在××相接。

3 施工方法

项目采用了大量先进的工程技术，包括明挖回填法、矿山法、盾构法、沉管法等。

地铁轨道采用平面布置，因此，基本上不存在上下交错通行的问题，但存在平面交叉问题。地下结构的平均过载为20～30m，计划路线上存在土壤和高度风化岩石、断层等。

地铁路线横跨河道，有三处过江线路施工将在水体之下进行。

目前项目的最终设计尚未确定，项目全面开工前，先进行8公里长路线的试验工程。

3.1 明挖法和盖挖法

大部分车站及部分隧道工程将采用明挖法，无法采用明挖法的区段，将采用盖挖法。在进行大量明挖回填前，需采用临时支护墙。部分车站的深开挖工程需要复杂的支护系统。

3.2 矿山法

矿山法是一种在国内工程界中广泛使用于的传统隧道施工方法。地质结构决定了土壤及岩石力学性质、土方开挖方法及支护系统与众所周知的新奥法基本相同。矿山法施工技术主要在路线及部分车站采用。

3.3 盾构法（TBM）

城区不稳定地质条件（如浅埋隧道和河床下隧道）下，采用盾构法施工，土壤变成支扩体，可以有效防止隧道工作面倒塌，大大降低工程风险。

隧道掘进机施工法已越来越多地应用在工程之中，它可以最大程度地降低在城区内不稳定的含水土层中进行隧道施工时的风险，与正在进行的地铁×号线一样，为了开挖浅埋隧道和穿越××江底的隧道，可能会使用直径大约在6.0～6.5m土压平衡式盾构隧道掘进机进行施工。特别地，在某些比较复杂的地质条件下如冲积沉淀土层以及人工回填土层，使用土压平衡式盾构法施工时盾构机将作为防止隧道面因液化而坍塌的支撑物。

组合的衬砌可能用于相当的软土层为圆柱形盾构起保护作用。此时，为隧道在建设和运行时的稳定将安装永久衬砌。

隧道掘进机法将在大量路线施工中应用，开挖的车站基坑将作为盾构机出入井。

3.4 沉管法

沉管法在穿越软底江河或海峡的公路、铁路中大量采用。考虑到路线经过航道的可航行深度、航道交通量、河岸建筑、地质地形条件，可以采用多车道混凝土箱体。

4 主要机电工程及机车

每列车由3～6个车厢组成，可载客770～1540人，最高时速为120公里；机电工程及车辆的国产化率要求达到70%。

采用自动列车控制系统．包括自动列车运行、自动列车保护及自动列车监测子系统。所有车站站台均使用站台屏蔽门以及空调系统。

5 工程进度

试验段开工时间～项目竣工时间：

×年×月×日～×年×月×日：完成试验段征地从设备转移，试验段开工建设；

×年×月×日～×年×月×日：运行路线征地完成，盾构机的设计制造，关键土建部分开工；

×年×月×日～×年×月×日：征地及设备转移完成，车站及运行路线部分全面开工；

×年×月×日～×年×月×日：主变电站开工，控制中心开工，开始车辆制造；

×年×月×日～×年×月×日：完成设计工程；

×年×月×日～×年×月×日：部分车站及运行路线完成，开始铺设轨道；

×年×月×日～×年×月×日：盾构及土建工程完成，车辆开始交付；

×年×月×日～×年×月×日：电力供应、信号及通讯系统开工，轨道铺设及电力供应网络完成，机电及装备工程完成；

×年×月×日～×年×月×日：试车开始，初步验收；

×年×月×日～×年×月×日：试运行；

×年×月×日～×年×月×日：所有车辆全面交付。

6　风险识别与评估

由于掌握的信息有限，只能根据可得到的信息、初步地质调查报告、工程采用的施工方法，结合类似项目以及损失记录，对工程项目建设中可能面临的风险进行评估。

6.1　常规风险

6.1.1　火灾

建筑工程施工发生火灾大都因为现场管理混乱所致，严格财产及设备的管理及保养可以大大降低火灾风险。

采用盾构机进行隧道机械施工的线路、工作井及维修站等涉及易燃液体及气体，并经常处于高温作业的地段，应配备完善的消防设施，定期进行安全检查。同时，试车期开始前消防设施应全部就位。

6.1.2　洪水

设计防洪能力为200年一遇的洪水。在防洪设施完工前，防洪能力未达到设计标准，应特别注意洪水风险防范。采用明挖回填法的穿越水体的车站及其他结构最易受到洪水影响，围堰等挡水系统的设计指标应保留较高的安全系数。应密切监测河水水位，研究隧道水位、河水水位及洪水历史记录的关系，及时从政府有关部门或其他单位获取洪水预警报告。

台风季节的降雨是一个重要的洪水风险因素，应经常获取并研究气象预报。在水体（地面或地下水）以下掘进的隧道，易遭受因地面塌陷引起的水灾，预防的措施是确保隧道井口高于可预见的最高水位，此外，所有保护堤坝的建筑和维护均达安全级别，无侵蚀。

6.1.3　地震

根据慕尼黑再保险公司编制的地震图，工程所在城市处于地震图的一区，即最大可能烈度为6度（50年，MM），设计最大抗震强度为7度，因为地震灾害可能造成巨大损失，应高度重视地震风险。

根据工程所在地的地质情况资料显示，地震时的主要风险为液化风险。

地震灾害可以通过灾害区域土壤的不同特征得以显现，其中一个重要的特征是饱和沙区液化形成地基流砂管涌、地面裂隙渗透、大范围流沙形成等。发生后一种现象时，建筑结构可能深深地沉下地面，而地面下较轻的结构可能向上浮出地面。

6.2 特殊风险

6.2.1 对地表的影响

城市快速交通系统都在建筑密集的城区内进行施工，受到复杂的土壤条件、风化岩石、较高的地下水位及河道影响。在地下进行隧道掘进必然对土壤和地下水产生影响，造成隧道上方地面或地表结构的沉降。软土地表下隧道作业可能因地下水位下降或漏失而造成地面以及建筑物的沉降。

为防止建筑物沉降，可以采用以下技术进行保护：

(1) 在隧道施工前对建筑物基础进行加固。

(2) 对建筑物进行整体修缮。

(3) 对隧道工作面等进行渗透灌浆加固。

(4) 固结灌浆。

(5) 保护墙，如地下连续墙或水泥掺土结构护墙。当地行业大量采用对建筑进行基础加固的方法。鉴于当地地铁既往施工经验中发现过严重的建筑裂缝，应密切关注并控制地面沉降。

6.2.2 对盾尾裂缝进行灌浆

在隧道掘进机的尾部进行管片安装时也会出现问题，因为环形裂缝在随着盾构机的向前推进而改变。一条60～200mm的盾构裂缝残留于管片的背面和周围的土层之间，如果该土层是非稳定的，则由于盾构连续前进而形成的裂缝必须立即进行填充。如果灌浆失败，隧道面结构将被破坏，隧道衬砌将承受非常大的压力，最后可能导致支护成本的增加。因此，通过灌浆填充盾构后部的裂缝，使地下土层及地下水维持原来的压力状态，保持局部压力稳定是十分必要的。

6.2.3 开挖面支撑的失稳

对某些车站，运行线路采用大开槽施工法以及在软土和富含地下水的土壤中使用隧道掘进机施工时，必须仔细研究开挖面的失稳风险，并将其降低到最低。

通常遭遇到的失稳方式如下：

(1) 护墙板、支撑等支护结构变形过大。

(2) 横撑、环墙的塌陷。

(3) 底部土壤（塑性土）隆起。

(4) 流沙（管涌）现象。

6.2.4 隧道开挖面坍塌

盾构隧道掘进机施工应该保持土层条件的相对稳定，但在某些特定的地质条件下，是很难一直维持这种状态。同时，在掘进机施工中遭遇地下障碍物是经常可能遇到的风险，比如巨砾、冲击沉淀物、掩埋的树干等。

地下水也是在隧道开挖过程中经常遇到的问题，因此地下水的处理施工的一项重要内容。同时，在复杂地质条件或地质条件存在缺陷的地段进行施工时，也存在着由于突然穿透地下水，导致地下水涌入隧道开挖面的可能。

新奥法施工的关键是安装足够的支护结构，因此在隧道施工过程中观测土层移动（定期对隧道顶和墙面的检测）是非常重要的。

6.2.5 沉管隧道的沉降

一般情况下，沉管隧道不易受到土壤沉降的影响。但土壤类型和荷载形式沿隧道方向差异显著时，则可能发生程度不同的沉降。在设计混凝土沉降隧道时，应综合考虑沉降可能发生的影响。

6.2.6 界面工程

按城市地铁系统总体设计，地铁×号线与×号、×号线及铁路之间进行换乘转运。×号线正下方为×号线的××站，在设计建设时已考虑到换乘车站，但应注意两条线路之间的结合工程。完成时间较早的×号线和铁路，在建设时没有充分考虑新线建设的因素，因此要注意×号线施工对×号线和铁路营运、车辆稳定、桩基的影响。

6.2.7 临时工程

隧道建设中不可避免地需要采用大量临时工程。尽管目前难以确定临时工程的风险，但不可忽视临时工程失效的潜在可能性。

临时工程失效是隧道建设过程中最大的安全隐患之一，因此，应定期进行严格的检查。

改变临时工程的结构时，应获得设计者的许可。

6.2.8 与现有地下设施的冲突

在地铁车站及盾构机进入、回收井区域，可能与现有地下设施产生冲突的情况，包括与供水管线、通讯电缆及电力供应设施等。

6.2.9 工伤事故安全防范

数据显示，从事地下作业施工人员发生工伤事故的几率是其他建筑工人的两倍以上，且事故会导致巨大的经济损失，因此，防损工作有良好的经济效益。

导致事故的主要原因有：

(1) 工人和材料或设备的接触缺乏控制。

(2) 临时建筑失效。

(3) 内在的施工风险（如炸药的使用）。

(4) 工人不按规程操作。

因此，在施工过程中应针对上述原因制定综合安全计划。

7 结论

随着隧道工程技术在自动化、质量、管理、营运和安全方面的进步，人们开始尝试在更复杂的地质条件下进行隧道作业，特别是越来越多地将其应用在城市轨道交通系统。

工程参与各方，包括业主、承包人、保险人的通力合作，充分掌握施工技术信息，了解最新的风险状况资料，是完成一个项目风险识别与评估工作的重要前提和保证。

8 附件（略）

本章小结

1. 保险的购买原则，通过测定风险直接影响和间接影响、损失的频道和幅度及最大损失的可能性进行风险评估，然后通过定性分析法和定量分析法等制定购买计划；在保险的购买中要高度重视高额损失，并充分利用免赔方式。

2. 保险中介人。分保险代理人、保险经纪人和保险公估人。三者在法律地位、开展业务名义、业务要求、行为后果承担方等方面均有不同程度的区别。

3. 选择保险公司时可以从以下七个方面关注公司的经营状况：公司的财务状况、保险产品的价格、保险合同的条款安排、保险公司以往的理赔实践、是否经常使用注销合同安排、保险公司的承保能力以及保险公司的服务质量。

4. 通过地铁的案例学习，了解风险评估的主要内容。

复习思考题

1. 如何评估风险，如何制定保险的购买计划？

2. 免赔的具体含义是什么？充分利用免赔额对保险公司和消费者各有什么好处？

3. 人们选择保险公司的时候，往往倾向于认为公司规模越大越好，你对此有何看法？

4. 保险购买人可以根据什么指标来判断一家保险公司是否能充分履行承诺并提供良好的服务？

5. 保险代理人、保险经纪人和保险公估人有什么联系和区别？你认为他们分别需要具备哪些素质？

6. 从目前来看，中国市场上制约保险中介发展的因素有哪些？又有哪些因素有利于保险中介业务的开展？

参 考 文 献

[1] 孙祁祥．保险学．第3版．北京：北京大学出版社，2005
[2] 魏华林，林宝清．保险学．第2版．北京：高等教育出版社，2006
[3] 王和．工程保险．工程保险理论与实务．北京：中国金融出版社，2005
[4] 连永安．金融与保险．南京：东南大学出版社，2003
[5] 汪祖杰，等．现代保险学导论．北京：经济科学出版社，2003

第 10 章 建筑工程一切险与安装工程一切险

本章概要

1. 叙述建筑工程一切险和安装工程一切险的概念；
2. 描述建筑、安装工程保险的产生与发展、特点；
3. 介绍建筑工程一切险和安装工程一切险的投保人、被保险人、承保范围；
4. 叙述建筑工程一切险和安装工程一切险的保险标的和保险对象；
5. 叙述建筑工程一切险和安装工程一切险的责任范围和除外责任；
6. 叙述建筑工程一切险和安装工程一切险的保险期和保险金额；
7. 叙述建筑工程一切险和安装工程一切险的免赔额及保险费率；
8. 描述建筑工程一切险和安装工程一切险的注意事项；
9. 介绍建筑工程一切险和安装工程一切险的投保与理赔操作。

20 世纪 90 年代以来，随着建设规模的不断扩大，在大型工程比较集中的城市，出现了大量外观新颖、风格独特的建筑，与之配套的结构承重体系相当复杂，设计、制造和施工上均无先例，基中相当一部分工程突破现行技术标准，超大、超长、超高、超深、超厚结构不断涌现，对确保工程质量提出了新的挑战。尤其在大型工程建设中，工程结构和施工难度存在着在技术风险，稍有闪失，极易酿成重大事故。那么如何保证大型建筑工程的风险识别和风险转移能力以及在发生风险破坏后的维修加固和灾后的救灾、重建工程中优先得到修复和重建资金等就是我们面临的一个重要问题。正是由于保险具有分散风险、经济补偿、转移风险的职能，因而对大型建筑工程实行全面的风险评价与保险就势在必行。

欧美发达国家把凡是承保有关在建工程的各种风险和机器设备安装及运营的各种风险的保险统称为工程保险，其中包括建筑工程一切险、安装工程一切险、承包商机器设备险、机器损坏险等险种。随着工程保险的发展，新的险种不断出现，凡是与建筑工程有关，能满足建设工程和建筑业特点来承担风险的险种都可以纳入到工程保险的范围中。我国工程界和保险界在实务上都习惯把工程保险视为与在建工程有关，还没有把与在建工程无关的机械类保险包括在内。所以我国工程保险通常是指建筑（安装）工程一切险（含第三者责任险），它只是国外工程保险界定中的一部分，本章主要介绍这两个险种。

10.1 建筑安装工程保险概述

10.1.1 建筑安装工程保险的产生与发展

在国际上，工程保险的历史并不长，它发源于英国的保险市场，距今约有50年的历史。建筑、安装工程保险是工程保险中的两个重要险种。其中建筑工程保险起源于20世纪30年代，安装工程保险起步稍晚，但它们的真正发展，都是在第二次世界大战之后。战争结束后，各国政府都面临着恢复和重建家园任务，各种公路、港口、发电厂、学校、住宅等工程的建筑发展很快，大量工程的兴建、扩建为建筑安装工程的发展提供了必不可少的外部条件；特别是在完善工程承包合同的同时，作为避免合同当事人之间的纠纷的一个重要手续，在承包合同中加入了投保建筑安装工程保险的义务，这对建筑安装工程保险的发展与普及起了重大的促进作用，而历史的发展已证明，建筑安装工程保险对战后复兴计划的顺利完成及其后经济的发展，做出了不可磨灭的贡献。进入20世纪80年代，随着西方经济的进一步发展，建筑安装工程保险的发展也进入了一个新的历史阶段。在保险业发达国家，建筑安装工程保险的范围和条款得到了扩大和补充，在管理上也已达到专业化、制度化和现代化的水平。

我国的建筑安装工程保险始于20世纪80年代，与西方国家相比起步较晚。但随着改革开放和经济的发展，房地产、民用住宅、旅馆和其他旅游设施迅猛发展，建筑安装工程保险也就从无到有地发展起来。20世纪80年代，我国建筑安装工程保险的业务重点主要是地方集资、企业自筹资金的建设项目，以及外商独资、中外合资和世界银行贷款的项目。国家拨款的基建项目不参加保险，工程概算中也没有保险费的内容。进入90年代，国内建筑安装工程保险得到了应有的发展。其契机是1994年国家建设部、中国建设银行为适应市场经济的变化，印发了《关于调整建筑安装工程费用项目组成的若干规定》，调整后建筑安装费用增加了保险费项目。但我国建筑安装工程保险的发展现状还不尽如人意，国内建筑安装工程保险的业务量在国内财产保险业务中所占的比重微乎其微。据资料记载，1995年底，建筑安装工程保险的保险费收入约为6900万元，仅约占当年国内财产保险保费收入的0.3%；从投保率来看，发达国家建筑工程的投保率几乎接近100%，而我国建设工程的投保率特别是内资建设工程项目的投保率比较低。据统计，上海市建筑市场内资项目的投保率不足30%。造成这种状况的主要原因是在计划经济体制下，建设项目主要是靠国家拨款，企业没有后顾之忧，缺乏投资风险意识，保险观念淡漠，不少企业认为：项目是由国家来承担的，与企业的利益关系不大。但随着经济体制改革的深化以及市场经济步伐的加快，许多工程项目的资金来源渠道日益多元化，除了企业自筹一部分资金以外，还有来自银行等金融机构的贷款以及发行股票筹集资金。对企业来说，贷款需要偿还，股票也是要有回报的，一旦大的工程项目出险，需要大量资金弥补这个损失，同时势必延误工期，导致企业在工程上的支出大大超过预算，直接影响贷款的偿还和股票的价格，到头来最大的受害者往往是企业自身。而投保建筑安装工程保险，可使企业及时获得经济补偿，使工程建设顺利进行，成为工程建设的保护伞。

10.1.2 建筑安装工程保险的特点

建筑安装工程保险的特点，首先是由其保险标的为建设工程项目的特点所决定的。建设工程不同于其他行业，由于投资巨大，环节很多，多个主体参与，关系复杂，周期很长，其风险也复杂多样。

1.建设工程风险的复杂性表现

(1) 工程建设的风险具有多样性。风险多样性主要体现在以下四个方面：

①自然灾害。自然灾害经常影响工程进度和质量，如雷电、暴风、龙卷风、暴雨、洪水、地震、地陷.崖崩、雪灾、雹灾、冰凌、泥石流等。首先，我国是一个多地震的国家，除纵贯南北的中枢地震和横亘华北地震带外，区域性地震带共有33条。在地震带区域内建筑房屋或安装大型机器设备，地震的危险性就比较大。其次，我国洪水灾害很频繁、很普遍，如果建筑工地靠近江河湖海或其他水系，或工程建造的地区地势低洼，在季节性雨季就可能遭到洪水的侵袭。第三，我国的暴风危险也十分严重，东南沿海是世界上台风发生频繁的区域，由于台风的袭击，沿海的建筑工程经常受到损害。

②技术风险。现代工程的专业性极强，涉及许多尖端科学技术，对专业技术要求很高。如兴建核电站，大规模的水利工程和现代化工厂，从技术方面看，工程风险要远远高于其他财产保险。首先是设计缺陷或错误，如设计遗漏、规范不恰当、未考虑地质条件及施工可能性等。其次是施工工艺落后、不合理的施工技术和方案、施工安全措施不当、应用新技术新方案的失败，未考虑施工现场情况等。第三是工艺设计未达到先进性指标、工艺流程不合理、未考虑操作安全性等。

③机械电器设备故障。建筑安装工程要使用大量的机械或电器设备，这类设备可能会因设计或工艺上的毛病，发生一些故障，如由于电线短路或其他原因造成的火灾，致使建筑中的房屋严重毁坏，或由于施工机械出故障、致使工程进度受阻，造成停工损失等。

④试车风险。对于像机械、钢结构物的安装作业这种工程，为了检查完工工程，

往往要进行试车。因此，将会遇到由于第一次开动从未启动的机器所带来的各种风险，即试车风险。这种风险从工程安装作业开始就已经存在，工程标的物在设计、施工、材质或制造中的缺陷，由于没有开动而显露不出来，有许多工程的标的物在试车阶段发生事故，瞬间即决定接近完成状态的施工项目的命运，所以试车危险很大。

(2) 工程建设受人为因素影响大。工程是由人设计、制造、安装、施工的，潜在地存在着作业中的过失、错误等人为因素较强的风险。同时，风险的大小还为施工人员的技巧，熟练程度等技术水平所支配。工人和技术人员在工程建设中，由于缺乏经验或疏忽造成损失的情况屡见不鲜。如起重机因重心未掌握好而发生碰撞，所吊物体因吊动或停放地点位置不当而引起设备或建筑物的损坏；建设工地上的汽车在行驶中造成的事故等等。有些建筑工程会在建造地址的选择用地勘探上出错误，造成地基的缺陷、崖崩，使建造中的建筑物受损。因此，人为因素对工程的危险性影响很大。

(3) 工程建设的集中性巨额风险较多。建筑安装工程保险通常是从投保工程动工之日或被保险项目被卸至建筑安装工程工地时开始，至工程竣工、经验收或实际投入使用时保险责任终止。所以保险期内的大部分时间保险标的是处于未完成或逐渐接近完成的施工状态。与处于完成状态的保险标的相比，建筑物的强度差，危险度高。虽然建筑安装工程在设计时就已经考虑了其支撑强度，对耐火灾、风雨、地震等自然灾害的性能也都有考虑，但这些能力要待工程完工后其作用才能发挥。因此，即使是应具有耐震、耐火性能的建筑物，在施工中也可以说是等于处于无防备状态，对面临的各种危险一般较脆弱，危险性大。不仅如此，现代工程日益浩大，先进的工艺、精密的设计和科学的施工方法，再加上价格昂贵的现代化建筑材料、施工设备，使工程造价猛增，风险向着越来越集中的方向发展。因此，工程风险大多为巨额风险。

2. 建筑安装工程保险的特点

正是由于工程项目风险的复杂性，使得建筑安装工程保险与其他保险相比，具有以下特点：

(1) 保险责任的综合性。建筑安装工程保险除了承保各种财产直接损失外，还附加承保第三者责任险，即对该项工程在保险期限内因发生意外事故，造成工地上和附近地区第三者的人身伤亡或财产损失，依法应由被保险人负责的，以及被保险人因此而支付的诉讼费用和事先经保险人同意支付的其他费用，保险人均负有赔偿责任。

(2) 保险金额确定的特殊性。建筑安装工程保险的保险金额以建成该项目工程的总价值为准，包括设计费、建筑所需材料设备费、施工费、运杂费、税款以及其他有关费用在内。由于保险标的的价值随工程的进展逐渐增加，在投保时难以准确保险金额。一般来说，可先按工程概算确定保险金额，待工程竣工后，再按实际定价进行调整。与工程有关的其他财产也可由被保险人估算投保。

（3）被保险人的多方性。建筑安装工程保险的目的，在于通过将随着工程的进行而发生的大部分风险作为保险对象，减轻这些风险可能给工程有关的各方造成的损失负担和围绕这种损失所发生的纠纷的干扰，清除工程进行中的某些障碍，以保证工程实施的顺利完成。因此，保险标的的所有人和保险标的发生损失时对损失承担修复义务的单位或承担危险的有关各方都可以成为被保险人。

（4）保险期限的不确定性。建筑安装工程保险的保险责任期限，不是按年计算，而是根据预定的工程施工工期天数来确定的，自工程动工之日起或建筑安装项目的材料、设备卸至工地时开始，至工程竣工验收或实际投入使用时止；保险期限的长短，一般由投保人根据需要确定。

3.建筑安装工程保险的意义

（1）可以享受保险公司的风险管理服务，有利于工程的顺利进行。保险不仅仅是简单地收取保险费，也不仅仅是发生保险责任范围的损失后赔款的支付。保险公司在承保后，一般都投入大量的人力、物力、财力为保险人提供优质的风险管理服务。保险人要组织有关专家随时对工程的安全情况进行检查，特别是保险公司在多年的经营中，掌握有不少建筑工程遭受各种灾害的损失记录、数据统计，非常重视对灾害的原因进行分析，研究防灾对策，提出合理的防灾防损意见，有利于防止或减少事故的发生。发生保险责任范围内的损失后，保险人要进行查勘，按工程实际损失给予经济补偿，为工程的尽快恢复创造条件。

（2）可以减少业主与承包商之间或承包商相互之间的经济纠纷。工程施工期间若发生事故，可能会导致工程所有人与承包商之间或承包商相互之间对事故所致的经济损失由谁承担而互相扯皮。如果工程全部参加保险，工程的有关各方都是共同被保险人。只要是保险责任范围内的损失，可由保险人负责赔偿，毋须相互追偿，从而减少纠纷。

（3）有利于工程投资者控制或节省费用。工程的总投资是根据各项费用按一定的标准计算出来的，如果发生大的灾害，可能导致工程投资超出计划，不论是独家投资还是多家投资的项目，都可能会出现追加投资困难的窘境。而建筑安装工程保险作为保险的一种，基本职能是经济补偿，也即通过向投保人收取保险费的方法来分摊灾害事故损失。企业通过参加建筑安装工程保险，以一笔固定的成本支出增加投资的稳定性。如果大的保险危险发生，被保险人将从保险人那里得到补偿，减轻自身的经济压力，并在一定程度上保证工程的投资不致因大的危险的发生而失控。

（4）有利于取得银行或其他金融机构的贷款。目前许多大型建设工程项目需向银行或其他金融机构贷款，商业银行以盈利为目的，在贷款时，要加强风险审查，为使贷出的款项获得保障，融资机构以投保建筑安装工程保险为贷款条件之一，这在银行业发达的国家已成为惯例。如果建设方投保了建筑安装工程保险，那么工程项目的资金来源就有了一定程度的保证。

10.2 建筑工程一切险（包括第三者责任险）

建筑工程一切险是对各种建筑工程项目提供全面的保障措施，以承包合同价格或概算价格作为保险金额，以重置基础进行赔偿的，以建筑主体工程、工程用材料以及临时建筑等作为保险标的的，对在整个建筑期间由于保险责任范围内的危险造成的物质损失及列明的费用予以赔偿的保险。既对不管是在施工期间工程本身、施工机具还是工地设备等所遭受的损失一律予以赔偿，也对因施工而给第三者所造成的物质损失或者人员伤亡承担相应的赔偿责任。

10.2.1 建筑工程一切险的被保险人与投保人

1.建筑工程一切险的被保险人

凡在工程施工期间对工程承担风险责任的有关各方，即具有保险利益的各方均可作为被保险人。建筑工程一切险的被保险人包括以下几方：

(1) 业主（工程所有人，建设单位）。即提供场所，委托建造，支付建造费用，并于完工后验收的单位。

(2) 工程承包商（施工单位或投标人）。即受业主委托，负责承建该项工程的施工单位。承包商还可分为主承包商和分承包商，分承包商就是向主承包商承包部分工程的施工单位。

(3) 技术顾问。指由工程所有人聘请的建筑师、设计师、工程师和其他专业顾问、代表所有人监督工程合同执行的单位和个人，如工程所有人聘请的监理工程师。

(4) 其他与工程有密切关系的单位或个人，如发放工程贷款的银行等。

2.建筑工程一切险的投保人

投保人是指与保险人订立保险合同，并按照保险合同负有支付保险费义务的人。在一般情况下，投保人在保险契约生效后即为被保险人。

由于建筑工程保险可以同时有两个被保险人的特点，投保时应选出一方作为工程保险的投保人，负责办理保险投保手续，代表自己和其他被保险人交纳保险费，且将其他被保险人利益包括在内，并在保险单上清楚地列明。由此，其中任何一位被保险人负责的项目发生保险范围之内的损失，都可分别从保险人那里获得相应的赔偿，毋须根据各自的责任相互进行追偿。

在实践中，可根据建筑工程承包方式的不同来灵活选择由谁来投保。一般以主要风险的主要承担者为投保人。目前，建筑工程承包方式主要有以下四种情况：

（1）全部承包方式。业主将工程全部承包给某一施工单位，该施工单位作为承包商负责设计、供料、施工等全部工程环节，最后将完工的工程交给业主。在这种承包方式中，由于承包商承担了工程的主要风险责任，可以由承包商作为投保人。

（2）部分承包方式。业主负责设计并提供部分建筑材料，承包商负责施工并提供部分建筑材料，双方都负责承担部分风险责任，可以由业主和承包商双方协商推举一方为投保人，并在承包合同中注明。

（3）分段承包方式。业主将一项工程分成几个阶段或几部分，分别由几个承包商承包。承包商之间是相互独立的，没有合同关系；在这种情况下一般由业主作为投保人。

（4）承包商只提供劳务的承包方式。在这种方式下由业主负责设计、提供建筑材料和工程技术指导，承包商只提供施工劳务，对工程本身不承担风险责任，这时应由业主作为投保人。

因此，从保险的角度出发，如是全部承包，应由承包商出面投保整个工程，同时把有关利益方列于共同被保险人。如非全部承包方式，最好由业主投保，因为在这种情况下如由承包商分别投保，对保护业主利益方面存在许多不足。首先，参与工程的各承包商由于缺乏保险知识，由各承包商安排的保险单的投保范围可能差别很大，造成有些保单的范围互相重复，有些内容各自的保险单却未包括在内，处处漏保。并且承包商安排保险时首先关心的是自身利益，而他的利益并不一定与业主利益相一致，这样，由承包商签订的保险单里可能并不包括业主所需要的保险保障。其次，承包商往往都会把他们的保险费以成本的方式转嫁给业主，而业主却很少或无法控制他们，并且每个承包商只投保他自己承包合同的内容，使整个工程项目被分成几个承包合同，每个合同涉及的工程量相对较小，丧失了从保险人那里享受整体投保所给予的优惠。因此，同一个工程由承包商分别投保比整体投保可能支付更多的保险费。再次，业主无法控制索赔。当发生索赔要求时，承包商和保险人之间应进行谈判解决索赔问题，在这时业主并没有直接的发言权，而必须完全依靠承包商的谈判能力，以确保索赔要求能够适当和迅速地解决。但有时承包商不可避免地无法达到这一目的，结果耽误了工程受损部分的恢复，从而增加了工程费用。最后，在由承包商分别投保的情况下，业主一般只能控制承包商是否投保，至于承包商向谁投保，业主则无法控制。承包商为了降低费用，往往选择费率开价低的保险人投保，而忽视其财务能力的强弱，一旦出现大的索赔，如不能得到及时的补偿，就会影响工程的恢复。基于上述原因，由业主投保，可以对整个工程的危险管理和危险转嫁有控制权，防止保险多头进行造成的保险费用。也正因为此，国际上采用业主安排工程项目的保险正成为一种发展趋势。

10.2.2 建筑工程一切险的保险对象与保险标的

1. 建筑工程一切险的保险对象

凡领有营业执照的建筑单位所新建、扩建或改建的各种建设项目均可作为建筑工程保险的保险对象。

(1) 各种土木工程，如道路工程、灌溉工程、防洪工程、排水工程、飞机场、铺设管道等工程。

(2) 各种建筑工程，如宾馆、办公楼、医院、学校、厂房等。

2. 建筑工程一切险的保险标的

凡与以上工程建设有关的项目都可以作为建筑工程保险的标的物质损失部分和责任赔偿部分两方面。

(1) 物质损失部分的保险标的主要包括：

①建筑工程，包括永久性和临时性工程物料。主要是指建筑工程合同内规定建筑的建筑物主体、建筑物内的装修设备、配套的道路设备、桥梁、水电设施等土木建筑项目、存放在施工场地的建筑材料设备和为完成主体工程的建设而必须修建的、主体工程完工后即拆除或废弃不用的临时工程，如脚手架、工棚、围堰等。

②安装工程项目。指未包括在承包工程合同金额内的机器设备的安装工程项目，如饭店、办公楼的供电、供水、空调等机器设备的安装项目。

③施工机具设备。指配置在施工场地，作为施工用的机具设备；如吊车、叉车，挖掘机、压路机、搅拌机等；建筑工程的施工机具一般为承包人所有，不包括在承包工程合同价格之内，应列入施工机具设备项目下投保。有时，业主会提供一部分施工机器设备，此时，可在业主提供的物料及项目一项中投保。承包合同或工程概算中包括有购置工程施工所必需的施工机具的费用时，可在建筑工程项目中投保。无论是上述哪一种情形，都要在施工机具设备一栏予以说明，并附清单。

④邻近财产。在施工场地周围或临近地点的财产。这类财产可能因工程的施工而遭受损坏。

⑤业主提供的物料及项目。指未包括在建筑工程合同金额之中的业主提供的物料及负责建筑的项目。

⑥场地清理费用。指保险标的受到损坏时，为拆除受损标的和清理灾害现场，运走废弃物等，以便进行修复工程所发生的费用。此费用未包括在工程造价之中。国际上的通行做法是将此项费用单独列出，须在投保人与保险人商定的保险金额投保并交付相应的保险费后，保险人才负责赔偿。

(2) 责任赔偿部分的保险标的（第三者责任）。第三者责任险主要是指在工程保险期限内因被保险人的原因造成第三者（如工地附近的居民、行人及外来人员）的人身伤亡，致残或财产损毁而应由被保险人承担的责任范围。

10.2.3 建筑工程一切险的责任范围

1.建筑工程一切险物质损失部分的责任范围

建筑工程一切险的物质损失部分的责任范围很广，可以赔偿下列原因造成的损失和支出的费用。

（1）洪水、水灾、暴雨、潮水、地震、海啸、雪崩、地陷、山崩、冻灾、冰雹及其他自然灾害。

（2）雷电、火灾、爆炸。

（3）飞机坠毁、飞机部件或物件坠落。

（4）盗窃。指一切明显的偷窃行力或暴力抢劫造成的损失。但如果盗窃由被保险人或其代表授意或默许，则保险人不予负责。

（5）工人、技术人员因缺乏经验、疏忽、过失、恶意行为对于保险标的所造成的损失。其中恶意行为必须是非被保险人或其代表授意、纵容或默许的，否则不予赔偿。

（6）原材料缺陷或工艺不善引起的事故。这种缺陷所用的建筑材料未达到规定标准，往往属于原材料制造商或供货商的责任，但这种缺陷必须是使用期间通过正常技术手段或正常技术水平下无法发现的。如果明知有缺陷而仍使用，造成的损失属故意行为所致，保险人不予负责；工艺不善指原材料的生产工艺不符合标准要求，尽管原材料本身无缺陷，但在使用时导致事故的发生。本条款只负责由于原材料缺陷或工艺不善造成的其他保险财产的损失，对原材料本身损失不负责任。

（7）除本保单条款规定的除外责任以外的其他不可预料的自然灾害或意外事故。

（8）现场清理费用。此项费用作为一个单独的保险项目投保，赔偿仅限于保险金额内。如果没有单独投保此项费用，则保险人不予负责。

此外，保险人对每一保险项目的赔偿责任均不得超过分项保险金额以及约定的其他赔偿限额。对物质损失的最高赔偿责任不得超过总保险金额。

2.第三者责任保险的责任范围

建筑工程保险的第三者指除保险人和所有被保险人以外的单位和个人，不包括被保险人和其他承包人所雇佣的在现场从事施工的人员；在工程期间的保单有效期内因发生与保单所承保的工程直接相关的意外事故造成工地及邻近地区的第三者人身伤亡或财产损失，依法应由被保险人承担经济赔偿责任时，均可由保险人按条款的规定赔偿，包括事先经保险人书面同意的被保险人因此而支出的诉讼以及费用，但不包括任何罚款，其最高赔偿责任不得超过保险单明细表中规定的每次事故的赔偿限额或保单的有效期内累计赔偿限额。

10.2.4 建筑工程一切险的除外责任

保险人对必然发生的事故、容易涉及道德风险的事故或有其他专门保险单承保的事故等事项列为除外不保事项。

1. 对物质损失的保险项目和第三者责任保险均适用的除外责任

(1) 战争、敌对行为、武装冲突、恐怖活动、谋反、政变引起的损失、费用或责任。

(2) 政府命令或任何公共当局的没收、征用，销毁或毁坏。

(3) 罢工、暴动、民众骚乱引起的任何操作、费用或责任。

(4) 核裂变、核聚变、核武器、核材料、核辐射及放射性污染引起的任何损失费用和责任。

(5) 大气、土地、水污染引起的任何损失费用和责任。

(6) 被保险人及其代表的故意行为和重大过失引起的损失、费用或责任。

(7) 工程全部停工或部分停工引起的损失、费用和责任；在建筑工程长期停工期间造成的一切损失，保险人不予负责；如停工时间不足1个月，并且被保险人在工地现场采取了有效的安全防护措施，经保险人事先书面同意，可不作本条停工除外责任论，对于工程的季节性停工也不作停工论。

(8) 罚金、延误、丧失合同及其他后果损失。

(9) 保险单规定的免赔额。保险单明细表中规定有免赔额，免赔额以内的损失，由被保险人自负，超过免赔额部分由保险人负责。

2. 适用于建筑工程一切险物质损失部分的特殊除外责任

(1) 设计错误引起的损失、费用和责任。建筑工程的设计通常由被保险人雇佣或委托设计师进行设计，设计错误引起损失、费用或责任应视为被保险人的责任，予以除外；设计师错误设计的责任可由相应的职业责任保险提供保障，即由职业责任险的保险人来赔偿受害者的经济损失。

(2) 因原材料缺陷或工艺不善引起的被保险财产本身的损失以及为换置、修理或矫正这些缺点错误所支付的费用，由于原材料缺陷或工艺不善引起的费用属制造或供货商的，保险人不予负责。

(3) 自然磨损、内在或潜在缺陷、物质本身变化、自燃、自热、氧化、氧蚀、渗漏、鼠咬、虫蛀、大气（气候或气温）变化、正常水位变化或其他渐变原因造成的被保险财产自身的损失和费用。

(4) 领有公共运输用执照的车辆、船舶和飞机的损失。领有公共运输执照的车辆、船舶和飞机，它们的行驶区域不限于建筑工地范围，应由各种运输工具予以保障。

(5) 非外力引起的机械或电器装置损坏或建筑用机器、设备、装置失灵造成的本身损失。

(6) 档案、文件、账簿、票据、现金、各种有价证券、图表资料及包装物料的损失。

(7) 维修保养或正常检修的费用。

(8) 货物盘点时的盘亏损失。

(9) 除非另有约定，在被保险工程开始以前已经存在或形成的位于工地范围内或其周围的属于被保险人的财产的损失。

(10) 除非另有约定，在保险单保险期限终止以前，被保险财产中已由业主签发完工验收证书或验收合格或实际占有或使用接收的部分。

3. 适用于建筑工程一切险第三者责任险部分的除外责任

(1) 保险单物质损失项下或本应在该项下予以负责的损失及各种费用。

(2) 业主、承包商或其他关系方或他们所雇用的职员、工人所有的或由其照管、控制的财产的损失。

(3) 由于震动、移动或减弱支撑而造成的其他财产、土地、房屋损失或由于上述原因造成的人身伤亡或财产损失；本项内的事故指工地现场常见的、属于设计和管理方面的事故，如被保险人对这类责任有特别要求，可作为特约责任加保。

(4) 业主、承包商或其他关系方或他们所雇用的在工地现场从事与工程有关工作的职员、工人以及他们的家庭成员的人身伤亡或疾病。

(5) 领有公共运输执照的车辆、船舶和飞机造成的事故。

(6) 被保险人根据与他人的协议应支付的赔偿或其他款项。但即使没有这种协议，被保险人应承担的责任不在此限。

10.2.5 建筑工程一切险的保险金额、赔偿限额与免赔额

1. 保险金额与赔偿限额

由于建筑工程一切险的保险标的包括物质损失部分和第三者责任部分，对于物质损失部分要确定其保险金额，对于第三者责任部分要确定赔偿限额。此外，对于地震、洪水等巨灾损失，保险人在保险单中也要专门规定一个赔偿限额，以限制承担责任的程度。

(1) 物质损失部分的保险金额。建筑工程一切险的物质损失部分的保险金额为保险工程完工时的总价值，包括原材料费用、设备费用、建造费、安装费、运杂

费、保险费、关税、其他税项和费用以及由业主提供的原材料和设备费用。各承保项目保险金额的确定如下：

①建筑工程的保险金额为工程完工时的总造价，包括设计费、材料设备费、施工费、运杂费、保险费、税款及其他有关费用；一些大型建筑工程如果分若干个主体项目，也可以分项投保。如有临时工程，则应单独立项，注明临时工程部分和保险金额。

②业主提供的物料和项目。其保险金额可按业主提供的清单，以财产的重置价值确定。

③建筑用机器设备。一般为承包商所有，不包括在建筑合同价格内，应单独投保。这部分财产一般应在清单上列明机器的名称、型号、制造厂家、出厂年份和保险金额；保险金额按重置价值确定，即按重新换置和原机器装置、设备相同的机器设备价格为保险金额。

④安装工程项目。若此项已包括在合同价格中，就不必另行投保，但要在保险单中注明。本项目的保险金额应按重置价值确定。应当注意的是，建筑工程一切险承保的安装工程项目，其保险金额应不超过整个工程项目保险金额的20%；如超过20%，应按安装工程一切险的费率计收保费。如超过50%，则应单独投保安装工程一切险。

⑤工地内现成的建筑物及业主或承包商的其他财产。这部分财产如需投保，应在保险单上分别列明，保险金额由保险人与被保险人双方协商确定，但最高不能超过其实际价值。

⑥场地清理费的保险金额应由保险人与被保险人共同协商确定。但一般大的工程不超过合同价格或工程概算价格的5%，小工程不超过合同价格或工程概算价格的10%。

(2) 第三者责任保险赔偿限额。第三者责任保险的赔偿限额通常由被保险人根据其承担损失能力的大小、愿意及支付保险费的多少来决定。保险人再根据工程的性质、施工方法、施工现场所处的位置、施工现场周围的环境条件及保险人以往承保理赔的经验与被保险人共同商定，并在保险单内列明保险人对同一原因发生的一次或多次事故引起的财产损失和人身伤亡的赔偿限额。该项赔偿限额共分四类：

①每次事故中每个人的人身伤亡赔偿限额为人民币2万～5万元。

②每次事故人身伤亡总的赔偿限额，可按每次事故可能造成的第三者人身伤亡的总人数，结合每人限额来确定。

③每次事故造成第三者的财产损失的赔偿限额，此项限额可根据工程具体情况估定。

④对上述人身和财产责任事故在保险期限内总的赔偿限额，应在每次事故的基础上，估计保险期限内保险事故次数确定总限额，它是计收保费的基础。

(3) 特种危险赔偿限额。特种危险赔偿指保单明细表中列明的地震、洪水、海啸、暴雨、风暴等特种危险造成的上述各项物质财产损失的赔偿。赔偿限额的确定一般考虑工地所处的自然界地理条件、该地区以往发生此类灾害事故的记录以及工程项目本身具有的抗御灾害能力的大小等因素，该限额一般占物质损失总保险金额的50%～80%之间，不论发生一次或多次赔偿，均不能超过这个限额。

2. 免赔额

免赔额是指保险事故发生，使保险际的受到损失时，损失在一定限度内保险人不负赔偿责任的金额。由于建筑工程一切险是以建造过程中的工程为承保对象，在施工过程中，工程往往会因为自然灾害、工人、技术人员的疏忽、过失等造成或大或小的损失，这类损失有些是承包商计算标价时需考虑在成本内的，有些则可以通过谨慎施工或采取预防措施加以避免。这些损失如果全部通过保险来获得补偿并不合理。因为即使损失金额很少也要保险人赔偿，那么保险人必然要增加许多理赔费用，这些费用最终将反映到费率上去，必然增加被保险人的负担，为赔偿小额损失而增加双方的负担无疑很不经济。规定免赔额后，既可以通过费率上的优惠减轻了被保险人的保费负担，同时在工程发生免赔额以下的损失时，保险人也不需派人员去理赔，从而减少了保险人的费用开支，特别是还有利于提高被保险人施工时的警惕性，从而谨慎施工，减少灾害的发生。

按照建筑工程保险项目的种类，主要有以几种免赔额：

(1) 建筑工程免赔额。该项免赔额一般为保险金额的0.5%～2%，或对自然灾害的免赔额大一些，其他危险则小一些。

(2) 建筑用机器装置及设备，免赔额为保险金额的5%，或规定为损失金额的15%～20%，以高者为准。

(3) 其他项目的免赔额，一般为保险金额的2%。

(4) 第三者责任保险免赔额。第三者责任保险中仅对财产损失部分规定免赔额，按每次事故赔偿限额的1‰～2‰计算，具体由被保险人和保险人协商确定。除非另有规定，第三者责任保险一般对人身伤亡不规定免赔额。

(5) 特种危险免赔额。特种危险造成的损失使用特种免赔额，为人民币5000～20000元。

保险人只对每次事故超过免赔部分的损失予以赔偿，低于免赔额的部分不予赔偿。

10.2.6 建筑工程一切险的保险费率

1. 建筑工程一切险费率制定的影响因素

建筑工程一切险的保险费率制定要考虑的因素主要包括：承保责任的范围；工

程本身的危险程度；承包商和其他工程方的资信情况，技术人员的经验、经营管理水平和安全条件；同类工程以往的损失记录；工程免赔额的高低，特种危险赔偿限额及第三者责任限额的大小。

2.建筑工程一切险的费率项目

建筑工程一切险的费率项目主要包括以下几方面：

(1) 建筑工程、业主提供的物料及项目、安装工程项目、场地清理费、工地内已有的建筑物等各项为一个总费率，整个工期实行一次性费率。

(2) 建筑用机器装置、工具及设备为单独的年度费率，如保险期限不足一年，则按短期费率收取保费。

(3) 第三者责任险部分实行整个工期一次性费率。

(4) 保证期实行整个保证期一次性费率。

(5) 各种附加保障增加费率实行整个工期一次性费率。

10.2.7 建筑工程一切险的保险期限

1.保险期限的确定

建筑工程保险的保险责任自保险工程在工地上动工或用于保险工程的材料、设备运抵工地之时开始，至业主对部分或全部工程签发完工验收证书或验收合格，或业主实际占有或使用或接收该部分或全部工程之时终止，以先发生者为准。但在任何情况下，建筑期保险期限的开始或终止不得超出保险单明细表中列明的建筑期保险生效日或终止日。

对一些需分期施工的大型、综合性建筑工程，投保人可要求分期投保，经保险人同意可在保险单的明细表中分别规定保险期限，明确各不同项目保险期的开始与终止日期。

在保险单规定的保险期限内，工程如不能如期完工，被保险人可以在原保险期限结束前向保险人提出书面申请，请示延长保险期限，延长多久视工程进度与施工计划而定，保险人加批单后，方可有效；这时，一般要加收保险费，保险费按原费率以日计收。

2.保证期

一般国内建筑施工合同协议条款中都对工程的保证期（保修期）有规定，工程合约内规定承包商的保证期一般从业主或其代表在最终验收记录上签字之日起算起，分单项验收的工程，按单项工程分别计算保证期。从保险期限看，保证期不包括在工程保险期限内，而是工程保险期限的延续。在保证期间，如发现工程质量有缺陷，甚至造成损失，根据承包合同，承包商须负责赔偿，这就是保证期责任。保险期责任可以加保，投保与否由被保险人决定，并要加交一定的保险费。保证期自工程验收完毕移交后开始，至保险单上注明加保月份数或规定日期终止，以先发生者为准。即如工程提前完工，则从完工之日起算加上规定的月份数至该期限的最后一天终止；如按时完工，则按保险单上规定的日期终止。保证期的长短计算按工程合同规定的工期来确定，通常为 12 个月。

10.2.8 建筑工程一切险的赔偿处理

1. 建筑工程一切险的申请理赔程序

建筑工程一切险主要注意以下几点：

(1) 出险后及时通知保险人。在发生引起或可能引起保险责任项下的索赔时，被保险人或其代表应立即通知保险人，通常在 7 天内或经保险人书面同意延长的期限内以书面报告提供事故发生的经过、原因和损失程度。

(2) 保险事故发生后，被保险人应立即采取一切必要的措施防止损失的进一步扩大并将损失减少到最低限度。

(3) 在保险人的代表进行查勘之前，被保险人应保留事故现场及有关实物证据。

(4) 按保险人的要求提供索赔所需的有关资料。

(5) 在预知可能引起诉讼时，立即以书面形式通知保险人，并在接到法院传票或其他法律文件后，将其送交保险人。

(6) 未经保险人书面同意，被保险人或其代表对索赔方不得作出任何承诺或拒绝、出价、约定、付款或赔偿。

2. 赔偿金额的确定与计算

(1) 保险单物质损失项下的损失赔偿金额。

①部分损失。按将被保险财产修复至其基本恢复受损前状态所需的费用扣除残值和免赔额后的金额为准。修复费用可包括修复所需的材料、运费、工资、机械工作费用。如修复费用超过受损的保险标的的保险金额，对于超过部分，保险公司不负责赔偿。

②全部损失。全部损失的赔偿金额以被保险财产损失前的实际价值扣除残值和免赔额后的金额为准。最高赔偿金额以不超过受损财产的保险金额为限。对于保险事故发生后，被保险人为防止或减少保险标的损失所支付的必要的、合理的施救费用，其赔偿要在保险单中详细规定。但应注意，事故发生前被保险人为防止或减少事故发生而支付的预防费用以及消防部门及其他公共机关为防止或减轻损失扩大的行为所运行的费用不应包括在内。若受损被保险财产的保险金额低于对应的保险价值时，应按保险单中保险项目的保险金额与保险价值的比例赔偿，即：

实际赔款=赔偿金额×某项目现行保险金额/某项目的保险价值

(2) 责任赔偿部分的赔偿金额。被保险人支付受害人的赔偿金额加上被保险人在取得保险人的承认后支付的诉讼费、仲裁、和解或调停所需的费用和支付给律师的报酬，并从中扣除保单规定的免赔额，即为责任赔偿部分的赔偿金额。

10.2.9 建筑工程一切险注意事项及必备材料

1.办理建筑工程一切险时必须注意以下事项

办理建筑工程一切险时，一般由承包商亲自办理，不使用委托人；一定要填写合同中指定的建筑工程的全称，不得使用缩写；由于保险公司对工地以外的损失如果无特别加批则不予负责，所以地点项必须要填写工地的详细地址及范围；要注明具体的保险期、试车期和维修担保期；保险金额、免赔额、保费、费率都应根据具体的保险金额来确定。

在工程结束时，还应根据工程最终建造价适当调整保险额度。如果最终价额超过原始价额的±5%，则应出具批单进行调整，保额按照原费率按日比例增加或者退还。

2.建筑工程一切险的投保应提交以下文件

建筑工程一切险的投保应提交以下文件：投保单；工程承包合同；承包金额明细表；工程进度表；工程设计文件；工地略图；工程地质报告。

3.建筑工程一切险的承保人应注意事项

承保人应该在了解并掌握上述资料的基础上，与投保人或其设计人进行了解核实，先对以下5个重点环节做出现场查勘记录：

(1) 工地的位置。其中包括该工地的地势以及周围环境，如邻近建筑物及人口的分布状况，是否沿海、江、河、湖以及道路和运输条件等情况。

(2) 安装项目及设备的情况。

(3) 工地内是否有现成的建筑物或其他财产以及其具体位置、状况等情况。

(4) 物资储存库场的状况、位置、运输距离以及方式等。

(5) 工地的管理状况以及各种安全保卫措施的设置，如防水、防火、防盗措施等。

然后，承保人必须再与投保人进一步协商以明确以下承保内容：建筑工程项目以及其总金额；工程项目中物资损失部分的免赔额，以及各种特种危险赔偿限额；是否投保安装项目及其名称、价值和试车期等；是否投保施工机具设备及其种类重置价值、使用时间等；是否投保场地清理费现成建筑物，以及其具体的保额；是否加保维修期保险，以及期限的长短和具体的责任范围；是否投保第三者责任险，以及其具体赔偿限额和免赔额；是否需要一些特别保险措施，以及各种条件、费率等。

10.2.10 建筑工程一切险案例分析

【案例 1】 某市某工地要建造一幢大厦，业主投保了建筑工程一切险。因该地区河滨密集，浅层土质不均匀，使基坑多次坍塌，造成近百根桩游离，直接经济损上百万元，业主向保险公司索赔。

【分析】 经保险公司查勘，认定事故由自然因素造成，属于保险责任范围内，因此及时进行了赔偿。

【案例 2】 某工程投保了建筑工程一切险，规定免赔额为损失金额的 10%，但最低人民币 5 万元整，两者以高者为准。该工程发生了保险责任范围的损失 40 万元，保险人应赔付多少？

【分析】 按损失金额的 10%计算免赔额为 4 万元，但因规定的免赔额最低为 5 万元，则该事故中免赔额不能以 4 万元计，而要以 5 万元作为此事故的免赔额，因此，这次事故中被保险人要自己负担 5 万元，保险人赔付 35 万元。

10.3 安装工程一切险（包括第三者责任险）

安装工程一切险属于技术险种，它是以设备的购货合同和安装合同价格加各种费用或以安装工程的最后建成价格为保险金额的，以重置基础进行赔偿的，对新建、扩建或改造的工矿企业的机器设备或钢结构建设物在整个安装调试期间由于保险责任范围内的风险造成保险财产的物质损失及列明的费用予以赔偿的保险。该险种主要适用于安装工厂用的机器、钢结构、起重机、设备、储油罐、吊车以及包含机械工程因素的各种建造工程项目。

10.3.1 安装工程一切险的特点

安装工程一切险和建筑工程一切险在形式和内容上基本一致，两者是承保工程项目相辅相成的一对险种。但安装工程一切险与建筑工程一切险相比较，有着显著的区别：

1. 保险标的不同

建筑工程一切险的保险标的是逐步增加，风险责任也随着保险标的的增加而增加，而安装工程一切险的保险标的，大多从安装一开始就负有全部的风险责任。

2. 遭受风险的可能性不同

建筑工程一切险的保险标的多半处于暴露状态，遭受自然灾害损失的可能性较大，而安装工程一切险的保险标的多在建筑物内，技术性强，受人为事故造成损失的可能性大。

3. 风险项目不同

建筑工程一切险不负责因设计错误而造成的损失，而安装工程一切险虽然不负责因设计错误造成的安装工程项目的本身损失，但负责设计错误而引起的其他保险标的的损失。

4. 保险费率不同

安装工程交接前必须通过试车考核，试车考核是安装工程在交接前的必经程序，而在试车期间内，任何潜在的因素都可能造成巨大的损失，所以损失率要占安装工期内的总损失额的一半以上。在试车期安装工程一切险的保险费率由于风险的集中，通常要占整个工期的工期的保费的1/3左右，相应保险的费率比较高，且其对旧机器设备并不承担赔付责任。而建筑工程则无试车风险。

10.3.2 安装工程一切险的投保人与被保险人

1. 安装工程一切险的被保险人

所有对安装工程的保险项目具有可保利益的有关方均可成为安装工程一切险的被保险人，主要有以下几方：

(1) 业主，即工程所有人。

(2) 工程承包商，即负责安装该项工程的承包单位，包括主承包商和分承包商。

(3) 供货人，即负责提供被安装机器设备的一方。

(4) 制造商，即被安装机器设备的制造人。

(5) 技术顾问。

(6) 其他关系方，如贷款银行等。

2. 安装工程一切险的投保人

在实际投保时，应视承包方式的不同而确定投保人。安装工程主要有以下承包方式：

(1) 全部承包方式。即业主将所有机器设备的供应及全部安装工程包给承包商，由承包商负责设计、制造安装、调试及保证期等全部工程内容，最后将完成的安装工程交给业主。

(2) 部分承包方式。即业主负责提供被安装的机器设备，承包商负责安装和试车，双方都承担部分风险责任。

(3) 分段承包方式。业主将一项工程分成几个阶段或几部分，分别由几个承包商承包，承包商之间是相互独立的，没有合同关系。

一般来说，在全部承包方式下，由承包商作为投保人投保整个工程的安装工程一切险，同时把有关利益方列为共同被保险人；如属非全部承包方式，最好由业主投保。

10.3.3 安装工程一切险的保险对象与保险标的

1.安装工程一切险的保险对象

安装工程一切险的保险对象为各种工厂、矿山安装机器设备、各种钢结构工程以及包含机械工程因素的建筑工程。

2.安装工程一切险的保险标的

在安装工程施工现场的物品都可以作为安装工程一切险的保险标的。具体包括物质损失部分和责任赔偿部分两方面。物质损失部分的保险标的主要有：

(1) 安装项目。包括被安装的机器、设备、装置、物件、基础工程以及工程所需的各种设施，如水、电、照明、通讯设施等，安装工程主要有以下三类：一是新建工厂、矿山或某一车间生产线安装的成套设备；二是单独的大型机械装置，如发电机组、锅炉、巨型吊车等组装工程；三是各种钢结构建筑物，如储油罐、桥梁、电视发射塔之类的安装，管道、电缆的铺设工程等。安装项目是安装工程一切险的主要保险项目。

(2) 土木建筑工程项目。主要指新建、扩建厂矿必须有的土建项目，如厂房、仓库、道路、水塔、办公楼、宿舍等。如果该项目已包括在上述安装项目内，则不必另行投保，但要在保单中说明。

(3) 安装施工用机器设备。施工机具设备一般不包括在承包合同价格内，如果要投保可列入此项。

(4) 场地清理费。

(5) 业主或承包商在工地上的其他财产。主要指不包括在承包工程范围内的，业主或承包商所有的或其保管的工地内已有的建筑物或财产。

责任赔偿部分的保险标的即为第三者责任。

10.3.4 安装工程一切险的责任范围

1.安装工程一切险物质损失部分的责任范围

在保险期限内，安装工程一切险对保险单中列明的被保险财产在列明的工地范围内，因保险单除外责任以外的任何自然灾害或意外事故造成的物质损失，均予赔偿。具体如下：

(1) 洪水、火灾、暴雨、冻灾、冰雹、地震、地陷、海啸及其他自然灾害。

（2）火灾、爆炸。

（3）空中运行物体坠落。

（4）超负荷、超电压、碰线、电弧、走电、短路、大气放电及其他电气引起的事故。安装工程一切险只负责由于上述电气用具本身的损失。

（5）安装技术不善引起的事故。

2. 第三者责任部分的责任范围

在安装工程一切险的保险期限内，因发生与保险单所承保的工程直接相关的意外事故引起工地内及邻近地区的第三者人身伤亡、疾病或财产损失，依法应由被保险人承担经济赔偿责任时，保险人按条款的规定负责赔偿；对被保险人因此而支付的诉讼费用以及事先经保险人书面同意支付的其他费用，保险人也可按条款的规定负责赔偿。

10.3.5 安装工程一切险的除外责任

1. 对物质损失部分和第三者责任险均适用的除外责任

（1）战争、敌对行为、武装冲突、恐怖活动、谋反、政变引起的损失、费用或责任。

（2）政府命令或任何公共当局的没收、征用、销毁或毁坏。

（3）罢工、暴动、民众骚乱引起的任何损失、费用或责任。

（4）核裂变、核聚变、核武器、核材料、核辐射及放射性污染引起的任何损失、费用和责任。

（5）大气、土地、水污染引起的任何损失、费用和责任。

（6）被保险人及其代表的故意行为或重大过失引起的损失、费用或责任。

（7）工程部分停工或全部停工引起的损失、费用或责任。

（8）罚金、延误或丧失合同及其他后果损失。

（9）保险单中规定的应由被保险人自行负担的免赔额。

2. 适用于安装工程一切险物质损失部分的特殊除外责任

（1）因设计错误、铸造或原材料缺陷或工艺不善引起的本身损失以及纠正这些缺陷错误所支出的费用。

（2）自然磨损、内在或潜在缺陷、物质本身变化、自燃、白热、氧化、锈蚀、渗漏、鼠咬、虫蛀、大气（气候或气温）变化、正常水位变化或其他渐变原因造成的被保险财产自身的损失与费用。

（3）由于超负荷、超电压、碰线、电弧、超电、短路、大气放电及其他电气原因造成电气设备或电气用具本身的损失。

(4) 领有公共运输用执照的车辆、船舶、飞机的损失。

(5) 维修保养或正常检修的费用。

(6) 档案、文件、账簿、票据、现金、各种有价证券、图表资料及包装物料的损失。

(7) 非外力引起的施工用具、设备、机械装置失灵造成的本身损失。

(8) 货物盘点时的盘亏损失。

(9) 除非另有约定，在被保险工程开始以前已经存在或形成的位于工地范围内或其周围的属于被保险人的财产的损失。

(10) 除非另有约定，在保险单保险期限终止以前，被保险人财产中已由业主签发完工验收证书或验收合格或实际占有或使用或接收的部分。

3. 适用于第三者责任险部分的特殊除外责任

适用于第三者责任险部分的特殊除外责任主要有：

(1) 保险单物质损失项下或本应在该项下予以负责的损失及各种费用。

(2) 业主、承包商或其他关系方或他们的雇用在工地现场从事与工程有关工作的职员、工人以及他们的家庭成员的人身死亡或疾病。

(3) 业主、承包商或其他关系方或他们所雇用的职员、工人所有的或由其照管、控制的财产的损失。

(4) 领有公共运输执照的车辆、船舶、飞机造成的事故。

(5) 被保险人根据与他人的协议应支付的赔偿或其他款项，但即使没有这种协议，被保险人应承担的不在此限。

10.3.6 安装工程一切险的保险金额、赔偿限额与免赔额

1. 保险金额与赔偿限额

(1) 物质损失部分的保险金额。安装工程一切险的物质损失部分的保险金额即保险工程安装完成时的总价值，包括原材料费用、设备费用、建筑费、安装费、运杂费，关税、其他款项和费用以及由业主提供的原材料和设备费用。各承保项目保险金额的确定如下：

①安装工程项目的保险金额以安装工程完工时的总价值为保险金额，包括设备费用、原材料费用、运费、安装费和关税等。

②土木建筑工程项目的保险金额为工程项目建成的价格，包括设计费、材料费、施工费、运杂费、保险费、税款及其他费用。安装工程一切险内承保的土木建筑工程项目的保险金额不能超过安装工程保险金额的20%，超过20%时，应按建筑工程一切险费率计收保险费；超过50%时，则需单独投保建筑工程一切险。

③安装施工用机器设备的保险金额按重置价值计算。

④场地清理费的保险金额按工程的大小确定，一般大的工程不超过价格的5%，小的工程占合同价格的5%～10%。

⑤业主或承包商在工地上的其他财产，其保险金额由保险人与被保险人协商确定，但不可能超过其实际价值。

(2) 第三者责任险和特种危险赔偿两部分的赔偿限额的确定与建筑工程一切险相同。

2. 免赔额

安装工程一切险的免赔额有以下几种：

(1) 自然灾害引起的巨灾损失免赔额为3 000～5 000美元。

(2) 试车考核期免赔额为10 000～100 000美元。

(3) 其他风险免赔额为2 000～5 000美元。

(4) 对第三者责任险的免赔额，只规定每次事故财产损失的免赔额为2 000～5 000美元。

(5) 特种危险免赔额与自然灾害相同。

10.3.7 安装工程一切险的保险费率

1. 费率制定的影响因素

费率制定的影响因素主要有：工程本身的危险程度；承包商和其他工程方的资信情况、技术水平及经验；工地及邻近地区的自然地理条件，有无特别危险存在；工程现场管理和施工的安全条件；保险期限的长短，安装过程中使用吊车次数的多少及危险程度；被安装设备的质量、型号，产品是否达到设计要求；工期的长短，试车期和保证期分别有多长；同类工程以往的损失记录；工程免赔额的高低，特种危险赔偿限额及第三者责任限额的大小。

2. 安装工程一切险的费率项目

安装工程一切险的费率项目主要有：

(1) 安装项目、土木建筑工程项目、场地清理费，工地内的现成财产、业主或承包商在工地上的其他财产等各项为一个总的费率，整个工期实行一次性费率。

(2) 试车期为单独的一次性费率。

(3) 安装施工用的机器设备为单独的年度费率。

(4) 第三者责任险实行整个工期一次性费率。

(5) 保证期实行整个保证期一次性费率。

(6) 各种附加保障实行整个工期一次性费率。

10.3.8 安装工程一切险的保险期限

安装工程一切险的起讫日期与建筑工程一切险相同。安装工程一切险的保险期限内包括试车考核期。试车考核期包括冷试、热试和试生产。冷试指单机冷车运转；热试指全线空车联合运转；试生产指加料全线负荷联合运转。试车考核期的长短应根据工程合同上的规定而定，一般以不超过3个月为限，若超过3个月则应另行收费；对旧的机器设备不负责试车；这里旧机器指被保险设备本身是在本次安装前已被使用过的设备或转手设备。由于旧机器设备开始试车时发生事故的频率极高，为了排除这一风险，对该旧机器的责任在该旧机器试车时或负荷试验开始时责任即告终止。

如果被保险工程在保险单规定的保险期限内不能如期完工，被保险人要求延长保险期限，须事先获得保险人的书面同意，保险人同意后应加批单，并要增收保险费。保险期的保险期限从工程业主对部分或全部工程签发完工验收证书或验收合格，或业主实际占有或使用或接收该部分或全部工程时起算，以先发生为准。但在任何情况下，保证期的保险期限不得超出保险单中列明的保证期，保证期责任投保与否由被保险人自行决定。

10.3.9 安装工程一切险的赔偿处理

1.安装工程一切险的赔偿方式

安装工程一切险的保险标的发生保险责任范围内的损失后，保险人可以选择现金、修复或置换方式负责赔偿。

2.安装工程一切险的赔偿金额

（1）物质损失部分的赔偿金额。部分损失的赔偿金额按将被保险财产修复至其基本恢复受损前状态所需的费用扣除残值和免赔额后的金额为准。修复费用包括材料费、加工费、检查费用等。但下列费用不应包括在内，如尚未蒙受损失部分的检查清理费用，非保险复原修理费，拆卸处理费，修复后的试运转费，由于改变样式、改良性能所增加的费用，研究恢复受损保险标的的方法的费用，恢复工作停止或停工期间的费用等。

财产损失的赔偿金额以被保险财产损失前的实际价值扣除残值和免赔额后的金额为准；若受损被保险财产的保险金额低于对应的保险价值时，也要按比例赔偿。即：

实际赔款＝赔偿金额×某项目现行保险金额/某项目的保险价值

（2）安装工程一切险赔偿部分赔偿金额的计算同建筑工程一切险。

10.3.10 承保安装工程一切险查证的注意事项

保险公司在承保安装工程一切险之前，除了需要认真审阅工程文件的具体资料外，还必须到现场进行查勘，并要求记录以下情况：

被保险人、制造商及其他与工程有利害关系的各方资信的具体情况；对工程项目或机器设备的性质、性能、新旧程度以及以往发生过的情况，有无保险或损失做出具体记录；安装或建筑工程中最危险部位及项目；工厂所用原料的性能及其危险程度；机器设备和原材料的启运时间、运输路线、运输和保管方法，运输中风险最大的环节；工地周围的自然地理情况和环境情况，包括地质、风力、水文、气候等，尤其是发生特种风险如地震、滑坡、特大自然灾害的可能性；工地邻近地区情况，特别是邻近有哪些工厂，有无公路、河流、海滩，这些因素可能对保险标的产生什么不良影响；工地附近居民的情况，如生活条件、治安、卫生等；安装人员的组织情况，负责人及技术人员的业务水平及其素质；无法施工季节的防护措施；工程进度及实施方式，有无交叉作业；扩建工程情况下原有设备财产的情况，是否已投保，谁负责保险，保险内容、标的；试车期及开始日。

掌握并了解上述情况后，保险双方即可商定保险标的内容，进而签订安装工程一切险的保险合同。

10.4 建筑安装工程一切险的投保与理赔操作

10.4.1 建筑、安装工程一切险的投保操作

(1) 投保人投保本保险必须提供工程合同、承包金额明细表、工程设计报告及概算、工程进度表和工程设计图等资料。

(2) 保险人在承保时须进行风险评估，主要包括地质报告、水文资料等。

(3) 投保人投保该保险时须认真填写《建筑安装工程一切险情况调查表及投保单》，并附清单及明细附表。

(4) 投保人在投保时必须认准条款中的各项内容，特别是保险责任、除外责任、被保险人的义务、索赔和赔款。

(5) 投保人应将保险项目按“建安险投保要求”中列明的项目分项填写。

(6) 投保时应以工程预算或承包合同价格初步确定保险金额。

(7) 分承包人施工（安装）的项目应详细列明分承包人的名称及施工（安装）的项目和金额。

(8) 明确规定第三者责任险赔偿限额及每次事故的免赔额。

(9) 确定保费支付办法，未约定分期交付保险费的被保险人必须在保险合同生效前一次性交清保险费；分期交付保险费的，最多分三期，且第一期必须交付总保费金额的50%。

(10) 被保险人还应向保险人提供保险人所要求提供的各类文件。

(11) 投保人对调查表及投保单所填内容核对无误后，须签名盖章，并填写填单日期。

10.4.2 建筑、安装工程一切险的理赔操作

(1) 工程出险后被保险人应尽快向承保公司报案，并填写《出险通知书》。

(2) 出险后被保险人应维护好事故现场，并积极进行施救，防止损失进一步扩大。

(3) 接到报案后，保险人应尽快赶赴事故现场，同时查阅受损部位的工程进度表（图），查清受损部位是否按计划进度施工。

(4) 保险人应根据查勘情况，明确划分保险责任和除外责任，只承担保险责任范围内的损失。

(5) 被保险人在事故发生后，应向保险人提供损失清单、各种工程文件及证明材料。

(6) 赔款计算应按承保时确定的方法进行。

(7) 损失一经确定后，保险人应尽快作出赔案，将赔款付予被保险人。

【案例1】　基础施工造成的第三者财产损失该不该赔

【案情简介】　1994年某保险公司先后承保B公司所属某广场的地下工程和主体建筑工程，并且扩展震动、移动或减弱支撑扩展条款。该广场建筑结构由3幢30层高楼、4层裙房和10米深的地下室组成。1994年4月19日，在基坑开挖近2个月后，由于拉森钢板桩打桩引起震动，基坑挖土卸荷载，致使周边土体向坑内位移，坑底土向上隆起，造成周边建筑物及土体水平位移和垂直沉降，距基坑北侧拉森钢板桩仅0.7m～1.0m处的C工厂主厂房发生墙体及地面开裂和倾斜，致使工厂电焊条流水线生产异常，产出废品。C工厂请建科院对厂房及设备进行监测和鉴定后，向保险公司索赔设备费用226万元，建筑物损失费用168万元，停产损失约50万元，合计人民币444万元，双方未能就赔偿事宜达成协议。此后，进行基坑围护后，挖土仍在继续。C工厂于1996年3月向法院起诉，诉讼金额1650万元，同年8月增至2314万元。

【案情分析及结论】 案件审理过程中，法院指定某大学鉴定事故原因，指定某会计师事务所对损失进行审计。经分析，本事故由以下几个原因导致：

(1) 地质条件差。基坑土 3～14m 为二层灰色砂质粉土，属严重液化土层，具有产生流沙的特性。在基坑开挖中个别工程桩附近发生过管涌现象。

(2) 基坑围护结构方案不完善。拉森钢板桩支撑强度不足，H 型钢垂直支撑不到位，影响整个支撑系统的刚度。

(3) 施工质量差。在 C 工厂厂房旁基坑挖土时，工程方先挖土后加钢板桩支撑，基坑施工顺序颠倒。钢板桩土方放坡不足，致使钢板桩上端倾斜、塌方。

(4) 施工管理不善。在 C 工厂厂房旁堆放大量钢筋等物，基坑地面负荷过重，导致拉森钢板桩弯曲变形，基坑周边土体位移。

经对相关损失审计、审核，保险公司最终赔付第三者财产损失 4044455.00 元，加上各种鉴定及评估费 803800.00 元，保险人总计支付 4848255.00 元。

【本案启迪】 (1) 震动、移动或减弱支撑扩展条款不负责赔偿被保险人因工程性质和施工方式而导致的可预知的第三者财产损失和人身伤亡责任，尽管本案最终以保险人支付 4848255.00 元结案，但根据保险市场惯例对震动、移动或减弱支撑扩展条款的理解，保险公司不应对本案承担赔偿责任。

(2) 保险人应审慎承保基础工程。建筑工程从基础施工到主体结构封顶，随着投入的增加，风险不断积累。在高层建筑工程施工中，70%工程事故发生在基础工程施工阶段。基础工程是隐蔽工程，地质勘察不可能面面俱到，可能遇到流砂层、暗浜等复杂的不良地质。施工中，围护支撑结构、施工组织设计、地下水的排水设计可能不尽合理。总体来讲，基础工程风险比较集中，保险人对此类风险标的应谨慎承保。

【案例 2】 建筑工程险重大过失免责条款释疑

【案情简介】 某港务工程公司承建了一个 5 000 吨级码头，并向保险公司投保了建筑工程一切险，保险期限为 2001 年 12 月 8 日至 2002 年 12 月 7 日。2002 年 5 月 21 日下午 16 时，施工水域开始急涨水，伴随着 6 级～7 级东南风，浪高约达 3 米。16 时 45 分，停靠在码头工作平台南侧的 134 号平板工作船发现走锚，由于现场没有拖轮可以安排前去救助走锚的 134 号船，17 时 06 分，134 号船开始碰到码头的工程桩，船的右舷与固定桩的槽钢碰撞，生活区的船楼被碰坏。工程项目部在不得已的情况下安排停靠在码头东侧的 8 号工程打桩船前往强行带缆 134 号船，18 时 10 分，8 号船的缆绳带上 134 号船，但直到 19 时 30 分现场涨水变慢，8 号船才将 134 号船脱离码头桩。

事故发生后，现场检查发现 5 000 吨级码头南侧共被撞断 6 根 $\phi 1\ 000$mm 工程桩，经委托市质量检测中心检测发现，除了上述6根桩有明显缺陷外，另有11根桩有轻微损伤。该港务工程公司以该事故属于自然灾害原因造成的物质损失，向保险公司提出921184.49元的索赔。

【案情分析及结论】 保险公司认为该次事故是由于被保险人的重大过失造成的。被保险人在收到气象局关于工地区域有东南风6级～7级、阵风8级的气象预报后，未根据该公司的施工组织设计要求将所有工程船舶拖运到附近岛屿避风，导致船舶走锚与码头发生碰撞。保险人根据建筑工程一切险保险单总除外责任第二条免责条款“被保险人及其代表的重大过失引起的任何损失、费用和责任”的规定，对该事故造成的损失不负责赔偿。

此案合同双方的争论焦点为施工单位的行为是否构成重大过失。虽然保险合同有对重大过失的免责条款，但对重大过失本身没有明确的定义，这也是导致双方争议的主要原因。

在民法理论中，一般将重大过失与轻过失（又称一般过失）加以区分，有的理论还有重大过失、轻过失、轻微过失的分级之说。重大过失与轻过失及轻微过失均不同，是指当法律对某种行为人在某种情况下，应当注意和能够注意的程度有较高要求时，行为人不但没有遵守法律对其较高的要求，甚至用连普通人都应注意并能注意的一般标准衡量也未达到的过失状态。我国《合同法》第五十三条第二款也规定，因故意或者重大过失造成对方财产损失的免责条款无效。

从承包商的施工日记中可以发现，承包商于2002年5月20日晚收到气象预报，预报5月21日杭州湾工地附近的风力为东南风6级～7级、阵风8级。根据承包商的施工组织设计，对于7级以上风力的情况，在大风浪来临前应提前将所有工程船舶（非自航）拖运到避风锚地避风。但是施工单位对于实际风浪情况存在侥幸心理，为了抢工期进度，违反施工组织设计的规定，没有在大风浪来临之前做好船舶的避让工作，只是将工程船舶停在现场用4个开锚固定船身，直接导致了此次事故的发生。

从重大过失的客观要件来看，该次事故是一起违反国家规定，降低工程质量标准和管理标准，造成重大安全事故的行为。国家关于施工许可的法律文件规定了工程承包商应严格按照有关法律、法规和工程建设技术标准的规定，编制施工组织设计。施工组织设计要根据建筑工程特点，制定相应的质量、安全技术措施；专业性较强的工程项目应编制专项质量、安全施工组织设计，并按照规定办理工程质量、安全监督手续。因此，经过审查的施工组织设计从内容上来说，代表了国家的法律、法规要求，应严格执行。本案中被保险人严重违反施工组织设计关于施工船舶避风的管理规定，其行为客观上存在着重大过失，应由其承担该过失责任，而不是由保险公司来承担该损失。

从重大过失的主观要件看，这种过失可以是出于疏忽大意的过失，也可以是过于自信的过失，即被保险人或因疏忽大意没有预见到后果，或者已经预见到会发生某种严重后果，但轻信能够避免，以致发生了严重后果。该起事故应属后一种情况。

因此，从事故的主客观要件看，该起事故已构成重大过失。经被保险人和保险公司多次谈判，最终双方达成一致，该起事故的原因属保险单的除外责任，保险公司对此造成的损失不负责赔偿。

【本案启迪】 责任免除就是保险人不予承担的风险项目，是保险条款中的重要构成要素。责任免除通过除外责任条款而在保险合同中加以明确。在保险理赔中，确定保险损失是否属于保险责任范围还是除外责任极其重要，理赔人员定责定损应做到准确无误，不发生错赔滥赔现象，严格按照保险合同的约定和保险法规有关条款处理赔案。

本章小结

1. 建筑工程保险的特点是保险责任的综合性、保险金额确定的特殊性、被保险人的多方性和保险期限的不确定性。

2. 建筑工程一切险多数由承包商投保。被保险人主要是业主或工程所有人、总承包商、分包商、业主或工程所有人所聘用的监理工程师、与工程有密切关系的单位或个人。

3. 建筑工程一切险对各种建筑工程项目提供全面的保障措施；生效期自工程开工之日或开工之前工程用料卸放于工地之日起算，两者以先发生者为准；终止日应为工程竣工验收之日或者是保险单上列出的终止日，两者也以先发生者为准。

4. 安装工程一切险主要适用于安装工厂用的机器、设备以及包含机械工程因素的各种建筑工程项目。安装工程一切险与建筑工程一切险的主要区别是：两者的保险标的不同；遭受风险的可能性不同；风险项目不同；两者的保险费率不同，试车考核是安装工程交接前的必经程序。

5. 承包商负责投标安装工程一切险，被保险人主要是承包商、业主或工程所有人、供应商或制造商、咨询监理公司、待安装构件的买主、跟安装工程有关的信贷机构。

6. 安装工程一切险生效日应在保险单列明的起讫日前提下，自投保工程的动工日或者第一批被保险项目被卸到施工地点时（以先发生者为准），保险责任即开始；终止日可以是保险合同列明的终止日或安装完毕验收通过之日，两者以先发生者为准。保险责任可以展延至为期 1 年的维修期满日。

复习思考题

1. 建筑工程保险的特点是什么？企业投保工程保险的意义如何？

2. 简述建筑工程一切险的概念及其投保人和被保险人。

3. 建筑工程一切险的承保范围和除外责任有哪些？它的保险期和保险金额如何确定？如何办理建筑工程一切险？

4. 什么是安装工程一切险？它的投保人和被保险人是谁？它和建筑工程一切险有什么根本区别？

5. 简述安装工程一切险的承保范围和除外责任及其保险期和保险金额的确定。

6. 如何办理安装工程一切险？

参考文献

[1] 宋明哲．现代风险管理．北京：中国纺织出版社，2002
[2] 吴小平．保险原理与实务．北京：中国金融出版社，2002
[3] 马水伟．各国保险法规制度对比研究．北京：中国金融出版社，2002
[4] 张洪涛，郑成功主编．保险学．第2版．北京：中国人民大学出版社，2002
[5] 郭颂平，赵春梅主编．保险基础知识．北京：中国金融出版社，2001
[6] 于九如．投资项目风险分析．北京：机械工业出版社，2003
[7] 雷胜强．国际工程风险管理与保险．北京：中国建筑工业出版社 2001
[8] 段昆．当代美国保险．上海：复旦大学出版社，2001
[9] 李明，高欣．国际工程保险制度的发展和基本内容研究．基建优化，2002
[10] 孟宪海．国际工程保险制度研究借鉴．建筑经济，2000
[11] 彭雪梅．我国保险监管模式选择．财经科学，2000
[12] 黄如宝．建筑工程一切险保险费率的合理确定．建设监理，2000
[13] 朱俪云，亟待发展的建设工程保险．基建优化，2000
[14] 刘杰，孙智．论我国工程保险制度的建立和完善．保险研究，2002
[15] 彭利，蒋雪辉．建筑工程保险探析．内蒙古保险，2002
[16] 黄鸿珊，毛俊嵘，王斌．我国建筑工程保险发展现状及前景．保险研究，2001
[17] 魏华林，林宝清．保险学．北京：高等教育出版社
[18] 王和，沈南宁．工程保险．厦门：鹭江出版社，1999

[19] 国际咨询工程师联合会. 大型土木工程项目保险. 北京: 中国计划出版社, 2001
[20] 郭振华, 雄华, 苏燕. 工程项目保险. 北京: 经济科学出版社, 2004
[21] 瑞士再保险公司. 建筑工程一切险保险. 瑞士: 瑞士再保险公司, 1999
[22] 郭家汉. 建设工程设计责任保险实务. 北京: 知识产权出版社, 2003
[23] 王和. 工程保险. 北京: 中国金融出版社, 2005
[24] 龙卫洋, 龙玉国. 工程保险理论与实务. 上海: 复旦大学出版社, 2001
[25] 连永安. 金融与保险. 南京: 东南大学出版社, 2003
[26] 张洪涛, 王国良. 财产保险案例分析. 北京: 中国人民大学出版社, 2006

第11章 与建设工程有关的其他保险险种

本章概要

1. 叙述社会保险的概念与特征；
2. 描述社会保险的种类；
3. 介绍机动车辆险的基本内容；
4. 叙述十年责任险的责任范围、除外责任及保险额和免赔额；
5. 叙述国际货物运输险的概念及其国际通用的主要条款；
6. 叙述境内货物运输险的主要险种；
7. 描述财产险的保险标的、保险额和免赔额；
8. 描述责任险的基本内容；
9. 介绍投保政治险和汇率险的基本情况。

20世纪末期，部分地区以工程项目为核心，整合并拓展了目前工程类保险，在传统建筑（安装）一切险、意外伤害险的基础上，对保险内涵和费率机制上重新整合，引入了建设工程质量保修保险，并围绕工程项目通过三险合一的形式实现了对建设工程质量安全的经济保险。同时，承包商还会主动购买若干其他与工程建设有关的保险，尤其是那些与其经济活动密切相关的保险。如社会保险、国际货物运输险、境内货物运输险、财产险、责任险、人身保险、政治险、汇率险等。下面就分别介绍一下这些险种。

11.1 社会保险

11.1.1 社会保险概述

1.社会保险的概念

社会保险（Social Insurance）是社会政策的保险，是实施社会政策的一种手段。因为社会保险的主要目标在于社会政策的实施，所以它的内容并无一定的界限。其加入者限于从事某种职业或小额收入者。因为这种保险是以全国国民为保险对象，所以称为社会保险。社会保险还包括对劳动的保险和对资本的保险。

社会保险起源于德国。1883 年德国实行疾病保险，第二年增设伤患保险，至 1889 年举办老年及残废保险，并由国家补助，强制加入。以后保险范围逐渐扩大，其他各国也相继仿照，迄今虽仅百余年的历史，却已经成为近代保险事业的一大主流，而且是现代社会安全制度的业务重心。它的主要发展情形，可以分为 4 个阶段：第一阶段由 1883 年起至 19 世纪末止；第二阶段自 20 世纪初至第一次世界大战终止；第三阶段自第一次大战后至第二次世界大战发生时止；第四阶段由第二次世界大战至今。

2. 社会保险的特证

社会保险是国家根据宪法所制定的基本社会政策，它不以盈利为目的。实施社会保险的目的主要是为了保障劳动者的基本生活，保护劳动者身体健康，促进生产发展，保证经济正常运行，实行收入再分配，适当调节劳动分配，为社会、为基层服务，方便群众生活，保障低收入者的基本生活。所以，社会保险具有以下特点：

(1) 保障性。实施社会保险的根本目的，就是保障劳动者在其失去劳动能力之后的基本生活，从而维护社会的稳定。

(2) 法定性。就是国家立法，强制实施。保险待遇的享受者及其所在单位，双方都必须按照规定参加并缴纳社会保险基金，不能自愿。法定性是实现社会保险的组织保证，目的在于保障劳动者因暂时或永久丧失劳动能力以及失业时获得生活保险，安定社会秩序。

(3) 互济性。是指社会保险按照社会共担风险原则进行组织的。社会保险费用社会统筹，建立社会保险基金。社会保险管理机构要用互助互济的办法统一调剂基金，支付保险金和提供服务，实行收入再分配，使参加社会保险的劳动者生活得到保障。

(4) 福利性。社会保险不以盈利为目的，它以最少的花费，解决最大的社会保障问题，属于社会福利性质。

(5) 普遍性。社会保险实施范围广，一般在所有职工及其供养的直系亲属中实行。

3. 社会保险与普通商业人身保险的异同

社会保险是主体，商业人身保险是社会保险的重要补充。二者既有共性又有差别。

(1) 两者的共性。一是两者都是为受保群体服务的，保障受保人免受风险连累。不管是社会保险，还是商业人身保险，都是保护受保人遇到风险后能够获得一定的补偿；二是两者都要求受保人事先缴纳保险费。众所周知，商业人身保险实行

“以收定支”，而社会保险实行“以支定收”的“支付确定”型养老保险，都要求受保人获益前先缴纳保费，这也是他们享受社会保险待遇的先决条件。三是建立一笔保险基金并进行市场化运营。社会保险与商业人身保险既然同属抵御风险的活动，进行保险基金的市场化运营就十分必要。即使计划经济体制下的社会保险，也要求建立基金并投放运营，尽管投放受到严格限制。四是两者都要求工作人员具备相应的知识和技能结构。预测风险的方法和技术乃至专业术语都比较近似，要求工作人员必须具备相关专业的知识和技能结构。总之，社会保险抵御风险的功能是基本的，商业保险起到辅助的、补充的作用。

（2）两者的差异性。社会保险与商业保险尽管有不少共同之处，但还是有一些差异，主要的区别是：

①行为主体不同。社会保险属政府行为，保险人是有国家权威的社会保险机构。政府不仅是社会保险的倡导者、组织者、执行者，也是它的坚强后盾，即一旦社会保险入不敷出，出现严重赤字，政府一定想方设法予以弥补，以保障受保人的权益，维持社会安定。商业人身保险纯系企业行为，保险人是保险公司，它讲求“多进少出高盈利”，与投保人保持商品买卖关系，无半点政治色彩可言。

②目标不同。社会保险以国家的社会政策为出发点和归宿，要把保障全社会安定，实现长治久安作为追求的目标。商业人身保险追求的则是利润最大化，时时处处以赚取最大利润作为自己的奋斗目标。

③实施手段不同。社会保险依法执行，带有强制性，一切用人单位及其员工必须按时如数交纳社会保险费，否则，轻的罚滞纳金，重的绳之以法。为了强调强制性，有的国家，如美国直接把社会保险费叫做“工资保险税”。商业人身保险则不同，它纯属商业活动，严格实行买卖自由、等价交换的原则，无半点强制色彩。

④可靠性不同。由于社会保险是政府行为，支付最可靠，能保证及时足额发放。即便在经济转轨时期，有时会出现暂时的拖欠，但最终都要如数支付偿清，政府决不会失信于民。商业人身保险则不一样，西方国家 20 世纪 30 年代的经济大危机，商业保险公司接连倒闭，投保人的保费如石沉大海，杳无音讯，便是例证。

⑤行为准则不同。商业人身保险实行不投不保、少投少保、多投多保的商品等价交换原则，社会保险实行的则是互助互济原则，强调劳动者之间的互相帮助，即富庶地区帮助不富庶地区，高收入者帮助低收入者，在业者帮助失业者等。所以，社会保险与商业保险有较大差异。

11.1.2 社会保险的保险项目

社会保险一般包括伤害保险、健康保险、老年保险和失业保险等。

1. 伤害保险（Injury Insurance）

（1）伤害保险的概念及原则。伤害保险一般就职业伤害而言，即人身意外伤害，通常是因为履行职务而受到伤害。对于履行职务一词，各国的解释不一。一种是指在工作岗位上；另一种解释则还包括上下班途中。当前世界各国实行的伤害保险总括起来无非基于两种不同的原则：过失赔偿和危险负担。

过失赔偿即由过失方予以赔偿。这个原则适用于工业伤害，它构成英美法律中的雇主责任观念。所谓的雇主责任，即雇主因未能履行其对劳动者应作适当保护的义务，如保证施工现场的设备安全、雇用合格的工人、提供适当的工具、订立安全规章制度、设置危险警告等，从而导致劳动者受到伤害。因为过失在于雇主，所以劳动者可向雇主要求损害赔偿。反之，如果劳动者因为自己的行为促成伤害的发生，则损害责任应当由劳动者自负。雇主并不因为其为雇主而负有特殊责任。

危险负担是以团体为基础。一方面雇主因为其财产有受法律保障的权利而必须负特殊义务；另一方面，劳动者因伤害而遭受损失，不论伤害发生是否由于雇主过失，伤害都是基于职业而发生的，自然应由雇主负担，雇主负担劳动者的损失，就像其负担机器损坏修理，因为两者同为雇主赖以生产的基础。机器损坏，雇主须负责修理；劳动者伤病，雇主也应负责其恢复健康。

过失赔偿产生雇主责任保险，而危险负担则产生劳工补偿保险，两者在本质上颇有区别。不过，目前大多数国家实行的伤害保险，是基于危险负担的，即以劳工补偿保险为其实质内容。这种保险具有以下特点：伤害损失由雇主负担，不论雇主是否有过失为前提条件；伤害保险的给付金额并不基于实际损失，而是基于实际需要，即以伤害发生前所得报酬、家庭负担以及伤害性质为考虑决定的标准；因伤致死或因伤残废的给付是以年金方式代替一次性抚恤金；法律强制雇主为其劳动者投保，使劳动者伤害的补偿有所保障，不会因为雇主破产或停业而受影响。

（2）伤害保险的种类。伤害保险有雇主责任险（Employer’s Liability Insurance）和人身意外伤害险（Personal Accident Insurance）两种。

①雇主责任险。雇主责任险是指雇主为其雇员办理的保险，保障雇员在受雇期间因为工作遭受意外而致受伤、死亡或患有与工作有关的职业性疾病情况下获得医疗费、工伤休假期间的工资，并负责支付必要的诉讼费等。

雇主责任险的赔偿额度根据伤害程度而定：死亡的，赔偿极限按保险单办理。伤残的，可分永久丧失全部工作能力、永久丧失部分工作能力和暂时丧失工作能力3种情况，按保险单上的相应规定办理。

雇主责任险的除外责任是：战争、类似战争行为、叛乱、暴动、罢工或由于核辐射所致的被雇人员疾病、伤残或死亡；被雇人员因疾病、传染病、分娩、流产及因这些疾病而施行内外科治疗手术所引起的伤残或死亡；由于被雇人员自加伤害、自杀、犯罪行为、酗酒及无照驾驶各种机动车辆所引起的伤残或死亡；被保险人的故意行为或重大过失所致。

②人身意外伤害保险。人身意外伤害保险和雇主责任险的保险标的都是保证人身遭受意外伤害时负赔偿责任，但是两者之间有着重要区别。雇主责任险由雇主为其雇员投保，保费由雇主承担，所指的伤害应与工作相关。而人身意外伤害险并不一定由雇主投保，投保人可以是雇主，也可以是雇员或者个体生产者或自由职业者。

人身意外伤害保险的保险范围和除外责任跟雇主责任险基本相同，但投保手续、费用及赔付标准和做法有所不同。最大的区别是人身意外伤害保险在保险有效期间，不论是否发生保险事故，保险期满的时候，保险本金均将退还给被保险人。而雇主责任险则没有这种规定。

人身意外伤害保险还可附加意外伤害医疗保险条款，保障被保险人在保险责任范围内发生意外伤害的治疗费、手术费、药品费、检验费、理疗费、敷料费、输血输氧费、住院费等。

2. 健康保险

健康保险又称为疾病保险。与伤害保险不同，健康保险不以履行职务为限，其责任范围主要是疾病给付、残废给付、生育给付、医药负担和死亡给付。健康保险的保险费多由各方分担。大多数国家由政府指拨基金或者补助金办理。

3. 老年保险

由于科学的发达，医学的进步，人民寿命的延长，死亡率降低，老年人所占全部人口之百分比已经大大提高；同时，随着新机器的使用，新方法的采用，使一些年纪较大的劳动者无法改变思想行动与劳动方式，以适应新技术的需求，从而丧失其工作能力，因此，老年人如何给养，便成为重大的社会问题。世界上多数国家都有关于老年保险的法律规定。

4. 失业保险

失业保险在社会保险中发展较迟，虽然失业问题的存在时间由来已久，但失业成为严重社会问题只是在近数10年之间。失业者是指有工作能力与工作志愿，而一时无法获得与其技能相称或以当地情形认为可以接受其条件的工作。失业通常包括以下几种：

（1）季节性失业。某些行业常因季节变动而引起失业问题，如农业、建筑、煤矿等。

（2）技术性失业。由于新技术、新发明的应用而导致，如汽车的发明导致马鞍制造者和马匹经营者的失业。

（3）摩擦性失业。它是指新旧工业交替所导致的失业。一方面，旧产业紧缩，工人过剩；另一方面，新产业扩张，需要工人，造成供求双方不相适应所致。

（4）循环性失业。这是一种最为严重的失业，是指大多数工作者有能力并愿意工作，但因在经济循环衰落时期，经济制度缺少效率，使得他们无法获得工作。

实行失业保险是救济失业的有效办法。失业保险不但能补偿失业劳动者所受到的损失，维持失业劳动者的经济生活之安定，而且还具有调剂经济的功能。在经济繁荣时期劳动者缴付保费，减少消费，有遏制生产过度扩张的作用。在经济衰落时期，给付金额支出增加，以维持劳动者的收入，有缓和生产的作用。

11.1.3 社会保险的保费

社会保险最初是由互助组织通过普通商业保险的形式演变而来，故沿袭了商业保险的保险技术方面的属性。因此，社会保险在有关缴费与给付对等、财务收入与支出的计算平衡，以及其他保险原理的应用等方面，不能完全脱离商业保险的体例。然而，社会保险毕竟与商业保险不同，特别是在保险费方面差别较大。

1. 社会保险保费的主要特征

社会保险的保费具有以下几个特征：

（1）保费与给付关系松弛。商业保险中，所有参加同类保险者，若缴纳的保险费相等，则其所能受领的保险金也必相等。这种对等关系在社会保险中并不存在，各人应缴保费的多少并不决定于将来给付的大小，而是决定于当时收入的高低。

（2）成本估计不易确定。所有保险对成本的估计都有其不确定的倾向。但某种基本现象的重复以及规律性，依据自然法则，均有显著与普遍的不变趋势，因此对将来的预测，仍有理由可望趋于正确，但这种条件，在社会保险所包括的范围内，并不是普遍存在。如伤害、疾病、残废、死亡、生育等，虽依据自然因素较多，估计较易，但是失业、退休及利率等，主要又被社会利益所支配，很难确定。因而，社会保险费率的计算，不如商业保险对成本估计那样重视。

（3）危险分类较为粗略。危险发生率与平均损害率经常因为危险种类的不同而异。商业保险会依据危险程度大小加以测定，严加选择，不但可对不良危险拒绝承保，即便对接受承保的危险，也按其大小程度的不同，而课以高低不同的费率，使在同一危险集团内，不致受彼此危险程度悬殊而影响。社会保险对危险程度考虑较少，依收入多少课以相同比例的保费。实行这种费率是基于社会政策与经济政策的原因。

（4）保险费用负担较轻。商业保险的保险费一般包括两部分：一是纯保险费，系备作保险事故发生时给付保险金之用，根据危险率计算；二是附加保险费，主要是指各种营业费用、资本利息及预计利润而言。另外对财产保险的重大危险，人身保险的利益分配，统计及数学的偏差等等均应有所准备，所以又有所谓安全费计算，包括在附加保险费内。由于社会保险的非营业性，以及管理费用是由政府负担或补助，其保险费仅限于纯保险费部分，所以保险加入者的负担自然就比商业保险要轻。

（5）被保险人不需负担全部保费。商业保险的通用原则是保险费由被保险人负担。但社会保险费，则由雇主或政府与被保险人共同负担，或完全由雇主及政府代为负担，而不需要由被保险人负担任何费用。故有所谓社会保险并非真正保险，特别是完全由雇主及政府代为负担者，这与保险的本质不相一致，只是具有保险的形式而已。

2. 社会保险的保费计算

无论是保险费率还是保费的计算，均应考虑保险公司的整体收支平衡，这是首要原则。如果保险费率确系根据危险率计算，而预期危险率又确实代表实际危险率，那么执行收支平衡的原则应该没有问题。商业保险是这样，社会保险同样如此。但社会保险用于计算费率与保费的根据与商业保险不完全相同，因此难免发生若干差异，也就是商业保险的保险金额较为明确，可作为计算保险费与支付赔偿的共同基础，而社会保险则没有这项预定的保险金额（即给付范围与给付标准），其保险费率不仅因为危险率变动而变动，又必须因给付范围与给付标准的变动而受到影响，所以社会保险必须根据各种危险事故的发生率与按照给付范围与给付标准事先所估计的给付支出总额，求出被保险人所负担的一定比率，制定出保险费率或课收保险费额的标准。

社会保险所包括的范围很广，因其危险率的种类很多，如伤害率、疾病率、残废率、生育率以及死亡率等，虽然依据的自然因素很多，但与医学进步、工厂设施、生产方式等社会因素有着密切关系；又如失业率、退休率、工业灾害率、预定利率以及薪资指数等，主要又受到人为的社会因素所影响，以自然因素和历年实绩作为统计，还有所依据。而社会因素则变化多，缺乏一定的成规。所以社会保险的保费率的计算，既要考虑到其危险率的复杂性，又要考虑到其给付范围与给付标准。不但要力求适应被保险人的共同需要，而且要能满足其彼此的共同需要。在收费方面，尤其要顾及各有关方面的负担能力，而负担能力则又决定于国民所得之多少、财富分配的情况、被保险人收入的标准，每一项内容都影响着保险费率的制订。社会保险费率的计算，除基本因素外，还要考虑到其他许多相关因素，以便求得公平合理的保险费率。从负担方面看，社会保险费的计算大约可分为比例保险费制和均等保险费制两种。比例保险费制，即按照被保险人的收入依照一定比例计算；均等保险费制，即不论被保险人或其雇主收入之多少，一律计收等额的保险费。

在比例保险费制中，因各种规定与限制不同，又可分为固定比例制、等级比例制和累进费率制 3 种。固定比例制，即就被保险人的实际收入收取同一百分比率的保险费，不管被保险人的收入高低，费率固定不变；等级比例制，即按照被保险人的收入划分为若干等级，再就每一等级规定其标准收入，然后再就每一等级的标准收入，按规定的同一百分比率计算保险费；累进费率制，即保险费按收入高低不同而异，收入低的课收百分率较小，收人多的，依次递增，分别收较高百分率的保险费。

3. 社会保险的保险费负担

社会保险的保费负担，除被保险人外，往往由政府与雇主分担一部分或全部，从而减轻被保险人的负担，有利于社会保险制度的推行。关于负担方式，有以下 3 种：

（1）雇主与被保险人共同分担。雇主与被保险人共同分担主要有两种情况，一是双方平均分担；二是雇主负担大部分，被保险人负担小部分。

（2）政府与被保险人共同分担。该形式，每方分担的比例，各国做法不相一致，一般要由政府的财力大小而定。

（3）政府、雇主与被保险人三方共同负担。各方分担的比例，各国做法也不相同，有的国家按等比例分担，有的国家则按相应的比例分别承担。

11.2 机动车辆险

11.2.1 机动车辆险概述

1. 机动车辆险的概念

机动车辆险是以机动车辆本身及其第三者责任等为保险标的的一种运输工具保险。在保险业务中占有较大的比重。当前世界上机动车辆的保费占非寿险保费的60%以上。其保险客户，主要是拥有各种机动交通工具的法人团体和个人。机动车辆险产生于 19 世纪末，世界上最早签发的机动车辆保险单，是 1895 年由英国“法律意外保险公司”签发的、保险费为 10～100 英镑的汽车第三者责任保险单，但汽车火险可以在增加保险费的条件下加保。机动车辆保险的真正发展，是在第二次世界大战后，一是汽车的普及使道路事故危险构成一种普遍性的社会危险；二是许多国家将包括汽车在内的各种机动车辆第三者责任列入强制保险的范围。因此，机动车辆保险在全球均是具有普遍意义的保险业务。

2. 机动车辆险的特点

（1）保险危险具有不确定性。由于机动车辆在陆上运行，流动性大，行程不固定，对保险人而言，无疑增加了危险事故与保险损失的不确定性和难以预测性。

（2）可保利益的扩大。如只要是经被保险人允许的合格驾驶人员使用已保险的机动车辆，如果发生保险合同中约定的保险事故、并造成第三者的财产损失或人身伤亡的，保险人均负赔偿责任。保险人在承担这项责任时，条件只是要求：驾驶员是合格的驾驶员、和驾驶已保险的机动车辆且得到了被保险人的同意，而不要求其对机动车辆拥有所有权、占有权或管理权等。这实际上是对保险合同中可保利益的一种扩大，同时也是保险责任的放大。

(3) 注重维护公众利益。机动车辆第三者责任保险，作为一种与机动车辆密不可分的责任保险业务，在绝大多数国家均采用强制原则实施，从而是一种法定保险业务，各国之所以对这种业务特殊对待，其出发点都是为了维护公众利益，即确保在道路交通事故中受害的一方能够得到有效的经济补偿。

3. 机动车辆险保险标的

机动车辆险的保险标的，主要是各种类型的汽车，但也包括电车、电瓶车等专用车辆及摩托车等。机动车辆险有机动车本身和第三者责任险两个保险标的。

(1) 机动车本身。由于机动车常处于运动状态，总是载着人或物不断地从一个地方开往另一个地方，容易发生意外事故，造成不一定的财产损失和人身伤亡。

(2) 第三者责任险。汽车一旦发生事故，车身和驾驶员固然可能受到损伤，但更为重要的是汽车给第三者造成的财产损失和人身伤亡。而这种损失和伤亡的程度以及受害面较前者更为深广。因此，机动车第三者险势在必行。目前，世界上许多国家法令规定对机动车的第三者责任都必须投保。有的规定采用强制保险的形式，也有的不问有无过失责任，一律由保险公司负责补偿。机动车包括私用汽车和商用汽车，不管哪种，都必须投保车身险和第三者责任险。对于承包商来说，办理商业用汽车保险比私人用汽车保险更为重要。

11.2.2 商用汽车的车身保险

1. 投保准备的资料

商用汽车种类多，使用性质各不相同，在办理保险时必须提供详细的情况。

(1) 车辆说明。要注明车辆牌号、机器马力、车身型号、制造日期、行驶执照，购车日期、买价及被保险人对车辆现值的估价。

(2) 载货车。要注明每辆车的运货容积、最大的载重、曾否改制增加负荷、登记的行驶执照号码、服务对象、载货的性质、是否载运易爆、易燃或其他危险物。

(3) 拖车。要填写制造情况和制造车号、拖车的价值、最大的运载容积、每次拖运的车辆数目等。

(4) 客车。必须详细说明客车的总座位数（包括司机座），租用载客或载客收费，是否为公众服务，如果是，还要说明引擎的容积（或者马力）。

(5) 其他。投保商用汽车险还要说明投保人的车库情况，车辆行驶的区域，被保险人所拥有的商用车数目及驾驶员情况等。

此外，商用汽车在投保车身险时，通常都加保丧失使用险，以便在商用车一旦损坏不能使用时，能索取赔偿以减少损失。

2. 车身险的保险标的及责任范围

车辆损失险的保险标的，是各种机动车辆的车身及其零部件、设备等。车辆损失保险的保险责任，包括碰撞责任与非碰撞责任两种。

(1) 碰撞责任。碰撞责任是指被保险车辆与外界物体的意外接触，如车辆与车辆、车辆与建筑物、车辆与电线杆或树木、车辆与行人、车辆与动物等碰撞所造成的损失赔偿。通常，因碰撞所造成的损失，除驾驶人故意情况外，不论驾驶员有无过失（明确除外者不在内），保险公司都要负赔偿责任。不过保险公司往往要求被保险人承担一定的免赔额，这笔免赔额一般为车身损失赔偿的 20%。

(2) 非碰撞责任。非碰撞责任险是指承保由自然灾害（如地震，洪水、雷电、雪崩）和意外事故（如爆炸、失火、自燃以及偷窃、丢失）等情况造成的损失的赔偿。有些国家的保险公司还承保水损、风暴、雹灾、恶意行为、民众骚乱、鸟兽碰撞及玻璃破碎等损失的赔偿。非碰撞损失赔偿也有免赔额的规定。

(3) 车身险的除外责任。在除外责任方面，保险人对战争、军事行动或暴乱等导致的损失，被保险人故意行为或违章行为导致的损失，被保险人车辆自身缺陷导致的损失，以及未履行相应的义务（如增加挂车而未事先征得保险人的同意等）的情形下出现的损失，保险人均不负责赔偿。需要指出的是，机动车辆保险的保险责任范围由保险合同规定，但并非是一成不变的，如我国过去均将失窃列为基本责任，后来却将其列为附加责任，即被保险人若不加保便不可能得到该项危险的保障。

(4) 车身险的保险金额。车辆损失保险的保险金额，采用不定值保险方式，既可以按重置价值（即按照投保时同类机动车辆的市场价格）确定，也可以由双方协商确定，或者可以按照投保车辆的使用年限通过计算确定。

11.2.3 商用汽车的第三者责任险

1. 第三者责任险的保险责任

所谓汽车的第三者责任险，是指承保被保险汽车因为发生保险事故而产生的被保险人对第三者（包括乘客）的人身伤害以及其财产损失依法应负的赔偿责任。第三者责任险是汽车保险中最重要的组成部分。由于第三者责任保险的主要目的在于维护公众的安全与利益，因此，在实践中通常作为法定保险并强制实施。

机动车辆第三者责任保险的保险责任，即是被保险人或其允许的合格驾驶员在使用被保险车辆过程中发生意外事故、而致使第三者人身或财产受到直接损毁时被保险人依法应当支付的赔偿金额。在此保险的责任核定，应当注意两点：一是直接损毁，实际上是指现场财产损失和人身伤害，各种间接损失不在保险人负责的范围；二是被保险人依法应当支付的赔偿金额，保险人依照保险合同的规定进行补偿；这两个概念是不同的，即被保险人的补偿金额并不一定等于保险人的赔偿金额，因为保险人的赔偿必须扣除除外不保的责任或除外不保的损失。如被保险人所有或代管的财产，私有车辆的被保险人及其家庭成员以及他们所有或代管的财产，本车的驾驶人员及本车上的一切人员和财产在交通事故中的损失，不在第三者责任保险负责赔偿之列；被保险人的故意行为，驾驶员酒后或无有效驾驶证开车等行为导致的第三者责任损失，保险人也不负责赔偿。

2. 商用车第三者责任险的除外责任

商用车第三者责任险的除外情况有以下几种：被保险人或驾驶人员故意所造成的第三者人身伤亡和财产损失；被保险人或驾驶人所自有的或自运的财产；被保险人所租用、使用或者保管的财产；被保险人的雇用人员的人身伤亡及其财产损失(此种情况属于雇主责任保险的范围)；未经被保险人允许，而擅自驾驶保险汽车时发生的事故；被保险汽车的司机或工作人员以外的任何人，在装货或卸货过程中造成的人身伤亡，或在车道以外引起的人身伤亡；由被保险汽车运送的财产，及因车辆摇晃所损坏路面、其他车下物件或车上载运的货物。此外，用被保险的汽车拖曳的已坏机车本身的损害及车上所运载财产所受的损失也排除在外。

3. 特殊规定

汽车保险有着与其他财产保险不同的特殊规定，特别是无赔偿优待折扣和被保险人自负责任这两项。

(1) 无赔偿优待折扣。无赔偿优待折扣是指投保人在续保汽车险时，如果被保险的汽车的前一年没有发生导致赔款的事故，则续保时，保费可给予一定比例的优惠折扣，连续 2 年没有导致赔款，优惠比例再增加，直至连续 5 年没有导致赔款，达到优惠比例的最高限额（一般为 50%)。另外，有些国家采取有赔偿则增收保险费的办法，其原理是一样的。就是说，如果在第一年发生了赔偿事故，第二年的保费就增加一定的比例，第三年同样，直到保险费增加额达到最高极限为止。

(2) 被保险人自负责任。被保险人自负责任与免赔额是同样的道理。即要求被保险人自己负一部分责任，这在一定程度上可以加强被保险人的责任心。鉴于这类条款，被保险人不会因为已投保，而对汽车毫不负责任；而且，即使汽车出了一些不太大的事故，为了避免次年增加保费或为取得优惠折扣，被保险人往往不向保险公司申报，而是自行赔偿，从而使得保险公司节省了一笔开支。

商用汽车第三者责任险的保险费率是按汽车的功率或发动机容积，以及汽车通常入库的地点考虑。至于赔偿额，则可根据法院的判定结果执行。

11.2.4 附加险

机动车辆的附加险是机动车辆保险的重要组成部分。从中国现行的机动车辆保险条款看，主要有附加盗窃险、附加自燃损失险、附加新增加设备损失险、附加不计免赔特约险、附加驾驶员意外伤害险、附加乘客意外责任保险等，保险客户可根据自己的需要选择加保。

11.3 十年责任险

11.3.1 十年责任险概述

有些国家要求承建房屋、公共建筑物、工业厂房和烟囱以及桥涵工程的承包商或分包商，就其承建工程中的主体部分要投保十年责任险（Liability For ten years）。十年责任险通常作为承包商或分包商的一项强制性义务，要求承包商在工程临时验收前，必须向业主国政府指定的保险公司投保，否则工程不予验收。

十年责任险是基于建筑工程的寿命期长，而承包公司的流动性强这一特点而设立的。这是因为承包商一旦完成工程后撤离现场，甚至离开工程所在国，但是建筑工程中的许多缺陷或隐患并不都能在为期 1 年的保修期内发现。如果工程隐患发生时，承包商已离境，业主就无法为修复隐患而得到补偿，十年责任险就是为业主提供这种保障。基于这一需要，承包商应对由其承建的建筑物的主体部分，自最后验收之日起十年内出现的因为建筑缺陷或隐患而造成的损失负赔偿责任，而这种赔偿责任只能由受理十年责任险的保险公司来履行。十年责任险的被保险人是工程业主或工程所有人。

11.3.2 十年责任险的责任范围

1. 工程正式验收前

十年责任险仅保证对因主体工程全部或部分倒塌所造成的损失负赔偿责任。这个阶段的十年责任险不含场地清理费，因此在计算保险费时不考虑土方工程。

2. 工程最后验收通过后

十年责任险承担对因本保险范围内的工程本身的物质和非物质损失负赔偿责

任，而且灾后清理所需费用也在赔偿之列。十年责任险具有排他性，只能向一家公司投保，若发现多家投保，则保险公司可以拒绝赔付。

11.3.3 十年责任险的除外责任

十年责任险的除外责任主要有以下几方面：被保险人或其雇员的蓄意破坏、发生偷窃或诈骗的行为；直接或间接的火灾或爆炸所造成的损失，除非该火灾或爆炸是由本保险范围内的事故所引发；采矿引起的地层震动；自然灾害，如地震、暴雨、洪灾和飓风等；内外战争所造成的损失；原子核裂变带来的直接或间接后果；属于承包商的维修义务；验收时明文指出的保留部分。

11.3.4 保险额和保费计算

1.保险额

十年责任险的最高保险额因保险标的工程总额不同而不同，总额越大，其比例越小；这笔保额为保险赔偿极限。在分次支付情况下，其保险期内的累计赔付总额在任何情况下都不超过这笔总额。必须指出：任何漏报、申报不实或者夸大损失。阻挠实施技术监督，或无视技术监督机构要求的有关安全措施，均将导致取消本保险的赔付。若投保十年责任险的工程，包括防水工程，则须另附说明。而且该部分的保费须占全部十年责任险保费的5%。

2.保费的计算

十年责任险的保险金计算办法如下：

(1) 临时验收时，按投保人申报的实施工程估算价，根据要求费率计算，另外加特别要求的费用。

(2) 最后验收时，根据工程的最后结算价调整。任何导致保险费额变化的追加工程费，或工程费变化都应如实申报，否则保险人有权拒付赔偿。

(3) 罚款及与此相关的民事诉讼费不得计入保险金额，但是正常的民事诉讼费应计入保额。

11.3.5 十年责任险的免赔额

十年责任险同建筑工程和安装工程一切险一样，在发生保险理赔时也有一个免赔规定。免赔数额随事故发生的时间而有不同的规定，通常做法是事故发生的时间离责任终止期越近，免赔额就越小。

有关十年责任险的保额、保险费率以及赔付情况参见表11-1～表11-4。

十年责任险的工程分类 表 11-1

类别	除外情况	等级	规格
1	住宅建筑物 四层以上或者高度超过 80cm 跨度超过 25m 的建筑物除外	甲级 乙级	4 层以下，包括 4 层 高度≤25m 跨度≤25m 其他
2	公共建筑物 高度＞80m 跨度＞25m 除外	甲级 乙级	高度≤25m 跨度≤15m 其他
3	工业建筑 高度＞60m （烟囱高度＞80m） 跨度＞25m 除外	甲 乙级	普通建筑 塔、水塔、烟囱、特殊建筑、暖房

注：以上除外情况的保险费率另加。

十年责任险的保险费率 表 11-2

工程类别		A 级费率	B 级费率
		工程验收前保险期内	工程险收前保险期内
类别	等级	占投保工程总额百分比	占投保工程总额百分比
1	甲级 乙级	0.45 0.50	0.70 0.75
2	甲级 乙级	0.40 0.45	0.65 0.70
3	甲级 乙级	0.45 0.60	0.60 0.65

注：通常情况下，费率由 A、B 两级合并计算；如果承包商持有专业技术合格证书，保险费可以减免 10%。

十年责任险的保险额（单位：美元） 表 11-3

工程总额	工程本身及材料保险额	工程总额	工程本身及材料保险额
25 000 以下	25 000	1 000 000～2 000 000	300 000
25 000～200 000	50 000	2 000 000～4 000 000	400 000
200 000～500 000	100 000	4 000 000 以上	500 000
500 000～1 000 000	200 000		

十年责任险保险期内各年的免赔额　　表 11-4

担保年序	占B级费率保险金的比率（%）
验收当年12月31日以前	95
验收后第一年12月31日以前	85
验收后第二年12月31日以前	75
验收后第三年12月31日以前	65
验收后第四年12月31日以前	55
验收后第五年12月31日以前	45
验收后第六年12月31日以前	35
验收后第七年12月31日以前	25
验收后第八年12月31日以前	15
验收后第九年12月31日以前	5

注：以上是法国标准，其他国家标准与其有所差异。

11.4 国际货物运输险

11.4.1 国际货物运输险概述

1. 国际货物运输险的概念

承包工程中材料设备通常占工程总价的60%以上，而这些材料和设备通常不可能都在本地购买，相当一部分材料和设备需要靠进口或由承包商从其他基地调运。因此，国际货物运输是承包工程的重要组成部分。

如同其他的工作一样，国际货物运输也会存在着相当的风险。货物一开始从仓库移动，直至到达目的地之前，在运输过程中可能会出现各种意想不到的事件，如运输货车在路上可能会翻车、出轨；装船时货物也有可能会滑入水中；在海上航行的过程中，也有可能会遇到天灾或意外事故，如碰撞、触礁等；在到达港口停泊卸货时，也会发生和装船时同样的危险。而航空运输也可能出现坠机而造成货物的损失。

由于国际货物运输部门对于运输过程中所造成的货物损失的赔偿非常有限，所以，货物买卖双方只有通过投保国际货物运输险（International Cargo Transportation Insurance），将这些风险损失转移给保险公司，方可取得经济保障。保险公司不但可以承担因自然灾害、意外事故所造成的损失，而且也对保险货物在海上运输过程中因外来原因所造成的损失，只要是属于保险责任，不论损失程度大小均负赔偿责任。所以，国际货物运输保险是指保险人按照保险合同规定的承保范围，对被保险人的货物因运输途中遭受保险事故造成保险标的的损失和产生的责任负责赔偿、支付保险费的一种保险。它属于财产保险的类别。

2. 国际货物运输险的特点：

(1) 被保险人的多变性。承保的运输货物，在运送保险期限内可能会经过多次转卖，因此，最终保险合同保障受益人，不是保险单注明的被保险人，而是保单持有人（Policy Holder)。

(2) 保险利益的转移性。保险标的转移时，保险利益也随之转移。

(3) 保险标的的流动性。货物运输保险所承保的标的，通常是具有商品性质的动产。

(4) 承保风险的广泛性。货物运输保险承保的风险，包括海上、陆上和空中风险，自然灾害和意外事故风险，动态和静态风险等。

(5) 承保价值的定值性。承保货物在各个不同地点可能出现的价格有差异，因此，货物的保险金额，可由保险双方按约定的保险价值来确定。

(6) 保险合同的可转让性。货物运输保险的保险合同通常随着保险标的、保险利益的转移而转移，无须通知保险人，也无须征得保险人的同意。保险单可以用背书或其他习惯方式加以转让。

(7) 保险利益的特殊性。货物运输的特殊性，决定在货运险通常采用“不论灭失与否条款”，即投保人事先不知情，也没有任何隐瞒，即使在保险合同订立之前或订立之时，保险标的已经灭失，事后发现承保风险造成保险标的灭失，保险人也同样给予赔偿。

(8) 合同解除的严格性。货物运输保险属于航次保险，《保险法》、《海商法》规定，货物运输保险从保险责任开始后，合同当事人不得解除合同。

11.4.2 国际货物运输险常用条款

1. 仓至仓条款

仓至仓条款（Warehouse to Warehouse Clause）简称 W/W。它规定了保险公司对保险货物所承担的保险责任，从保险单所载明的起运港（地）发货人的仓库开始，一直到货物运至保险单所载明的目的港（地）收货人的仓库为止。当货物进入收货人的仓库，保险责任即告终止，对于仓库中所发生的责任概不负责。但是，当货物在目的港卸离海轮时起算满 60 天，不论保险货物是否进入收货人的仓库，保险责任也均告终止。在实践中，责任终止条款还有其他具体的规定：

(1) 保险单上所载的目的港也就是卸货港，收货人提货后，运到自己的仓库中，保险责任即告终止；如果收货人提货后并没有运往自己的仓库，而是对货物进行分配、分派或者是分散转运，保险责任从此时即告终止。

(2) 保险单上所载目的地不在卸货港而是内陆某地。当货物进入内陆目的地收货人的仓库时，保险责任即告终止。

(3) 保险单上所载目的地是内陆，保险货物从海轮卸离后运往目的地时，并没有运往收货人的仓库，而是在途中，先放在某一个仓库，然后将货物进行分配、分派或者是分成几批运往了几个地方，包括其中仍有一部分运往保险单所载明的目的地。保险责任在到达分配地时即告终止，包括运往原保险目的地的那部分货物。

以上 3 种情况都要受保险货物卸离海轮 60 天的限制，也就是说，在上述各种情况下的保险责任终止之前，已经达到货物卸离海轮 60 天的期限，那么保险责任先行终止。

2. 伦敦协会条款

伦敦协会条款（Institute of London Underwriters Clause）由伦敦保险协会所制定，目前，国际上的大部分国家保险机构都要求使用这种条款。通过使用的伦敦协会条款如下：

(1) 协会货物条款（A）[ICC（A）]。ICC（A）可以独立投保，其责任范围较广，采取“一切风险减除外责任”的方式。ICC（A）承保范围相当于一切险。

(2) 协会货物条款（B）[ICC（B）]。ICC（B）可以独立投保，其责任范围采用“列明风险”的方法。ICC（B）的除外责任，除对“海盗行为”和恶意损害的责任不负责外，其余均与 ICC（A）的除外责任相同。ICC（B）承保范围相当于水渍险。

(3) 协会货物条款（C）[ICC（C）]。ICC（C）可以独立投保，其责任范围也采用“列明风险”的方式。ICC（C）的除外责任与 ICC（B）完全相同。ICC（C）承保范围近似于平安险。

(4) 协会货物战争险条款。属于特殊附加险，等同 CIC 中的战争险。

(5) 协会货物罢工险条款。属于特殊附加险，等同 CIC 中的罢工险。

上述险别在需要投保时也可作为独立的险别进行投保。

(6) 恶意损害险条款。恶意损害险承保除被保险人以外的其他人（如船长、船员）的故意破坏行为所造成的被保险货物的灭失或损坏，但出于政治动机的人的行为除外。它在 ICC（A）中列为承保责任，在 ICC（B）和 ICC（C）中均列为除外责任。因此，在投保 ICC（B）和 ICC（C）时，如需取得这种风险的保障，应另行加保恶意损害险。

11.4.3 国际货物运输险的险别

国际货物运输险的险别可以分为两类：主要险别与附加险别。附加险别是基于主要险别的，只有投保了主要险别的，才可投保附加险别。主要险别随运输方式的不同而有所不同。

1. 海上货物运输险的主要险别

(1) 平安险（F. P. A：Free From Particular Average）。在该险别项下，保险人对被保险货物负有以下赔偿责任：因恶劣天气、雷电、海啸、地震，洪水等自然灾害所造成的整批货物的全部灭失；因运输工具搁浅、触礁、沉没、互撞、与流水或其他物体碰撞、失火、爆炸等意外事故造成的全部或部分货物损失；在装卸及运转过程中由于整件货物落海而造成的全部或部分货物损失；与被保险货物有关的共同海损或救助报酬应分担的费用，货物遭受应由保险人负责的风险时，为避免和减少损失而花费的合理费用。

(2) 水渍险（W. A：With Average）。在这个险别中，保险人的责任范围为：平安险中的全部责任；因恶劣气候、雷电、海啸、地震、洪水等自然灾害所造成的被保险货物的部分损失。

(3) 一切险（All Risks）。在这个险别中，保险人的责任范围为：水渍险中的全部责任；因在运输过程中，由于外来的原因造成的全部或部分损失。这里指的外来原因，通常指偷窃、短少、渗漏、破碎、雨淋、生锈、受潮、发霉、串味、沾污以及其他引起货物损失的类似原因。

2. 航空货物运输险的主要险别

(1) 航空运输险。航空货物运输险主要包括以下责任范围：航空器被电击、失火、爆炸、碰撞、翻滚、失航、坠毁以及其他的意外事故；在航空运输中遇到了无法预见的恶劣天气及危险，因此货物被抛弃。

(2) 航空运输综合险。该种险别包括以下责任范围：保险人在航空运输中所应负的全部责任；由于被保险货物被偷窃或因为短少以及其他外来原因所造成的货物全部或部分损失。

3. 陆地货物运输险的主要险别

(1) 陆地运输险。这种险别的保险人对因风暴、雷电、地震、洪水等自然灾害以及运输中因运输工具碰撞、翻车、出轨、抛锚、塌方、失火、爆炸等意外事故而造成的货物全部或部分损失承担赔偿责任。

(2) 陆地运输综合险。保险人承担陆地运输险的全部责任以及因偷窃、短少、发霉等等外来原因所造成的货物全部或部分损失。

4. 国际货物运输险的附加险别

国际货物运输险的附加险别包括附加险和特别附加险。

(1) 附加险。附加险也称一般附加险，是指一般外来原因所引起损失的各种风险。这种风险经常是在运输、装卸过程中发生的。为了使不同的货物获得不同的保障，除了特别订明的不保物品外，一般可在平安险或水渍险基础上另外加保上述的一些风险，这些加保的风险就是附加险，它扩大了原有险别的责任范围。

附加险主要有以下 10 种：①偷窃提货不着险；②淡水雨淋险；③短量险；④沾污险；⑤渗漏险；⑥碰损、破碎险；⑦串味险；⑧受潮受热险；⑨钩损险；⑩包装破裂风险。

(2) 特别附加险。特别附加险是指特殊的外来原因所引起损失的特殊风险。这种风险大多是因政治性的或行政措施等行为所造成的。

特别附加险有：①战争险；②罢工险；③交货不到险；④进口关税险；⑤拒收险；⑥舱面险；⑦黄曲霉素险；⑧卖方利益险；⑨出口货物到香港（包括九龙）或澳门存仓火险责任扩展条款。

另外，国际上还有抛锚险、超程运输险、产品责任险等。

11.4.4 投保手续

国际货物运输保险必须逐笔投保，以取得保障买方利益的运输保险单。投保单应该在货物装船出运前填写，一式两份；一份由保险公司签署后交给投保人作为接受投保的凭证；另一份由保险公司留存凭以编制和签发保险单（或保险凭证）。为简化手续，保险单也可以由发票、出口货物明细单或货物出运分析单、报关单等的副本代替。

陆运、空运出口到香港、澳门地区的，可使用“联合凭证”。投保时应将“联合凭证”全部交给保险公司办理投保手续。投保国际货物运输险时要注意以下事项：

(1) 投保的内容要完整。投保人在投保时应将发票号、保品名称和件数、保额、运输路线、运输工具、开行日期、目的地（港）以及按照销售合同或信用证规定的保险条款内容（如险别、理赔地点等）详细列明，以便保险人能够准确、迅速地编制保险单。

(2) 投保的险别要具体明确。如投保海运一切险、水渍险或平安险，不能笼统地仅注“投保海运险”，以免在保险责任范围上造成争议。

(3) 保险金额要在投保单上列明。发票价格如果有佣金或折扣的，一般按未扣佣金或折扣的毛值计算。信用证如果有规定，则按信用证要求办理。

(4) 作废投保单要注明。投保人如果因短装等原因需重制发票和重新投保时，必须在新发票（作投保单时）上注明："原投保单作废"，同时要将原正本保险单退回，以便保险公司注销旧的保险单，另签发新的保险单。

(5) 投保手续要完备。投保时，除了要注明按信用证规定的一般保险条款之外，还须注意列明信用证规定的某些与保险有关的其他条款，以便在签发保险单时做到与信用证的相一致，避免对方以"单证不符"为借口而拒付赔款。

11.5 境内货物运输险

11.5.1 境内货物运输险概述

境内货物运输险是指对在工程所在国境内，承包商为了实施工程而要通过内河、内陆甚至境内空运等手段，将工程所需材料运至工地过程中所可能发生的危险损失负赔偿责任。这类保险通常分为直接业务、代理业务和预约业务这 3 种形式。直接业务由承担保险责任的保险公司来签发保险单；代理业务通常由代理人签发保险单或保险凭证；预约业务则常常适用于货运量大采取统保的情况，但同样必须要签订保险合同。

11.5.2 材料设备的分类

由于材料设备品目繁多，保险人必须首先将货物进行必要的分类，再根据不同的类别确定不同的保险费率。工程用材料和设备通常按以下类别进行分类：

1. 一般货物

即不易损坏的货物，如钢材、木材、砂石以及其他类似的散装货物。

2. 一般易损货物

一般情况下不容易燃烧、渗漏、湿损、挥发或在受到碰撞和包装破裂时有一定损坏但不显著的货物，如铜管铜线、门窗五金、电动五金、变压器、开关、半导体元件等等。

3. 易损货物

比较容易燃烧、破碎、渗漏、湿损、挥发或由于包装破裂和碰撞十分容易受损的货物，如仪器、仪表、电视机、复印机等。

4. 特别易损货物

极易燃烧、破裂、受潮、挥发、渗漏、易碎等货物，如玻璃制品、石膏制品、灯泡、灯管、显像管及高精密仪器仪表等。

11.5.3 保险责任

境内运输险的保险责任包括基本险和综合险两种。

1. 基本险责任

基本险的责任范围如下：

(1) 因火灾、爆炸、雷电、冰雹、暴风、暴雨、洪水、地震、海啸、地陷、崖崩、滑坡、泥石流等造成的损失。

(2) 由于运输工具发生碰撞、搁浅、触礁、倾覆、沉没、出轨或隧道、码头坍塌造成的损失。

(3) 在装货、卸货或转载时，因遭受不属于包装质量不善或装卸人员违反操作规程造成的损失。

(4) 按惯例应分摊的共同海损的费用。

(5) 在发生上述灾害、事故时，因纷乱而造成货物的散失及因施救或保护货物所支付的直接、合理的费用。

2. 综合险

除基本险责任外，境内运输险还负责以下赔偿：因受震动、碰撞、挤压造成破碎、弯曲、折断、开裂或包装破裂致使货物散失的损失；液体货物因受震动、碰撞或挤压致使所用容器损坏而渗漏造成的损失，或用液体保存的货物因液体渗漏而造成保存货物腐烂变质的损失；遭受盗窃或整件提货不着的损失；符合安全运输规定而遭受雨淋所致的损失。

11.5.4 除外责任

境内运输险的除外责任包括：战争或军事行动；核事故或核爆炸；保险货物本身的缺陷或由于自然损耗以及因包装不善致缺陷或损耗；被保险人的故意行为或过失；其他不属于保险责任范围内的损失。

11.5.5 保险费率的计算

境内运输险的保险费因运输工具不同、运输条件有差别及中途转运等因素不同差别较大。计算保险费率时，要考虑以下因素：

1. 投保内容

投保人是否同时投保综合险和基本险，还是只投保其中的一项。若投保两项，则按货物所分类别乘以相应的保险费率，再将两者汇总，否则按所投项目单独计算。

2. 运输条件

内河湖泊等水域运输应视航道条件而定，铁路、公路运输按相应档次计算。

3. 是否是联运

若是联运，中途自然需要进行一次或多次的装卸工作。因此在计算保险费率时，除按各不同区段及不同运输工具而相应计费外，还应在其累计总和基础上再增加一定的系数，一般为总和的5%。

4. 公路运输

因这种运输风险较大，且不易管理，故其保险费通常比铁路、水路运输高。

11.5.6　保险责任的起讫与终止

境内运输保险的保险责任的起讫期限应是从需起运的货物自发运火车站、码头或承运人的仓库时开始，直至该保险货物到达目的地后最先卸放的储存处所时终止。卸放后因故转仓而发生的运输不属于本保险的责任范围。被保险货物到达目的地被提卸存放后一定的时间内（通常为15天），保险责任尚且有效，但若货主逾期不提，则保险公司不承担保险责任。

11.5.7　索赔与理赔

在境内运输险的保险期内，若发生保险责任范围内的损失事故，那么被保险人有权向公司提出索赔申请。向保险公司申请索赔时，被保险人应提交以下资料：保险凭证、运单（货票）、提货单、发货票；承运部门签发的货运记录、普通记录、交接验收记录及鉴定书；收货单位的入库记录、检验报告、损失清单及救护货物所支付的直接费用。

保险人在收到上述单证后，应迅速核实并立案处理。理赔之前必须完成以下工作：要进行现场查勘，详细记录运输工具名称及航次或车次、起运地点、出险地点、时间、原因、保险货物损失项目、名称、数量、估损金额等；完成货物损失验收报告；建立保险货物损失清单；计算赔款并编制计算书；编写赔款说明书；确定向第三者追偿的立案资料；建立损余物资处理单据；收齐受损货物原始或影印件以及与赔案有关的原始单证。

11.6　财产险

11.6.1　财产险概述

财产险是指承包商为属于自己或为自己享有可保利益的财产所购买的保险。这种保险是在传统火险基础上产生的一种适用范围极广的险种。财产保险一般以自然灾害和意外事故为保险责任范围，财产保险承保的是保险财产的物质损失，保险公司按保险财产时的市价向被保险人进行经济上的补偿。国际工程承包商驻现场机构所拥有的或租赁的设施、设备、材料、商品及个人物品、行李等，只要未曾列入建筑工程一切险或安装工程一切险保险标的的，都可以列入财产险的保险标的，而投保财产险。

财产险虽然不属强制保险内容，但从风险转移角度看，购买财产保险确实很有必要，因为这种风险属于纯风险，采取风险自留毫无意义，它不会带来利益，倒有造成损失之可能。况且，承包商只需付出少量的保险费用即可解除后顾之忧。

11.6.2 财产险的保险标的

财产险的保险标的包括：

1. 房屋、建筑物

包括厂房、仓库、办公室、住宅、宿舍及其他建筑物或附属建筑物。

2. 装潢、装置、地毯

室内陈设物品、家用电器及各种家具等。

3. 机器设备

施工机械（列入建筑工程一切险和安装工程一切险者除外）、工具、用具。包括生产线、输送运载装置、各种辅助装置及用具，有时还包括锅炉。

4. 存储物资

包括原材料、辅助材料及包装材料、半成品和产成品。

5. 其他可作价的物品

财产险的保险标的物不论新旧均可用来投保。凡投保的财产均应建立详细的投保清单，至少应有分类的投保财产清单，须逐一列清保险名称及保额，还应注明财产的所在地，尤其要写明所处的地理范围及毗邻环境；投保人要如实申报被保险财产的占用性质、所面临的危险等级及现有防灾及安全措施、以往的损失情况等等。保险人受理财产险时还需要对被保险人的道德、事故发生时可能的波及范围及最大可能损失，做深入的调查和认真评估，以便确立保费和赔付的原则。

11.6.3 财产险的保险金额

财产险的保险金额的计算办法如下：

1. 固定资产

它可按重置价格投保，按账面的价值计算。可根据货物 CIF 价加到岸后的运费、境内运输保险费、关税及安装费等总值进行投保。但计算保险金额时有两种办法：

(1) 仅按CIF价投保，不考虑其他的费用。按这种办法，理赔时要扣除与保险无关的其他费用。

(2) 根据国际行情的涨落趋势，投保时要求把涨价因素考虑在内。通常的做法是根据历年的增值比例，计算出合理的增长幅度，加价投保。理赔时，如果涨价，则在保额限度内给予赔付；但如果落价，则按照市价赔付。

2. 流动资产

按每月的平均数结算，即年初按去年末的月平均账面金额进行投保，并计收保费，年底按当年的实际流动金额进行结算，多退少补。习惯上，当年的实际流动资金数可按每季的平均数，而每季的平均数则由3个月的月末平均数而得出。

3. 加工装配业务

加工装配业务的财产保额可按原料＋加工费计算出总价投保，也可以按分项投保加成的办法，即分别计算原料费和加工费各自的保额，然后汇总。理赔时也可以照此办理。

4. 二手设备

二手设备的投保额原则上按重置价计算，但要视具体情况而定。财产保险的保险期可由保险双方自行商定，国际上无统一标准做法。保单起讫日期通常为下午4点或中午12点，因为白天易于辨明事故赔偿责任。

11.6.4 财产险的除外责任

财产险的除外责任主要包括以下内容：保险人及其代表的故意行为或重大过失引起的任何损失和费用；地震、海啸引起的损失和费用；贬值、丧失市场或使用价值等其它后果损失；战争、类似战争行为、敌对行为、武装冲突、恐怖活动、谋反、政变、罢工、暴动、民众骚乱引起的损失和费用；政府命令或任何公共当局的没收、征用、销毁或毁坏；核裂变、核聚变、核武器、核材料、核辐射以及放射性污染引起的任何损失和费用；大气、土地、水污染及其他各种污染引起的任何损失和费用，但不包括由于保险单责任范围中列明的风险造成的污染引起的损失；应由被保险人自行负担的免赔额；不属于保险范围列明的风险引起的损失。

11.7 人身保险

11.7.1 人身保险的概念

人身保险是指以人的生命或身体为保险标的，当被保险人在保险期限内发生死亡、伤残、疾病、年老等事故或生存至保险期满时给付保险金的保险。人身保险除了包括人寿保险外，还有健康保险和人身意外伤害险。随着人们生活水平的提高，风险意识的增强，居安思危不仅体现在对物质补偿的需求上，而且发展到越来越多的人寻求养老的保障、死亡的抚恤、伤残的给付等。其作用主要表现在以下几方面：

(1) 人身保险是对国家社会保障措施的必要补充。根据实际需要设计不同形式的人身保险，可以满足人民的要求，促进社会安定。

(2) 人身保险可以起到有备无患的作用。俗话说得好，人有旦夕祸福。人的一生中无法避免疾病、年迈和死亡，所以，人身保险无论对家庭还是个人，都可以提供各种保障，解决经济上的困难，解除后顾之忧，使人民安居乐业。

(3) 壮大保险基金，促进国民经济的发展。我国是世界上人口最多的国家，人身保险的潜力很大，将分散的、小额的保险费积少成多，并利用寿险资金长期性的特点加以充分运用，使一部分消费基金转化为生产基金，既促进了国民经济的发展，又为被保险人提供了可靠保障。

11.7.2 人身保险的特征

(1) 保险标的的不可估价性。对于财产保险而言，保险标的在投保时的实际价值是确定保险金额的客观依据，而人身保险的保险标的是人的生命和身体，难以用货币来衡量其价值。人身保险提供保险保障的目的是为遭受不幸事故的被保险人及其家属获得物资或经济上的帮助，不至于使家庭生活计划因不幸事故的发生而遭至灾难性的打击。所以在人身保险的实务中，保险金额的确定一般是由投保人根据被保险人对人身保险需要的程度及投保人缴纳保费的能力，在法律允许的范围和条件下与保险人双方约定后确定的。

(2) 保险金额的定额给付性。人身保险的保险金具有定额给付性质，在发生保险事故时，保险人按照合同约定的金额给付保险金，而普通财产保险的保险金则具有补偿性质。人身保险金额确定的特殊性决定了人身保险不存在超额保险、重复保险和不足额保险等问题，当保险合同约定的事件发生时，不是以实际损失计算也不考虑按比例分摊，而是以约定的金额给付保险金。人身保险标的的特殊性使得当被保险人发生保险责任范围内的保险责任时不能像财产保险那样根据事故发生时财产损失的实际程度支付保险赔款。

(3) 保险期限的长期性。人身保险的有效期往往可以持续几年或几十年甚至终身，这主要是为了降低费用和保障老年人的利益。普通财产保险的保险期限大多为1年，不可能是长期的。

(4) 寿险保单的储蓄性。人寿保险在为被保险人提供危险保障的同时，兼具储蓄性的特点，在长期的缴费期间，储蓄保费的投资收益即可以为被保险人提供经济保障又可以使被保险人共享投资收益。因此投保人所缴纳的保险费，保险人最终将以各种形式返还给被保险人或其受益人。人身保险合同是一种给付性质的保险合同，只要发生合同订明的事故或达到合同约定的期限，保险人都要给付保险金，而不管被保险人是否有损失或虽有损失但已从其他途径得到补偿。因此，对投保人来说，它是一种储蓄与投资手段。人身保险基金实际上属于被保险人所共有，保险人只是起着金融机构的作用。被保险人每期交少量固定保险费，若干年后保险期满，加上利息，可以获得一笔可观的保险金给付，等于零存整取的定期储蓄。

(5) 保险利益的特殊性。人身保险只要求在合同订立时，投保人对被保险人有可保利益，但没有金额上的限制，因而不存在超额保险和重复保险问题。财产保险要求整个保险期间从始至终都需具有保险利益，人身保险的投资储蓄收益形成保单的现金价值始终归于被保险人及收益人，至此在人身保险中，保险利益只是订立保险合同的前提条件，并不是维持保险合同效力、给付保险金的条件。

(6) 生命风险的相对稳定性和有规律的变动性。以生命风险作为保险事故的人身保险，死亡率的规律直接影响人寿保险的经营成本，死亡率因素受很多因素影响，如年龄、性别、职业等。计算人身保险费率基础之一的人的生存或死亡率为依据，它符合大多数法则的要求，因而呈现出相对的稳定性和有规律的变动性。所以在寿险经营中的巨灾风险较少，保险公司只是对于大额的次标准体进行再保险安排。

11.7.3 人身保险的分类

(1) 按保障范围分类，人身保险分为人寿保险、意外伤害险和健康保险。人寿保险是以被保险人生存或死亡为保险事故的人身保险。人寿保险所承保的风险可以是生存，也可以是死亡，也可同时是生存和死亡，在全部人身保险业务中，人寿保险占相当大的比重，是人身保险的主要的和基本的险种。人身意外伤害保险简称意外伤害保险，是以被保险人因遭受意外伤害事故造成死亡或残废为保险事故的人身保险。它具有保费低廉，保障性大，投保简便，无需体检等特点，是比较受欢迎的险种，一般不具有现金价值。健康保险是以被保险人支出医疗费用、疾病致残、生育或因疾病、伤害不能工作收入减少为保险事故的人身保险。

(2) 按保险期限分类，人身保险分为长期保险和短期保险。长期保险是保险期限超过1年的人身保险业务，人寿保险一般属于长期业务，保险期限一般最短为3年。短期保险业务包括1年期业务和保险期限不足1年的业务。1年期业务是保险期限为1年的人身保险业务，保险期限不足1年期业务是那些只保一次航程、一次旅程的旅游、旅客或公共场所游客意外伤害保险。

(3) 按投保方式分类，人身保险分为个人保险和团体保险。个人保险是指一张保险单只为一个人提供保障的保险。团体保险是指以一张总的保险单为某一团体单位的所有成员或其中的大多数员工提供保险保障的保险（一般要求至少为总人数的75%）。

(4) 按保单是否参与分红人身保险分类，人身保险分为分红保险和不分红保险。分红保险是保险人将每期盈利的一部分以红利形式分配给被保险人的保险。分红保险的保费高于不分红保险的保险费。不分红保险是被保险人在保险费缴付后，没有盈利分配的保险。

(5) 按被保险人的风险程度分类，人身保险可以分为标准体保险、次标准体保险和完美体保险。标准体保险（或称健体保险），是指被保险人的风险程度属于正常标准范围，可以按标准费率承保的人身保险。次标准体保险或称次健体保险或弱体保险，是指由于被保险人风险程度较高不能按标准费率承保，但可附加条件承保的人身保险。完美体保险是指由于被保险人风险程度较低不需要按标准费率承保，可按照更为优惠的费率承保的人身保险。

11.7.4 传统型人寿保险

1. 死亡保险

死亡保险是指以人的死亡作为保险事故，在事故发生时，由保险人给付一定金额的保险。死亡保险又可分为定期死亡保险和终身死亡保险。

(1) 定期死亡保险。它通常简称定期寿险，是一种以被保险人在规定期间发生死亡事故而由保险人负责给付保险金的保险。具体地讲，定期保险在合同中规定一定时期为保险有效期，若被保险人在约定期限内死亡，保险人即给付受益人定额的保险金；如果被保险人在保险期限届满时仍然生存，契约即行终止，保险人无给付义务，也不退还已收的保险费。对于被保险人而言，定期寿险最大的优点是可以用极为低廉的保险费获得一定期限内较大的保险保障。其不足之处在于若被保险人在保险期限届满仍然生存，则不能得到保险金的给付，而且已交纳的保险费不再退还。另外，在定期寿险中投保人产生逆选择的可能性较高。

(2) 终身死亡保险。它是一种不定期的死亡保险，即保险合同中并不规定期限，自合同有效之日起，至被保险人死亡为止。也就是保险人对被保险人要终身负责，无论被保险人何时死亡，保险人都有给付保险金义务。终身保险最大优点是可以得到永久性保障，而且有退费的权利，若投保人中途退保，可得到一定数额的返还。

终身保险按照缴费方式可分为普通终身保险和限期缴费终身保险和趸缴终身保险。

2. 生存保险

生存保险是指以被保险人生存满一定时期为条件，由保险人承担给付保险金责任的保险。若被保险人在保险期限内死亡，则不给付保险金，所缴付的保险费也不再退还。生存保险可以使被保险人到了一定时期后，领取一定数额的保险金，用来预防日后生活的困难，以满足其生活上的需要。其中年金保险是生存保险的特殊形态。它是指被保险人在生存期间每年给付一定金额的生存保险。年金保险的目的主要是用以预防自身年老时经济生活的不安定。

3. 两全保险

两全保险也称为生死合险，是指将定期死亡保险和生存保险结合起来的保险形式。两全保险是指被保险人在保险合同规定的年限内死亡，或合同规定年限期满时仍生存，保险人按照合同均负给付保险金责任的生存与死亡混合组成的保险。两全保险是储蓄性极强的一种保险，两全保险的纯保费由危险保险费和储蓄保险费组成，危险保险费用于当年死亡给付，储蓄保险费则逐年积累形成责任准备金，既可用于中途退保时支付退保金，也可用于期满生存时的生存给付。由于两全保险既保障期内死亡又保障到期生存，因此，两全保险不仅使受益人得到保障，同时也使被保险人本身享受其利益。

11.7.5 创新型人寿保险

创新型人寿保险又称利率敏感型寿险。这一类保险产品是保险人为迎合市场对保险产品投资理财功能的需求，并为规避寿险利率风险而开发的一系列新型产品。在我国称为投资连结保险。这一类产品与普通寿险的区别在于其具有投资、保额、保费可调整，分别设立保障与投资账户等特点。

1. 变额寿险

变额寿险是一种保额随其保费分离账户的投资收益的变化而变化的终身寿险。1976 年在美国寿险市场推出。这类产品具有以下特点：①保费固定，但保单的保险金额在保证规定的最低限额的条件下是可以调整的。保险金额的变动取决于投保人所选择的投资分立账户的投资收益。②开设分立账户，保费减去费用及死亡给付分摊额后，存入一个单独的投资账户。③保单的现金价值取决于投资账户的投资收益，并无最低值承诺，也就是说有可能因投资账户收益不好，保单的现金价值为零。④变额寿险的投资风险全部由保单所有人承担，保险人只负责管理投资账户。

2. 万能寿险

万能寿险是一种缴费灵活、保额可调整、非约束性、经营非常透明的寿险，有保单现金价值的最低承诺，因此保险人也承担了一定的投资风险。它于 1979 年在美国寿险市场上出现。当时是为了满足那些要求保费支出较低且方式灵活的寿险消费者的需求而设计的，万能寿险确实为保单持有人选择灵活的缴费方式提供了便利，但保费支出的高低与其他寿险险种一样，取决于保险人是如何定价的。万能寿险的经营非常透明，保单持有人可以了解到该保单的内部经营状况，可以了解有关保单的相关信息，如保费、死亡给付、利息率、死亡率、费用率、现金价值之间相互作用的各种预期的结果的说明。保单持有人每年都可以得到一份类似的年报。保单现金价值每年随保费缴纳情况、费用估计、死亡率及利息率的变化而变化。纯保险保额与现金价值之和就是全部的死亡给付额。

3. 变额万能寿险

变额万能寿险是融合了保费缴纳灵活的万能寿险与投资灵活的变额寿险后而形成的新的险种。变额万能寿险遵循万能寿险的保费缴纳方式，而且保单持有人可以根据自己的意愿将保额降至保单规定的最低水平，也可以在具备可保性时将保额提高。与万能寿险不同，变额万能寿险的资产保存在一个或几个分离账户中，这一特点与变额寿险相同。其现金价值的变化也与变额寿险现金价值的变化相同，而且，变额万能寿险也没有现金价值的最低承诺，即保单现金价值可能降至零。通常，变额万能寿险的投资是多种投资基金的集合。保单持有人可以在一定时期将其现金价值从一个账户转至另一个账户，而不用缴纳手续费。变额万能寿险的死亡给付不同于变额寿险，而与万能寿险的相同。变额万能寿险保单适合那些将寿险保单现金价值视为投资而非储蓄的人，保单持有人承担了投资风险。其可能的不利结果是，如果分离账户的投资结果不理想，保单的现金价值可能减至零。

11.7.6 人身意外伤害保险

1. 人身意外伤害保险的概念

人身意外伤害保险是指被保险人在保险有效期内，因遭受意外伤害造成死亡、残废时，给付保险金的人身保险业务。它包含三层意思：一是必须有客观的意外事故发生，且事故原因是意外的、偶然的、不可预见的。二是被保险人必须有因客观事故造成人身死亡或残废的结果。三是意外事故的发生和被保险人遭受人身伤亡的结果，两者之间有着内在的、必然的联系，即意外事故的发生是被保险人遭受伤害的原因，而被保险人遭受伤害是意外事故的后果。

2. 人身意外伤害保险的特点

（1）人身意外伤害保险费率的厘定，是以被保险人的职业及所从事的活动所决定的。而不是以被保险人的生命、健康等因素为依据的。

（2）人身意外伤害保险承保的条件较宽，一般无须进行健康检查。

（3）人身意外伤害保险责任不包括因疾病所致的残疾和死亡。

（4）人身意外伤害保险期限有关于责任期限的规定。即规定意外伤害发生在保险期限内，而且自遭受意外伤害之日起一定时期内造成的死亡、残疾保险人承担保险责任。

（5）人身意外伤害保险的给付方式为定额给付，因意外伤害所发生的医疗费用按合同约定，以定额方式进行补偿。

（6）人身意外伤害保险的保险金额一般较高。

3. 人身意外伤害保险的分类

人身意外伤害保险有多种分类方式，通常可以按照保险责任、保险危险、投保方式进行分类。

（1）按保险责任分类，人身意外伤害保险可以分为意外伤害死亡残疾保险、意外伤害医疗保险、意外伤害停工收入损失保险。意外伤害死亡残疾保险只保障被保险人因意外伤害所致的死亡和残疾。意外伤害医疗保险是指当被保险人由于遭受意外伤害需要治疗时，保险人承担给付医疗保险金的责任。意外伤害停工收入损失保险是指当被保险人由于遭受意外伤害暂时丧失劳动能力不能工作时，保险人承担给付停工收入损失保险金的责任。

（2）按保险危险分类，人身意外伤害保险可分为普通意外伤害保险和特定意外伤害保险。普通意外伤害保险又称为一般意外伤害保险，是指保险人所承保的危险是在保险期限内发生的各种意外伤害。特定意外伤害保险是以特定时间、特定地点或特定原因发生的意外伤害为保险危险的意外伤害保险。如战争所致意外伤害；保险危险只限定于在矿井下发生的意外伤害、核辐射意外伤害、煤气罐爆炸发生的意外伤害等。

（3）按投保方式分类，可分为个人意外伤害保险和团体意外伤害保险。个人意外伤害保险是指投保人或被保险人个人购买保险。团体意外伤害保险是以团体方式投保的人身意外伤害保险，即一个团体内的全部或大部分成员集体向保险公司办理投保手续，以一张保单承保的意外伤害保险。团体指投保前即已存在的机关、学校、社会团体、企业、事业单位等，而不是为了投保而结成的团体。与人寿保险、健康保险相比，意外伤害保险最有条件、最适合采用团体投保方式。

11.7.7 健康保险

1. 健康保险的概念

健康保险是以人的身体为对象，保证被保险人在保险期限内因疾病或意外事故所致伤害时的费用或损失获得补偿的一种保险。构成健康保险所承保的疾病必须符合三个条件：①必须是由于明显非外来原因所造成的；②必须是非先天的原因所造成的；③必须是由于非长存的原因所造成的。

2. 健康保险的基本特征

（1）给付方式的灵活性。健康保险给付既有定额给付，也有采用补偿的方式。健康保险既有对患病给付一定保险金的险种，也有对医疗费用和收入损失的补偿的险种，其给付金额往往是按照实际发生的费用或收入损失而定。也就是说，健康保险的一些险种具有人寿保险的属性，另一些具有损害保险的属性。

（2）较严的承保条件。健康保险的承保条件一般比寿险的承保条件要严格，其对疾病产生的因素，需要相当严格的审查，一般是根据被保险人的病历来判断。另外，保单中常有等待期或观察期的规定。

（3）保险人拥有代位求偿权。代位求偿权主要是防止被保险人通过保险而获取额外利益。对于具有损害性质的保险，保险人所支付的保险金至多只是保险事故造成的实际损失的赔偿，被保险人不能因保险事故发生而得到额外的赔偿。

（4）成本分摊的科学性。由于健康保险有风险大、不易控制和难以预测的特性，因此，在健康保险中，保险人对所承担的疾病医疗保险金的给付，往往采用免赔条款、比例给付条款、给付限额条款等带有很多限制或制约性条款加以限制。在健康保险中，一般对一些金额较低的医疗费用采用免赔额的规定，即保险人只负责超过免赔额的部分。比例给付条款又称共保比例条款，即对超过免赔额以上的医疗费用部分采用保险人和被保险人共同分摊的比例给付办法。比例给付既可以按某一固定比例也可按累进比例给付。给付限额条款是对保险人医疗保险金的最高给付规定有限额，以控制总支出水平。

（5）保险期限的短期性。由于健康保险所承保的风险具有变动性和不可测性，因此在实务中，健康保险多采用短期保险合同，一般不超过不一年。

3. 健康保险的种类

（1）医疗保险。医疗保险是指提供医疗费用保障的保险，它是健康保险的主要内容之一。医疗费用包括医生的医疗费、手术费用，还包括住院、护理、医院设备等的费用。常见的医疗保险有普通医疗保险、住院保险、手术保险和特种疾病保险、住院津贴保险、综合医疗保险。

（2）残疾收入补偿保险。残疾收入补偿保险也称为丧失劳动能力收入补偿保险。提供被保险人在残废、疾病或意外受伤后不能继续工作时所发生的收入损失补偿的保险称为残疾收入补偿保险（或称丧失劳动能力收入补偿保险）。残疾收入补偿一般可分为两种，一是补偿因伤害而致残废的收入损失，二是补偿因疾病造成的残废而致的收入损失。

（3）重大疾病保险。重大疾病保险是当被保险人在保险期间内发生保险合同约定的疾病、达到约定的疾病状态或实施了约定的手术时，给付保险金的健康保险产品。重大疾病保险于1983年在南非问世，1995年引入我国内地，经过了十多年的发展，现已成为人身保险市场上重要的保障型产品。它的根本目的是为病情严重、花费巨大的疾病治疗提供经济支持。但是各大公司的重大疾病险产品对疾病种类、疾病状态甚至疾病本身的定义都没有基本的标准，导致索赔时总是保险公司说了算，消费者的利益严重受损。重大疾病保险给付的保险金主要有两方面的用途：一是为被保险人支付因疾病、疾病状态或手术治疗所花费的高额医疗费用；二是为被保险人患病后提供经济保障，尽可能避免被保险人的家庭在经济上陷入困境。

11.8 责任险

11.8.1 责任险概述

责任险是指保险人承保被保险人的民事损害赔偿责任的险种。包括一般责任险、总括责任险，职业责任险、汽车责任险和工人伤病赔偿险。职业责任险是指对从事各种职业的人士（如医生、律师、建筑师等）在职业活动中可能碰到的可追究其职业责任的危险给予保障的险种；汽车责任险和工人伤病赔偿险已在前面介绍过，本节仅就一般责任险、总括责任险和与建设工程有关的其他责任险做粗略介绍。

11.8.2 责任保险的保险责任

责任保险的保险责任一般包括以下内容：一是被保险人依法对造成他人财产损失或人身伤亡应承担的经济赔偿责任。这一项责任是基本的保险责任，以受害人的损害程度及索赔金额为依据，以保险单上的赔偿限额为最高赔付额，由责任保险人予以赔偿。二是因赔偿纠纷引起的由被保险人支付的诉讼、律师费用及其他事先经过保险人同意支付的费用。

保险人承担上述责任的前提条件是责任事故的发生应符合保险条款的规定，包括事故原因、发生地点、损害范围等，均应审核清楚。所谓人身伤害，不仅指自然人身体的有形毁损，也包括脑力损害、听力损害、疾病、丧失工作能力及死亡等，但对精神方面的损害，一般除外不保；所谓财产损失，包括有形财产的损毁、受损财产的丧失使用、甚至及于未受损财产的丧失使用。

11.8.3 责任保险的除外责任

在承担赔偿责任的同时，保险人在责任保险合同中一般规定若干除外责任，尽管不同的责任保险合同中的除外责任可能有出入，但主要的除外责任有：被保险人故意行为，所致的各种损害后果；战争、军事行动及罢工等政治事件，造成的损害后果；核事故危险导致的损害后果，但核事故保险或核责任保险例外；被保险人家属、雇员的人身伤害或财产损失，但雇主责任保险承保雇主对雇员的损害赔偿责任；被保险人所有、占有、使用或租赁的财产，或由被保险人照顾、看管或控制的财产损失；被保险人的合同责任，经过特别约定者除外。

上述除外责任，是责任保险的通常除外责任，但个别危险经过特别约定后可以承保。

11.8.4 责任保险的赔偿限额及免赔额

责任保险承保的是被保险人的赔偿责任，而非有固定价值的标的，巨赔偿责任因损害责任事故大小而异，很难准确预计。因此，不论何种责任保险，均无保险金额的规定，而是采用在承保时由保险双方约定赔偿限额的方式，来确定保险人承担的责任限额，凡超过赔偿限额的索赔仍须由被保险人自行承担。从责任保险的发展实践来看，赔偿限额作为保险人承担赔偿责任的最高限额，通常有以下几种类型：每次责任事故或同一原因引起的一系列责任事故的赔偿限额，又可以分为财产损失赔偿限额和人身伤亡赔偿限额两项；保险期内累计的赔偿限额，也可以分为累计的财产损失赔偿限额和累计的人身伤害赔偿限额；在某些情况下，保险人也将财产损失和人身伤亡两者合成一个限额，或者只规定每次事故和同一原因引起的一系列责任事故的赔偿限额，而不规定累计赔偿限额。

保险人还有免赔额的规定，以此达到促使被保险人小心谨慎，防止发生事故和减少小额零星赔款支出的目的。责任保险的免赔额，通常是绝对免赔额，即无论受害人的财产是否全部损失，免赔额内的损失均由被保险人自己负责；赔偿金额的确定，一般以具体数字表示，也可以规定赔偿限额或赔偿金额的一定比率。因此，责任保险人承担的赔偿责任，一般是超过免赔额之上又在赔偿限额之内的赔偿金额。

11.8.5 责任保险的保险费率

责任保险费率的制定，通常根据各种责任保险的危险大小及损失率的高低来确定。不同的责任保险种类，制定费率时所考虑的因素亦存在着差异。但从总体上看，保险人在制定责任保险费率的主要考虑的影响因素，应当包括被保险人的业务性质及其产生意外损害赔偿责任可能性的大小、法律制度对损害赔偿的规定、赔偿限额的高低、承保区域的大小、每笔责任保险业务的总量等因素；对于数量有限的出口产品责任保险业务，通常还有最低保险费的规定。

此外，保险人还会参考同类责任保险业务的历史损失资料，它虽然不是制定现行费率的直接依据，但是可以供制定现行费率参考，具有很高的借鉴价值，从而是保险人在制定费率时必须参照的依据。

11.8.6 一般责任险

就建筑工程而言，一般责任险主要包括业主责任险和承包商责任险两种。

1.业主责任险

承保因被保险房产的所有权、维持和使用而产生的责任，并承保该房产因用于经营活动而产生的责任保险。这种保险必须排除下面两种损失，即由完工和产品责任险承保的各种损失和因结构改变造成人身伤害或财产损毁，包括改变建筑物的大小或移动建筑物、建造新建筑物或拆毁建筑物时所造成的损失。

业主责任险对每次事故中的人身伤害和财产损失都规定有单独的赔偿限额。

2.承包商责任险

承包商在工程承包活动中具有双重身份：对于业主，承包商是卖方，他应对由其实施的工程或由其制造的产品承担质量和工期责任；对于工人，承包商是雇主，他应该为雇员的安全、健康承担责任。因此，承包商既要购买完工和产品责任保险，还必须投保雇主责任保险。

(1) 完工和产品责任险。这种保险是对因工程完工和产品制造而产生的责任所提供的保险。由于承包商实施工程时必须投保建筑工程一切险或安装工程一切险，而这两种保险已对施工期间及在工程项目范围内的各种责任提供了保障。因此，这种保险责任是指在营业场所之外，如由某一代理人看管或看护期间所发生的损失或损毁，只有在这种情况下，完工和产品责任保险方能生效。

(2) 雇主责任险。在国际工程承包范围内，雇主责任险属于社会保险的内容，前已述及，这里不再赘述。

11.8.7 总括责任险

1.总括责任险的类型

总括责任险主要有两种类型：一是就被保险人的所有传统责任保险单的超过部分所提供的保险；二是承保被保险人其他责任保险不予承保的责任险，但对某一较大的损失数额规定有最低自负额。

2.总括责任险的承保责任

总括责任险可以承保的责任主要是：主要保险不予承保的合同责任；非自有飞机责任；广告业务中侵犯私生活责任等等。

3.总括责任险的赔偿限额

总括责任险的最大责任限额一般是每次事件至少要100万美元，最高可达到250万美元。要取得总括责任险必须首先要购买基本责任保险，即综合一般责任保险。

11.8.8 其他的责任保险

与工程承包业密切相关的责任保险还有以下2种：

1.信用保险

承保被保险人企业在应收款上的非常损失。信用保险适用的情况是：账簿未被损坏，而债务人因经营管理不善不能按期归还欠款致使债权人蒙受的损失。

2.出口信贷保险

承保出口商的信用风险（买方无力偿付）和政治风险（外币不能自由兑换为流通外汇、进出口许可证被吊销或受限制等等）。

11.9 政治险和汇率险

11.9.1 政治风险及其保险

1.政治险概述

政治风险包括了承包商的财产被剥夺、工程的所在国推行国有化政策、工程所在国发生了战争或受到了外敌的入侵以及诸如全局性罢工、革命、民众起义等种种事件，导致承包商的投资不能回收或虽然能保证收回，但全都是当地不可兑换之货币，而且禁止兑换，从而构成重大的政治风险。

由于政治风险造成的损失通常是致命的，所以很多国家的保险公司纷纷开辟了政治风险保险业务。而鉴于政治事件的不确定性很大，也很难根据历史上同类事件的发生概率判断发生的可能性，也不容易预测到其损失的严重性，更不能通过被保险人采取某种预防的措施加以控制或使损失最小化。因此就很难为政治风险保险规定出保险额和保险费率，因此，政治风险保险的保额和具体费率一般是具体商定的。还应当指出，政治风险通常并不是以单一的险种进行投保，而是以加保形式办理，另加保费。

2.政治险的责任范围

被保险人在保单列明的投资，由于下列原因遭受损失时，负责赔偿，但以不超过保单所载明的保险金额为限。

（1）战争、类似战争行为、叛乱、罢工及暴动。

（2）政府有关部门征用或没收。

（3）政府有关部门汇兑限制，使被保险人不能将按契约规定应属被保险人所有并可汇出的汇款汇出。

3. 政治险的除外责任

对下列被保险人投资的损失，不负责赔偿：

（1）被保险人的投资项目受损后造成被保险人的一切商业损失。

（2）被保险人及其代表的违背或不履行投资契约、或故意违法行为导致政府有关部门的征用或没收造成的损失。

（3）政府有关部门如规定汇出汇款期限而被保险人没有按照规定汇出汇款时造成的损失。

（4）原子弹、氢弹等核武器造成的损失。

（5）投资契约范围以外的任何其他财产的征用、没收造成的损失。

4. 政治险的赔款处理

（1）政府有关部门征用、没收引起的投资损失，在征用、没收发生满六个月后赔偿。

（2）战争、类似战争行为、叛乱、罢工及暴动造成投资项目的损失，在提出财产损失证明后或被保险人投资项目终止进行六个月后赔偿。

（3）政府有关部门限制汇兑造成的投资损失，自被保险人提出申请汇款三个月后赔偿。

（4）被保险人在保单所列投资契约项下的投资发生保险责任范围内的损失时，本公司根据损失金额按投资金额和保险金额的比例赔付。

5. 政治险主要的险别

政治险中最主要的险别是战争险和罢工险。

（1）战争险。战争险主要负责由于战争、敌对行为、武装冲突以及由此引起的拘留、捕获、禁止或扣押所造成的各种损失。此外，对常规武器包括水雷、鱼雷、炸弹所造成的损失，以及因战争险责任范围内事故所引起的共同海损牺牲、分摊和补助费也应该给予负责。但对于原子或热核制造的武器所造成的损失则规定为除外责任。

（2）罢工险。罢工险是对于因为罢工者、被迫停工的工人或者工潮、暴动、民众斗争的人员的行动，或者任何人在罢工期间的故意行为造成的损失和上述行动或行为所引起的共同海损、救助费用负赔偿责任。

11.9.2 汇率保险

1. 汇率保险概述

汇率保险是近10年新兴的一种保险项目。目前由于国际交易所使用的货币汇率浮动不定，如果要签订合同时并没有规定汇率保值条款，而是随着市场浮动，那么承包商常常会因付款货币对其他流通货币的贬值而蒙受损失。虽然通过期货交易可以起到一定的保值作用，但承包商们更愿意通过保险转移汇率风险。因为这种办法既经济又实惠，而且简单易于操作。

汇率风险，又称外汇风险，是指经济主体在涉外业务中因汇率波动而蒙受损失的可能性。保险公司所面临的汇率风险通常是由于汇率波动的时间差、地区差以及币种和期限结构不匹配等因素造成的。汇率变动带给保险公司的风险可以概括为三种类型：交易风险、折算风险和经济风险。其中，交易风险是指以外汇计价成交的交易因汇率波动而引起收益或亏损的可能性；折算风险是指公司为了编制财务报表，将以外汇表示的资产和负债换算成本币表示的资产和负债时所面临的风险，它会影响企业向股东和社会公开财务报表的结果；经济风险是指由于意料之外的外汇汇率变化而导致公司未来经营收益增减的不确定性。

从本质上来看，汇率保险是期货交易的一种方式，出口企业可根据业务期限的长短来选择保险产品的期限，如果汇率上升导致出口企业受损，则由保险公司负责赔偿，如果汇率下调，出口企业就把汇率变动所带来的收益付给保险公司。据了解，由于汇率风险大、承保难度大，目前汇率风险被排除在承保范围之外。业界认为，汇率政策作为一国的经济政策，主观因素很强，不属于纯粹风险和自然风险，因此无法对其进行风险厘定，现在开发这种险种存在现实难度。

2. 汇率保险期限及理赔

汇率保险并不是以工程合同工期为起讫和终止日，而是就具体汇率保险合同而定的，其保险期通常是2年。

汇率损失理赔时，被保险人的损失自负额通常为2%～3%。鉴于这种保险现在仅在少数发达国家实行，国际上没有统一的标准做法，因此，有关保额、保险费率及除外责任都是由保险双方具体商定的。

3. 我国保险公司防范汇率风险的对策

随着国家外汇政策的逐步开放，保险公司的业务范围和投资领域也在逐步扩大，这对保险公司汇率风险管理提出了更高的要求。保险公司应增强紧迫感，学习运用先进的汇率风险管理工具和方法，尽快提高汇率风险管理水平。

(1) 树立汇率风险防范意识。长期以来，中国的人民币汇率水平保持相对稳定，这使得一些保险公司的汇率风险意识较弱，把为防范汇率风险所付出的成本看作是额外负担。现在随着人民币汇率灵活性的逐渐增大，各保险公司必须要增强汇率风险意识。保险公司必须要在公司内树立全面、全员、全过程的风险管理意识，培育公司统一的风险管理文化，依靠最高管理者到基层员工各个层次的相互配合，把风险管理贯穿到业务的每个环节。

(2) 完善汇率风险管理体系。为了更加系统、有效地管理汇率风险，保险公司要改善公司治理结构，完善风险管理的组织架构。一是要建立分工合理、职责明确、关系清晰的组织体系，制定汇率风险管理方面的相关制度，为汇率风险的有效控制提供必要的前提条件；二是要建立科学、有效的激励约束机制，建立风险调整后的绩效考核标准和激励制度，激励经营管理人员不断提升汇率风险的管理水平；三是要建立风险责任制度和检查制度，明确各岗位的义务和职责，并通过风险管理部门、法规部门和审计部门的监督，促进汇率风险管理相关制度的有效执行。

(3) 加强保险外汇资金运用管理。保险公司可以通过加强保险外汇资金的运用管理，提高保险外汇资金的经营效率等途径，减弱甚至抵消汇率浮动带来的损失。一是要加强资产负债管理，这是加强外汇资金运用管理的前提。保险公司应在充分考虑外汇资产和负债特征的基础上，制定外汇资金投资策略，使不同的外汇资产和负债在数额、期限、性质、成本收益上相匹配，以便有效控制汇率风险。二是要扩大保险外汇资金运用规模，实现外汇资金有效益的流动，以收益冲抵汇率风险带来的损失。三是要选择适当的投资渠道，提高保险外汇资金投资绩效。根据《保险外汇资金境外运用管理暂行办法》及实施细则的规定，保险公司的外汇资金可投资于银行存款、外国债券、银行票据、大额可转让存单以及中国企业海外上市股票等投资工具。但目前，保险外汇资金的投资领域主要集中在境内银行存款，投资品种比较单一，收益局限性较大。因此，保险公司应拓展外汇资金的投资渠道，优化投资组合，以提高外汇资金的投资收益，减弱汇率风险的消极影响。四是要充分利用专业投资管理公司，委托境内保险资产管理公司或境外专业投资管理机构管理。选择委托资产管理公司投资的方式，可以通过外汇资金投资专业化来提高投资绩效、降低汇率风险带来的损失。

(4) 使用金融产品交易。管理汇率风险是保险公司面临的严峻挑战，这有赖于金融衍生品市场的完善，尤其是外汇衍生品的丰富。对远期、近期业务等金融工具的有效使用有助于保险公司防范汇率风险。由于目前市场上缺乏人民币汇率衍生工具，所以，通过资金管理的方式，即资产负债方式来管理汇率风险比较适合保险公司。保险监管机构应逐步放宽避险工具的使用，切实做好对冲方面的制度安排，并取消对保险资金投资金融衍生品部分限制，以便保险公司能够更好地规避风险。

(5) 合理配置外汇资产币种。由于外汇市场上，各外汇对人民币的汇率波动情况不一样，为分散外汇波动风险，可以考虑对外汇资产的币种及相应的持有量进行调整，使一币种外汇资产升值所带来的影响与另一币种外汇资产贬值所带来的影响产生抵消效应，从而从一定程度上缓解汇率风险，实现资产的保值增值。

(6) 逐步加大外汇支付力度。在保证公司外汇资产和负债相匹配的前提下，保险公司可以通过控制外汇资产增加、加大外汇支付的方式，减少公司所持有的外汇资产，降低未来汇率损失的可能性。在时机成熟、资金条件允许的情况下，保险公司甚至可以直接使用自有外汇资金进行一些对外直接投资，扩大公司经营范围，加快国际化步伐。

【案例1】　货物不当超载事故责任由谁承担

【案情简介】　被保险人应某（同时在该轮上任职二副）将其所有的A轮向保险公司投保沿海内河船舶险，保险金额90万元。保险期间，该轮装载575吨玻璃驶往福州港过程中，自钱塘江起锚后受水流影响搁浅后迅速翻沉。

钱塘江搁浅翻沉的船舶通常是逆流翻沉，而本案是顺流翻沉。保险公司通过走访、调查有关人员，收集有关单证，绘制积载图后，发现因船舶甲板装载货物105t致货物重心提高，A轮几无稳性。保险公司拟对该事故造成船舶的损失予以拒赔。

【案情分析及结论】　被保险人向法院起诉保险人，要求保险人赔付被保险人A轮的全部损失。一审法院审理后认为，保险人未向被保险人说明保险单中的免责条款，该免责条款不发生效力，保险公司拒赔理由不足，遂判决保险人败诉。

二审过程中，举证人—省船舶检验局就适航性及倾覆原因作出分析，认为该轮由于甲板上装载货物，使重心提高，稳性不满足法规要求，该轮处于不适航状态。当搁浅后在受横向水流作用下，该船的复原力矩已不足以抵抗水流倾覆力矩，导致该船向顺流方向倾覆。保险人还证实，被保险人声称在甲板装载的货物仅有10件，而事实上为23件，重达105t，被保险人对货物装载做了虚假陈述。

二审法院认为，被保险人有义务恪尽职责保证船舶的适航性，A轮开航时装有23件甲板货，而装载甲板货会影响船舶稳性并导致船舶不适航。被保险人及船员没有计算船舶稳性就开航，被保险人对船舶不适航是知情的。被保险人不履行合同约定的义务，导致本可避免的事故发生，不符合保险合同的最大诚信原则。二审法院判决保险人不予以赔偿的上诉理由成立。

【本案启迪】　本案涉及海上保险合同免责条款说明义务这一法律问题。在保险合同订立过程中，为保证双方的公平，合同法规定保险人应该告知被保险人有关的免责条款。根据《保险法》第十七条的规定，保险合同中规定关于保险人责任免除条款的，保险人在订立合同时应当向投保人明确说明，未明确说明的，该条款不产生效力。所谓的明确说明是指，保险人与投保人在订立合同时，对于保险合同中约定的有关保险人责任免除条款，应当在保险单上或其他保险凭证上对有关免责条款作出能够足以引起投保人注意的提示，并且应该对有关免责条款的内容以书面或口头形式向投保人作出解释，而且保险人对是否履行明确说明义务承担举证责任。另一方面，《海商法》规定，定期保险单中，除合同另有约定和被保险人不知道不适航外，因船舶不适航引起的船舶灭失或者损坏，保险人不负责赔偿责任。该法作为特殊例外，赋予保险人在保险单中对于不适航造成的损失予以排除的权利。

【案例 2】　石油专用码头坍塌案

【案情简介】　2003 年 1 月，某石油公司将其拥有的石油专用码头及附属设施向保险公司投保财产综合险，保险期限为 1 年。同年 6 月，由于财产所在地普降暴雨，造成江水上涨，水流湍急，对码头、堤坝和附属设施冲刷加剧，6 月 14 日在江水退潮时，由于潮水深度达到历年最低，造成码头暂时性缺水，缆墩暂时失去水的正常浮力，再加上由于连降暴雨造成的退潮时江水流速湍急，将缆墩底部泥沙大量带走，造成缆墩倾斜，进而影响码头护堤基础，由此发生 3 000 吨级油码头缆墩被流沙和江水冲垮，连同码头护堤一同崩塌的事故。事故发生后，被保险人向保险人报案，要求保险人对受损财产予以赔付。

【案情分析及结论】　保险公司在经过对事故现场实地查勘和对保险财产所在地周边环境的详细了解后，发现码头附近有一作业沙场，因其从河道中大量取沙，造成码头水下地质发生变化，导致缆墩地基受损，可能导致缆墩经受不住江水的正常冲刷发生坍塌事故。随着对事故分析的加深，发现采沙场所在位置符合建设要求，开采量亦符合规定，不属于破坏性无序开采，对于采沙造成的码头地质破坏没有充分的证据予以证实。因此，采沙场的作业对码头的地质状况发生了实质性改变的推断经不住推敲。码头建成时间比较久远，江水的正常冲刷对码头的基础稳固程度有所影响，在正常潮汐变化的基础上，大暴雨可以造成码头缆墩的崩塌。故保险责任成立，保险公司应对受损财产予以赔偿。

【本案启迪】

①保前查勘问题。对于码头类投保财产，本身属于高风险标的，影响因素众多，出险几率极高，因此必须进行周密的保前查勘。保险人应详细了解自然环境和周边环境，对承保标的可能造成损害的自然灾害和周边环境予以详细分析，对风险程度予以充分认识，在承保时予以特别约定，做到事前明晰，避免一旦发生事故而引起不必要的争端发生。

②事故处理中所作各项结论问题。在事故调查和处理中，不要轻易作出各种结论，对于结论的提出和定论一定要有充分的依据，做到有理、有利、有据，能够充分说服被保险人，避免伤害被保险人的感情，损害保险公司的声誉。

【案例3】 如何识别客户的骗赔行为

【案情简介】 保险金额为7.6万美元的一集装箱轴承，于2000年1月，由上海启运经由印度加尔各答到达尼泊尔。保险单上注明保险目的地为尼泊尔，在加尔各答转运。提单是联运提单，CY/CY。2月12日到达印度和尼泊尔两国边境时据称集装箱封志完好。在尼泊尔，与保险公司签约的代理人有两个：A和B，保险单上注明的是A。2月13日收货人向另一代理人B申请检验，检验确认其中500箱轴承已为空箱，随即向当地警察局报案。警察局出具了相关证明。2月14日经过尼泊尔海关。为此收货人向保险公司索赔4.2万美元，并提供了有关的单证。

【案情分析及结论】 出口至尼泊尔的货损一直屡有发生，理赔人员对该地区的案件始终保持高度的警惕。但这次案件明显是作了精心策划后有备而来的。比如，提单是全程联运提单，最终目的地为尼泊尔，这样就排除了因在加尔各答转运而被拒赔的可能性。又如对于整箱货且封志完好，保险公司似乎有理由拒赔。但问题是该批货虽是整箱货，但不是“Shipper’s Load，Count&Seal”。发货人有进仓单证明货运到上海码头仓库时数量无误。负责装箱的是上海码头仓库，但仓库提供有外轮代理参加的理货单，证明货已全数装箱。这样责任就到了承运人身上。而承运人对封志完好的整箱货的内容短少不承担责任。因此，本案要以整箱货封志完好为由拒赔也行不通。另外，如果要以检验的不是保险单上指定的代理人A为由拒赔，理由也不够充分，因为检验的毕竟也是保险公司在当地的代理人。收货人辩解当时情况紧急，打电话给A恰恰联系不上，在场的警察局的警察以及收货人的代理人介绍说，B也是保险公司的代理人，于是收货人就打电话，请B来检验。

在保险公司研究案情期间，收货人每天不是传真就是电话，称其公司遭到了重大损失，催保险公司尽快赔付。这种不正常的施加压力更使理赔人员引起怀疑。在对案件的多个环节进行仔细分析后，终于发现了一个破绽：尼泊尔海关的报关单上显示货物一切正常。据此保险公司表示拒赔。收货人回函解释，报关单上的数字是船运公司在加尔各答卸船时填写的，它们只是据此向尼泊尔海关交税而已。但经核实，实际情况并非如此。尼泊尔是一个内陆国家，它进口的货物由印度转口。而印度港口就转口货物不征进口关税，但为防止关税流失，尼泊尔海关必须对这批货物在通关时仔细清点，以确保在印度港口卸下的货物确实运到尼泊尔而没有在印度销售。因此，报关单上的数量和重量虽然是船方在印度卸船时填的，但尼泊尔海关必须予以确认，并将回执返回印度港，如果数量不符，收货人将向印度海关补交关税。因此，本案中，尼泊尔海关对数量和重量的确认，可以证明货物实际并没有短少。此后，收货人仍不断向保险公司纠缠，并威胁说要来国内找保险公司评理，飞机票和食宿费要保险公司承担。然而，骗赔者毕竟心虚，在保险公司冷处理中，一个精心策划的骗赔案最终以失败而告终。

【本案启迪】 近年来，随着我国经济的飞速发展和改革的不断深入，我国保险业取得了迅猛的发展，保险公司的自身素质和竞争能力有了明显提高，对国民经济和社会稳定发挥了越来越重要的作用。但保险骗赔—这一国际保险业的幽灵同样盯上了快速发展的我国保险公司。保险索赔涉及许多环节，堵塞漏洞使各个环节都规范操作无疑十分重要。

【案例4】 吊车超载拒赔案

【案情简介】 2002年6月，A公司将其两辆日本多田野吊车（下编号为E、F）向保险公司投保车辆损失险、第三者责任险和不计免赔特约险，保险期限为一年。2002年12月22日，被保险人向保险公司报案，表示两辆吊车在施工现场吊装工作中碰撞到吊装物，致使两车吊杆折断，分别报损172万元和183万元。

【案情分析及结论】 经调查，A公司第一烧结厂进行例行设备检修时，欲拆除电除尘“S”形进风弯管，该管S形的右上端与管路连接，需要割断。作业时需将进风弯管向上吊住，将右上端割断，然后吊起放至地面。吊车司机被口头告知该弯管重约16吨。

2002年12月21日，驾驶员驾驶E吊车进人施工现场，并开始起吊作业。起重半径约12.5米，吊车最大吊重28.8吨。在吊住进风弯管后，用气焊将右上端连接处割开，继续起吊进风弯管时，吊车后腿出现下沉，便停止作业。

随后，另一驾驶员驾驶F吊车前来救援，处理E吊车下陷的后腿，并协助起吊进风弯管。由于施工现场狭窄，F吊车支在E吊车后面，起重半径约18.5米，吊车最大吊重6吨。两台吊车准备完毕后开始共同起吊动作，吊车电脑显示载荷逐渐升高，当E吊车显示载荷27吨，F吊车显示载荷5吨时，现场指挥意识到施工单位所报弯管重量不准确，立即下令停止起吊，但在此时，进风弯管左下端突然从滑动支座上滑落下来，瞬间形成很大冲击力，致使两吊车臂先后折弯。

根据机械工业部1982年1月20日颁发的《起重机械安全管理规程》第七十七条的规定：起重机驾驶人员必须做到“十不吊”，其中第二项是：“指挥信号不明、重量不明、光线暗淡不吊。”在本次事故中，进风弯管经长期运行，积攒了大量铁屑和灰尘，重量大大超过弯管重量。在实际重量不明的情况下起吊，违反了上述规定，是本次事故的直接原因。另外，根据国家建筑工程总局1980年5月颁发的《建筑安装工人安全技术操作规程》第六百五十五条的规定：“两机或多机抬吊时，必须有统一指挥，动作配合协调，吊重应分配合理，不得超过单机允许起重量的80%。”本案中E吊车不应超过23.04吨（28.8吨×80%），F吊车不得超过4.8吨（6吨×80%），但在实际作业中分别达到了27吨和5吨，均违背了上述规定。

保险人经调查、分析后，认为本次事故的直接原因是吊车起吊作业时超载，不在列明的保险责任之内，因而也不属于保险责任，最终对该事故给予了拒赔。

【本案启迪】 本案的焦点在于保险责任的确定。近因原则是保险理赔的基本原则之一。近因是指造成保险标的损失的最直接的、最有影响力的原因，它是从原因发生的效果上判断而不是从时间上判断。在造成损失的原因有两个以上，且各个原因之间存在因果关系时，其最先发生并造成一连串事故的原因即为近因。保险公司对直接由承保风险引起的任何损失应负赔偿责任，对于非直接由承保风险引起的任何损失，均不负赔偿责任。本案中，超载是造成事故最直接、最有效的原因，是事故发生的近因。

【案例 5】 机动车辆损失应按实际价值赔偿

【案情简介】 王某于某年9月向保险公司为其已使用两年半的桑塔纳轿车投保车损险、盗抢险和第三者责任险，当时约定的车辆保险价值、保险金额为16.2万元。次年2月，王某驾该投保车辆在高速公路上与另一车辆发生碰撞后造成车辆全损。

保险公司理赔时与王某发生争议，保险公司认为，应以车辆的实际价值作为计算赔付金额的基础，即以13.7万元的新车购置价减两年半的折旧作为保险车辆的实际价值。投保人王某则认为，既然签订保险合同时双方已约定车辆的保险价值、保险金额为16.2万元，就应以合同约定的保险金额为基础计算赔款金额。双方争执不下，王某在领取赔偿金后提起诉讼，要求保险公司支付少赔款的数额及利息。

【案情分析及结论】 被保险人认为，被告保险公司收齐赔案材料后，迟迟不予赔付，而且多次研究赔偿数额，忽多忽少让人无所适从。对本人车辆不按合同约定赔偿，实属无法可依，请求法院判决被告支付少赔偿的款额及利息。

保险公司则认为，根据保险监督管理机关文件的规定："全部损失按保险金额计算赔偿，但保险金额高于实际价值，以不超过当时的实际价值计算赔偿。"该规定约定了保险车辆全损时的理算基础。如不考虑车辆的实际价值即折旧因素，则可能发生保险人的赔偿高于车辆实际价值的情况而引发社会道德风险，这是与保险的补偿原则相违背的。原告已领取赔款，其行为是有效的民事法律行为，是对被告的理赔结果认可的行为，原告又提出诉讼请求，于法无据。

初审法院认为，被告保险公司在收取保险费后未按合同及相关法规履行赔偿义务，根据《民法通则》第八十四条第二款的规定："债权人有权要求债务人按照合同的约定或者依照法律的规定履行义务。"第一百零六条第一款的规定："公民、法人违反合同或者不履行其他义务的，应当承担民事责任。"第一百一十一条的规定："当事人一方不履行合同义务或者履行合同义务不符合约定条件的，另一方有权要求履行或者采取补救措施，并有权要求赔偿损失。"判决由被告支付给原告少付的赔偿金及利息，并支付诉讼费。

综观全案，保险公司、被保险人和法官都没有真正理解《保险法》。法院审理此类案应以《保险法》为依据，而不能用民事法律规范的一般原则审判保险案件。

根据《保险法》第十二条第一款和第二款规定“投保人对保险标的应当具有保险利益。投保人对保险标的不具有保险利益的，保险合同无效。”保险利益是指投保人或被保险人对保险标的所具有的法律上承认的利益。在本案中，虽然保险合同中约定的保险价值和保险金额均为16.2万元，但由于投保人具有的投保利益部分为车辆的实际价值部分，如果保险车辆的实际价值为13.7万元的话，则投保人只对车辆的13.7万元以内的部分具有可保利益，而对超出的2.5万元不具有可保利益，所以保险合同中规定的保险金额只有在13.7万元以内部分是有效的，其余部分无效，保险公司当然不应承担保险责任，否则保险公司的赔偿将超出保险标的的实际价值，使其因为车辆被损而获得额外收益，有违保险的本意。因此保险公司以车辆的实际价值为基础计算赔付金额是符合《保险法》规定的。

《保险法》第二十四条第四款规定：“保险金额是指保险人承担赔偿或者给付保险金责任的最高限额。”《保险法》第四十条又规定：“保险标的的保险价值，可以由投保人和保险人约定并在合同中载明，也可以按照保险事故发生时保险标的的实际价值确定。保险金额不得超过保险价值；超过保险价值的，超过的部分无效。保险金额低于保险价值的，除合同另有约定外，保险人按照保险金额与保险价值的比例承担赔偿责任。”保险金额可以按保险价值确定，也可以按实际价值确定。而在业务操作中，保险金额大部分是由车辆的保险价值即新车购置价确定的，这主要是考虑当车辆部分损失需更换新的零部件时，不需要再按比例扣除折旧，能更好地保障保户利益。同时，承保之初也考虑到多收些保费，一旦车辆发生保险事故造成全损，则不会发生本案所述的争议问题。到底是按保险价值（新车购置价）赔偿，还是按实际价值赔偿，虽然在机动车辆保险条款中对车辆全损的赔付作出了明确规定，不得超过车辆出险时的实际价值，但法院在审理时只是以处理民事间的一般纠纷按民法为依据进行处理，而不是按《保险法》的条文规定进行处理。在没有特别约定的情况下，保险价值就是保险标的出险时的实际价值。本案中，双方并没有就车辆的保险价值作出特别约定，其保险价值即为发生保险事故时的实际价值，当然应按新车价值扣除折旧来计算。

【本案启迪】 这是一起车辆保险按实际价值赔付的案件。这一案例涉及如何理解保险价值和保险金额的问题，以及什么是机动车的实际价值的问题。车辆被盗应按实际价值赔偿是符合保险原理的，但如何让社会及司法部门认同，则是一个漫长的过程。《保险法》已实施多年，但其影响力却似乎只在保险界，普及全民的保险意识，使《保险法》得到更广泛、更深入的应用要比多办一些保险单、多收一些保险费更重要。同时要把好承保环节，根据权利和义务一致的原则，订立保险合同时应按实际价值确定保险金额，并计收保费，这样就会妥善解决赔偿问题。

本章小结

1. 社会保险是国家通过立法的形式，由社会集中建立基金，以使劳动者在年老、患病、工伤、失业、生育等丧失劳动能力的情况下能够获得国家和社会补偿和帮助的一种社会保障制度。它是以全国国民为保险对象，一般包括伤害保险、健康保险、老年保险和失业保险。机动车辆的保险标的主要是机动车本身和第三者责任险。

2. 十年责任险在有些国家作为强制性义务，凡承包商均应对由其承建的建筑物的主体部分，自最后验收之日起十年内出现因建筑缺陷或隐患而造成的损失由受理十年责任险的保险公司负赔偿责任。

3. 国际货物运输险常用仓至仓条款和伦敦协会条款。国际货物运输险主要是海运险、航空货物运输险、陆地货物运输险和附加险，国际货物运输险必须逐笔投保。

4. 境内货物运输保险责任包括基本险和综合险，它的保险责任起讫期限应是从需起运的货物自发运火车站、码头或承运人的仓库开始，直至该保险货物到达目的地后最先卸放的储存所时终止。被保险货物到达目的地被提卸存放后一定的时间（通常 15 天）内，保险责任仍有效，但若货主逾期不提，则保险责任终止。

5. 财产险是承包商为属于自己或为自己享有可保利益的财产所购买的保险。保险期由保险双方自行商定。责任险包括一般责任险、总括责任险、其他责任险。承包商还可投保政治风险和汇率风险。

复习思考题

1. 什么是仓至仓条款和伦敦协会条款？各有什么特点？
2. 承包工程为什么必须投保社会保险和机动车辆险？
3. 简述有些国家强制承包商投保十年责任险的重要性。
4. 简述国际运输险的主要险别及其责任范围。
5. 简述办理国际运输险的程序。
6. 境内货物运输险的保险责任是什么？保费率的如何计算？
7. 简述财产险的概念及其保险标的。
8. 试述投保政治险和汇率险的原因及对策。

参考文献

[1] 宋明哲．现代风险管理．北京：中国纺织出版社，2002

[2] 吴小平．保险原理与实务．北京：中国金融出版社，2002
[3] 马水伟．各国保险法规制度对比研究．北京：中国金融出版社，2002
[4] 张洪涛，郑成功主编．保险学．第2版．北京：中国人民大学出版社，2002
[5] 郭颂平，赵春梅主编．保险基础知识．北京：中国金融出版社，2001
[6] 于九如．投资项目风险分析．北京：机械工业出版社，2003
[7] 雷胜强．国际工程风险管理与保险．北京：中国建筑工业出版社，2001
[8] 段昆．当代美国保险．上海：复旦大学出版社，2001
[9] 李明，高欣．国际工程保险制度的发展和基本内容研究．基建优化，2002
[10] 孟宪海．国际工程保险制度研究借鉴．建筑经济，2000
[11] 彭雪梅．我国保险监管模式选择．财经科学，2000
[12] 黄如宝．建筑工程一切险保险费率的合理确定．建设监理，2000
[13] 朱俪云．亟待发展的建设工程保险．基建优化，2000
[14] 刘杰，孙智．论我国工程保险制度的建立和完善．保险研究，2002
[15] 彭利，蒋雪辉．建筑工程保险探析．内蒙古保险，2002
[16] 黄鸿珊，毛俊嵘，王斌．我国建筑工程保险发展现状及前景．保险研究，2001
[17] 魏华林，林宝清．保险学．北京：高等教育出版社
[18] 王和，沈南宁．工程保险．厦门：鹭江出版社，1999
[19] 国际咨询工程师联合会．大型土木工程项目保险．北京：中国计划出版社，2001
[20] 郭振华，雄华，苏燕．工程项目保险．北京：经济科学出版社，2004
[21] 瑞士再保险公司．建筑工程一切险保险．瑞士：瑞士再保险公司，1999
[22] 郭家汉．建设工程设计责任保险实务．北京：知识产权出版社，2003
[23] 王和．工程保险．北京：中国金融出版社，2005
[24] 龙卫洋，龙玉国．工程保险理论与实务．上海：复旦大学出版社，2001
[25] 连永安．金融与保险．南京：东南大学出版社，2003
[26] 张洪涛，王国良．财产保险案例分析．北京：中国人民大学出版社，2006

第12章 保险索赔及理赔

本章概要

1. 叙述财产保险的索赔与理赔；
2. 描述工程保险的索赔与理赔；
3. 介绍货物运输险的索赔与理赔；
4. 叙述人身保险的索赔与理赔；
5. 列举保险索赔与理赔的案例。

对于被保险人来讲，保险的根本目的是在发生灾难事件时能得到补偿。而对于保险人来说，保险其实有两个目的：一是在被保险人受灾的时候给予补偿，使其能够重振企业；另一个目的则是通过保险合同条款使投保人提高对灾难事故的警惕，并主动采取各种各样的有效措施，增强防灾意识。保险的索赔和理赔都是以实现这两方面的目的而发生的行为。

对于工程程承包商来说，保险索赔的目的主要是有关财产、工程、运输及人身等方面的保险进行索赔。然而，并非所有的投保标的物受灾时都能获得赔偿。这一基本原则告诉人们必须弄清楚自己的义务和保险的责任范围。只有在这一明确的范围内，保险才有意义。在工程领域，保险索赔主要包括了财产保险索赔、工程保险索赔、运输保险索赔和人身保险索赔等。

保险理赔是保险的赔偿处理，它是指被保险人享受保险权益和保险人履行承保责任的具体反映。保险理赔是保险经营的一个关键环节，理赔功能的切实发挥是保险保障功能的体现，是保险制度存在价值的重要体现，因为通过理赔可以使灾害的损失得到应有的经济补偿，有利于加强恢复生产和安定生活的作用。保险作用的充分发挥具体落实到理赔上。理赔也是加强防灾措施的依据。因为在理赔过程中，还能够从中发现问题，总结出经验教训，作为今后防灾防损参考。理赔也是检验保险业质量的主要环节。

12.1 财产保险索赔与理赔

财产保险分企业财产保险和私人财产保险两种。本节仅就企业财产保险的索赔与理赔做一个简单的介绍。

由于在保险合同中规定了保险人的责任范围，因而可以肯定不是所有投保的企业财产损失都可得到赔偿。作为财产保险合同的当事人，即保险人和被保险人都负有合同所规定的不可推卸的义务和责任。而财产保险的索赔和理赔是基于当事人的义务基础上的，因此，必须先分清这种保险的各方当事人的义务或者责任。由此也可以了解被保险人的合法权益和保险人的免责范围。

12.1.1 被保险人的义务

财产保险的被保险人的义务一般规定如下：

①按规定期限交纳保费。

②遵守保护财产安全的各种规定，接受有关部门和保险人关于保护财产安全的意见，要切实做好安全防灾的工作。被保险人不能因为财产已经参加保险而放松了安全防灾工作。

③保险财产如果发生了责任范围之内的灾害事故，则被保险人应当采取必要的措施进行救护，防止损失加重，并且要立即通知保险人。

如果被保险人不履行上述义务，则保险人有权从通知之日起终止保险责任或拒绝赔偿。

12.1.2 保险人的赔付责任

保险人的赔付责任仅限被保险财产因为灾害事故而造成的直接损失，对于灾害所造成的间接损失，保险人不负有赔偿责任。然而，直接损失与间接损失之间的界限有时却不易划分。例如，火灾所引起的损失如烤焦、烟熏自然应被视为直接损失。但洪水发生后引起的物资受潮、发霉、变质则难以加以确定，因为不发生洪水同样也可能出现物资的受潮、发霉和变质。

保险人赔付责任的确认一般遵循以下原则：

①被保险人的机器设备因受灾而导致的产品变质或报废在符合以下条件的时候，也属于保险人的赔付责任。

a. 灾害事故必须属于保险责任范围之内。

b. 损坏、报废的机器设备、在产品和贮藏物品必须都是被保险人自己的。

②保险人只对有可能遭受的灾害事故负责，而对必然发生或极大程度有可能发

生的损失并不负赔付责任。例如，已投保的物资露天存放时被雨淋湿而变质，保险公司不负赔偿责任。

③当灾害和意外事故发生时，为了减少保险财产损失而支出的施救、保护整理费用也可由保险公司负责赔付。为抢救或为防止灾害蔓延而造成已保险财产本身的损失也应属于赔付责任。

④对政府、主管部门要求限期修理的危险房屋或建筑物，被保险人没有如期修理，因暴雨、暴风、龙卷风、洪水侵袭而造成损失的，保险人原则上不负赔付责任。

⑤树木、电杆、建筑物因遭受了暴风、暴雨、龙卷风或洪水侵袭倾倒，因而压坏、损坏保险财产的，则保险公司一般应负赔付责任。

⑥由于锅炉工操作的疏忽，没有及时为锅炉加水，致使锅炉烧红报废，不属于火灾或爆炸责任，保险人不负赔付责任。

⑦当发生事故危险时，被保险人为了避免危险采取紧急措施的，由此而发生的救急费用和导致一部分在产品报废的费用一般应予赔付。但要有一个界限，即只属于在危急情况下，为减免灾害损失而采取必要的措施而造成的费用或损失才可以负责。对此外一般生产的事故并不承担赔付责任。

⑧一般性房屋因为非意外的灾害漏雨而造成的屋内保险财产受损不属于赔付责任。

12.1.3 赔偿的处理办法

保险赔偿处理是根据保险财产损失程度而定的。一般分为全部损失赔偿和部分损失赔偿。

1.全部损失赔偿办法

全部损失，从广义来说，是指保险单上所载明的全部保险财产的全部损失。实际上除非发生了特大灾害、事故、全损是比较少见的。大多数情况只是单项财产的全损。单项财产全损也叫做部分全损。如某项财产虽未全部毁损或灭失，但其损坏程度已无法修理，或者虽还能修理，但修理费用估计将会超过赔偿金额时，都按全部损失处理。

全损理赔办法有两种：

(1) 按照账面价值投保情况。如果保险财产发生责任范围内的全损，则不论损失时的重建或重置价值将高于或低于保险金额，均按受全损财产的保险金额赔偿。但理赔的时候还要遵循以下两项原则：

①如出险时的实际损失数量少于投保时的数量，则只能够按照实际受损财产的数量给予相应赔偿.

②投保后。如果投保财产的账面价值有所变动且未办理增减保额的批改手续。发生损失时已经提价的财产按投保时账面价值赔偿。已降价的财产则按出险时的账面价值赔偿。

(2) 在估价投保情况下。如果保险财产遭受到全损，将根据实际损失的财产数量，按照出险时的实际市价赔偿，但要以不超过保险金额为限。

2. 部分损失的赔偿办法

凡损失数量未达到保险单上所载明全部保险财产的均属于部分损失。财产受损后能加以修复继续使用的也是部分损失。部分损失的赔偿方式有以下 3 种：

①固定资产按账面的原值投保和流动资产按账面余额投保的情况下，发生损失的时候，保险金额限度之内，按照实际损失赔偿。

②固定资产按账面净值投保的情况下，根据投保当时的账面净值与原值比例计算赔偿。

③按估价投保的情况，发生损失的时候，若保险财产的实际价值（市价）低于保险金额的，按实际价值进行赔偿。但如果实际价值高于保险金额的。则按照保险金额与实际价值的比例计算进行赔偿。

12.1.4 财产保险理赔

1. 财产保险理赔的渠道

保险理赔分为保险人直接理赔与代理人理赔两种。理赔工作由理赔员来完成。在财产保险中，理赔员主要有理赔代理人、公司理赔员、独立理赔员和公众理赔员等。理赔代理人具有保险公司所赋予的理赔权利，主要适用于海上保险。公司理赔员是保险公司专门处理理赔事务的雇员。独立理赔员不是保险公司的雇员，他们按照合同的要求同时为几家公司代理理赔业务。公众理赔员代表被保险人处理理赔事务。在财产保险理赔事务中，应当针对不同的险种，采用不同的代理人，如飞机保险的机身险的理赔，一般适宜由飞机方面的专家代理理赔，而对飞机第三者责任保险和旅客法定责任保险的理赔，则适宜委托通晓国际公约或国际私法律师代理理赔。

2. 财产保险理赔的原则

保险理赔是对承诺质量的检验，对业务选择不严格会导致赔案增多、赔款增加。承保手续不齐全则会增加理赔工作的难度。通过赔偿处理，也可发现防灾防损工作中存在的问题和漏洞，作为加强和改进防灾防损工作的依据。理赔工作质量的好坏还关系到保险公司的声誉，从面影响到展业。因此，财产保险理赔工作必须遵循下列原则：

(1) 主动、迅速、准确、合理。主动、迅速是指理赔的时效性，保险企业在处理赔案时积极主动、不拖延，在规定的承诺期内及时深入现场查勘，及时审查损失金额，对属于保险责任范围的损失，要迅速估算损失金额、及时赔付。准确、合理是指在理赔时要分清责任，准确定损，合理估算赔款金额。

（2）重合同、守信用。这是要求保险人在处理赔案时，要严格遵守保险合同的条款，尊重被保险人的合法权益。

（3）实事求是。这是保险理赔工作应当遵循的基本原则与要求。这一原则要求理赔人员在分析案情、处理赔偿或给付案件时，一切从事实和证据出发，判断保险事故的原因和性质，不得主观臆断。经调查与审核，一旦确认发生了保险责任范围内的事故，就应当依照合同进行理赔。

3.财产保险理赔的基本程序

（1）出险通知。凡被保险财产出险受损的，保险人接被保险人的报案通知后。应立即将被保险人姓名、保单号码、出险日期、出险原因、地点、损失大约数等情况详细记录下来，并请被保险人填报出险通知（一式两份）。

（2）查抄单底。根据被保险人填写的出险通知书抄录有关保险单副本和批单一份，以便查勘前能了解一下承保财产的情况，做到心中有数。但为及时了解出险现场的实际情况，督促被保险人进行有效的施救，保护受损物资起见，也可以先进行查勘，然后进行内部查抄核对工作。

（3）编号立案。保险人接到出险通知后，随即编列赔案号码，并将赔案有关各项内容登入赔款案件登记簿，并建立专卷或案袋。

（4）现场查勘。对出险案件，应先查明是否有保险。如未保险或保险已经期满失效的，保险人将不再查勘。

查勘的内容如下：查勘出险地点，查勘出险日期、时间。查勘出险原因，现场施救处理。

（5）核计损失。经现场查勘，明确了属于保险责任后，应该认真核计损失。核定损失首先要求被保险人出具损失清单，保险人接到损失清单后要逐项加以审查核实，在完成查勘估损的基础上凭此计算赔款。

（6）审核责任。根据现场查勘的各项记录及理赔单证，保险人审核保险责任和赔偿范围，判断是否应该负责赔偿。审核保险责任必须根据条款所列举的责任范围和除外责任来确定应该理赔还是拒赔。

案件审核确定属于保险责任后，接着就要审核赔偿范围。例如，出险日期是不是在有效期之内，出险的地点是不是与保单载明的地址相一致，受损财产是不是为被保险人所有，费用支出是属于抢救支出还是属于预防性支出等。

（7）编制计算书。赔案经审定由保险人赔付时，应当按照被保险人提供的单证，以及历次调查记录，编制好理赔计算书。

(8) 赔付结案。赔案应该具有下列单证及内容：赔案审批书；赔款收据；灾害证明；出险通知书；现场查勘记录；受灾保户事故报告；损失清单；损失估算书；赔款说明书；保险单、批单和投保明细表抄件；承保和出险时企业的资金平衡表；灾害现场照片和示意图等。

12.2 工程保险索赔与理赔

向工程保险部门的索赔主要因自然人或因人为原因而造成不可抗力事件或者其他事故致使承包人蒙受了损失所致。但人为原因须非故意行为。同其他索赔规定一样，向工程保险部门索赔也须首先明确是不是属于保险部门的责任期间和责任范围。保险部门也同样享有免赔权和除外责任。另外，被保险人出具的索赔依据必须充分而且可靠。

业主或承包商投保工程保险的目的就是为了在工程发生灾害受损时，能迅速获得充分的补偿，尽快恢复正常施工，保障被保险人的财务稳定。所以，从被保险人的观点来看，工程保险的主要功能就是通过索赔获得合理满意的赔付。

工程保险的索赔是被保险人行使权利的具体表现，它是指被保险人在发生保险责任范围内的损失后，按照双方签订的保险合同的有关规定，向保险公司申请经济补偿的过程。

12.2.1 索赔

1. 索赔的基本原则

被保险人在办理保险索赔时，应遵循以下原则：

(1) 及时性。保险工程发生保险合同规定的损失时，被保险人应及时向保险公司提出索赔，因为有的工程保险合同和保险法对索赔时效有明确规定。超出规定的时间，保险公司将不履行赔偿义务。比如，德国慕尼黑再保险公司的建筑工程一切险保险单规定任何事故引起本保险单项下的索赔，被保险人应：

①立即以电话或电报及书面形式通知保险人，说明损失或损坏的性质与程度。

②在力所能及的范围内，采取一切措施将损失或损坏程度最小化。

③保护受损部分，以便保险人代表或检验师进行勘察。

④根据保险人要求提供相关的所有资料和文件证明。

⑤由于遭受偷盗而受损时，应立即向公安部门报案。

如事故发生后 14 天内，保险人未收到有关通知，保险人对该事故引起的损失、损坏或责任将不承担责任。

所以，被保险人的权利是受时效限制的。一般来讲，保险合同有索赔时效规定的，以保险合同为准。保险合同中没有的，以保险法或民事诉讼法规定为准。

（2）真实性。被保险人在向保险公司提出索赔要求时，要做到构成索赔条件的因素是真实可靠的，无论是出险时间、地点、事件、损失数量和损失金额，还是各种证明性文件，都应真实。我国《保险法》第二十八条规定：“保险事故发生后，投保人、被保险人或者受益人以伪造、编造的有关证明、资料或者其他证据，编造虚假的事故原因或者夸大损失程度的，保险人对其虚报的部分不承担赔偿或者给付保险金的责任。”

（3）合法性。这主要是指索赔的证明及各种文件和索赔的手段必须合法，否则将影响索赔的效果，甚至造成法律上的纠纷。我国《保险法》第一百三十八条规定投保人、被保险人或者受益人有下列行为之一，进行保险欺诈活动，构成犯罪的，依法追究刑事责任：

①投保人故意虚构保险标的骗取保险金的。

②未发生保险事故而谎称发生保险事故，骗取保险金的。

③事故造成财产损失的保险事故，骗取保险金的。

④事故造成被保险人死亡、伤残或者疾病等人身保险事故，骗取保险金的。

⑤伪造、编造与保险事故有关的证明、资料和其他证据，或者指使、唆使、收买他人提供虚假证明、资料或者其他证据，编造虚假的事故原因或者夸大损失程度，骗取保险金的。

有前款所列行为之一，情节轻微，尚不构成犯罪的，依照国家有关规定给予行政处罚。

2. 工程保险索赔人

在保险事故发生之后，谁受损，谁索赔，这是为了防止道德风险，维护受损者利益的需要。但是，在工程保险索赔中，由于工程保险被保险人的多方性，以及工程建设中各种合同所构成的权利与义务关系，使由谁来索赔的问题变的较为复杂。比如，业主将工程项目向保险公司实行统一投保，并交纳保险费，承包商当然也是被保险人之一。如果承包商发生保险事故，按理说，它作为被保险人可以向保险公司索赔。但是，在工程承包合同中，规定了由于人力不可抗拒因素造成的损失由业主赔偿，或者规定了由于工程保险责任范围内的损失由业主赔偿。这样，承包商就不应直接向保险公司索赔，而是由业主向保险公司索赔获得赔偿后，再赔偿给承包商。所以，保险公司与被保险人在签订保险合同时，应了解工程承包合同的内容，根据承包合同中各方的利益关系，确定发生保险事故后由谁来索赔的事项。

总的原则是：第一，谁投保，缴保险费，就由谁来索赔，因为作为投保人的被保险人对承保的过程和条件比较了解，索赔的优势较多。第二，看承包合同的规定。承包合同中明确由谁索赔，就以合同规定为准。有的工程保险虽然是由业主投保，但在承包合同中明确规定：发生保险责任范围内的风险损失，由承包商自己向保险公司直接索赔。在这种情况下，承包商可以直接向保险公司索赔。

总之，无论是由谁出面索赔，索赔者不能在获得保险公司赔偿利益的同时而又获得来自其他方的超额赔偿而获利。

3. 索赔程序

索赔程序即索赔过程，它包括索赔通知、索赔证明的提供和权益转让等环节。

（1）索赔通知。索赔通知又称“出险通知”或“报案”，其目的是将发生的保险事故及时通知保险公司，并要求保险公司派人处理。在工程保险中，当被保险人遭受保险事故时，应在规定期限内，尽快通知保险公司。如发现有犯罪嫌疑（盗窃或纵火等），应同时通知公安机关。索赔通知的期限一般在保险合同中用“立即”或“及时”等表述。为便于保险双方操作，在保险合同中定明具体期限比较好。索赔通知可以口头、书面、电话等形式，简要地讲清损失标的、时间、地点、原因、部位、损失状况等有关情况。同时，被保险人还应采取措施，组织抢救，向有关部门（业主、监理、消防、公安等）报案，对事故现场及有关实物证据进行保护，以便保险公司能够较为准确地了解损失情况。

如果施救费用较大，应在施救的同时尽快通知保险公司，同时拍摄受损部位照片作为损失证明，确信能如实反应受损程度及性质，并确保重要记录、图纸、合同和文件的安全。施救完成后对受损财产进行分类，以确定损失金额，并建立专门账户，以记录与损失有关的各项费用。

准备一份事故报告简要说明事故情况，包括损失发生日期、原因、地点、估计损失金额、联系人、向公安机关的报告等。设法获得受害人和目击证人的姓名、地址等。

（2）诉讼通知。被保险人在预知可能引起诉讼时，应立即以书面形式通知保险公司，并在接到法院传票或其他法律文件后，立即将其送交保险公司，使保险人充分掌握赔偿责任。未经保险公司同意，保险人或其代表对索赔方不得做出任何承诺或拒绝、出价、约定、付款或赔偿。也就是说，事故后不要向第三方承诺任何责任或谈判，同意支付任何费用，否则保险单下的索赔将会受影响。

（3）填写索赔报告。被保险人在确定保险事故损失情况后，应及时以书面形式向保险公司提出索赔。索赔报告应包括：出险经过、损失程度、请求赔付的金额等。

（4）提供有关索赔单据和证明。被保险人在向保险公司提出索赔时，应提供有关单据和证明。其目的在于证明被保险人索赔的事实真实，索赔的金额可靠，便于保险公司理赔。一般来讲，被保险人应提供以下单据：

①保险单或保险合同。这是向保险公司索赔的基本证件，可证明保险公司承担保险责任的范围。

②工程承包合同和工程量清单，以及购置发票、施工记录、会计账册等。以上资料主要是证明受损财产是否属于保险标的及其价值是多少。

③出险证明。主要是证明事故发生的原因、过程及损失事实。发生火灾，需要消防部门的证明。发生暴雨、龙卷风等，需要气象部门的证明。工程监理的事故报告也较具有权威性。有些事故，经保险双方同意，可聘请专家鉴定，在索赔时，应提供专家鉴定书。如果损失属于第三者造成，应提供向第三者索赔的报告。如果被保险人造成第三者的损失，应提供第三者向被保险人索赔的报告。

④损失清单。这是被保险人要求保险公司赔偿的详细清单，主要说明索取赔款的计算依据以及有关费用的项目和用途。在损失清单中，应详细列明损失标的名称、规格、数量、价值、受损程度等内容。

除上述各种证明和单据外，保险公司还可根据损失情况和理赔的需要，要求被保险人提供与确认保险事故性质和损失程度有关的证明和资料，所有这些证明和资料都是被保险人索赔的依据。保险公司是否承担赔偿责任，除根据现场调查收集的资料外，主要是依据这些证明和资料进行判断。

从被保险人的角度看，保险公司的理赔人员或指定损失理算师到事故现场进行检验时，被保险人应与理赔人员或理算师全力合作。

被保险人可要求保险公司根据估损金额先行作预付赔款，预付赔款申请书在修理或重置全部完成后，整理有关发票账单和记录以支持索赔，将索赔资料送保险公司（或指定理算师）进行理算。

(5) 损余财产的处理和修复工程费用。发生保险事故后，有些受损物资的残值还可以利用。由于被保险人对损失物资的性能用途等方面比保险公司更为熟悉，能更好的利用，所以，损余物资的处理都是由被保险人自行处理。当然，被保险人对受损物资进行处理时，应通知保险公司，并征得保险公司的同意。

被保险人应负责制定修复或重置计划，从承包商和设备制造商处取得报价、预算或评估报告，并取得保险公司（或指定理算师）的书面确认。尽快完成修理和重置，并妥善记录在此过程中产生的各种合理的费用，获得保险公司的合理赔偿。

(6) 保留向第三者的追偿权。如果被保险工程是由于第三者责任引发保险事故造成的，被保险人除了通知保险公司外，应向第三者索赔。如果第三者暂时难于赔偿，被保险人可以向保险公司索赔，还应以书面形式向第三者提出索赔，保留追偿权利，以便保险公司在对被保险人赔偿后再向第三者追偿。被保险人如果不向第三者提出索赔，保险公司为了维护本身的利益，对于丧失追偿权利部分的损失，是可以拒绝赔偿的。所以被保险人不能轻易放弃追偿权。一般情况下，只有在被保险人向保险公司表明已履行向第三者追偿的手续，保险公司才予以先行赔偿，然后再向第三者追偿。

4. 索赔关键

(1) 被保险标的受损后能否得到赔偿，关键要看是否是保险责任，也就是说要判断：

①出险原因是否在承保责任范围内。

②出险时间是否属于保险单所载的有效期间。

③报案和提出索赔是否在保险单规定的期限内。

④所有索赔单证是否齐全并有助于索赔。

⑤提出索赔时间是否在保险追偿的有效期内。

(2) 在尽快完成索赔通知后，现场联络人须检验损失发生的证据是否备好，并确保受损财产完善保存以留待检验。

(3) 建立专门会计账户，以准确记录复杂的重置成本及合理的费用。

(4) 损失发生后，准备照片、草图记录损失性质和程度。及时保留所有受损财产，以便理赔师查勘，尽可能在损失发生后，理赔师现场查勘给出指示前，对受损财产不采取任何措施。

(5) 对于第三方索赔：

①在理赔师现场查勘前，保护证据。

②如果情形不允许，必须拍摄照片、勾画草图和记录目击者姓名及联络方式。

③所有来自第三方的信函、诉状或法院传票，均须立即送交理赔师。

④在未获得理赔师或保险人的书面同意前，不得向第三方允诺承担责任、作出赔偿。

总之，工程保险索赔是一项难度较大的工作，涉及面广，法律性和技术性强。在实际操作中，被保险人可以聘请保险经纪人和律师协助进行索赔，使索赔工作更为专业化。

12.2.2 工程保险理赔

理赔是保险公司在接受被保险人提出的索赔请求后，调查出险的性质和原因，确定责任，核实损失金额，向被保险人进行经济赔偿等一系列法律行为的统称。理赔是保险补偿职能的具体体现，是保险公司对自身义务和承诺的履行。理赔工作的好坏，直接关系到被保险人的利益，以及保险公司的信誉和经营效益。可以说，理赔是保险公司履行义务和被保险人得到经济补偿的最终体现。下面关于理赔的讨论均以我国现行保险条款为依据。

1. 理赔原则

工程保险理赔技术难度高，过程比较复杂，涉及面较广。因此，保险公司要想圆满履行经济赔偿义务，就必须坚持以下原则：

（1）尊重合同原则。在工程保险中，保险公司与被保险人之间的权利与义务关系是通过保险合同来确定的。如保险金额、保险责任、责任免除、保险期限等事项，在保险合同中都有明确的规定。所以，在理赔过程中，要严格按照双方签订的保险合同的规定进行处理，这是工程保险理赔的总原则。

（2）实事求是原则。虽然保险合同中对涉及赔偿责任的因素都有原则规定，但是，风险事故发生之后，往往对原因界定、赔偿方式、赔偿金额等存在争议。所以，在实际操作中，既要尊重保险合同，按合同规定办事，又要坚持实事求是的原则，合情合理，妥善处理有关事务。如在定损过程中，承保的机器设备发生损坏，对损失部件可以修复也可以更换新的配件，然而当修复后使用存在风险隐患时，可以更换新的配件。

（3）诚信及时原则。在理赔过程中，赔与不赔，赔多赔少，保险公司的主动权相对较大，再加上保险公司对保险理赔有着专业上的优势，所以被保险人相对处于劣势。另外，被保险人即使在保险公司得到及时而公平的赔偿，但事故的发生也会使其精神上或心理上十分不快。在这种情况下，保险公司更应坚持诚信及时原则。具体的讲，就是要有诚实的服务态度，真实地告诉被保险人如何办理索赔，那些损失可以赔，那些损失为什么不赔。同时，理赔要快捷，因为工程发生损失后，被保险人总是希望尽快得到赔款，以便及时恢复施工，否则将导致更大的间接损失。

2.出险调查

出险调查指保险公司接到损失通知后，立即派人到事故现场，对受损保险标的进行检验或调查，以便正确掌握事故的范围、损失程度、性质、影响和原因等情况，为理赔中的责任确定、损失评估、赔款理算等工作奠定基础。

在出险调查中，一般要注意以下事项：

（1）及时赶赴现场。调查人员赶到事故现场时，灾害尚未控制或正在蔓延，应立即会同被保险人及有关单位共同研究和采取紧急措施进行施救，尽量减轻损失。

（2）确定与赔偿责任有关的基本事项。首先应确认出险时间是否在保险有效期内，受损工程是否属于保险标的，出险地点是否与保险单上的保险地址一致，出现原因是否属于保险责任范围内。

（3）收集现场资料为了对保险标的损失情况提供证据，需对事故现场拍照：必要的情况下，还应绘制事故现场平面图，对损失数量进行清点，同时还要用仪器进行检验和勘测并保留资料。

（4）收集与赔偿有关的全部资料。尽量收集能证明事故原因、损失数量、损失金额等内容的记录、证明、发票、工程清单、被保险人的事故报告、损失清单等。

（5）写出调查报告。主要内容包括：与事故有关的工程情况，事故详细情况

(时间、地点、部位、性质、状况及发展变化情况等)，事故原因的分析与判断，事故处理结果等等。总之，出险调查并不是要求调查人员定损，而是为了直接掌握保险标的损失的详细情况，为准确理赔打好基础。所以，调查报告必须全面、详细、客观、准确。

3. 责任确定

责任确定就是确定所发生的事故损失是否属于保险责任范围，以做出是否赔偿的决定。此项工作中，保险公司应根据出险调查报告及有关单证、资料，对照保险条款中涉及赔偿责任的规定，认真分析和审核。在审核提供的单证齐全、真实的前提下，然后分析和审核风险损失是否属于保险责任。其工作包括两个方面：

(1) 分析事故原因。即核定造成损失的原因是否属保险责任。在工程保险合同中约定，保险公司赔偿事先约定的承保事故发生造成保险标的的灭失或损坏，但由于影响工程风险的因素众多，所以引发事故的原因也错综复杂，一个风险事故常常是由于多种原因引起的，究竟是何种原因所引起，应对事故的特征表现和作用具体分析。

事故原因分析的方法和步骤概括起来有以下几点：一是了解事故状况。充分阅读和整理事故调查所得到的资料，如监理报告、被保险人事故报告、保险公司调查报告、施工记录、有关部门证明等。了解与掌握事故的现象和特征，如事故类别、事故发生时间、损失情况等。二是分析造成事故的原因。根据对事故的现象及特征了解，结合当时保险标的所面临的各种条件和情况，进行综合分析、比较和判断，找出造成事故的根本原因，即近因。在保险理赔中，必须遵循的基本原则就是近因原则。它是在保险标的发生损失时，用来确定保险标的所受损失是否获得保险赔偿的一项重要依据。

近因原则在工程保险中运用的具体法则：

第一，单一原因造成的损失。造成保险标的损失的原因相对比较单纯，与其他原因没有紧密联系。如果造成保险标的损失的原因属于保险公司承保的风险，即为近因，保险公司应当承担赔偿责任，否则，不予赔偿。

第二，并立原因但不涉及除外风险造成的损失。多种原因均为承保风险，没有除外风险，并导致保险标的损失，保险公司负责赔偿。如承保工程同时发生火灾和爆炸，两种风险均属保险责任，保险公司应赔偿其全部损失。

第三，并立原因但涉及除外风险造成的损失。在一连串同时发生的风险中，既有承保风险，又有除外风险，当能够确定承保风险导致的损失时，保险公司只负责由承保风险造成的那部分损失。如果损失金额无法分别计算时，有两种处理方式：完全不赔偿，或协商赔付。

第四，多种原因连续发生而导致的损失。如果保险标的损失的发生是由多种原因连续发生而导致的，则连续起决定和支配作用的原因就是损失的近因。如果该近因属承保风险，保险公司就予以赔偿；反之，不承担赔偿责任。

（2）对照保险合同审核有关事项。审核内容主要包括：

第一，损失发生的时间。事故发生的时间是否在保险期限内，是否是在保险标的卸至保险单所载的施工场地之后。损失工程是否已验收，如果工程虽未正式验收，但已投入使用，保险责任则告终止。如果工程在保险单所载的终止日未完工，又未办理延期手续，保险责任自然终止。

第二，损失发生地点。损失是否发生在保险单规定的施工场地。我国的工程保险通常仅承保工程在施工场地所发生的损失和为建筑工程而造成第三者赔偿责任，对工程原材料放置场所不在施工场地时，要在保险单上注明其存放地点，才能列入承保责任范围。对在施工场地和原材料存放地之间运输工程中所发生的损失，保险公司一般不负责赔偿，因为它不在保险单上约定的地点，除非在保险单上另有承担这种运输风险的特别约定。

第三，损失项目。要审核损失物是否包括在保险标的范围之内。对保险单及批单承保的工程明细表所载财产的损失，保险公司应负赔偿责任；对保险单或批单中除外的财产和被保险人未投保的财产，则不负赔偿责任，尤其是对采用选择性投保的工程，更要注意审查。具体做法是：首先看保险单上是否明确载明此损失物为保险项目；其次，如果没有明确载明，就要看承保的保险金额构成中，包不包含损失财产的价值，如果包含，它就是被保险财产。如何判断是否属于被保险财产，其基本法则是：凡是以自身形态构成工程组成部分的物质类财产，就是保险财产；凡是以费用形态进入工程的物质类财产，就不是保险财产。如已形成的工程、原材料、工程中包含的各种设备等，就属于保险财产。施工设备是以费用形态进入工程造价的，不是以工程合同价为保险金额的工程保险中的保险财产，它们要获得保险保障，须另行投保。

第四，损失发生的原因是否属于保险责任。建筑（安装）工程一切险，除责任免除事项外，任何突发的、不可预料的意外事故导致的工程损失及第三者人员伤害或财产损失均属于承保责任范围。另外，还要看附加条款或特约条款，是否将某些除外责任划入承保责任范围，在哪些方面扩展以及在哪些方面缩小了保险责任范围。还需要检查的是风险变更通知。若被保险人没有及时履行通知义务，就可能使保险单失效，从而不能获得保险赔偿。

4. 损失评估

确定发生的损失属于保险责任后，就需要进行损失额的评估。损失评估就是通过各种方法，弄清楚保险标的的损失金额，也就是通常所说的定损。如果说责任确定是决定赔与不赔的问题，那么，损失评估就是决定赔多还是赔少的问题。如何评估保险标的损失程度，是保险理赔的重要环节，直接关系到保险公司和被保险人的利益。

对保险标的损失进行评估，是一个技术性、原则性很强的工作，需要评估人员具备一定的工程知识和资产评估、价值评估技能，还需要一些检测仪器的帮助。

(1) 保险公估公司的作用。国际惯例一般由专门的损失估算公司来进行，以损失估算书的形式来评估损失的原因、程度、数量等，在我国称为保险公估公司。一般在发生损失金额大、技术性较强的索赔，或者被保险人对理赔有异议时，可以聘请专业保险公估师进行损失鉴定。公估师既不代表保险公司，也不代表被保险人，站在独立的地位对损失做出客观、公正的评估。其公估报告书具有技术性和公证性。其作用表现在以下几个方面：一是有利于充分体现公正、公平的原则。二是可以弥补保险公司定损专业技术的不足。三是有利于减少保险公司的费用支出。有的损失鉴定是需要专门的、价值很高的仪器，如果聘请公估公司，就可以节省购买仪器的费用。选择公估师非常关键，应选择信誉好、职业道德好、专业技术和保险知识水平高、经验丰富、收费合理的公估师。公估费用通常由保险公司列入赔款支付。

(2) 损失评估方式。

①按市场价格评估。这是一种最常见的评估实际损失的方法，多用于原材料和机器设备。如果保险标的遭受损毁，保险公司可以按同等类型物品在时市场上价格来确定保险标的实际损失，作为赔偿依据。一般以被保险人的购置发票价为准，如果市场价格低于购置发票价，应以市场价为准。

②按恢复原状所需费用评估。在保险标的遭受部分损失时，多数情况下可将其修复，恢复原状。恢复原状所需的费用，应视为被保险人遭受的实际损失。恢复至受损前的原状是指合理及可能范围内与原状相似或类似，并非与原状丝毫无异。当市场无法购到必需换置的材料、零件、配件时，可以其他品牌代替。恢复费用可以包括修理或重建所需的材料、工资、运费、设备使用费等，如果在工程量清单中列有明确的价格的，以工程量清单中的价格为准。遭受保险事故的保险标的的修复由于改变样式、变更规格、变更设计、变更工艺方法、改良性能等，往往会增加费用，保险公司对被保险财产在修复和重置过程中发生的以上情况引起的额外费用不予赔偿。

③保险标的全部损毁的损失评估。受损的保险标的不能修复或修复费用超过保险标的实际价值，即为全损或推定全损。损毁的如果是工程，应以工程的实际完成投资为损失金额；损毁的如果是施工设备和已建筑竣工的工程，应以其保险金额为损失金额。但是有的工程项目保险金额与实际造价是有区别的。如材料价格下跌、新技术的应用、偷工减料等都有可能造成价格下跌，所以一定要认真调查，按实际情况确定损失金额。

④按被保险人的货币损失来评估。在评估责任保险的损失时，可以被保险人的货币损失，即赔偿的货币支付来确定损失，但是，被保险人的货币损失必须在保险责任范围之内。

通过以上方法，弄清损失保险标的的名称、数量、程度、价格等，列出明细表，弄清整个损失金额，为赔款理算打好基础。

5.赔偿原则

(1) 物质损失险部分。保险标的因保险事故导致的损失或损坏，保险公司可以选择以现金、修复或重置等方式进行赔偿，但每一次意外事故、任一保险标的的赔偿金额以不超过其相应的保险金额为限。具体赔偿如下：

第一，可以修复的部分损失。以修复保险标的至发生损失前的状况实际所需费用为限，并应扣除残余物的价格。恢复至受损前的原状是指合理及可能范围内与原状相似或类似，并非与原状丝毫无异。

第二，全部损失或推定全损（不可修复的损失）。不能修复或修复费用超过保险标的在毁损瞬间之前的实际价值，赔偿额以其实际价值为限，并应扣除残余物的价值。

第三，施工机具设备使用费及损耗。如果施工机具设备的耗损费、使用费或租金等已包含在工程总价中，保险人应按照受损承保工程应分摊的此项费用金额给予赔付。施工机具设备本身未作为保险标的的，不论其使用费用是否列入工程建设合同中，保险人对该施工机具设备的毁损或灭失不负责赔偿。

第四，合理的施救费用。发生损失后，被保险人为减少损失而采取必要措施所产生的合理费用，保险公司可予以赔偿，但本项费用与物质损失赔偿金额之和以受损的被保险财产保险金额为限。

第五，任何修改或变更所增加的费用，保险公司不负责赔偿。

第六，临时修复如果能作为正式修复的一部分，在不增加正式修复费用的情况下，所发生费用由保险人负责赔偿。

第七，任何额外费用，如急运费、赶工费、加班费等，保险人不负责赔偿，但经双方特别约定并在保险单上注明的不在此限。

第八，受损标的未经修复完毕，进行试用所发生的毁损或灭失，保险公司不负责赔偿。

第九，不足额保险的责任分摊。在发生本保险物质损失项下的损失时，若受损被保险财产的分项或总保险金额低于对应的应保险金额（即对应工程部分的造价），其差额部分视为被保险人自保，保险公司按保险单明细表中列明的保险金额与应保险金额的比例负责赔偿。

(2) 第三者责任险部分。依据保险合同中第三者责任险部分的约定，保险公司在第三者责任险项下对被保险人赔偿的最高赔偿责任不得超过保险单明细表中列明的累计赔偿限额。

发生第三者责任险下的责任事故，保险人应在被保险人的委托下，就民事部分以被保险人的名义代为抗辩或进行和解，被保险人应全力协助，所需费用由保险人负担。

6. 赔款理算

保险公司在进行赔款理算时，要遵循损失补偿原则。也就是所谓的三限：以实际损失为限、以保险金额或赔偿限额为限、以被保险人对保险标的的保险利益为限。以上三项要求应同时使用。

保险公司在赔偿责任、损失金额确定之后，就应依照保险合同的规定计算出赔款。损失金额是保险工程或财产因保险事故造成的实际损失，它并不是保险公司的赔偿金额。赔偿金额是依据保险合同规定支付给被保险人的货币价值。工程保险赔偿金额的计算除受保险金额、保险价值、实际损失金额、免赔限度、损余物资价值等因素的影响外，还与保险合同中约定采用的赔偿方式关系极大。下面就工程保险的赔款计算方式进行介绍和分析。

（1）比例赔偿计算方式。当保险金额低于保险标的的实际价值时，按保险标的的保险金额与其出险时的实际价值的比例来计算赔偿金额。这是因为，被保险人投保的保险金额低于保险标的的实际价值，那么其支付的保险费就少于实际价值应支付的保险费。保险金额低于保险标的的实际价值的差额部分，被视为被保险人自保。其公式是：

$$\text{赔偿金额}=\text{损失金额}\times\frac{\text{保险金额}}{\text{保险标的实际价值}}$$

在进行比例赔偿时，不只是保险标的要进行比例赔偿，施救费用以及损余物资的残值特需进行比例分摊。

（2）限额责任赔偿计算方式。指保险公司对在保险合同约定限度内的损失负责赔偿的一种赔偿计算方法。

第一，免赔限度赔偿计算方式。按照这种方式，保险公司在承保时对被保险人遭受的损失规定一个限额，损失的赔偿与否和这一限额有关。此种计算方式具体分为相对免赔与绝对免赔两种：一是相对免赔，当保险标的的损失没有超过免赔额或免赔率时，其损失由被保险人自己承担；当保险标的的损失超过了免赔额或免赔率，保险公司对损失全部予以赔偿。二是绝对免赔，若保险标的的损失没有超过免赔额或免赔率，其损失由被保险人自负；若保险标的的损失超过了免赔额或免赔率时，保险公司只承担超过的部分损失。

第二，限额赔偿方式。主要使用于工程保险中附加的责任、费用的保险，在计算中应掌握以下几点：规定有每次事故赔偿限额的，最高赔偿不能超过每次事故赔偿限额；在赔偿限额，损失多少，赔上多少；有免赔限度的，要考虑免赔限度的扣除。

总之，工程保险赔偿理算比较复杂，除以上一些基本原则和方法外，还要考虑损余物资的处理、残值的作价，并从赔款中扣除以及各种计算因素应综合运用。保险公司在赔款金额基本确定之后，应与被保险人进行协商，充分说明赔款理算的过程和依据；在被保险人无异议后迅速支付赔款，并向被保险人递交赔款说明书，或者与被保险人签订赔偿协议书。

12.3 货物运输保险的索赔和理赔

承保货物运输险的保险公司的主要保险责任是：

(1) 在保险范围内，由于自然灾害或者意外事故所发生的货物缺损。

(2) 在保险范围内，运输部门不予赔偿的损失或赔偿费不足的，应补偿被保险人的损失。

被保险人因货物的受损而向保险公司提出的索赔主要是基于货物运站险和船东责任险。

货物运站险就是进出口货物从发货人的仓库转移到收货人的仓库这一运输和装卸搬运的过程中，保险公司对货物运输风险损失的保险。

鉴于各种运输方式的承运人和港口装卸部门，对其承运和负责装卸的货物所负的损失责任都是实行限额赔偿的制度，所以超过限额部分的损失也就只能从保险公司获得赔偿，前提条件就是货主投保了运站责任险并且超额部分又属于保险人承担的责任范围。

船东责任险就是船舶互相防护及补偿协会也称之为保险协会对已经投保责任险的船舶发生的货物损坏的保险。按照船东责任险的保险规则，保赔协会对货主支付赔偿有以下两种方式：

(1) 间接赔偿方式，赔偿金额不大的，可以先由船方先垫付。

(2) 直接赔偿方式，某些损害费用巨大的残损案件中，由于货物进出口国的仲裁机构或法院裁决，或者是收货人为了保证受损失时能够获得赔偿而要求保赔协会对受损害的货主直接给予的赔偿。

12.3.1 保险人的责任和保险条款

保险公司所承保的责任范围都规定在保险单条款之中。保险单背面印刷的保险条款都明确规定了保险公司的责任范围、除外责任（即免责事项）、保险期限、第三者责任、理赔和检验、仲裁和诉讼等各项基本内容，以及被保险人应当遵守的各个事项。它是向保险公司提出索赔的合法依据。

12.3.2 保险责任期间和索赔时效

在实际工作中却并非完全如此，保险公司并不能对仓到仓的全过程中的每环节上的损失都负赔偿责任。通常有许多例外的情况：

①从发货人的仓库到码头，保赔人并不负赔偿责任。

②承运散装货物时，保险公司的责任终点是在目的港口岸地区的仓库而并不负责到用货地点的收货人仓库。

保险责任的终止期限也随运输方式不同而不同。

向保险公司的索赔时效按照进口货物在目的港站卸离签发的进口提单、运单的运输工具之日开始算起；索赔时效不得超过两年。

对于涉及第三者责任的索赔，则需要保险公司向第三方（发货人、承运人、装卸、转运部门、仓储保管部门等）追赔的，不能只看保险公司的两年时效，还要遵守第三方索赔时效，并按时向第三方提出索赔，才能够申请保险公司索赔，并向第三者退赔。

索赔时效虽然有 2 年，但检验却不能在索赔时效逾期之前提出。按照保险惯例的规定，检验工作应不迟于保险责任终止期满后的 20 日之内。如果是隐蔽性缺陷，至迟也不得超过发现问题之后 10 日之内。

如果是要求保险公司向船方追赔的案件，船方要求一旦发现货损货差，就应立即进行检验，检验证书则不得迟于货物卸毕之后 60 日内提出。尽管向船方索赔诉讼的时效是 1 年，但若不及时检验、出证，也可能会造成船方拒赔，索赔失效。

12.4 人身保险的索赔和理赔

人身保险与其他保险则有所不同，这是一种具有“两全”储蓄性质的一种保险，既有保险保障，也具有储蓄性质。其保险保障的是参加保险的人在保险有效期内身亡或因意外伤害事故造成永久性完全残废，可领取全部或部分保险金；其储蓄性质是参加保险的人平安生存到保险期满，就可以领取到全部保险金。

人身保险的给付可以分以下 3 种情况：

1. 死亡保险金的给付

①在保险单的有效期间之内，保险人因疾病或者意外伤害死亡的，受益人

应该及时向保险公司报告，并要填写“给付保险金申请书”，连同死亡证明、保险单、保险缴款凭证簿、最后一个月的保险费收据等送到保险公司审核以办理给付。

②保险公司收到了上述各种申请书和单证之后，经办人应该先将分户卡、投保单、开销户登记簿等进行相应核对，注意错误与遗漏，是不是有效，有无超过保险限额等，并详细查对死亡记录和被保险人的死亡原因、情况，与受益人的关系以及受益人的身份证明等。由经办人写出“出事调查报告表”，并在最短时间内确定是否给付。

③理赔工作负责人员要根据有关证明和调查报告签注审核意见，并且通知受益人领款。

④支付保险金。

2. 意外伤害残废的给付

①在保险单有效期之内，被保险人如果遭遇到意外的伤害、则可根据有关的保险契约给付。

②被保险人在投保时，原有的残废不在给付范围之内。如一肢已残废，参加保险后因意外伤害而另一肢也残废的，只能按残废一肢给付保险金，不可以合并计算。

③领取残废保险金的手续与死亡保险金的手续相同，可由被保险人自己申领。

3. 生存至期满的给付

①被保险人生存至保险期满，而保险费已缴至满期月份的，应由被保险人持“保险单”及“交费凭证簿”到保险公司领取保险金。

②保险公司经办人在给付后，必须将给付事项、日期、金额以及给付案的编号等记入分户卡与开销户登记簿，并将被保险人交回的保险单、保险费交费凭证簿交会计装入传票，有关的给付单证等装入给付案袋内编号立案，专门保存。分户卡按先后给付日期专门进行保管。

12.5 保险索赔与理赔案例

保险是一项细致而复杂的业务。虽然保险条款通常比较明确具体，但实际操作时却不易对号入座，模棱两可的现象颇不少见，而且与当事人的态度、掌握的资料、处理问题的倾向、所掌握的时机都有密切关系。以下是有关保险的索赔与理赔实务的典型实例，通过这些实例，被保险人可窥见有关保险索赔的技术要领，并从中受到一定程度的启示。

12.5.1 保险的责任范围

B公司承包T国印染厂的生产任务。开工前，B公司已为由其提供的两台发电机组和印染厂投了保险。这两台发电机组除为印染厂供电外，还为印染厂附近的一家制药厂供电，但B公司与制药厂并无任何契约关系，仅有供电与收费的商业往来。

一次偶然的事故把两台发电机组烧坏，印染厂的生产线上运转的高热烘筒停转，烘筒上的布匹也被烧焦，附近药厂仓库内的药品变质，造成数十万美元的损失。于是B公司要求保险公司赔偿由这次事故所造成的损失，但保险公司经过调查仅支付印染厂和发电机组烧坏的经济赔偿，而对变质药品所受损失不予赔付。

【评析】 在一定条件下、被保险人的供电、供水、供气设备因事故遭受损坏引起停电、停水、停气，以致造成被保险人的机器设备、在产品和贮藏物品的损坏或报废，确属保险责任。不过，这里强调的“一定条件”系指以下3条：

①必须是被保险人自己的供电、供水、供气设备。所谓自己的设备，包括本厂自有专用或与其他单位共用的设备，包括变压器、配电间、水塔、线路、管道等供应设备。

②保险赔偿仅限于保险责任造成的“三停”损失，虽是被保险人自己的供电、供水、供气设备，但必须是在保险责任范围内。对于非保险责任范围内的灾害或事故引起的“三停”所造成的损失，不属保险责任。

③这类保险责任只限于被保险人的机器设备、在产品和贮藏物品的损失或报废。印染厂和发电机组均属投保范围内发生事故造成损失，自然属于保险责任范围内，但制药厂与B公司仅有商业上的买卖关系，B公司未曾给制药厂投保，因此，因停电而导致制药厂受损不属于保险公司的赔偿责任范围。制药厂唯有向B公司索取赔偿，别无其他补偿措施。

12.5.2 紧急施救情况下的保险责任

A公司与E公司分属两个不同国家的承包公司，两公司同在D国相邻的两个工地承包工程。一次，E公司因电焊违章操作引起一场大火，恰好当时风力较大，火焰随风朝A公司的工地蔓延。眼看烧及A公司一部分木结构的建筑。为避免火势蔓延，A公司果断地将刚施工完毕的一排木结构工棚迅速拆除，从而免遭了火灾。事后，A公司向保险公司索赔，而保险公司则认为E公司系另一国公司，没有在其总部或分支机构投保。而A公司拆除的刚刚竣工的木结构工程系保险内的工程，不应该擅自诉毁，因此，不予赔偿。

【评析】 保险公司拒绝支付A公司的赔偿费是没有道理的。根据保险公司理赔的原则；灾害事故发生时、被保险人为了减少保险财产的损失而进行施救、保护、整理工作所支出的合理费用，保险公司应负赔偿责任。

根据这一原则，A公司为避免遭受更大的灾害，拆毁了一部分已完工的木结构工程，从而避免了整个工地遭受火灾的毁损，这是完全必要的。如果保险公司通过查证，认定事实，就应该给A公司支付这笔抢救费，而不应因E公司不在其名下投保就拒绝支付A公司的损失赔偿。试想如果A公司不采取这一果断措施，必然受害面将进一步加大，而保险公司的赔偿数目将无疑会大大增加。

多数国家的财产保险条款中都明文规定：发生火灾时隔断火道，将未着火的房屋拆毁所造成的损失，保险公司应给予赔偿。

当然，这里最关键的一点是风力、风势是否的确对A公司的工地已形成了威胁，如果不能以充足的理由证明这一点，A公司则很难得到保险公司的赔偿。

12.5.3 预防与应急的赔偿区别

某油漆厂的熬油漆锅，由于仪表失灵，炉温快速上升，随时都有爆炸危险。投保单位为防止油漆锅发生爆炸，立即向锅内投入了冷却剂进行降温，避免了事故的发生。随后，投保人就投人材料费用及锅内半成品的报废损失问题要求保险公司赔付。

【评析】 投保单位在爆炸事故发生之前所采取的措施一般属预防费用，按财产保险条款规定是不能赔付的。但从上述爆炸事故的实际情况出发，在危急情况下，如果不采取紧急措施以致发生事故，则损失会大得多。为了避免保险财产遭受重大损失而支出的费用，保险公司应给予赔偿。但必须有一个界限，即只有属于在危急情况下。为避免或减少灾害损失所采取的必要措施的费用或所遭受的损失才可以赔付，对上述范围以外的一般性生产事故，保险公司不予承担赔付责任。

12.5.4 未投保财产顶替投保财产遭受损失的处理原则

某承包公司共有10台汽车，仅保险8台，未保险汽车和保险汽车轮换使用。施工期间，未保险汽车在使用中出险。该承包商遂向保险公司索赔。理由是汽车轮换使用，一台顶一台。而保险公司拒付。双方争执不下，最后诉诸仲裁。

【评析】 保户参加汽车保险，必须按投保的每台汽车列明细表作为保险单的附件，并按汽车台数交付保费，只有参加保险的汽车发生保险责任事故时，才能按条款规定索取赔款。没有参加保险的汽车，自然无权索赔。如果属于保户选择投保，更应明确注明。至于保户轮换使用，是保户对汽车的管理和调度问题，并不能以此作为向保险公司索赔的理由。汽车投保后如果属于较长期的封存使用，可办理退保手续；同样新增加的车辆必须办理增保手续；否则，凡未投保的车辆发生任何事故，保险公司均无义务负责赔偿。

12.5.5 未转保财产受损的处理办法

甲公司于1月1日为其用于施工的3台塔吊投保设备损坏险，设备总金额为30万美元，保险期为1年。后因工作量不饱和，甲公司于5月3日在征得监理工程师的同意后撤出其中的1台，并以10万美元的价值卖给乙公司，但未向保险公司办理转保手续。当年10月5日，乙公司的操作人员不慎使塔吊部分损坏。乙公司遂向保险公司索赔，遭保险公司拒绝。

【评析】 甲公司向乙公司转卖塔吊时应通知保险公司更换被保险人，将原保险单的保险改为20万美元，并要求保险公司退给甲公司部分保费，同时对乙公司新购的10万美元的塔吊另出一份保单予以承保。这样当被转卖的塔吊发生损坏时，乙公司就有权向保险公司索赔。甲公司因为对被转卖的设备不再享有保险利益，自然就无权索赔了。由于本案例中的甲、乙公司没有办理更改手续，虽然甲公司未曾退回该被卖塔吊的保费，但由于他已不再享有该台塔吊的所有权，也没有可保利益，因此不能向保险公司索赔。

当然，诸如这类事件并非绝对没有解决的办法。如果甲、乙双方不向保险公司说明被转卖的事实，仍以甲方名义向保险公司索赔，或者乙方作为该台塔吊的受托人或作为甲公司的代表向保险公司索赔，还是可以得到赔付的。因为这种情况下，乙公司虽对该保险标的无直接可保利益，但作为受托人或代表人对保险标的损失负有法律或道义责任，他有权代表被保险方面向保险公司提出索赔。不过，乙公司索赔所得款项应用于修复受损塔吊，或在名义上转给甲公司。

12.5.6 重复保险情况下的赔付

某承包公司在B国承包一项工程。为实施该项工程，该公司派出一批施工人员。根据该承包公司本国的保险法规，出国人员必须投保人身险；为此该公司投保了总额为40万美元的人身险。可是根据B国的强制保险法规，该公司还得为这批施工人员在当地投保人身险。于是该公司又向B国保险公司投保了总额达60万美元的人身险。

施工期间，发生了若干工伤事故，施工人员死伤若干。根据两家保险公司的调查和计算，该公司的损失为30万美元。该公司系分别向两家保险公司提出各要30万美元的赔付要求，而保险公司却没有完全满足其要求。

【评析】 本案例所述情况属于重复保险，因此应按重复保险的理赔原则办理。

重复保险系指被保险人以一个保险标的同时或先后向两家或两家以上的保险公司投保同一危险。其保险金额的总和往往超过保险标的的可保价值。但根据被保险人所能获得的最高赔偿金额不能超过可保价值的赔偿原则，保险人之间应分摊赔偿责任。

分摊方式通常有以下 3 种：

(1) 比例责任。将各家保险公司的保险金额汇总起来，得出每家应分摊的比例，然后按比例分摊赔偿损失金额。

根据这一原则，承包公司的本国保险公司应赔付 12 万美元，B 国保险公司应赔付 18 万美元。

(2) 限额责任。各保险公司分摊额并不以其保险金为基础，而是按照他们在无其他保险人重复保险的情况下单独应负的责任限额来按比例分摊赔款。根据这一原则，承包公司本国的保险公司在无重复保险的情况下的赔偿限额为 30 万美元，B 国保险公司在无重复保险的情况下的赔偿限额也是 30 万美元，现在在有重复保险的情况下，按责任限额加以分摊，则两家保险公司应各自承担 15 万美元。

(3) 顺序责任。由先出单的公司首先负责赔偿，第二家保险公司只有在承保的财产损失额超出第一家保险公司的保额时，才依次承担超出部分。

根据这一赔偿方式，则 B 国保险公司可以不承担赔付责任。因为保险标的所遭受的损失尚未超出承包公司本国保险公司的赔偿限额。

然而，这种方式显然不符合本案例情况。因为承包公司在 B 国投保系 B 国的强制保险法规所要求。而强制保险的特点之一是，赔偿责任自动产生。因此第三种赔偿方式不适于本案例。根据重复保险的赔偿责任分摊方式，无论是第一种还是第二种，承包公司所获得的赔偿总额都只有 30 万美元。

12.5.7 未投保的教训

甲乙双方签订了维修成品库施工合同。合同中明文规定因施工发生火灾，由乙方（即承包商）负责。

乙方在施工过程中，因施工人员违反安全操作规程，把带着火苗的沥青桶放在库顶的油毡上，引起油毡燃烧，酿成火灾，烧毁库内 3 000 余只电视显像管，损失达 40 万美元。

鉴于甲方在火灾之前已为显像管投保了财产险，因此保险公司及时向甲方支付了赔偿费，而甲方则将追偿权移交给保险公司。随后保险公司向乙方追偿赔款。

乙方拒绝全都赔偿。理由如下：

①甲方的成品库是简易易燃毡棚，既无电话，也无消防水源。

②甲方成品库内值班人员少，管理制度不严，没有切实做好安全防火工作。

乙方只同意赔偿库棚本身的部分损失，拒绝赔偿库内物品的损失。

甲方强调失火原因是乙方施工人员违章作业，动用明火所致，因此应由乙方承担经济责任。

【评析】 合同明文规定因施工发生火灾，由乙方负责。而且火灾是由于违章作业所致。因此责任很明显应由乙方承担。至于乙方所提出的拒赔理由，自有其道理，但这属于保险公司与甲方之间的问题。而且乙方在签订合同之前应该要求甲方采取措施。乙方应吸取的教训：投保工程险。

12.5.8 投保人的失误

P公司通过投标承包一项污水管道铺设工程并投保了工程险，铺设路线中有一处需要从一条交通干线的路堤下穿过。在交通干线上有一条旧的砖砌污水管，设计的新污水管要从旧管道下面穿过，要求在路堤以下部分先做好导洞，但招标单上没有明确告知任何有关旧管道的走向和位置的准确资料，要求承包商报价时考虑这一因素。

施工时，当承包商从路堤下掘进导洞时，顶部出现塌方，很快发现旧的污水管距导洞的顶部非常近，并出现开裂，导洞内注满水。P公司随通知工程师赴现场处理、工程师赴现场后当即口头指示承包商切断水流，暂时将水流排入附近100m远的污水管检查井中，并抽水修复塌方。

修复工程完毕，承包商向其保险公司索赔，但遭到保险公司的拒绝。理由是发生事故时，承包商未曾通知保险公司。而且保险公司认定事故是因设计错误引起的，因为新污水管离旧污水管太近。如果不存在旧污水管，则不会出现事故。因此，保险公司认定应由设计人承担或者由业主或监理工程师来承担责任，因为监理工程师未能准确地确定污水管的位置。总之，保险公司认定该事故不属于第三者责任险的责任范围。

【评析】 本案例的关键在于P公司投保时未曾将潜伏危险因素如实申报，导洞开挖前未曾向保险公司发出通知，事故发生后又不曾保留现场，且未曾及时通知保险公司赶赴现场了解真相，由此而导致保险公司拒赔。如果P公司做到了上述要求事项，保险公司是不会拒赔的，也没有理由拒赔，因为这类事故无疑属于第三者险责任范围内。至于保险公司认定应由设计人承担或者由业主或监理工程师来承担责任，这一点不能成立，因为投保第三者责任险就是因为存在潜伏危险。如果业主方面或设计单位能确切知道该管道的准确位置就不存在风险了，那么投保就没有必要了。保险的意义就是为了消灾避祸。因此，保险公司的结论是不能成立的，如果P公司能按保险的常规要求去办的话。

12.5.9 该不该赔偿

某仓库靠近一家造船厂，某种原因造船厂失火。于是仓库主人想到去投保火险，但在投保时未说明造船厂起火的事。两天后，大火蔓延烧到了仓库。仓库主人向保险公司要求赔偿，而保险公司却拒绝赔付。

【评析】 保险公司不予赔付是对的。因为保险合同必须以当事人的诚信作为基础。基于诚信的要求，投保人在申请保险时，必须向保险人陈述情况。凡与危险有关的实质性重要事实都要如实陈报。凡对于重要事实陈报不实，不遵守保证条款的，都被看作是违反诚信原则，从而影响合同的效力。

仓库靠近造船厂，而造船厂起火，这是不该隐瞒的事实。投保人有意不陈报这一事实，无疑缺乏诚信，因而不具备签订保险合同的基础，保险公司理所当然拒绝赔付。

12.5.10 应该赔多少

某公司在年初为价值 1 万元的房屋投保。在年末的保险有效期内房屋全部损毁。由于房屋跌价，发生火灾时，该投保房屋的实际价值只有 8 000 元，担保单上的保险金额是 1 万元，因此该公司向保险公司索赔 1 万元，而保险公司只赔付 8 000 元。

【评析】 保险赔付原则之一是以实际损失为限。由于财产的价值与市价有关，在掌握限度时，应以市价为准。因为财产的价值是通过该项财产的市价来表示的。衡量实际损失多少，首先要确定该项财产的市价是多少，决不能超过该项财产损失当时的市价。尽管保险金额上写明 1 万元，赔付时只能按市场价值，即 8 000 元赔付。但是如果发生保险事故时，房屋不是跌价，而是涨价，假定该投保房屋的实际价值上涨到 12 000 元，那么保险公司是否可以赔付 12 000 元呢？不是的，赔偿原则的第二条是以保险金额为限，就是说赔偿金额只能低于而不能高于保险金额。当保险标的财产受损失时，其市场价高于原投保金额时，按市价赔偿的原则自动让位于按保险金额赔偿的原则。因此，保险公司赔偿的最大限度不能超过保险金额，也就是说赔付的最大限度是 1 万元，而绝不可能超过这个极限。

12.5.11 应该赔多少

某公司向某银行贷款 6 万美元。以其价值为 10 万美元的房产作为抵押担保。并以该发放贷款银行为受益人向保险公司用作抵押的房产投保。在保险有效期内，因发生地震，该抵押房产全部被毁损。该公司于是向保险公司索要 10 万美元的赔付，但保险公司只赔付 6 万美元，而扣下 4 万美元不予赔付。

【评析】 保险公司只给赔付 6 万美元是合理的。因为根据财产保险的赔付条件：被保险人对所保财产必须具有可保利益。财产保险不是赌博行为，因为他人财产即使发生危险，被保险人并无损失。假如被保险人因此而能获得赔款，这就会导致为图谋利益而破坏财产的不道德行为。

该贷款银行仅给投保公司贷款 6 万美元。它对于用作抵押担保的房产仅享有 6 万美元的可保利益。即使该抵押房产全部毁损，该贷款银行所遭受的最大损失也不过 6 万美元。剩余 4 万美元虽然是保险标的财产，但其所有权并不归贷款银行。因此，作为银行，最多只能得到 6 万美元的赔付，另外 4 万美元的损失赔付不归银行所得。如果该公司在投保时意识到这一点，它可以在保险单上注明：该贷款银行仅享有 6 万美元的可保利益，剩下的 4 万美元的财产如果事先规定继续归该投保公司，并且该公司在投保财产险时分填保险单，即注明除贷款银行可享有 6 万美元的可保利益外，剩下的 4 万美元的可保利益属于投保人，则该公司完全有权索要剩下的 4 万美元的损失赔偿。

本案例的提示是：如果抵押财产的价值超过投保总额时，被保险人应该注明：用作抵押的保险标的财产中不属于抵押的财产，归投保人所有。这样，一旦事故发生，除享有可保利益的受益人可得到赔付外，其余部分必须支付给另外的受益人。

本章小结

1. 财产保险的被保险人应按规定交纳保费，切实做好安全防灾工作，积极施救。被保险人赔付责任的确应该遵循一定的原则，赔偿处理依据保险财产损失程度而定。赔偿程序是出险通知、查抄单底、编号立案、现场查勘。

2. 工程保险不同，险种的责任范围不同，涉及第三者责任，应把第三者追偿的权力和必要证件移交理赔的保险公司，理赔的保险公司负责按比例分摊损失责任。

3. 货物运输险又可以间接赔偿或直接赔偿支付赔偿。索赔时效不超过两年。

4. 人身保险给付分为死亡保险金、意外伤害残废的给付和生存期满时的给付。

复习思考题

1. 财产保险的被保险人有哪些义务？保险人的赔付责任如何确认？损失赔偿办法是什么？保险理赔的程序是什么？赔案应提供哪些单证和材料？

2. 建筑工程一切险和安装工程一切险的责任范围和免赔责任各是什么？

3. 机械设备险的责任范围和保险期限如何确定，赔偿条件是什么？

4. 货物运输险的保险责任期限和索赔时效有哪些规定？

5. 人身保险的给付有哪几种情况?

6. 举例说明保险索赔和理赔的操作注意点。

参考文献

[1] 宋明哲. 现代风险管理. 北京：中国纺织出版社，2002
[2] 吴小平. 保险原理与实务. 北京：中国金融出版社，2002
[3] 马水伟. 各国保险法规制度对比研究. 北京：中国金融出版社，2002
[4] 张洪涛，郑成功. 保险学. 第2版. 北京：中国人民大学出版社，2002
[5] 郭颂平，赵春梅. 保险基础知识. 北京：中国金融出版社，2001
[6] 于九如. 投资项目风险分析. 北京：机械工业出版社，2003
[7] 雷胜强. 国际工程风险管理与保险. 北京：中国建筑工业出版社，2001
[8] 连永安. 金融与保险. 南京：东南大学出版社，2003

第13章 再保险和续保

本章概要

1. 叙述再保险的基本概念；
2. 描述再保险的合同；
3. 介绍再保险业务方式；
4. 叙述续保的概念及注意事项。

再保险是保险人之间分散风险损失的一项经营活动。随着社会经济和科学技术的发展，社会财富日益增长，财产日益集中，保险金额和保险赔付金额越来越高，保险人承担的风险也越来越大。为此，保险人必须通过再保险分散保险的损失，稳定保险经营，所以再保险已成为现代保险经营不可或缺的一项重要活动。

13.1 再保险概述

13.1.1 再保险概念

所谓再保险是指保险人将自己所承保的部分或全部风险责任向其他保险人进行保险的行为。简言之，再保险是对保险人的保险。《保险法》第28条指出："保险人将其承担的保险业务，以承保形式，部分转移给其他保险人的，称为再保险。"对于前者是分出保险业务，对于后者是分入保险业务。因此，再保险也称分保。

习惯上，在再保险业务中，将自己承保的风险责任转让出去的保险人叫原保险人或分出公司；接受转让风险的责任的保险人叫再保险人或分入公司。如果分保接受人再将所接受的业务分给另外保险人，这叫转分保。双方当事人分别叫转分保分出人和转分保接受人。与直接保险一样，原保险人通过办理再保险将其所承保的一部分风险责任转移给再保险人，相应地也要支付一定的保险费，这种保险费称为再保险费或分保费；同时，为了弥补原保险人在直接承保业务过程中支出的费用开支，再保险人也必须向原保险人支付一定的费用报酬，这种费用报酬称为分保手续费或分保佣金。

再保险是保险人之间分散风险损失的一项经营活动。根据再保险合同，原保险人将其所承保的部分风险责任转移给再保险人并向再保险人交付再保险费，当该风险成为实际损失时，再保险人必须分担其约定承保部分的损失，即原保险人可以从再保险人那里摊回分保部分的损失赔款。可见，再保险是对保险人的保险，即保险的保险。

同样，为了分散风险，控制责任，避免巨额损失，再保险人也可以将分入的保险业务再转分给其他保险人，这种经营活动称为转分保，双方当事人分别称为转分保分出人和转分保接受人，通过转分保，巨额风险责任就在众多保险人之间得到分散（见图 13-1）。所以，无论是原保险人还是再保险人都需要开展再保险业务，都可能充当再保险的分出人或分入人。

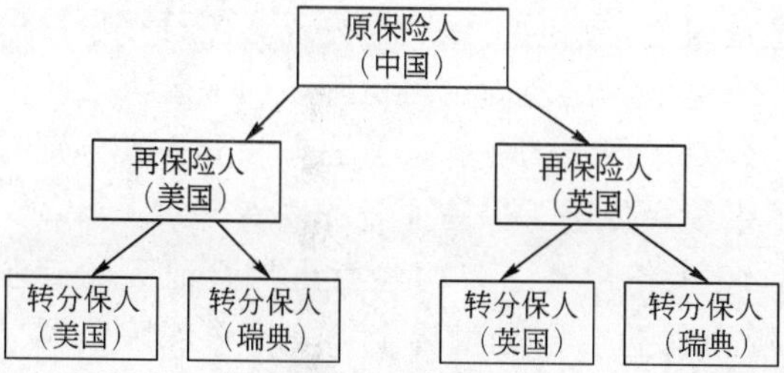

图 13-1　再保险分散风险示意图

再保险可以在本国范围内进行，也可以在世界范围内进行。对于大额业务，在超过国内保险市场的承受能力时，如航天飞机、万吨巨轮、大型工程、核电站、卫星发射等在实验和运行过程中的风险，通常可以跨越国界，在世界范围内进行分保，这叫做国际再保险。

在再保险市场上，承保人的组织形式有许多种，其中主要包括兼营再保险公司、专营再保险公司、再保险集团等。

兼营再保险公司可以说是再保险承保人最早的组织形式。在再保险业务尚不发达的时候，通常都是由直接承保公司兼营保险业务的。随着再保险业务的发展，这类保险公司在经营直接保险业务的同时，偶尔也会以互惠交换业务的方式获得一些再保险业务。它们在再保险市场上既是分出公司，又是分入公司。

专营再保险公司也称为专业再保险公司，它本身不直接承保业务，而是专门接受原保险人分出的业务，同时也将其接受的再保险业务的一部分转分给别的再保险人。

再保险集团是由许多保险公司经共同协议联合组成的再保险组织。这种再保险集团有一个国家的，也有地区性的、跨区域性的。其组织形式也各不相同。集团的通常做法是，集团中每一个成员将其所承保的业务的全部或者一部分放入集团，然后由各成员将其事先商定的固定比例分担每一成员放入集团的业务。集团章程一般都规定承保限额，对超过限额的集团责任也向外进行业务分保。

再保险虽然是一项独立的保险业务，但其本质和基础仍然是保险。所以，再保险的产生和发展，自然与保险的发展相联系，是伴随着保险的发展而产生和发展起来的。同保险的产生一样，再保险也是从海上业务开始的，随着社会经济和海上贸易的发展，原保险业务有了一定程度的发展。一些保险人对保险金额较大的业务因自己承担不起而与几个保险人共保。但共保又产生了保险人之间相互竞争的问题，由此影响了业务的发展。在这种情况下，出现了临时再保险，即由一个保险人直接承保全部业务后，再将超过自己能力的部分分给其他的保险人。由于临时再保险在一定程度上克服了共保的缺点，因此它逐渐发展起来了。

然而，随着18世纪工业革命所带来的工业繁荣，临时再保险越来越不能有效地适应保险业日益增长的需要了。这是因为，临时再保险需要逐笔签订每项再保险合同，手续十分复杂。于是，在这种情况下，出现固定再保险，即保险人之间事先签订分保合同，规定分出人和分入人。对于商定的业务，分出人和分入人分别有分出和接受的义务。这样做大大简化了手续，促进了保险业务的发展。

随着再保险业务的进一步发展，19世纪出现了专门经营再保险业务的专业再保险公司。德国在1846年成立的科隆再保险公司是世界上第一家再保险公司。之后，瑞士在1863年成立了瑞士再保险公司；美国在1890年成立了美国再保险公司；英国在1907年成立了商业再保险公司。专业再保险公司的出现进一步推动了再保险业务的发展。

13.1.2 再保险的作用

由于费率、保险金额、业务量以及巨额风险发生的可能性等因素的影响，保险业务的经营有时会出现不稳定的局面。再保险的发展历史已经充分表明，通过再保险，可以分散风险，减轻巨额风险对保险人的压力；扩大承保能力，保证保险业务的稳定发展。

1.分散风险，避免巨额损失

从理论上来说，根据可保风险条件的要求，保险人在其经营过程中，应当尽量做到保险标的数量尽可能的多，并且保险标的具有同类型。但在现实中，财产标的的实物形态千差万别，在价值量上也大小不等。如有价值量较小但风险单位较多的家庭财产等，也有价值量大而风险单位数量较少的航空、核电站等。如果过分拘泥于可保风险条件的要求，就有可能使保险人丧失许多业务。但如果承保了许多不具有可保风险条件的标的，有可能使保险人的经营面临极大的风险。这是一个矛盾，而再保险正是解决这一矛盾的较好方式。通过再保险，可以将巨额风险转化为小额风险，分散给其他的保险人，从而由多家保险人来共同承担风险。

例如，1988 年 9 月，被称为世纪飓风的吉尔伯特飓风，在短短的几天内横扫加勒比海和其他几个中美洲国家，造成经济损失达 80 亿美元。由于办理了分保，每家保险公司所受的影响都不大。又如标准－普尔公司的最新报告显示，经管美国的保险公司在 9.11 事件中遭受巨大损失（估计保险赔偿将超过 300 亿美元），但是由于有全球的再保险巨头作其后盾，美国保险公司的经营状况并没有受到根本性的损伤，世界排行前 55 名的保险公司和再保险公司都将参与赔偿，其中世界第一大再保险公司－慕尼黑再保险公司预计将赔付 19.5 亿美元，世界第二大保险公司－瑞士再保险公司预计至少要赔付 12.5 亿美元，这场灾难导致的巨额赔偿将由全球整个保险业来承担。

可见，再保险可以进一步而且是更为彻底地分散风险，使保险人免遭巨额损失，从而保证保险经营的安全和稳定。因此，许多国家的法律规定，对于大额的保险业务，如航空险、核电站保险、大型的财产险、工程险，保险人必须首先安排好分保合同，才可接受承保。否则，如果先承保而后办理分保，万一分保不成功或分保不及时，而损失发生了，原保险人自己不得不承担全部损失。这将危及保险的经营安全。

2. 限制责任，保证财务稳定性

保险经营的稳定性不仅取决于扩大承保面，而且取决于各风险单位的承保金额是否处于均衡状态。因为根据风险分散的原理，保险单位越多，保额越均衡，保险人的财务稳定性就越好；反之，保险人对各风险单位承担的经济责任越是大小不等，保险人的财务稳定性就越差。可能由于一次危险事故的发生，在一个风险单位内必须支付巨额的保险赔款而使财务陷入困境，甚至导致保险人的破产。因此，保险人必须对每一风险单位承担的责任加以控制。但是，在实际承保业务中，保险标的的价值悬殊，使得保险金额差别很大，如果保险人一味追求均衡保额，一方面无法满足投保人或被保险人对保险的需要，另一方面也将使保险人丧失许多业务；而如果保险人不计保额差异，承保金额过大的保险标的，又将给其经营留下不安全的隐患。这是一个矛盾，而这一矛盾可以通过再保险化解，因为再保险具有均衡保额的作用，即保险人根据自身的财力，对每一风险单位确定一个所能承担的责任限额，而将超过限额的保额或责任转分给再保险人，由再保险人承担，这就使承保的同类风险单位自留的保额或责任大致相同，这样无论那一笔业务发生损失，即便是大额业务，保险人承担的赔款都在其偿付能力之内，从而保证财务的稳定性。

例如，1987 年 9 月，中国人民保险公司承保的进口货物，其装载的海轮“卡松”号在西班牙海域爆炸，货物损失 3 100 多万美元，通过再保险，从国外保险公司和再保险公司摊回赔款 2 300 多万美元。1990 年 10 月，中国广州白云山机场发生劫机事件，三架波音飞机撞毁，132 名旅客丧生，保险赔额 9 000 多万美元，由于办理了再保险，劳合社和伦敦多家保险公司和再保险公司分担 7 900 万美元的赔款。

可见，通过再保险，可以控制赔款损失，保证保险人财务的稳定，因而世界上许多国家对保险业务的自留额都有严格的规定。《保险法》第一百条规定：“保险公司对每一危险单位，即对一次保险事故可能造成的最大损失范围所承担的责任，不得超过其实收资本金总和的百分之十，超过的部分，应当办理再保险。”

再保险业务的经营中，构成保险成本的主体是赔款，而赔款额取决于保险人对风险所承担的责任。因此，要控制成本，就必须限制责任，而再保险就有限制责任的作用。

(1) 限制每一风险单位的责任。保险人在制定分保计划时，首先应当确定每个风险单位的自留额，以规定自己对该风险单位所承担的最高责任限额，超出部分再通过再保险的方式分散出去。

(2) 限制一次巨灾事故的责任积累。通过上面这种方式，可以将每个风险单位的责任限制在一个固定的范围内，但有的巨灾风险，如地震、洪水、飓风等可能同时造成众多风险单位的损失。这就产生了自留额的责任积累问题。如某一保险人对火灾保险规定了每个风险单位的自留额是 10 万元。若在一次火灾中，有 10 个风险单位同时受损，保险人责任就可以累计到 100 万元，这就可能导致支付危机。在这种情况下，保险人可以将自己的责任控制在 80 万元以内，将超过 80 万元以上的 20 万元的损失责任通过再保险的方式转移出去。

(3) 限制全年的责任累计。以上所述的两种方法无法限制 1 年内的赔款。如果保险人要将 1 年内的赔款控制在一定的限度之内，那么，他还必须安排超额损失再保险，以解决全年的责任累计问题。

3. 扩大承保能力，增加业务量

扩大承保面，承保尽可能多的风险单位，是保险企业经营保险业务必须坚持的基本原则之一。这是因为，保险是集聚多数人的货币资金、弥补少数人经济损失的风险分担活动，即“取之于面，用之于点”。承保的风险单位越多，保险企业的经营就越具有规模经济的效应。第一，对保险人来说，只有扩大承保面，才能增加保费收入，聚集起雄厚的保险基金，增强保险偿付能力；第二，根据大数定律，只有扩大承保面，保险人才能通过大量的统计和观察，比较精确地计算出损失的概率，从而科学地制定保险费率，使实际发生的赔款数额更接近于预测数字，保障保险人的偿付能力；第三，只有扩大承保面，才能普遍分散风险，平衡风险责任，保证经营的安全；第四，扩大承保面，实现规模经济，可以相应地降低经营费用，从而降低保险成本，提高保险经营效益。第五，扩大承保面，由此扩大保险人的市场份额，从而增强保险人在保险市场中的地位和声望。所以，扩大承保面，是保险经营的黄金原则，是保险经营成功的一个重要前提。

然而，扩大承保面要受保险人承保能力的限制，而后者主要受自身财务状况的限制。在财力不足的情况下承保金额较大的保险标的，对保险人来说是一种冒险行为：而对被保险人来说，则意味着得不到补偿。正因为如此，不少国家的法令规定，保险公司必须保持业务量与其资本额的一定比例。例如我国《保险法》第九十九条规定："经营财产保险业务的保险公司当年自留保险费，不得超过其实有资本金加公积金总和的四倍。"因此，保险人，尤其是中小保险公司，因受其资本和财力的限制，无法承保保险金额较大的保险标的，从而失去承保大额业务的机会，势必影响保险人的业务来源和业务量，也难以与其他保险人进行竞争。而再保险就是实现扩大承保面，增加承保风险单位的有效手段和途径，通过再保险，保险人将超过自身财力的风险责任转分给再保险人，这样保险人就能承保超过其自身财力的大额业务，从而提高承保能力。所以，有了再保险的支持，保险人就能承保更多的风险单位，扩大承保面，增加业务量。特别是发展中国家的保险市场承保力量薄弱，更需要国际再保险的支持。

4. 促进保险业的竞争

再保险的存在和发展使得小型保险公司得以生存，由此促进保险业的竞争。保险产业与其他许多工业产业的一个不同之处在于：小企业所提供的产品与大企业所提供的产品往往是同质的，它们并不是一种互补产品或配套产品。如一家拥有500亿资产的人寿保险公司提供各类寿险产品，如果没有再保险，则这家小公司是很难与大公司抗衡并在保险业中生存下去的。而如果没有竞争，则由大公司完全垄断和操纵市场，最终受害的则是消费者。

5. 形成巨额联合保险基金

通过再保险，可以将各个独立的、为数较少的保险基金联合起来，形成巨额保险基金。虽然这种联合并不是以正式明文规定的形式将多家保险公司的基金合并起来，但通过再保险的分出、分入业务，将超过自身能够承担的风险责任相互转移和分散，这实际上就是起到了一种联合保险的作用。目前，随着科学技术的发展和广泛应用，社会财富日益增加，巨额保险显著增多，风险相应集中。如一颗人造卫星发射失败、一艘10万吨级的巨轮沉没、一座核电站爆炸、一架大型客机坠毁，其损失都是数以亿计。在没有再保险的情况下、任何一个保险人，不论其资金如何雄厚，都是无法承受这一损失的。而通过再保险，各自独立经营保险业务的保险人就可以联合起来，由此形成一笔巨大的联合保险基金。

6. 促进国际贸易和经济全球化的发展

随着世界经济的发展，各国之间的经济往来日益频繁，在经济交往中，无论是国际贸易还是人员、技术交流都离不开保险，货物运输保险和运输工具保险已成为国际贸易和经济全球化发展的重要保障，而再保险作为保险的保险自然不可或缺，如全世界远洋船舶已有80%以上是直接或间接（再保险）在劳合社取得保障；中国人民保险公司从与民航部门签订飞机保险合同那一天起，就通过再保险，把80%以上的风险金额转分给国外多家保险公司和再保险公司。同时，国际再保险也是一项国际经济活动，是国际经济合作与交流的体现，对世界经济一体化具有重要的支持和推动作用。

7. 为国家创造外汇收入

由于再保险通常是要越出国界的，属于国际再保险，所以其分入业务所收取的外汇再保险费以及向国外再保险公司分出业务摊回的赔款，均可增加国家的外汇收入。因此，再保险业已成为保险业发达的国家国民经济中一个极为重要的部门。

13.1.3 再保险与原保险的关系

再保险是在原保险的基础上产生的，没有原保险就不可能有再保险，再保险合同必须以原保险合同的存在为前提。再保险关系的建立是以原保险业务为基础，通过原保险人与再保险人签订再保险合同来实现的。在再保险合同中，原保险人的权利是在特定的条件下，向再保险人分摊赔款，其义务是向再保险人缴纳分保保费；而再保险人的权利则是收取分保保费，其义务是在特定的条件下承担分保责任。可见，再保险合同只对原保险人和再保险人具有约束力，而与原保险业务中的被保险人无关。也就是说，被保险人无权向再保险人索赔，再保险人也无权向投保人收取保费。原保险人不能因再保险人未履行分保责任的义务而对被保险人（收益人）不履行赔偿义务。因此，这两者之间有着密切的联系：

①再保险人的责任以原保险人的责任为限。再保险的保险金额不得超过原保险合同的保险金额；再保险的保险金额也不得超过原保险合同的有效期限。

②原保险合同因故失效时，再保险合同也同时失效。

③在订立再保险合同时，根据最大诚信原则，原保险人应将原保险合同中的投保人的声明及保证的内容如实转告再保险人。如果原保险人因故意或过失遗漏、误报、隐瞒有关风险的重要事实，再保险人可以以此为由解除再保险合同。

当然，以上再保险合同中的权利和义务关系也可因当事人的约定而改变。但是，再保险又是脱离原保险合同而独立存在的合同，并非原保险合同的从合同，两

分割等于合同限额的部分，超过合同限额以上的 200 万元由分出公司自己承担或另行安排。

例如：某公司组织一份海上运输险的成数分保合同，规定每艘船的合同最高限额为 1 000 万美元，分出公司与分入公司之间对保险金额的分割比率为 30% 和 70%。分入公司分入保险金额的最高额度为 700 万美元。

下面通过表 13-2 来介绍成数再保险合同项下保险金额的分割、保费的分配和赔款分摊的计算方法。假定表中每一笔保险业务的保险金额均在合同限额以内。

成数再保险计算表（单位：万美元） 表 13-2

船名	总金额 100%			自留 30%			分出 70%		
	保险金额	保费	赔款	自留额	保费	自负赔款	分保额	分保费	摊回赔款
A	100	1	0	30	0.3	0	70	0.7	0
B	300	3	10	90	0.9	3	210	2.1	7
C	600	6	20	180	1.8	6	420	4.2	14
D	800	8	0	240	2.4	0	560	5.6	0
E	1 000	10	0	300	3.0	0	700	7.0	0
总计	2 800	28	30	840	8.4	9	1 960	19.6	21

假定本例中 700 万美元这个分出最高额度过高而非一家分入公司所能承担，分出公司可以选择多家分入公司分保，并在合同中分别约定各分入公司的分入比例。这个比例可以是合同限额内全部保险金额的比例，也可以只是全部分出额的比例。这要取决于合同的规定。例如，在合同中规定甲公司分入 5%，乙公司分入 10%，丙公司分入 15%。如果合同中规定各分入公司的分入比例为合同限额内全部保险金额的比例，则甲、乙、丙三家分入公司分入保险金额的最高额度分别为 50 万美元、100 万美元和 150 万美元。如果合同中规定各分入公司的分入比例为全部分出额的比例，则甲、乙、丙三家分入公司分入保险金额的最高额度分别为 35 万美元、70 万美元和 105 万美元。对于表 13-2 中 B 船的再保险业务，合同规定甲公司分入 5%。如果合同中规定各分入公司的分入比例为合同限额内全部保险金额的比例，甲公司分入的保险金额为 15 万美元，分入的保费为 0.15 万美元，分摊的赔款为 0.5 万美元。如果合同中规定各分入公司的分入比例为全部分出额的比例，则甲公司分入的保险金额为 10.5 万美元，分入的保费为 0.105 万美元，分摊的赔款为 0.35 万美元。

（2）成数再保险的特点。与溢额再保险相比，成数再保险的优点是手续简便，且合同双方利益一致；缺点是缺乏弹性，同时难以达成风险责任均衡化。具体来说，成数再保险有如下特点：

①手续简便，节省人力和费用。成数再保险是最典型的比例分保，分出公司和接受公司之间的责任、保费和赔款分配都按事先约定的统一比例进行计算。使得分保实务和分保账单编制方面手续简化，可以节省人力物力，减少费用开支。

②合同双方的利益一致。由于成数分保对于每一风险单位的责任以保险金额为基础，由分出公司和接受公司按比例承担，因此，合同双方的命运始终紧密相连，其利害关系完全一致。不论业务良莠大小，双方共命运，不论经营的结果是盈是亏，双方利害关系一致。在各种再保险方式中，成数再保险是原保险人与再保险人双方利益完全一致的唯一方式。正是由于这一点，成数分保合同双方很少发生争执。此外，因为成数再保险原保险人自留的比例往往较高，所以对业务的选择往往较为慎重，业务成绩通常较稳定。

③缺乏弹性。成数再保险在具有手续简便优点的同时，也意味着其缺乏弹性。在成数再保险中，只要属于合同的承保范围，任何业务分出人均应按照约定的比例自留和分出，没有选择的余地。这种死板的规定，使分出人对于质量好而保额不大的业务，本来没有分保的必要，也要按比例分出，不能多作自留，从而使分出公司支付较多的分保费；反之，当业务质量较差时，分出人又不能减少自留，相当于放弃了减少自留的权利。其结果表现为对再保险人有利，对分出人不利。对于分出人来说，由于按固定比例自留业务，所以成数再保险往往不能满足分出人获得准确再保险保障的需求。

④不能均衡风险责任。因为成数分保按保险金额的一定比例来划分双方的责任，所以合同只约定每一笔业务不论保险金额的高低均按此比例来分保。但对于保险标的危险度的高低、损失的大小并不加以区别而作适当的安排，因而它不能使风险责任均衡化。也就是说原保险合同中存在的保险金额高低不齐的问题，在成数分保之后仍然存在。虽然合同通常有最高限额的限制，但这是为防止责任累积而设置的，并非为了使风险责任均衡化。而且有了这种最高限额的限制，对于超过限额的部分，势必另行安排其他再保险。因此，成数再保险并不能完全解决分出公司分散风险的需要，还必须借助其他形式来分散风险。但成数再保险的优点是主要的，这是其被广泛采用的主要原因。

（3）成数再保险的使用范围。成数再保险的特点，决定了它的适用范围。一般来说，资金雄厚、历史悠久的保险公司较少采用成数再保险。成数再保险多运用于新的公司、险种和特种业务。具体来说大致有下述六种情况。

①新公司、小公司。保险公司因刚组建或规模小，由于缺乏经验，对合同自留额等的把握难免存在不妥之处，采用成数再保险，可得到再保险人在风险分析、承保审定、赔款处理等技术方面更多的帮助。

②新业务、新险种。由于缺乏统计资料和实际经验，对未来的风险状况一般难

以准确的预测和估计，为了稳妥起见，采用成数再保险形式易得到各分保接受人的理解和支持。

③某些赔案发生频繁的险种。一般来说，汽车险和航空险等，危险性较高，赔案发生频繁，成数再保险可发挥其手续简单、双方共命运的优势。

④转分保的业务。各类转分保业务，由于手续繁琐，采用其他的分保方式比较困难，一般都采用易于计算的成数再保险。

⑤公司内部分保。属于同一资本系统的子公司和母公司之间，以及集团内部分保，为简化分保手续，一般也采用成数方式进行分保。

⑥交换业务。由于成数再保险条件优惠，分出公司对于保险金额和业务质量比较平均的业务，在国际分保交往中可以组织安排成数再保险，以此作为交换取得回头业务。

2. 溢额再保险

(1) 溢额再保险的概述。溢额再保险是分出公司以保险金额为基础，规定每个风险单位的一定额度作为自留额，并将超过自留额即溢额的部分转给分入公司，分入公司按照所承担的溢额占总保险金额的比例收取分保费，摊付分保赔款。

自留额是分出公司的责任限额。自留额的大小是分出公司按业务质量的好坏和自己承担责任的能力，在订立再保险合同的同时确定的，它通常以固定数额表示。分出公司对自留额以内的保险责任不分保，而只对超过自留额的责任进行分保。

溢额再保险的分入人不是无限度地接受分出公司的溢额责任，而是通常以自留额的一定“线”数即倍数为限。“一线”相当于分出公司的自留额。如自留额为100万，分保额为“二线”，则分入公司最多接受200万元的分入责任；分保额为“三线”，则分入公司最多接受300万元的分入责任：以此类推，当分出公司承保巨额业务时，可签订多个溢额再保险合同。

按照合同签订的顺序，有第一溢额再保险、第二溢额再保险、第三溢额再保险等。第一溢额再保险是将超过自留额的第一个固定数额的溢额即第一溢额分给分入公司；第二溢额再保险是将超过自留额和第一溢额的溢额即第二溢额分给分入公司；第三溢额再保险是将超过自留额、第一溢额和第二溢额的溢额分给分入公司。第二溢额和第三溢额再保险必须在保险金额分别超过第一溢额和第二溢额再保险的分保额时才能办理。

例如，某一分出公司的自留额为50万元，承保金额为550万元。它与甲公司签订了一个四线的第一溢额再保险合同，那么，甲公司就要承担200万元的溢额责任。此时，分出公司还有300万元的溢额，它可以再与乙公司签订一个六线的第二溢额再保险，即250万元以后的300万元。

溢额再保险是按自留额与分保额对总保险金额的比例来分配保险费和分摊赔款

的。如某一分出公司的自留颇为50万元，它接受该项业务的保险金额为250万元，保费10万元，发生赔款100万元。现假定该公司与另一保险公司签订了一个四线的第一溢额再保险，其计算结果如下：

$$分出公司自留保费=\frac{自留款}{保险金额}\times 保险费=\frac{50}{250}\times 10=2（万元）$$

$$分出公司自负赔款=\frac{自留款}{保险金额}\times 保险赔款=\frac{50}{250}\times 100=20（万元）$$

$$分入公司分入保费=\frac{分保金额}{保险金额}\times 保险费=\frac{200}{250}\times 10=8（万元）$$

$$分入公司应付赔款=\frac{分保金额}{保险金额}\times 保险赔款=\frac{200}{250}\times 100=80（万元）$$

从以上可以看出，溢额再保险与成数再保险相比较，其最大的区别是：如果某一业务的保险金额未超过分出公司的自留额，无需办理分保，只有在保险金额超过自留额时，才将超过的部分分给再保险人。也就是说，溢额再保险的自留额，是一个确定的数额，不随保险金额的大小变动，而成数再保险的自留额表现为保险金额的固定百分比，随保险金额的大小而变动。

(2) 溢额再保险的特点。与成数再保险不同，在溢额再保险合同项下分出公司是否分出业务，取决于实际业务的保险金额是否超过分出公司的自留额。只有实际业务的保险金额超过分出公司的自留额，超过的部分才分给分入公司。但分入公司分入的保险金额，并非无限制，而且以自留额的一定倍数为限。这种自留额的一定倍数，称为线数。自留额与线数的乘积为分入公司的最高分入限额。超过这个限额的部分，由分出公司自己负责或自行安排。合同规定的自留额的大小，决定分出公司承担责任的大小。同样，在自留额一定的条件下，线数的多少，决定着分入公司可能承担的责任的大小。自留额与分保额之和叫做合同容量或合同限额。

①溢额再保险首先要确定分出公司的自留额。在溢额再保险合同项下，自留额既是分出公司的责任限额，又是分入公司分入责任的起分点。因此，在溢额再保险中要确定分出公司的自留额。

由于自留额涉及到分出公司承担责任的大小，有经验的分出公司在确定自留额时往往比较慎重。确定自留额需要考虑的因素很多，如以往损失率的高低、保险金额大小、保险费率的高低、公司资本金与公积金的数额，以及承保业务的数量、业务结构、风险密集程度及责任累积可能性等。对以上因素的考虑，往往因为保险人经验和水平的不同而可能得出不同的结论。所以，在安排溢额分保之前，分出公司的负责人和业务人员要经过反复研究和协商才能将自留额确定下来。

②溢额再保险以自留额的一定倍数作为分入公司分入业务的最高限额。在溢额再保险中，自留额是确定分入公司分入业务最高限额和合同限额的基本单位，在溢

额再保险中称为“线”。分保额是自留额的一定倍数。例如分出公司每一风险单位的自留额时100万元（1线），分保额是20线，即自留额的20倍，为2 000万元。保险人自留100万元，再保险人的最高接受限额为2 000万元，这样，保险人对每一风险单位的承保能力可以达到2 100万元。在这个溢额合同中，如果承保一笔保险金额200万元的业务，则保险人和再保险人的责任各为100万元，双方的比例各为50％。溢额再保险的比例关系随着承保金额的大小而变动，这是与成数再保险的比例固定不变不同的。

③自留比例和分保比例随保险金额大小而变动。在溢额再保险合同中，原保险人的自留额和再保险人的责任额与总保险金额之间存在一定的比例关系，这是溢额再保险归属于比例再保险的原因所在。但溢额再保险的比例关系随着保险金额的大小而变动。自留额和分出额与总保险金额之间的比例分别称为自留比例和分保比例。在溢额再保险中，自留额是固定的，而每一风险单位的保险金额却大小不一。因此，不同再保险业务的自留比例与分保比例也可能千差万别。不过，对某一风险单位而言，自留比例和分保比例一旦确定，保险费和赔款均按此比例进行分配和分摊。

④溢额再保险可以分层设计。分出公司通常要根据其承保的业务量和年保险费收入等因素来确定自留额，确定通过溢额再保险合同向外分出的线数，并根据确定线数和各分入公司承受能力和意愿决定设立多少个层次的溢额再保险合同。如果需要分出的业务的保险金额不大，而分入公司的承受能力又比较强，安排一个层次的再保险合同可能就足够了。反之，如果需要分出的业务的保险金额较大，而分入公司的承受能力又比较弱，安排一个层次的再保险合同就不够用了，因而需要安排两个层次的再保险合同。对于保额特别巨大或风险程度极高的再保险业务，分出公司还可安排第三层次或更多层次的溢额再保险合同。第二层次的溢额合同的“自留额”为第一层次溢额合同分出公司自留额与分入公司的分入限额之和。超过“自留额”以上的部分分给第二层次溢额合同的分入公司，直至其分入限额。同样，第三层次的溢额合同的“自留额”为第二层次溢额合同分出公司自留额与分入公司的分入限额之和。超过“自留额”以上的部分分给第三层次溢额合同的分入公司，直至其分入限额。如有更高层次的溢额合同均依此类推。

（3）溢额再保险的优缺点。与成数再保险比较，溢额再保险优缺点表现在以下几个方面：

①对于再保险业务业务的安排灵活而且有弹性。在溢额再保险中，分出公司可以根据不同业务种类、质量和性质以及自身承担风险的能力，确定最佳自留额，凡是在自留额以内的业务不必分出。因此，不论是在业务选择还是在保险费支出方面，溢额再保险均具有相当的灵活性，比较符合合理分散风险的再保险原则。同

时，对保险金额较大的业务，当原溢额再保险合同不能满足分出公司的时，可以在此基础上组织第二溢额、第三溢额分保合同，由此可见，溢额再保险对巨额业务的风险分散具有较大的弹性。

②可以均衡风险责任。与成数再保险不同，由于溢额再保险可以灵活地确定自留额，故可以均衡风险责任。换句话说，原保险合同保险金额高低不齐的问题，在溢额分保后可以解决，使风险责任均衡化。

③比较繁琐费时。溢额再保险的业务账单是按逐笔保险单计算自留比例和分保比例，并按各自比例计算保险费和赔款的分配。因此，在编制账单时比较复杂、费时费力，所以，办理溢额再保险需要严格管理和必要的人力来进行，因而可能增加管理费用。

④不能完全体现合同双方利益的一致性。溢额再保险虽然属于比例再保险，但原保险人和再保险人的经营成果往往不一，有时甚至悬殊很大。如果赔款都集中在自留额以内的小额业务的损失，分出公司的累积赔款额就回较高。不过，因为分出公司组织安排分保合同前，一般要参考以往多年的记录而制订出合理的最有利于本公司自留额，应该说，以上情况较少出现。相反，假如巨额赔款较多，接受公司的经营结果必然要出现严重亏损。另外，原保险人若凭借溢额再保险的支持而忽略严格挑选保险标的，也将损害接受公司的利益。

（4）溢额再保险的适用范围。对分出公司和接受公司来说，溢额再保险虽然有不足之处，但这种再保险方式明显利大于弊，尤其是它能更合理地分散风险的优点较为突出。一般来说，对于危险性小、利益较优且风险本身较分散的业务，原保险人多采用溢额再保险方式，以保留充足的保险费收入；对于业务质量不齐、保险金额不均匀的业务，往往采用溢额再保险来均衡保险责任；对于巨额保险业务，溢额再保险则可发挥其分层机能，来分散与消化危险。所以溢额再保险是实际中应用最广泛的再保险方式。

在海上保险方面，包括船体保险和运输保险，均可以用溢额再保险来分散风险。特别是现在船舶的价值越来越大，一艘大型油轮的保险金额高达几亿甚至几十亿美元。溢额再保险则可通过合同的分层设计，来分散与消化此类风险。

对于火灾保险而言，溢额再保险是基本的再保险安排方式。在国际分保交易中，溢额分保也是大家均乐于接受并经常使用的方式之一。

13.3.2 非比例再保险

非比例再保险又称超额损失再保险。它实际是一种以赔款为基础，计算自赔限额和分保责任限额的再保险。在这一再保险业务方式中，保险费率不按原费率计算。由于分出人的保险费、保险赔款与保险金额之间没有固定的比例，固称之为非比例再保险。

1.非比例再保险的作用

①扩大保险人对每一风险单位的承保能力。

②限制保险人的自负责任。如在有些国家和地区，汽车第三者责任是没有限额规定的，分出人可运用这种分保方式限制自己的责任，超出部分由分保接受人负责。

③使原保险人对每一风险单位或每一次事故所负的责任，特别是对巨灾自留额部分的积累责任获得的保障，由此保证财务稳定。

④由于再保险免赔额以内大量的小额赔款由原保险人自负，它所支付的再保险费只占总保险费的很小一部分。因此，能够使原保险人减少再保险费用的支出，增加实际收入。

2.非比例在保险的方式

非比例再保险又有锁定损失超赔再保险、巨灾事故超赔再保险和累计超赔再保险方式：

(1) 锁定损失超赔再保险。锁定损失超赔再保险是以每一风险单位的赔款为基础，确定分出公司自负赔款责任的限额即自赔额：超过自赔额以上的赔款，由分入公司负责，责任以内的由分出公司自己负责（即将损失“锁定”在某一范围以内）的再保险。例如，某一分出公司的自赔额为500万元，分入公司接受450万元的分入责任。若实际赔款为900万元，则分出公司自赔500万元，分入公司赔付400万元；若实际赔款为400万元，则全部由分出公司自赔。

(2) 巨灾事故超赔再保险。巨灾事故超赔再保险是以一次巨灾事故中多数风险单位的累积赔款为基础计算款额的再保险。它可以被看作是锁定损失超额赔款再保险在空间上的扩展。例如，假定一次事故分出公司的自赔额为500万元，分保额为450万元。若在一次事故中有3个风险单位受损，其损失金额分别为100万元、190万元和500万元，总计损失为790万元，则分出公司自赔500万元，分入公司赔付290万元。

在锁定损失超额再保险和巨灾事故超额再保险中，分入公司既可以接受分出公司的全部责任，也可以只接受其中的一部分，如果是后一种情况，则超出分出额的另一部分责任、仍将由分出公司负责。例如，在巨灾事故超赔再保险中，分出公司的自赔额为500万元，分入公司接受的责任限额为400万元。若实际损失为1 000万元，则分出公司除了负责赔款500万元以外，还要负责赔付超过分入公司赔付的400万元以后的100万元。因此，在原保险人对巨灾风险要求保障的数额特别高时，可进行分层次的超额分保。例如，可以在巨灾事故超额再保险合同中规定：分出公司自赔为500万元，甲分入公司负责赔付因过500万元以后的200万元，乙分入公司负责赔付超过700万元以后的300万元。如在一次火灾事故中，累积责任为900万元，则分出公司赔付500万元，甲分入公司赔付200万元，乙分入公司赔付200万元。

(3) 累积超赔再保险。累积超赔再保险又称赔付率超赔，它是以一定的时期。如一年责任的累积为基础来计算赔款的一种再保险。当赔款总额过高致使其赔付率超过规定的赔付率时，超过部分由分入人负责。累积超赔再保险可以被看作是锁定损失超赔再保险在时间上的延伸。

在累积超赔再保险中，只有在分出公司因赔付率太高而受损时，分入公司才负责赔偿。因此，正确确定赔付率限额极为重要。

赔付率是指已付赔款与已赚保费的比率。已付赔款是指保险公司已经支付给被保险人的赔款。已赚保费是指保险人收入的保费，它是净承保保费中的一部分。净承保保费的另一部分为未赚保费，它是指保险合同的责任尚未期满，保险人还将履行其保险责任的那一部分保费。例如，某投保人在某年的7月1日预交全年保费600元，保险责任期从当年的7月1日到次年的7月1日。在从当年的7月1日到12月31日的这段时间里，全部600元净承保保费，只有300元可以作已赚保费，而另外300元则为未赚保费。到了第二个会计年度末（假定保单没有续保），净承保保费为0，已赚保费为300元，未赚保费为0。如果是同样一份保费为600元的保单，保单生效期为12月1日，则当年会计年度的净承保保费仍为600元，已赚保费为50元，未赚保费为550元。到了第二个会计年度末（假定保单没有续保），净承保保费为0，已赚保费为550元，未赚保费为0。

一般来说，在已赚保费中，25%是保险人的经营费，75%是用于支付赔款的纯保险费，因此划分分出公司和分入公司的责任通常以75%的赔付率为标准。当分出公司的赔付率在75%以下时，由分出公司自赔；当赔付率超过75%时，超出部分由分入公司负责赔偿。分入公司也有接受分入责任的限额，这个限额通常为营业费的2倍，即50%（25%×2）。也就是说，分入公司仅对超过75%以后的50%，即75%到125%（75%+50%）限度内的赔款负责，同时还有金额限制，并在两者中以低者为限。如果赔付率定为70%，营业费用即为30%，分入公司的责任则超过70%至130%（70%+60%）的范围以内。

3.非比例再保险与比例再保险的比较

比例再保险与非比例再保险都是转移和分散原保险人责任的方式。但二者存在着明显的区别。

(1) 自负责任与分保责任的确定基础不同。比例再保险是以保险金额为基础来确定自负责任和分保责任的，接受公司的责任额要受原保险金额大小的影响；而非比例再保险是以赔款为基础来确定自负责任和分保责任的，接受公司的责任额不受原保险金额的影响，而与赔款总额相关联。

在比例再保险中，由于是以保险金额为基础来确定分出公司自留额和接受公司责任额，保险费和赔款以及其他任何权益和责任，也是按同一比例进行分配；在非比例再保险中，再保险人并不分担任何比例责任，仅在赔款超过分出公司的自负额时才承担责任。

（2）分保费计算的方式不同。比例再保险的分保费完全按原保险费率计算，是投保人支付的原保险费的一部分，且按照分出业务的同一比例支付；非比例再保险是采取单独的费率制度，再保险费以业务年度的净保险费为基础，由订约双方协议而定，另行计算，与原保险费没有比例关系。非比例再保险与比例再保险比较，保险费的量要少的多，通常采取年初预付，年终调整的付费方式。

（3）分保手续费是否支付不同。在比例再保险中，分出公司一般要求接受公司支付一定比例的分保手续费；而在非比例再保险中，分出公司通常不规定接受公司支付分保手续费。

（4）保险费准备金是否扣留不同。比例在保险往往规定扣留保险费准备金，以便应付未了责任和其他意外；非比例再保险的接受公司通常不对个别风险负责，仅在赔款超过起赔点时才予负责，因此，一般不扣存保险费准备金。

（5）赔款的偿付方式不同。比例再保险的赔款偿付，除个别巨灾赔款分出公司要求接受公司以现金赔偿外，通常都通过账户处理，按期结算，比如通过季度账单或半年账单进行结算；而非比例再保险的赔款多以现金偿付，接受公司于受到分出公司的损失清单后短期内如数偿付。

4.非比例再保险的优缺点

（1）优点。和比例再保险相比，非比例再保险虽然起步较晚，但近年来发展较快，因为它有明显的优点：

①非比例再保险使分出公司能将风险控制在一定的限度之内，有利于其业务经营的稳定。因为非比例再保险以少数巨额风险以及年度累积赔款为对象，既可以保障单一风险造成的损失，又可以保障一次事故导致的群体风险造成的损失总和或责任的累积，尤其巨额特大风险的保障作用是比例再保险无法比拟的。对于巨额赔款，超过起赔点以后的部分，直至规定的限额，都可以从接受公司那里摊回，使分出公司可以有效的控制风险，保障经营稳定。

②非比例再保险起赔点以内的大量小额赔款由分出公司承担，因此分出公司付出的保险费较少，虽然多采用年初预付保险费的方法，但由于保险费占总保险费收入的比例一般不高，因此预付的最低保险费数额也很有限，这样分出公司可以保留大部分保险费，有利于资金的周转和运用。

③非比例再保险无须分出公司编制业务报表，且账务计算比较简单，通常是年初预付保险费，年终予以结算，比较节省经营费用。

④在非比例再保险中，接受公司可以较早得到保险费，而且既不需要提存保险费或赔款准备金，也不需要支付保险手续费，可以充分地运用资金。所以再保险人乐于接受这种再保险方式。

（2）缺点。和比例再保险相比，非比例再保险的缺点有以下几方面：

①在非比例再保险中，一般没有分保佣金的规定，即再保险接受人不分摊分出公司承揽及管理业务的费用，显然，这对分出公司较为不利。

②非比例再保险通常不要求再保险人提存准备金，这样使分出公司得不到接受公司履行义务的保证，使分出公司承担着一定的信用风险。

③非比例再保险费率不像原保险那样有客观的标准，很大程度上依赖于分出公司的主观意志，给较为合理地制订再保险费率带来一定的困难。

④在非比例再保险中，分出公司自负责任额的确定与保险金额及风险大小无直接关系。且分出公司支付较少的保险费，便可能得到巨额赔款的保障，这样有时难免诱发个别承保人不认真招揽业务的道德风险，或掩盖经营管理中的问题，这样对再保险接受人是不利的。

5.再保险自留额

再保险自留额的大小是再保险的一个重要内容。它取决于多方面的因素，如市场情况、政府对于保险业的有关法规以及保险公司的经营方针、财务和业务情况等。从公司内部来看，主要包括以下几点：

（1）资本（包括总准备金）。保险公司在其经营过程中，有时可能盈利，从而能够提存总准备金以及增强其财务能力，但有时也可能亏损。因此，关于自留额的确定，首先应从资本这个因素来加以考虑。

一般来说，小公司的资本额较小，所以其自留额与资本的比率往往高于大公司，但绝对额则小于大公司。因此，在自留额的确定上，并没有一个统一的标准。总的来说，大公司、老公司的自留额大于小公司、新公司的自留额。

（2）保费。由前述可知，保险公司的保费收入是受其净资产规模限制的，关于这两者之间的比率，许多国家的保险立法都有一定的规定。通常来说，随着业务的发展和保费收入的增加，自留额可以相应提高，但提高的比例不宜与保费收入的增加完全一致，这是从公司稳定经营的目的出发的。现实中通常的做法是，保费收入每增加50%，自留额可调高20%。

（3）赔款和费用。保险公司是通过收取保费，建立保险基金，从而对遭受损失的被保险人予以经济补偿的。因此，保费收入应能抵付赔款和其他营业费用。但保费收入不足以做到这一点时，就必须动用盈余。所以在确定自留额时，既要考虑资本、保费因素，也要考虑赔款和业务费用等因素。

6. 再保险承保额

承保额是分保接受人对于分出人转让的危险或责任所能接受或承担的限额。承保额与自留额性质相同，因此确定承保额所考虑的因素大致也与自留额相同，即最基本的因素也是资本金和保费收入，但由于分保业务是间接承保，分保接受人对于承保风险的情况并不直接掌握，所以，一般承保额要比直接业务的自留额低，掌握更加从严。

13.4 再保险业务的经营管理

再保险业务的经营管理是经营再保险业务的保险企业经济核算的核心，其目的是降低生产成本，提高经济效益，稳定企业的经营。再保险业务的经营管理包括分出业务的经营管理与分入业务的经营管理两个方面。对分出公司来说，分出业务的经营管理水平直接影响保险公司的信誉和整体工作效率。对接受公司来说，分入业务经营的好坏，直接关系到企业的盈亏和经济效益的高低问题。分保业务所具有的国际性特征，决定了分保业务的经营管理比直接业务更为复杂。

13.4.1 分出业务的经营管理

分出业务的经营管理是指分出公司为了实现分出业务活动的合理化，降低费用成本，提高经济效益，稳定保险业务经营，而实施的计划、组织、指挥、协调和控制的一系列动态的活动过程。

分出公司对分出业务进行管理的一个重要方面，就是正确识别承保业务的风险，客观的评估累积责任，特别要防止巨灾事故的累积责任，避免因一次巨灾事故的出现而危及自己的财务稳定。分出业务管理的范围包括：确定自留额、制定分保规划、分保业务流程、分保手续、分保账单编制及分保业务的统计分析。

1. 分出业务管理的一般准则及主要任务

（1）分出业务管理的一般准则。分出业务管理的一般准则有以下几方面：

①稳定公司业务经营，实现最佳经济效益。保险公司是经营风险的企业。只有遵循保险费收入与赔款费用支出相平衡的原则，才能保证其业务经营的稳定，实现最佳经济效益。再保险恰恰是能使保险公司业务经营趋于稳定的重要技术手段。为此，保险企业一方面要认真研究国际保险市场的行情变化，选择理想的分保经纪人和接受人；另一方面要准确把握拟分出业务的构成情况，确定每年重点分出的险种，尽可能将高风险业务分出，而将风险小、保费收入多的业务留下。对于需要安

排分保的业务，要合理确定自留比例和需要分出比例，并对需要分出的业务选择合适的分保方式。为了使承保的业务能够在国际再保险市场上分出，分出公司必须熟悉国外保险企业分出、分入业务的规则和方法，以便在直接承保的环节上就能与国际市场接轨。

②管理现代化原则。管理现代化，在不同历史时期有不同标准。现阶段分保业务管理现代化体现在管理思想、管理手段和管理方法现代化上。现代化的管理思想应着眼于分出公司的整体经济利益，以最少的分保费用获得最大的风险保障，达到稳定业务经营，扩大公司对直接业务的承保能力的目的；管理手段现代化，应强调用技术管理手段来管理分出业务，如应用电脑、网络化管理等。

③面向国际市场的原则。面向国际市场的原则就是在维护本国、本公司利益不受侵害的前提下，按照国际同业间遵循的原则办事，遵守国际再保险业的一般惯例。

(2) 分出业务的人员管理。分出业务人员由设计人员、推销人员和辅助人员三部分构成。

①设计人员。设计人员的主要工作是对业务进行组织分析、制定及修改条款。分出业务的设计人员的基本任务是根据公司对业务的总体设计方案和再保险规划，对分出业务做出具体安排及设计构思。在公司总体规划的基础上，设计人员对某个险种设计的分保方式要与分出公司总体业务发展规划相适应，并应写出可行性报告。

②推销人员。推销人员的任务是在业务计划完成后，立即将条件提供给参加这项业务的公司，并尽量寻求资信好的大公司积极参与。推销人员是落实再保险计划的关键，因此在技术上要求推销人员做到：熟悉掌握所推销业务的全部情况，了解接受人的心理，了解国际再保险市场的承保能力及其分布。另外推销人员必须牢记最大诚信原则，实事求是地向接受人陈述风险的情况以供接受人判断选择，但也要注意寻找资信好的推销对象，保证未来分出公司的赔款能够摊回。

③辅助人员。辅助人员的工作主要是配合、协助设计和推销人员处理日常事务。因此在技术上要求要了解业务需要，具有专业人员对数字的敏感性及综合分析能力。

2.分出业务流程

分出业务的流程分为三个阶段：分保建议、完备手续和赔款处理。

(1) 分保建议。在确定了需要分出业务的规模以后，分出公司应拟订可供选择的分保接受人的名单，并应以最迅速、最准确的方式将分保建议发送给选定的接受公司及经纪人。分保建议一般应尽量将接受人需要了解的情况详细列明，提供尽可能详实的资料。分保接受人如果愿意接受分保，应以最快的方式通知分出人，并最终以书面的形式予以证实。当某些分保接受人对分保条件提出建议时，分出人在权衡利弊之后做出修改，并以书面证实。

在分保建议制定和传递过程中，分出公司处于主导地位，但也不免要受到国际市场导向的影响。分出公司应在充分了解自身业务的基础上，审时度势，争取用好于市场平均水平的优惠条件将自己的业务安全合理地分出去。

(2) 完备手续。在合同续转和分出谈判结束后，分出人和接受人双方应尽快完备缔约手续。一般在续转结束后的第一个季度内，分出人应将合同文本及摘要表或者修改条件的附约发送给接受人。每次发送时各类需要签字的文件应一式两份或三份。接受人应在审核无误的情况下及时予以签回。合同签订后，签约双方都必须遵守，不得单方面修改和变动，如合同确有必要修改和变动的地方，必须事先提出并于对方协商，并取得对方的同意。

(3) 赔款处理。一般分出分保合同中都规定，分出人可以全权处理分保合同项下的一切赔款，并应迅速将赔款处理情况通知分保接受人。对一些重大项目的赔款，接受人会提出参与赔案的处理与合作，对于接受人提出的一些质疑和询问，分出人应合情合理地给予解释。如果发生争议，应本着友好协商的原则进行调节，调节不成，可通过仲裁方式解决。

13.4.2 分入业务的经营管理

与分出业务相反，分入业务是承担和接受其他保险人所转让的危险或责任，由于分保业务具有较强的国际性，各国保险市场都有一些特殊的做法，因此，分入业务的经营管理和技术要求比国内直接业务更为复杂，如果经营不善将导致严重的亏损，所以应经常总结业务经营中的经验教训，改善经营管理，以提高经济效益。

1.分入业务经营管理的主要内容

分入业务的经营管理是指对分入业务的性质做全面细致的分析，并在实践中逐笔考察，其内容包括承保前对分保建议的审查，承保后的核算与考察、对已经接受业务的管理、对已经注销的业务未了责任及应收未收款项的管理。

分保前对分入业务质量的审核是决定分保业务能否成交的决定性工作。分入业务质量审核的一般内容包括：分入业务来源的国家或地区的政治经济形势、外汇制度、业务技术方面有无特殊规定等。承保后的管理主要是对业务成绩的考核与保费支付情况的检查。要严格检验接受业务的质量，核对和审查合同文本，做好摘要表，审核账单和结算情况，做好登记和业务统计，做好出险通知、赔款处理、未决赔款和未了责任以及开出信用证的记录，并将有关资料输进电脑。

2.分入业务的经营原则

分入业务的经营管理一般要遵循以下原则：

(1) 接受业务的地点，一般以接近当地市场为好，但有些大型业务或特殊性质的业务必须集中在总公司做。

(2) 要充分了解市场和分出公司的各项情况。

(3) 对分入业务应采取谨慎的态度接受，确定适当的承保额度，一般在资本额的1%左右。

(4) 要对经纪人的资信、业务技术、作风等进行详细的审查，特别是在付费方面是否迅速。

(5) 要认真审核每一笔赔款是否属于承保范围，是否符合承保年度等，不应盲从首席接受人的决定。

(6) 要清楚的统计和分析，随时掌握收付情况，了解各地区、各业务种类、各经纪人、分出人所分来的业务的成绩。

(7) 要提存充分的准备金，因为准备金不足是很危险的。

(8) 对分入业务要有超额赔款的分保安排，对于易受巨灾袭击的地区性业务，要安排巨灾超额保障。

(9) 对代理人承办的分入业务应予以拒绝。

(10) 对转分保性质的分入业务尽可能少接或不接。

(11) 拒绝将承保权交由经纪公司、分出公司或代理人等承办。

(12) 严格审核合同文件的规定、严格控制批改和附约要求扩展的各项内容。

(13) 制定全面的年度业务计划，以建立在业务年度结束时进行核算的制度。

(14) 制定和建立较为完备的业务统计制度。

13.5 续保

13.5.1 续保概述

续保是一个保险合同即将期满时，投保人向保险人提出申请，要求延长保险合同的期限。保险人根据投保人当时的实际情况，对原合同条件稍加修改而继续对投保人签约承保的行为。

续保是以特定的合同和特定的投保人为对象的。续保不论是对保险人还是对投保人来说，都有一定的优越性。从保险方面看，续保不仅可以稳定公司的业务量，而且利用与老客户之间已建立起来的老关系，公司可以减少许多展业工作量和费用。对投保方来说，通过及时续保，不仅可以从保险人那里得到连续不断的、可靠的保险保障与服务，而且作为老客户，也可以在投保条件、服务项目及费用等方面得到公司的通融和优惠。通常来说，续保比初次承保的手续和程序都要简便一些。

13.5.2 注意事项

在开展业务中与已订约的投保人保持经常的联系，稳定公司与投保人的关系，是增强投保人对公司信心，提高续保率，保持公司业务量稳定增长的关键。对于保险人来说，续保应当注意以下问题：及时做好对保险标的的再审核等工作，以避免保期的中断。再保险标的的危险程度增加或减少时，应对费率进行适当的调整。保险人应根据上一年经营和赔付情况，对承保条件和费率进行适当调整，考虑通货膨胀因素，使投保金额能够随生活费用指数的变化而做出调整。

本章小结

1. 再保险是保险人将自己承保的风险责任一部分或全部向其他保险人进行保险的行为。通过再保险，减轻巨额风险对保险人的压力：扩大承保能力，保证保险业务的稳定发展。再保险和原保险既有区别又有密切联系。

2. 再保险合同主要有以下 3 种形式：临时再保险合同、固定再保险合同和预约再保险合同。再保险的业务方式主要是比例再保险和非比例再保险。

3. 续保是在一个保险合同即将期满时，投保人向保险人提出申请，要求延长该保险合同的期限，保险人根据实际情况，对原合同稍加修改而继续对投保人签约承保的行为。续保对投保人和保险人均有一定优越性。

复习思考题

1. 简述再保险的概念及其作用。
2. 再保险和原保险有什么联系和区别？
3. 什么是临时再保险合同、固定再保险合同和预约再保险合同？各有什么特点？
4. 简述成数再保险和溢额再保险的概念及其优缺点。
5. 非比例保险有哪几种方式？举例说明如何运用这几种方式。
6. 何谓续保？续保对投保人的优越性是什么？

参考文献

[1] 宋明哲．现代风险管理．北京：中国纺织出版社，2002
[2] 吴小平．保险原理与实务．北京：中国金融出版社，2002
[3] 马水伟．各国保险法规制度对比研究．北京：中国金融出版社，2002
[4] 张洪涛，郑成功．保险学．第2版．北京：中国人民大学出版社，2002
[5] 郭颂平，赵春梅．保险基础知识．北京：中国金融出版社，2001
[6] 于九如．投资项目风险分析．北京：机械工业出版社，2003
[7] 雷胜强．国际工程风险管理与保险．北京：中国建筑工业出版社，2001
[8] 连永安．金融与保险．南京：东南大学出版社，2003

图书在版编目(CIP)数据

金融与保险/张国兴主编. —北京：人民交通出版社，2007.9

ISBN 978-7-114-06592-7

Ⅰ. 金… Ⅱ. 张… Ⅲ. ①金融-高等学校-教材②保险-高等学校-教材 Ⅳ. F8

中国版本图书馆 CIP 数据核字(2007)第 107412 号

书　　名：金融与保险
著 作 者：张国兴
责任编辑：王　霞（wxccpress@126.com）
出版发行：人民交通出版社
地　　址：(100011)北京市朝阳区安定门外外馆斜街 3 号
网　　址：http://www.ccpress.com.cn
销售电话：(010)59757973
总 经 销：人民交通出版社发行部
经　　销：各地新华书店
印　　刷：北京鑫正大印刷有限公司
开　　本：720×960　1/16
印　　张：25
字　　数：484 千
版　　次：2007 年 9 月 第 1 版
印　　次：2019 年 8 月 第 7 次印刷
书　　号：ISBN 978-7-114-06592-7
定　　价：36.00 元

者之间有着明显的区别：

①合同的当事人不同。原保险合同的当事人是保险人和投保人，而再保险合同的当事人都是保险人。虽然原保险合同中的保险人就是再保险合同中的原保险人，但他在不同的场合中扮演着不同的角色，履行着不同的权利和义务。在原保险合同中，他享有向投保人收取保费的权利，承担着向被保险人〔收益人〕支付赔款的义务；在再保险合同中，他承担着支付分保保费的义务，享有摊回赔款的权利。

②合同的性质不同。原保险合同具有补偿性和给付性，即在财产保险合同上表现为补偿性，在人身保险合同上表现为给付性。而再保险合同是再保险人对原保险人的赔款承担部分责任，因而不论是财产保险还是人身保险的再保险，都表现为分摊性合同。

③合同的标的不同。原保险的保险标的包括财产、人身、责任、信用以及有关的利益，既有财产保险、人身保险，也有责任保险和信用保证保险；而再保险的保险标的则是原保险人所承担的风险责任，是一种具有责任保险性质的保险。

但是，尽管再保险是在原保险的基础上产生的，没有原保险就没有再保险，但是再保险与原保险没有必然的连续性，再保险是一项独立的保险业务。首先，再保险不是原保险合同的从属合同，而是独立的合同，它与原保险合同没有任何法律上的继承关系。因为除了法定再保险外，原保险人是否办理再保险，哪些保险责任需要分保，分出多少，这完全是由原保险人根据自己的财务和经营状况自主决定的。其次，再保险是原保险人与再保险人之间订立再保险合同的经济行为，体现原保险人与再保险人之间的经济关系或法律关系，再保险合同只对原保险人和再保险人具有法律的约束力，再保险人只对原保险人负责，而与原保险合同中的投保人或被保险人没有任何法律关系。也就是说，再保险人无权向投保人收取保险费，被保险人也无权向再保险人索赔。当合同约定的损失发生时，只能有原保险人向再保险人索取赔款。同时，原保险人也不得以再保险人未支付摊付的赔款为由，拖延或拒绝对原被保险人履行赔偿责任。

13.2 再保险合同

13.2.1 临时再保险合同

临时再保险合同即原保险人和再保险人为了进行临时再保险而签订的合同。它的特点是，对于临时分保业务，分出公司和分人公司均可自由选择。换句话说，对于某一风险是否要安排再保险，再保险额是多少，完全是根据保险人本身所能承受风险的能力以及自留额的多少来决定的。再保险人是否接受，接受多少，是否要调整再保险条件等，可以根据风险的性质、本身的承受能力等因素来确定。这些都可由分出人和分入人双方临时商定。

临时再保险合同是再保险的初级形式。在商品经济发展的初期，生产力的发展水平很低，人们对保险标的的风险性质、风险程度、出险频率等都没有掌握其规律性，因此很难把握。在这种情况下，再保险合同一般都是临时约定的。

临时再保险合同签订的过程一般是这样的：先由分出公司或其经纪人向其选定的分入公司提出分保建议，简要说明有关情况，包括保险标的的性质、保险期限、费率、险别、保险金额等，并且表明原保险人的自留额以及分出的数额；如果是火险则要说明防灾设备等情况；如果是大的工程项目则还要介绍周围环境，并附送图纸。临时分保的建议可用电话、电报、电传或电信的形式来通知对方。对于较大的项目，通常的做法是递送一个详细的说明图样、照片和其他资料。分入公司收到建议以后，对有关内容，包括保险利益、所保风险、双方的权利和义务、分出人的自留额、分保额等进行审查。如果同意，则由分入公司签署一式两份的再保险单，一份退给分出公司。只要分入公司签发了再保险单或正式用函电或文书对分出公司所提出的分保建议表示了接受，临时再保险合同即告成立。

临时再保险的优点在于：不论是分出公司还是分入公司都具有灵活性，选择余地大。但这种分保形式也有明显的缺点：

①由于分保业务必须征得分保接受人的同意，只有在全部临时分保业务安排完毕后，原保险人才可能对保户承保，因此有可能会失去机会，影响业务的开展。

②由于必须逐笔安排业务并到期续保，手续繁杂，所以容易增加营业费用的开支。

正是由于这些特点，临时再保险一般适用于那些新开办的或不稳定的业务、合同分保中规定除外的或不愿放入合同的业务以及超过合同限额或需要超额保障的业务。

13.2.2 固定再保险

固定再保险合同就是为了进行固定分保而签订的合同。它是用事先签订合同的方式来使分出公司和分入公司自动履行再保险合同的权利和义务，因此，又叫合同再保险或强制性再保险。

凡属固定再保险合同规定范围内的业务，分入公司必须接受分保，承担保险责任，不得拒绝。可见，固定分保合同对于分出公司和分入公司都有“强制性”。

固定再保险合同通常要规定分保业务范围、地区范围、除外责任。分保手续费、自留额、合同最高限额、账单编制和付费形式等各种分保条件，明确双方的权利和义务，合同一经签订就具有法律效力，双方必须遵守。一般来说，固定分保合同没有期限规定，属于长期性合同。但合同的双方也有终止合同的权利。如果一方需要终止合同，必须提前3个月向对方发出注销合同的通知。但在特殊情况下，例如，任何一方破产、所在国发生战争等，任何一方都有权通知对方立即终止合同。在合同终止后，双方在合同终止以前享受的权利、履行的义务以及保险责任等，均须照样完成。

在固定再保险合同下，分出公司承保业务时不必逐笔征得再保险人同意，分入公司必须接受业务，处理赔款。只要没有发现重大的疏忽和过失，分入公司不应干预，因此，这种分保方式可以使得再保险人获得大量的业务。此外，合同双方当事人有着更密切的共同利害关系。正因为如此，固定分保合同在当今国际保险市场上十分流行。

13.2.3 预约再保险合同

预约再保险合同是介于临时再保险合同与固定再保险合同之间的一种合同。这种合同的通常做法是：对分出公司来说，在合同内订明的业务种类与范围中的各项业务是否分出及分出多少可以自由决定。从这一点来看，又与临时再保险的性质完全不同，而与固定再保险相近。

预约再保险主要适用于某些有特殊危险性质的业务，或者因某种原因必须与其他业务分开的业务。例如，火险中，对某个地区、一年当中某一季节特别严重的火灾的保险；又如运输险中，对某一段特别危险的航线，从事某一特殊性质贸易的船舶的保险等。

预约再保险对分出人和分入人的影响是不一样的。对于分出人来说，在遇有超过固定再保险限额的大宗业务时，可安排预约再保险而毋须与分入人逐笔联系。这样，不仅有利于分入人对超过固定合同业务的自动安排，增加分出人的承保能力，也有利于经纪人迅速安排业务。而对于分出人来说，其对业务质量不易掌握，稳定性较差，且具有强制性。因此，此类合同较受分出人欢迎而不受分入人欢迎。

13.3 再保险业务方式

再保险实际上是原保险人为稳定业务经营把已承担的责任限制在一定范围内，将超出部分的责任转让出去。限制和转让责任可以以保险金额为基础，也可以以赔款为基础。以此为前提，可以将再保险分为比例再保险和非比例再保险。每一种再保险合同都可以使用比例再保险方式，或者使用非比例再保险方式。

13.3.1 比例再保险

比例再保险是以保险金额为基础来确定原保险人自负责任和再保险人的分保责任的再保险方式。在比例再保险中，分出公司的自负责任和分入公司的分保责任都表示为保险金额的一定比例。分出公司与分入公司要按这一比例分割保险金额，分配保险费和分摊赔款。它主要包括成数再保险和溢额再保险两种方式。

1.成数再保险

(1) 成数再保险的概念。成数再保险是分出人以保险金额为基础，将每一风险单位划出一个固定比例即一定成数为自留额，然后把其余的一定成数转让给分保接受人。保险费和保险赔款按同一比例分摊。在成数再保险合同成立的前提下，不论原保险人承保的每一风险单位的保险金额大小，只要该保险金额在规定的限额之内，都要按合同规定的比率进行分配和分摊。总之，成数再保险最大特征是“按比率”的再保险，即原保险人与再保险人保险金额的分割、保险费的分配，赔款的分摊都是按照合同规定的同一比例来进行的。因此，成数再保险是最典型的比例再保险。

成数再保险在实际运用中，分出公司的自留比例通常较大，一般在20％以上，有的达到40％～50％。因为在成数再保险条件下，分出公司与分入公司之间对所承保的每一风险单位的责任划分都是按保险金额的一定比率进行的，所以在遇到保险金额巨大的保险业务时，双方各自承担的风险责任也将是巨大的。因此，为了限制双方承担的风险责任，在签订成数再保险合同时一般要规定每一风险单位或每张保单的最高限额，即合同限额。分出公司和分入公司只在合同限额内分割保险金额，确定自留责任和分保责任。

例如，有一个成数再风险合同，每一风险单位的最高限额规定为600万元，自留部分为40％，分出部分为60％，则合同双方的责任分配如表13-1所示。

成数分保责任分配表 表13-1

保 险 金 额	自留部分40％	分出部分60％	其　他
80	32	48	0
300	120	180	0
600	240	360	0
800	240	360	200

本例中，前三笔业务的保险金额都在成数再保险限额内，因此每笔业务的全部保险金额都按合同规定的比例在分出公司与分入公司之间进行分割。第四笔业务的保险金额为800万元，超过合同限额。分出公司与分入公司只能按合同规定的比例